Die Verwendung von Ratings zur Regulierung des Kapitalmarkts

T0316770

Osnabrücker Schriften zum
UNTERNEHMENS- UND WIRTSCHAFTSRECHT

Herausgegeben von Andreas Fuchs,
Markus Stoffels und Dirk A. Verse

Band 1

PETER LANG

Frankfurt am Main·Berlin·Bern·Bruxelles·New York·Oxford·Wien

Malte Richter

Die Verwendung von Ratings zur Regulierung des Kapitalmarkts

Eine vergleichende Untersuchung
nach US-amerikanischem
und deutschem Recht

PETER LANG
Internationaler Verlag der Wissenschaften

Bibliografische Information der Deutschen Nationalbibliothek
Die Deutsche Nationalbibliothek verzeichnet diese Publikation
in der Deutschen Nationalbibliografie; detaillierte bibliografische
Daten sind im Internet über <http://www.d-nb.de> abrufbar.

Zugl.: Osnabrück, Univ., Diss., 2007

Gedruckt auf alterungsbeständigem,
säurefreiem Papier.

D 700
ISSN 1865-696X
ISBN 978-3-631-57619-9

© Peter Lang GmbH
Internationaler Verlag der Wissenschaften
Frankfurt am Main 2008
Alle Rechte vorbehalten.

Printed in Germany 1 2 3 4 5   7

www.peterlang.de

Geleitwort der Herausgeber

Funktionsfähige Märkte und Organisationen gehören zu den wichtigsten Voraussetzungen für die Entfaltung wirtschaftlicher Tätigkeiten in einer auf Vertragsfreiheit und Privateigentum gegründeten Gesellschaft. Die rechtlichen Rahmenbedingungen für die Zusammenfassung personeller und sachlicher Ressourcen in handlungsfähigen Unternehmen, ihre Organisation, Leitung und Kontrolle, für die Integrität, Effizienz und Transparenz der Märkte sowie für die Gewährleistung unverfälschter wettbewerblicher Prozesse bilden die Kernmaterien, mit denen sich die Arbeiten in den „Osnabrücker Schriften zum Unternehmens- und Wirtschaftsrecht" befassen werden.

Der hier vorgelegte Band 1 der neuen Schriftenreihe, die von Mitgliedern des Instituts für Handels- und Wirtschaftsrecht der Universität Osnabrück betreut und herausgegeben wird, beschäftigt sich in einem profunden Rechtsvergleich zwischen Deutschland und den USA mit dem Thema „Die Verwendung von Ratings zur Regulierung des Kapitalmarkts". Weitere demnächst erscheinende Bände werden Themen aus unterschiedlichen Bereichen wie Gesellschafts- und allgemeines Verbandsrecht, Börsen- und Kapitalmarktrecht, Wettbewerbs- und Kartellrecht, Wirtschaftsaufsichtsrecht, Arbeitsrecht sowie weitere unternehmens- oder marktbezogene Materien des Privatrechts behandeln.

Die Osnabrücker Schriften für Unternehmens- und Wirtschaftsrecht sind nicht auf Dissertationen und sonstige Monographien beschränkt, sondern auch offen für Tagungsbände, Dokumentationen, Veröffentlichungen von Ringvorlesungen u. ä., sofern es sich um qualitativ hochwertige Arbeiten handelt, die – möglichst unter Einbeziehung rechtsvergleichender und interdisziplinärer, insbesondere wirtschaftswissenschaftlicher Erkenntnisse – substantielle Beiträge zur Diskussion um die Phänomene „Markt, Wettbewerb und Unternehmen" darstellen. Die Herausgeber hoffen, dass sich die neue Schriftenreihe zu einem anerkannten Forum für die Diskussion und Fortentwicklung eines modernen Unternehmens- und Wirtschaftsrechts entwickeln wird.

Andreas Fuchs   Markus Stoffels   Dirk A. Verse

Vorwort

Die vorliegende Arbeit wurde im Wintersemester 2007/08 am Fachbereich Rechtswissenschaften der Universität Osnabrück als Dissertation angenommen. Rechtsprechung und Literatur sind auf dem Stand von November 2007.

Diese Arbeit wäre nicht zustande gekommen ohne die Hilfe einiger Personen, denen ich an dieser Stelle danke.

Meinem Doktorvater, Herrn Professor Dr. Andreas Fuchs, LL.M. danke ich sehr herzlich für die bereitwillige Übernahme der Betreuung meiner Arbeit sowie für die Aufnahme derselben in die von ihm mitbegründete Schriftenreihe der Osnabrücker Schriften zum Unternehmens- und Wirtschaftsrecht. Herrn Professor Dr. Dirk A. Verse, M.Jur. danke ich für die zügige Erstellung des Zweitgutachtens.

Mein Dank gilt darüber hinaus dem Max-Planck-Institut für ausländisches und internationales Privatrecht, Hamburg, für die Gewährung eines Arbeitsplatzes in seiner einzigartigen Bibliothek. Sehr verbunden bin ich darüber hinaus den Mitarbeitern der Zentralbibliothek Recht der Universität Hamburg, die mich immer freundlich unterstützt und mir dadurch die Arbeit sehr erleichtert haben. Ebenso danke ich den Mitarbeitern der Robert Crown Law Library der Stanford University, U.S.A., für ihre große Hilfsbereitschaft während meines Forschungsaufenthaltes im Jahre 2005.

Von Herzen danke ich meinen Freunden Dr. Christoph Broich, LL.M. sowie Ass. iur. und Betriebswirt (BA) Christian Kausch für ihre kritische und äußerst konstruktive Durchsicht meiner Arbeit. Ihre wertvollen, ermutigenden und ermunternden Anmerkungen waren von enormer Bedeutung.

Nicht vergessen möchte ich schließlich die gesamte „Hamburger Mensarunde" für die wertvollen Anregungen und Hilfen, für manch kritische Diskussion sowie für die ein oder andere, nicht zu unterschätzende, Ablenkung.

Mein allergrößter Dank gilt jedoch meinen lieben Eltern. Sie haben mich in jeder Phase meiner Ausbildung stets bedingungslos unterstützt und mir damit nicht nur mein gesamtes Studium einschließlich der zahlreichen Auslandsaufenthalte, sondern auch diese Promotion ermöglicht. Ihnen widme ich diese Arbeit.

Frankfurt am Main, im November 2007   *Malte Richter*

Inhaltsübersicht

Inhaltsverzeichnis

Abkürzungsverzeichnis

¶	paragraph
$	U.S. Dollar
2d	2nd
3d	3rd
a.A.	anderer Ansicht
abgedr.	abgedruckt
ABl. EG	Amtsblatt der Europäischen Gemeinschaften
ABl. EU	Amtsblatt der Europäischen Union
ABS	Asset-Backed Securities
Abs.	Absatz
Abschn.	Abschnitt
ACRAA	Association of Credit Rating Agencies in Asia
ADB	Asian Development Bank
Admin. L. Rev.	Administrative Law Review
Advisers Act	Investment Advisers Act of 1940
a.F.	alte Fassung
AFCRA	ASEAN Forum of Credit Rating Agencies
AG	Aktiengesellschaft; Die Aktiengesellschaft
AktG	Aktiengesetz
a.M.	am Main
Am. Bankr. Inst. J.	American Bankruptcy Institute Journal
A.M. Best	A.M. Best Company, Inc.
Am. Econ. Rev.	American Economic Review
Am. J. Comp. L.	American Journal of Comparative Law
Annals Econ. & Fin.	Annals of Economics and Finance
Apr.	April
Ariz. L. Rev.	Arizona Law Review
Art.	Artikel
ASC	Alberta Securities Commission
ASEAN	Association of Southeast Asian Nations
Aufl.	Auflage
Aug.	August
Austl. J. Corp. L.	Australian Journal of Corporate Law

BaFin	Bundesanstalt für Finanzdienstleistungsaufsicht
BAKred	Bundesaufsichtsamt für Kreditwesen
Bankr. S.D.N.Y.	Bankruptcy Court for the Southern District of New York
BAV	Bundesaufsichtsamt für Versicherungswesen
BAWe	Bundesaufsichtsamt für Wertpapierhandel
BB	Betriebs-Berater
BBankG	Gesetz über die Deutsche Bundesbank
BCBS	Basel Committee on Banking Supervision
BCSC	British Columbia Securities Commission
Bd.	Band
BdB	Bundesverband deutscher Banken e.V.
BDI	Bundesverband der Deutschen Industrie e.V.
Begr.	Begründung
Bell J. Econ.	Bell Journal of Economics
BFuP	Betriebswirtschaftliche Forschung und Praxis
BGB	Bürgerliches Gesetzbuch
BGBl.	Bundesgesetzblatt
BHO	Bundeshaushaltsordnung
BIS	Bank for International Settlements
BKR	Zeitschrift für Bank- und Kapitalmarktrecht
BMF	Bundesministerium der Finanzen
BMJ	Bundesministerium der Justiz
BoC	Board of Commissioners
BörsG	Börsengesetz
Brooklyn L. Rev.	Brooklyn Law Review
BSpKG	Gesetz über Bausparkassen
BT-Drucks.	Drucksache des Deutschen Bundestags
BuB	Bankrecht und Bankpraxis
Bus. Law.	Business Lawyer
BVI	Bundesverband Investment und Asset Management e.V.
bzw.	beziehungsweise
ca.	circa
Cato J.	Cato Journal
CEBS	Committee of European Banking Supervisors
CESR	Committee of European Securities Regulators
C&FI	Companies & Finance International
C.F.R.	Code of Federal Regulations

Chi. J. Int'l L.	Chicago Journal of International Law
Chi.-Kent L. Rev.	Chicago-Kent Law Review
CIBI	Credit Information Bureau, Inc.
Cir.	Circuit Court of Appeals (federal)
CMBS	Commercial Mortgage-Backed Securities
Co.	Company
Colum. Bus. L. Rev.	Columbia Business Law Review
Colum. J. Transnat'l L.	Columbia Journal of Transnational Law
Colum. L. Rev.	Columbia Law Review
Comm.	Committee
Company Act	Investment Company Act of 1940
Cong.	Congress
Conn. L. Rev.	Connecticut Law Review
Cornell L. Rev.	Cornell Law Review
Corp.	Corporation
CRA Reform Act	Credit Rating Agency Reform Act of 2006
CRISIL	Credit Rating Information Services of India Ltd.
CSA	Canadian Securities Administrators
DB	Der Betrieb
DBRS	Dominion Bond Rating Service, Ltd.
DBW	Die Betriebswirtschaft
D.C. Cir.	U.S. Court of Appeals for the District of Columbia Circuit
DCR	Duff & Phelps Credit Rating Co.
Dec.	December
Del. J. Corp. L.	Delaware Journal of Corporate Law
Denv. J. Int'l L. & Pol.	Denver Journal of International Law and Policy
ders.	derselbe
Det. C.L. Rev.	Detroit College of Law Review
d.h.	das heißt
dies.	dieselbe[n]
DIRK e.V.	Deutscher Investor Relations Kreis e.V.
DStR	Deutsches Steuerrecht
DSWR	Zeitschrift für Praxisorganisation, Betriebswirtschaft und Datenverarbeitung
Duke J. Comp. & Int'l L.	Duke Journal of Comparative and International Law
Duke L.J.	Duke Law Journal

ebd.	ebenda
ebs	European Business School
Econ. Notes	Economic Notes
Ed[s]., ed[s].	Editor[s], edition, editor[s]
E.D. Mo.	U.S. District Court for the Eastern District of Missouri
EFA	European Finance Association
EG	Europäische Gemeinschaften
Einl.	Einleitung
Emory L.J.	Emory Law Journal
Enron	Enron Corp.
Erg.-Lfg.	Ergänzungslieferung
ESZB	Europäisches System der Zentralbanken
et al.	et alii
et seq.	et sequens, et sequentes
EU	Europäische Union
Eur. Econ. Rev.	European Economic Review
e.V.	eingetragener Verein
EWG	Europäische Wirtschaftsgemeinschaft
EWR	Europäischer Wirtschaftsraum
EWS	Europäisches Wirtschafts- und Steuerrecht
Exchange Act	Securities Exchange Act of 1934
EZB	Europäische Zentralbank
f., ff.	folgende
F.2d	Federal Reporter
F. Supp.	Federal Supplement
FAZ	Frankfurter Allgemeine Zeitung
Feb.	February
Fed. Reg.	Federal Register
Fed. Res. Bull.	Federal Reserve Bulletin
Fin. Analysts J.	Financial Analysts Journal
Fin. Markets Inst. & Instruments	Financial Markets, Institutions and Instruments
Fin. Mgmt.	Financial Management
Fin. Rev.	Financial Review
Fitch	Fitch Ratings, Ltd. (vormals Fitch Investors Services, Inc.)
FL	Florida
Fla. L. Rev.	Florida Law Review

FMFG	Finanzmarktförderungsgesetz
Fn.	Fußnote
Fordham L. Rev.	Fordham Law Review
FRB	Federal Reserve Board
FRBNY Curr. Iss.	
Econ. & Fin.	Federal Reserve Bank of New York Current Issues in Economics and Finance
FRBNY Q. Rev.	Federal Reserve Bank of New York Quarterly Review
FRBNY Staff Rep.	Federal Reserve Bank of New York Staff Reports
FS	Festschrift
FT	Financial Times
FTD	Financial Times Deutschland
Ga. J. Int'l & Comp. L.	Georgia Journal of International and Comparative Law
Geo. Wash. L. Rev.	George Washington Law Review
GewO	Gewerbeordnung
Grds.	Grundsatz
GroßkommAktG	Großkommentar zum Aktiengesetz
GRR	Global Risk Regulator
GWB	Gesetz gegen Wettbewerbsbeschränkungen
Harv. Int'l L.J.	Harvard International Law Journal
Harv. L. Rev.	Harvard Law Review
HGB	Handelsgesetzbuch
Hous. J. Int'l L.	Houston Journal of International Law
H.R. Doc.	House of Representatives Document
H.R. Rep.	House of Representatives Report
Hrsg., hrsgg.	Herausgeber, herausgegeben
ICRA	Investment Information and Credit Rating Agency of India, Ltd.
i.d.R.	in der Regel
ifo	Institut für Wirtschaftsforschung
IMF	International Monetary Fund
Inc.	Incorporated
INSEAD	Institut Européen d'Administration des Affaires
IntKapMarktR	Internationales Kapitalmarktrecht
Int'l Fin. Disc. Papers	International Finance Discussion Papers

Int'l Fin. L. Rev.	International Financial Law Review
Int'l J. Mgmt. & Enter. Dev.	International Journal of Management and Enterprise Development
Int'l Rev. Fin.	International Review of Finance
InvG	Investmentgesetz
IOSCO	International Organization of Securities Commissions
Iowa J. Corp. L.	Iowa Journal of Corporation Law
IRB-Ansatz	Internal Rating Based-Ansatz
i.S.d.	im Sinne des
IT	Inside Track
i.V.m.	in Verbindung mit
J. Acct. Auditing & Fin.	Journal of Accounting, Auditing and Finance
J. Acct. & Econ.	Journal of Accounting and Economics
J. Acct. Res.	Journal of Accounting Research
J. Banking & Fin.	Journal of Banking and Finance
J. Bus.	Journal of Business
J. Bus. Fin. & Acct.	Journal of Business Finance and Accounting
J. Econ. & Bus.	Journal of Economics and Business
J. Econ. Theory	Journal of Economic Theory
J. Fin.	Journal of Finance
J. Fin. Econ.	Journal of Financial Economics
J. Fin. & Quant. Analysis	Journal of Financial and Quantitative Analysis
J. Fin. Res.	Journal of Financial Research
J. Fixed Income	Journal of Fixed Income
J. Indus. Econ.	Journal of Industrial Economics
J. Int'l Aff.	Journal of International Affairs
J. Int'l Banking L.	Journal of International Banking Law
J. Int'l Sec. Markets	Journal of International Securities Markets
J. Legal Stud.	Journal of Legal Studies
J. Money Credit & Banking	Journal of Money, Credit and Banking
J. Pol. Econ.	Journal of Political Economy
J. Small & Emerging Bus. L.	Journal of Small and Emerging Business Law
Jan.	January
Japan Res. Q.	Japan Research Quarterly

JCRA	Japanese Credit Rating Agency, Ltd.
J.L. & Econ.	Journal of Law and Economics
JNPÖ	Jahrbuch für Neue Politische Ökonomie
Jr.	junior
JZ	Juristenzeitung
KAGG	Gesetz über Kapitalanlagegesellschaften
KMR	Kapitalmarktrecht
KWG	Gesetz über das Kreditwesen (Kreditwesengesetz)
Kz.	Kennzahl
L.A.	Los Angeles
LACE	LACE Financial Corporation
Law & Pol'y Int'l Bus.	Law and Policy in International Business
LBS	London Business School
LEXIS	Dokument der U.S.-amerikanischen LEXIS-Datenbank
LG	Landgericht
lit.	littera
LLP	Limited Liability Partnership
Ltd.	Limited
LZB	Landeszentralbank
MaK	Mindestanforderungen an das Kreditgeschäft
Mar.	March
MBS	Mortgage-Backed Securities
Mgmt. Int'l Rev.	Management International Review
Mich. L. Rev	Michigan Law Review
MiFID	Market in Financial Instruments Directive
Minn. L. Rev.	Minnesota Law Review
Mio.	Millionen
MN	Minnesota
Mod. L. Rev.	Modern Law Review
Moody's	Moody's Investors Service, Inc.
MSC	Manitoba Securities Commission
MuM	Markt und Mittelstand
MünchKommAktG	Münchener Kommentar zum Aktiengesetz
MünchKommBGB	Münchener Kommentar zum Bürgerlichen Gesetzbuch

MündelsicherheitsVO	Verordnung über die Mündelsicherheit der Pfandbriefe und verwandten Schuldverschreibungen
n.	footnote
N.C. Banking Inst.	North Carolina Banking Institute
NI	National Instrument
NJ	New Jersey
NJW	Neue Juristische Wochenschrift
No.	number
Nov.	November
Nr.	Nummer
NRI	Nomura Research Institute
NRSRO[s]	Nationally Recognized Statistical Rating Organization[s]
NSSC	Nova Scotia Securities Commission
Nw. U. L. Rev.	Northwestern University Law Review
NY	New York
N.Y. Times	New York Times
N.Y.U. J. Int'l L. & Pol.	New York University Journal of International Law and Politics
N.Y.U. L. Rev.	New York University Law Review
ÖBA	Österreichisches Bank Archiv (Zeitschrift für das gesamte Bank- und Börsenwesen)
OCC	Office of the Comptroller of the Currency
Oct.	October
OECD	Organization for Economic Co-operation and Development
OLG	Oberlandesgericht
OPEC	Organization of the Petroleum Exporting Countries
OSC	Ontario Securities Commission
o.V.	ohne Verfasser
Ox. J. Leg. Stud.	Oxford Journal of Legal Studies
p.	page
Pa.	Pennsylvania
Parmalat	Parmalat SpA

PfandBG	Pfandbriefgesetz
PhilRatings	Philippine Rating Services Corporation
PLI/Com.	Practising Law Institute/Commercial Law and Practice Course Handbook Series
PLI/Corp.	Practising Law Institute/Corporate Law and Practice Course Handbook Series
ProspektVO	Prospektverordnung
prtg.	printing
PT Pefindo	PT Pemeringkat Efek Indonesia
Pub. L.	Public Law
Q. J. Bus. & Econ.	Quarterly Journal of Business and Economics
Q. J. Econ	Quarterly Journal of Economics
Q. Rev. Econ. & Bus.	Quarterly Review of Economics and Business
Q. Rev. Econ. & Fin.	Quarterly Review of Economics and Finance
QIB[s]	qualified institutional buyer[s]
RAM	Rating Agency Malaysia Berhad
RBA Res. Disc. Paper	Reserve Board of Australia Research Discussion Paper
Recom. & Rep. Admin. Conf. U.S.	Recommendations and Reports of the Administrative Conference of the United States
Red.	Redakteur
RegE	Regierungsentwurf
Rel.	Release
Rev. Econ. Studies	Review of Economic Studies
Rev. Fin. Econ.	Review of Financial Economics
RGBl.	Reichsgesetzblatt
R&I	Rating and Investment Information, Inc.
RIW	Recht der Internationalen Wirtschaft
RMBS	Residential Mortgage-Backed Securities
Rn.	Randnummer
S.	Satz, Seite, Senate
S.A.	Société Anonyme
San Diego L. Rev.	San Diego Law Review
SCHUFA	Schutzgemeinschaft für allgemeine Kreditsicherung

SchZStV	Schweizerisches Zentralblatt für Staats- und Verwaltungsrecht
SEC	Securities and Exchange Commission
Sec. Reg. & L. Rep. (BNA)	Securities Regulation and Law Report (Bureau of National Affairs)
Securities Act	Securities Act of 1933
S.D. Tx.	U.S. District Court for the Southern District of Texas
Sept.	September
Sess.	Session
Seton Hall Legis. J.	Seton Hall Legislative Journal
SFSC	Saskatchewan Financial Services Commission
sog.	sogenannte [-n, -r]
SolvV	Solvabilitätsverordnung
S&P	Standard & Poor's Corporation
SpA	Società per azioni
SSRN	Social Science Research Network
St. John's L. Rev.	St. John's Law Review
Staff S. Comm. Govtl. Aff.	Staff of the Senate Committee on Governmental Affairs
Stan. J. Int'l L.	Stanford Journal of International Law
Stan. J.L. Bus. & Fin.	Stanford Journal of Law, Business and Finance
Stan. L. Rev.	Stanford Law Review
Stat.	Statute
StGB	Strafgesetzbuch
Subcomm.	Subcommittee
Supp.	Supplement
SZW	Schweizerische Zeitschrift für Wirtschaftsrecht
Tex. L. Rev.	Texas Law Review
Treasury Mgmt. Assn. J.	Treasury Management Association Journal
TRIS Rating	Thai Rating and Information Services Co., Ltd.
Tz.	Textzahl
u.a.	und andere, unter anderem
U. Chi. L. Rev.	University of Chicago Law Review
U. Colo. L. Rev.	University of Colorado Law Review
U. Ill. L. Rev.	University of Illinois Law Review

U. Okla.	University of Oklahoma
U. Pa. L. Rev.	University of Pennsylvania Law Review
U. Rich. L. Rev.	University of Richmond Law Review
U. Roch.	University of Rochester
U.C. Davis L. Rev.	University of California Davis Law Review
UCLA L. Rev.	University of California Law Review
U.S.	United States; Supreme Court (federal)
U.S. H.R.	United States House of Representatives
U.S.A.	United States of America
U.S.C.	United States Code
v.	versus, vom, von
v.a.	vor allem
VAG	Gesetz über die Beaufsichtigung der Versicherungsunternehmen
Va. L. Rev.	Virginia Law Review
VerkProspG	Verkaufsprospektgesetz
vgl.	vergleiche
VO	Verordnung
VV-BHO	Verwaltungsvorschriften zur Bundeshaushaltsordnung
Wake Forest L. Rev.	Wake Forest Law Review
Wall St. J.	Wall Street Journal
Wash. U. L.Q.	Washington University Law Quarterly
W.D. Mich.	U.S. District Court for the Western District of Michigan
Wis. Int'l L.J.	Wisconsin International Law Journal
WiSt	Wirtschaftswissenschaftliches Studium
WISU	Das Wirtschaftsstudium
WM	Wertpapier-Mitteilungen (Zeitschrift für Wirtschafts- und Bankrecht)
World Bank Econ. Rev.	World Bank Economic Review
WorldCom	WorldCom Inc.
WpHG	Gesetz über den Wertpapierhandel (Wertpapierhandelsgesetz)
WpPG	Wertpapierprospektgesetz
Yale L.J.	Yale Law Journal

Z.B., z.B.	zum Beispiel
ZBB	Zeitschrift für Bankrecht und Bankwirtschaft
ZfB	Zeitschrift für Betriebswirtschaft
zfbf	Schmalenbachs Zeitschrift für betriebswirtschaftliche Forschung
ZG	Zeitschrift für Gesetzgebung
ZGR	Zeitschrift für Unternehmens- und Gesellschaftsrecht
ZHR	Zeitschrift für das gesamte Handelsrecht und Wirtschaftsrecht
Ziff.	Ziffer
ZInsO	Zeitschrift für das gesamte Insolvenzrecht
ZIP	Zeitschrift für Wirtschaftsrecht
ZKA	Zentraler Kreditausschuss
ZKredW	Zeitschrift für das gesamte Kreditwesen
ZPO	Zivilprozessordnung
ZSR	Zeitschrift für Schweizerisches Recht
z.T.	zum Teil
ZVglRWiss	Zeitschrift für vergleichende Rechtswissenschaft

Erster Teil – Problemstellung und thematische Grundlagen

§ 1 Einführung in die Problematik

I. Problemstellung und Abgrenzung des Themas

Ratingagenturen sind für den Kapitalmarkt von zentraler Bedeutung. Durch die Bewertung der Bonität von Unternehmen und Staaten sowie der von diesen emittierten Wertpapiere geben sie dem Anleger eine wichtige Hilfestellung bei der Beurteilung des tatsächlichen Risikos seiner Geldanlage. Diese Bedeutung der Agenturen wirft die Frage auf, inwieweit ihre Bonitätsurteile (Ratings) zugleich als Anknüpfungspunkt für eine Regulierung des Kapitalmarkts dienen können. Dies betrifft in erster Linie die Verwendung gesetzlicher Regelungen, die auf Ratings Bezug nehmen und an diese bestimmte Rechtsfolgen knüpfen. In den Vereinigten Staaten von Amerika (U.S.A.), Japan und zahlreichen europäischen Ländern findet eine solche Regulierung bereits statt. Deutschland hingegen bildet hier – wie noch zu zeigen sein wird – weitgehend eine Ausnahme.[1]

Die Verwendung des Ratings zur Regulierung des Kapitalmarkts, im Weiteren auch als regulatorische Indienstnahme des Ratings oder ratingbezogene Regulierung bezeichnet, schafft jedoch auch Probleme. Dies ist dann der Fall, wenn Anleger dem Bonitätsurteil blind vertrauen, institutionelle Investoren aufgrund festgelegter Anlagebestimmungen oder regulatorischer Vorgaben zu bestimmten Transaktionen gezwungen sind oder sich ein Rating im Nachhinein als falsch herausstellte. Eines der eindrucksvollsten Beispiele hierfür stellt das wirtschaftliche Desaster des amerikanischen Unternehmens Enron Corp. (Enron) im Jahre 2002 dar. Noch vier Tage vor seinem finanziellen Zusammenbruch bewerteten die führenden Ratingagenturen das Unternehmen mit Investment Grade, also einer Bonität, die für einen konservativen Investor eine sichere Anlage bedeutet.[2] Die öffentliche Empörung über die finanziellen Debakel von Enron, WorldCom Inc. (WorldCom) oder Parmalat

---

1   Vgl. Fleischer, Gutachten F, S. F137; White, Ratings 41, 55 n.61 (Levich et al. eds., 2002).

2   Hill, 82 Wash. U. L.Q. 43, 43 (2004); vgl. Kley, Kredit & Rating Praxis 4/2002, S. 10 (10 ff.).

SpA (Parmalat) führte in den U.S.A. zu einer grundsätzlichen Überprüfung
der kapitalmarktrechtlichen Regulierungsansätze und schließlich zur Verabschiedung des Credit Rating Agency Reform Act of 2006 (CRA Reform Act),
welcher eine stärkere Regulierung und Kontrolle der Ratingagenturen sicherstellen soll. Nachdem die Agenturen wegen ihrer Rolle im Zusammenhang
mit der Krise auf dem U.S.-amerikanischen Markt für zweitklassige Hypothekendarlehen im Sommer 2007 erneut unter Druck gerieten, stehen die Regulierung der Ratingagenturen und die Verwendung von Ratings zur Regulierung des Kapitalmarkts wiederum auf dem Prüfstand.[3]

Vor dem aufgezeigten Hintergrund sollen die tatsächliche Leistungsfähig-
keit und die Grenzen des Ratings genauer untersucht werden. Als Prüfungs-
maßstab bietet sich der U.S.-amerikanische Kapitalmarkt an. Zum einen gelten dessen Regelungen anderen Industrieländern als Vorbild und der dortige
Markt als nahezu effizient.[4] Zum anderen findet in den U.S.A. eine regulatorische Indienstnahme des Ratings bereits seit langem und in besonders ausge-
prägtem Maße statt. Hieraus sollten im Wege der Rechtsvergleichung Rückschlüsse auf die Frage möglich sein, ob eine ratingbezogene Regulierung
überhaupt sinnvoll ist und in welchem Umfang eine Übernahme ins deutsche
Recht zweckmäßig sein könnte.[5]

Die Verwendung des Ratingbegriffs ist vielfältig. So wird er neben der Be-
zeichnung der Bonität unter anderem auch zur Bewertung von Investmentfonds,[6] Versicherungen,[7] Hotels,[8] Humankapital,[9] der Umweltfreundlichkeit
eines Betriebes[10] oder sogar des Einklangs mit dem islamischen Recht (Sha-
ria)[11] herangezogen. Die übergeordnete Fragestellung dieser Arbeit ist jedoch
die Verwendung ratingbezogener Regelungen im Kapitalmarktrecht und ihre
möglichen Alternativen. Daher beschränkt sich die Untersuchung auf das in

---

3 Vgl. Westlake, 5 GRR (Issue 9) 1 (2007); Kuls/Tigges, Greenspan, FAZ v.
   24.09.2007, S. 17; Tigges, SEC, FAZ v. 28.09.2007, S. 25.
4 Hahn, Anlegerschutz, S. 99; Wiedemann, Gesellschaftsrecht, S. 487.
5 Diese „funktionale" Rechtsvergleichung orientiert sich an aufgrund gleicher Sachverhalte aufgeworfenen Fragen und würdigt die gefundenen Lösungen in Hinblick auf
   die jeweilige Rechtsordnung. Vgl. Fuchs, Kartellrechtliche Grenzen, S. 31; Zweigert/
   Kötz, Comparative Law 34 (1998).
6 Hierzu ausführlich Achleitner/Everling (Hrsg.), Fondsrating.
7 Hierzu ausführlich Hirschmann/Romeike (Hrsg.), Versicherungsunternehmen.
8 Hierzu Guida, in: Achleitner/Everling (Hrsg.), Ratingpraxis, S. 541 (549 ff.).
9 Hierzu Friederichs, in: Hasebrook u.a. (Hrsg.), Kompetenzkapitel, S. 137 (139 ff.).
10 Vgl. hierzu Liu/He, 2 Int'l J. Mgmt. & Enter. Dev. (No. 2) 183, 184 et seq. (2005).
11 Siehe hierzu nur El-Mogaddedi/Everling, Die Bank 11/2006, S. 46 (47 ff.); McMillen,
   7 Chi. J. Int'l L. 427, 431 (2007).

der Wirtschaftswissenschaft gebräuchliche „externe" Credit Rating durch hierauf spezialisierte Agenturen. Mit dieser Problematik eng zusammenhängende Gesichtspunkte wie die Haftung und Regulierung der Ratingagenturen selbst sind bereits Gegenstand separater Untersuchungen gewesen.[12] Auf diese Aspekte wird daher nur eingegangen, soweit dies für die Fragestellung dieser Arbeit von Bedeutung ist.

II. Gang der Untersuchung

Die vorliegende Arbeit besteht aus fünf Hauptteilen:

Im ersten Teil werden die thematischen Grundlagen zur allgemeinen Regulierung des Kapitalmarkts dargestellt. Dabei werden zum einen der Kapitalmarkt und das Kapitalmarktrecht als Gegenstände dieser Untersuchung eingegrenzt und zum anderen die Regelungsziele und Schutzzwecke einer Kapitalmarktregulierung herausgearbeitet. Im Anschluss werden die wirtschaftlichen und rechtlichen Faktoren aufgeführt, die für die zunehmende Bedeutung des Ratings verantwortlich sind. Schließlich erhält der Leser einen Überblick über die historische Entwicklung, Funktionsweise und Finanzierung der Ratingagenturen.

Der zweite Teil behandelt die Frage der grundsätzlichen Zweckmäßigkeit einer regulatorischen Indienstnahme des Ratings. Hierzu wird zunächst die ökonomische Rolle des Ratings für den Kapitalmarkt herausgearbeitet. Im Anschluss werden die Konsequenzen des Eintritts von Ratingagenturen für den Markt untersucht und die Funktion des Ratings für die verschiedenen Marktteilnehmer dargestellt. Abschließend wird die Effizienz des Ratings als Regulierungsmedium überprüft. Dies geschieht zum einem durch eine Gegenüberstellung des Ratings mit möglichen Alternativen, vor allem der zuweilen diskutierten regulatorischen Indienstnahme sogenannter *credit spreads*,[13] zum anderen durch die Untersuchung der Prognosefähigkeit des Ratings für Unternehmens- und Wirtschaftskrisen.

Der dritte Teil befasst sich mit der Verwendung von Ratings zur Regulierung des Kapitalmarkts in den U.S.A. Da in den einschlägigen Regelungen jedoch nur Ratings besonders zugelassener Agenturen eine Rolle spielen, erfolgt

---

12 Siehe hierzu Lemke, Fragen des Ratingwesens (2000); Peters, Ratingagenturen (2001); Reidenbach, Aktienanalysten (2006); Thiele, Zivilrechtliche Einordnung des Rating (2005).

13 Für eine Definition und ausführliche Diskussion der *credit spreads* siehe nachfolgend S. 98 ff.

zunächst eine Untersuchung der für die Anerkennung dieser Ratingagenturen existierenden gesetzlichen Regelungen sowie der derzeitigen Verwaltungspraxis der Securities and Exchange Commission (SEC) und der damit verbundenen Probleme. Im Anschluss wird anhand zentraler Beispiele die Indienstnahme des Ratings in den U.S.A. herausgearbeitet. Hierbei wird überprüft, inwieweit die einzelnen Regelungen die im ersten Hauptteil dargestellten Regelungsziele und Schutzzwecke einer Kapitalmarktregulierung verwirklichen.

Der vierte Teil setzt sich mit der Frage einer ratingbezogenen Regulierung des Kapitalmarkts in Deutschland auseinander. Nach einer Bestandsaufnahme der derzeitigen Regulierungssituation wird anhand der bereits gewonnenen Erkenntnisse eine Folgenabschätzung für die Einführung ratingbezogener Regulierung in das deutsche Recht vorgenommen. Abschließend wird durch einen Vergleich mit den im dritten Teil für die U.S.-amerikanischen Regelungen gewonnenen Erkenntnissen untersucht, in welchem Umfang eine Übernahme dieser Ansätze in das deutsche Recht sinnvoll sein kann.

Der fünfte Teil fasst die gesammelten Erkenntnisse in Thesen zusammen und wagt im Rahmen einer Schlussbetrachtung einen Ausblick.

§ 2 Die allgemeine Regulierung des Kapitalmarkts

Zunächst ist zu klären, warum der Kapitalmarkt überhaupt einer Regulierung bedarf. Hierzu wird zunächst sein Begriff im Sinne dieser Untersuchung eingegrenzt. Im Anschluss wird das den Kapitalmarkt regulierende Kapitalmarktrecht als Rechtsbegriff definiert. Schließlich folgt eine Darstellung der Regelungsziele und Schutzzwecke der Kapitalmarktregulierung sowie der für die Überwachung und Durchsetzung verantwortlichen Bundesanstalt für Finanzdienstleistungsaufsicht.

I. Der Kapitalmarkt als Regelungsobjekt des Kapitalmarktrechts

1. Definition

Bis heute hat sich für den Begriff „Kapitalmarkt" noch keine einheitliche Terminologie herausgebildet. Eine Definition kann daher jeweils in Hinblick auf das konkrete Untersuchungsziel erfolgen.[14] Grundsätzlich sind Kapital-

---

14 Vgl. GroßkommAktG/Assmann, Einl. Rn. 355; Kümpel, Kapitalmarktrecht, Rn. 8.124; Lenenbach, Kapitalmarktrecht, Rn. 1.6; Schacht, Kapitalmarktaufsicht, S. 11.

märkte stets Finanzmärkte und keine Gütermärkte. Der Finanzmarkt setzt sich aus dem Kapitalmarkt und dem Geldmarkt (im Wesentlichen der Markt zum Austausch von Zentralbankgeld zwischen Geschäftsbanken) zusammen.[15] Als „Kapitalmarkt im weiteren Sinn" bezeichnet man den Markt, auf dem Kapitalanlagen angeboten und nachgefragt werden.[16] Er bildet die Gesamtheit der Institutionen und Transaktionen, durch die längerfristige Finanzierungsmittel bestimmten Rechtsträgern zur Bildung von Sachkapital direkt zugeführt oder vermittelt werden.[17]

Innerhalb der vorgenannten Definition ist weiter hinsichtlich des Organisierungsgrades des Marktes zu unterscheiden. Der „organisierte" Kapitalmarkt beschreibt den durch Gesetz oder Gewohnheit institutionalisierten sowie durch Publizität und dauerhafte Organisation[18] charakterisierten Markt, die börsenrechtliche Organisation der (primären und sekundären) Marktsegmente und Handelsformen, die Zulassung und Einführung von Wertpapieren[19] in den Börsenhandel sowie die Aufsicht hierüber. Er umfasst in erster Linie den Markt, auf dem als klassische Anlagetitel Aktien, Anleihen, Schuldverschreibungen sowie Genussscheine gehandelt werden und wird als „Kapitalmarkt im engeren Sinn" bezeichnet.[20]

Im Gegensatz hierzu umfasst der sogenannte „graue" Kapitalmarkt alle nicht am organisierten Markt öffentlich vertriebenen Risikoanlagen. Hierzu zählen vor allem geschlossene Immobilienfonds, ausländische Warentermingeschäfte, Bauherrenmodelle und Beteiligungen an Abschreibungsmodellen.[21] Lange Zeit hatte der Gesetzgeber auf eine direkte Regulierung des grauen Kapitalmarkts verzichtet und sich nur dem organisierten Markt gewidmet.[22] Inzwischen wurde für auf dem grauen Kapitalmarkt gehandelte Papiere wenigstens eine Prospektpflicht eingeführt. So sieht das am 1. Juli 2005 in Kraft

---

15 Feldhaus, Ad-hoc-Publizität, S. 63; Kümpel, Kapitalmarktrecht, Rn. 8.124 f.; zur Abgrenzung von Kapital- und Geldmarkt Borchert, Geld und Kredit, S. 36 f.; Lenenbach, Kapitalmarktrecht, Rn. 1.7.

16 GroßkommAktG/Assmann, Einl. Rn. 354; Claussen, Bank- und Börsenrecht, § 9 Rn. 1a.

17 Kalss, in: Rill (Red.), FS Wirtschaftsuniversität Wien, S. 183 (184); Loistl, Kapitalmarkttheorie, S. 5.

18 Schacht, Kapitalmarktaufsicht, S. 12.

19 Zum Wertpapierbegriff i.S.d. Kapitalmarktrechts Bartz, in: Derleder u.a. (Hrsg.), Bankrecht, § 50 Rn. 3.

20 GroßkommAktG/Assmann, Einl. Rn. 418; Kümpel, Kapitalmarktrecht, Rn. 8.126. Für eine noch feinere, hier aber zu weit führende Unterscheidung Büschgen/Börner, Bankbetriebslehre, S. 104 f.

21 GroßkommAktG/Assmann, Einl. Rn. 420; Schacht, Kapitalmarktaufsicht, S. 14.

22 GroßkommAktG/Assmann, Einl. Rn. 420; Kümpel, Kapitalmarktrecht, Rn. 8.155.

getretene Wertpapier-Verkaufsprospektgesetz[23] für nicht in Wertpapieren
verbriefte Anlageformen eine Prospektpflicht vor.[24] Soweit wertpapiermäßig
verbriefte Kapitalanlagen öffentlich angeboten oder zum Handel an einem
organisierten Markt zugelassen werden sollen, verlangt das ebenfalls am 1. Juli
2005 in Kraft getretene Wertpapierprospektgesetz (WpPG)[25] ebenfalls die
Veröffentlichung eines Prospekts. Von diesen Pflichten abgesehen, bleibt die
Regulierung des grauen Marktes durch den Gesetzgeber jedoch lückenhaft.
So erstrecken sich zum Beispiel die Wertpapierhandelsgesetz (WpHG)[26] enthaltenen Regelungen zum Insiderhandel oder zur Marktmanipulation gerade
nicht auf Anlageinstrumente, die ausschließlich auf dem grauen Markt gehandelt werden.[27] Da jedoch Regelungen im Zusammenhang mit Insiderhandel
und Marktmanipulation einen erheblichen Teil dieser Arbeit ausmachen werden, wird sich diese Untersuchung begrifflich auf den Kapitalmarkt im engeren Sinn beschränken.

2. Funktion

Aus volkswirtschaftlicher Sicht dienen Kapitalmärkte vor allem der Umschichtung (Transformation) der Ersparnisse der privaten Haushalte in das
für unternehmerische Investitionen benötigte Kapital. Auf diese Art soll gewährleistet werden, dass die knappen Ressourcen der verfügbaren Ersparnisse
dorthin fließen, wo der jeweils dringendste Bedarf an Investitionsmitteln die
höchste Rendite bei ausreichender Sicherheit der Anlage verspricht.[28] Diese

---

23 Wertpapier-Verkaufsprospektgesetz (Verkaufsprospektgesetz) in der Fassung der Be-
    kanntmachung v. 9.09.1998 (BGBl. I, S. 2701), zuletzt geändert durch Art. 8 des Ge-
    setzes vom 16.07.2007 (BGBl. I, S. 1330).
24 Vgl. das Gesetz zur Verbesserung des Anlegerschutzes v. 28.10.2004 (BGBl. I,
    S. 2630); Groß, KMR, §§ 8f-8k Rn. 2.
25 Gesetz über die Erstellung, Billigung und Veröffentlichung des Prospekts, der beim
    öffentlichen Angebot von Wertpapieren oder bei der Zulassung von Wertpapieren
    zum Handel an einem organisierten Markt zu veröffentlichen ist (Wertpapier-
    prospektgesetz) v. 22.06.2005 (BGBl. I, S. 1698), zuletzt geändert durch Art. 11 des
    Gesetzes v. 5.01.2007 (BGBl. I, S. 10); vgl. Assmann, in: Assmann u.a. (Hrsg.), Ver-
    kaufsProspG-Kommentar, Einl. VerkProspG Rn. 5;.
26 Gesetz über den Wertpapierhandel (Wertpapierhandelsgesetz) in der Fassung der Be-
    kanntmachung v. 9.09.1998 (BGBl. I, S. 2708), zuletzt geändert durch Art. 1 des Ge-
    setzes v. 16.07.2007 (BGBl. I, S. 1330).
27 Assmann, in: Assmann/Schneider, WpHG, § 12 Rn. 6 sowie § 20a Rn. 27.
28 Assmann, in: Assmann/Schütze (Hrsg.), Kapitalanlagerecht, § 1 Rn. 24; Kübler, AG
    1977, S. 85 (89); Kümpel, Kapitalmarktrecht, Rn. 8.417; Schacht, Kapitalmarktauf-
    sicht, S. 15.

Transformation von Ersparnissen in Investitionskapital gestattet nicht nur die Bündelung kleinerer Anlagebeträge zu größeren Einheiten. Sie ermöglicht auch die Umschichtung von Fristen (kurzfristig verfügbares Kapital in langfristiges Anlagekapital) und Risiken (durch den Schuldnerwechsel des investierenden Anlegers).[29] Die Funktionsfähigkeit der Kapitalmärkte hat deshalb für eine marktwirtschaftlich orientierte Volkswirtschaft einen besonderen Stellenwert.[30] Beteiligte in diesem Allokationsszenario sind Kapital suchende Unternehmen, Anleger, zwischen den Vorgenannten vermittelnde Finanz- und Informationsintermediäre wie Banken, Börsen und Ratingagenturen sowie Aufsichtsbehörden.[31]

3. Relevante Märkte

Für diese Untersuchung sind zunächst die Märkte relevant, an denen Finanzierungstitel gehandelt werden. Sie werden – je nachdem, ob ein Titel erstmals öffentlich angeboten oder als bereits platzierter Titel gehandelt wird – in Primär- und Sekundärmärkte unterschieden.[32] Daneben können für die Funktionsfähigkeit von Finanzierungsbeziehungen auch sogenannte Annexmärkte[33] Bedeutung erlangen. Diese üben zum einen der Mechanismus der Unternehmenskontrolle aus,[34] zum anderen sind sie in der Lage, Finanztitelmärkte durch den Handel von Informationen zu unterstützen. Zwar ist bereits die Informationsbeschaffung und -verbreitung Funktionsvoraussetzung der Wertpapiermärkte, doch ist hierdurch nicht gewährleistet, dass sämtliche verfügbaren Informationen den potentiellen Kapitalgeber erreichen und von diesem adäquat genutzt werden. Als Folge haben sich Anlageinformation und Anlageberatung zu einem auf die Unterstützung der Funktion von Finanztitelmärkten ausgerichteten Gut entwickelt. Dieses ist jedoch ebenfalls der Gefahr von Marktversagen ausgesetzt und bedarf daher regulatorischer Kontrolle.[35]

---

29 Hierzu Borchert, Geld und Kredit, S. 34 f.; Büschgen/Börner, Bankbetriebslehre, S. 22.
30 Caspari, ZGR 1994, S. 530 (532); Kümpel, Kapitalmarktrecht, Rn. 8.417.
31 Vgl. Kohl/Walz, AG 1977, S. 29 (29).
32 Behrens, Risikokapitalbeschaffung, S. 87; die Begriffe erläuternd Hopt, ZHR 141 (1977), S. 389 (425).
33 GroßkommAktG/Assmann, Einl. Rn. 397.
34 Zu den hier nicht weiter vertieften disziplinierenden Kontrollmechanismen (z.B. Unternehmensübernahmen bei niedrigen Aktienkursen oder schlechtem Management) und ihren Schwächen Manne, 73 J. Pol. Econ. 110, 110 et seq. (1965) sowie Meier-Schatz, ZSR 107 (1988), S. 191 (203 f., 213 ff.).
35 GroßkommAktG/Assmann, Einl. Rn. 397 f.

Mögliche Beteiligte dieser Annexmärkte sind die hier nicht weiter behandelten Börsendienste, Anlageberater oder Vermögensverwalter. Jedoch stellen auch die von Ratingagenturen in letzter Zeit zunehmend angebotenen zusätzlichen Beratungstätigkeiten[36] eine für diesen Annexmarkt relevante Dienstleistung dar. Daher umfasst die Untersuchung neben den Primär- und Sekundärmärkten auch diesen informationsbezogenen Annexmarkt, soweit er mit dem Ratingwesen in Zusammenhang steht.

II. Kapitalmarktrecht als Rechtsbegriff

Die Regulierung des Kapitalmarkts sowie die Bestimmung seiner Zielsetzungen und Funktionen erfolgen durch kapitalmarktrechtliche Regelungen. Für die Frage einer möglichen Regulierung durch Ratings ist es daher erforderlich, diese Regelungen begrifflich einzuordnen. In den angelsächsischen, aber auch in anderen Ländern bildet das Kapitalmarktrecht bereits seit langem einen allgemein anerkannten, eigenständigen Rechtsbegriff.[37] In Deutschland entstand ein Verständnis für das Kapitalmarktrecht als Begriff, Kategorie und eigenständiges Rechtsgebiet aufgrund seiner Verflechtungen mit anderen Rechtsgebieten erst gegen Ende der siebziger Jahre,[38] hat sich aber inzwischen auch in der deutschen Rechtsordnung einen eigenen begrifflichen Platz erobert.[39] Allerdings besteht trotz einer einheitlichen Verwendung des Begriffs über seine Definition und Regelungsziele weiterhin Uneinigkeit.[40] Daher werden nunmehr die für diese Untersuchung erforderlichen begrifflichen Eingrenzungen vorgenommen.

---

36 Siehe hierzu nachfolgend S. 62.

37 Kübler, AG 1977, S. 85 (87); Kümpel, Kapitalmarktrecht, Rn. 8.1; Zimmer, Internationales Gesellschaftsrecht, S. 36 f.; Hopt, ZHR 140 (1976), S. 201 (U.S.A.: 203 ff.; Belgien: 215 ff.; Frankreich: 227 ff.).

38 Behrens, Risikokapitalbeschaffung, S. 80 f.; Kohl/Walz, AG 1977, S. 29 (29); zur Genese des deutschen Kapitalmarktrechts Zimmer, Internationales Gesellschaftsrecht, S. 35 ff.

39 Assmann, in: Assmann/Schütze (Hrsg.), Kapitalanlagerecht, § 1 Rn. 1; Hopt, ZHR 141 (1977), S. 389 (431); Kübler, AG 1977, S. 85 (87); Kümpel, Kapitalmarktrecht, Rn. 8.1.

40 Hopt, in Grundmann (Hrsg.), Systembildung, S. 307 (314); Kalss, in: Rill (Red.), FS Wirtschaftsuniversität Wien, S. 183 (185); Kümpel, Kapitalmarktrecht, Rn. 8.32; Schneider, AG 2001, S. 269 (270).

1. Definition

Nach einer engeren Definition, die zugleich den Minimalkonsens darstellt, erfasst das Kapitalmarktrecht die Verfassung des Kapitalmarkts, sämtliche Bestimmungen zur Regulierung von Transaktionen zwischen Emittenten und Anlegern (Primärmarkt) sowie zwischen verschiedenen Anlegern unter Vermittlung von Finanzintermediären (Sekundärmarkt) und schließlich die Aufsicht über die Marktteilnehmer und die von ihnen getätigten Geschäfte.[41] Ein umfassenderer Ansatz versteht unter Kapitalmarktecht die Funktionsbedingungen und Regulative des Marktes, auf dem Kapitalanlagen unter anderem in Form von Gesellschaftsbeteiligungen angeboten werden[42] und schließt danach auch das kapitalmarktbezogene Vertragsrecht,[43] das Gesellschaftsrecht, Bankrecht, Steuerrecht und weitere Rechtsgebiete mit ein.[44] Eine Entscheidung zwischen beiden Ansätzen ist hier nicht erforderlich. Eine Regulierung des Kapitalmarkts durch Ratings würde die Inanspruchnahme der Leistungen von Ratingagenturen als Informationsintermediäre bedeuten. Diese werden in Zusammenhang mit Transaktionen auf dem Primär- und Sekundärmarkt nachgefragt. Eventuelle, auch aufsichtsrechtliche,[45] Regelungen zur Indienstnahme dieser Leistungen werden daher durch beide genannten Ansichten erfasst.[46]

2. Rechtsquellen

Das Kapitalmarktrecht speist sich aus einer Vielzahl kaum überschaubarer Rechtsquellen,[47] welche sich als eine Gemengelage wirtschaftlicher, zivilrechtlicher, strafrechtlicher und öffentlich-rechtlicher Normen darstellen.[48]

---

41 Claussen, Bank- und Börsenrecht, § 9 Rn. 1a; Schneider, AG 2001, S. 269 (271).

42 Vgl. Schneider, AG 2001, S. 269 (271); zum europäischen Kapitalmarktrechtsbegriff Assmann/Buck, EWS 1990, S. 110 (113 f.), S. 190 ff., S. 220 ff.

43 In diesem Sinne Kümpel, Kapitalmarktrecht, Rn. 8.32.

44 Hopt, in: Grundmann (Hrsg.), Systembildung, S. 307 (315); Schneider, AG 2001, S. 269 (271); vgl. auch Kalss, in: Rill (Red.), FS Wirtschaftsuniversität Wien, S. 183 (192).

45 Hierzu Schneider, AG 2001, S. 269 (271).

46 Vgl. hierzu auch Hopt, in: Grundmann (Hrsg.), Systembildung, S. 307 (315) mit einer vergleichbaren Aussage für Banken, soweit diese als Finanzintermediäre am Kapitalmarkt tätig werden.

47 Kümpel, Kapitalmarktrecht, Rn. 8.434; vgl. auch Behrens, Risikokapitalbeschaffung, S. 83 f.

48 Assmann, in: Assmann/Schütze (Hrsg.), Kapitalanlagerecht, § 1 Rn. 31; Schwark, Anlegerschutz, S. 16 ff; zum ebenfalls bedeutsamen Richterrecht Lenenbach, Kapitalmarktrecht, Rn. 1.55.

a) Besondere kapitalmarktrechtliche Regelungen

Teilgebiete des Kapitalmarktrechts hat der Gesetzgeber besonders kodifiziert. Beispiele sind vor allem das Wertpapierhandelsgesetz als Keimzelle des deutschen Kapitalmarktrechts[49] sowie das Börsengesetz[50] mit seinen überwiegend organisationsrechtlichen Normen für das Handelsgeschehen an den Wertpapierbörsen.[51]

b) Allgemeine Regelungen mit kapitalmarktrechtlicher Relevanz

Darüber hinaus existieren Normen, die zwar nicht als speziell kapitalmarktrechtliche Vorschriften kodifiziert wurden, jedoch in wirtschaftsrechtlicher Sicht marktbezogene Sachverhalte regeln. Hierbei handelt es sich im Wesentlichen um Normen des Aktien- und Handelsrechts wie zum Beispiel der aktienrechtlichen Rechnungslegung oder handelsgesetzlichen Rechtsformpublizität.[52] Diese lassen sich dann dem Kapitalmarktrecht zurechnen, wenn ihnen dem Gesetzeszweck nach zumindest auch kapitalmarktbezogene Wirkungen zukommen sollen.[53]

c) Marktrelevante Gesetzesbestimmungen ohne kapitalmarktrechtliche Normenqualität

Weiterhin existieren zahlreiche allgemeine Gesetzesbestimmungen, deren Gesetzeszweck zwar nicht so stark auf den Kapitalmarkt ausgerichtet ist, dass ihnen kapitalmarktrechtliche Normenqualität zugemessen werden könnte, die jedoch für die Ordnung der kapitalmarktbezogenen Rechtsmaterie unverzichtbar sind. Hier ist vor allem an § 433 BGB als Grundlage der meisten am Kapitalmarkt getätigten Wertpapiergeschäfte zu denken.[54]

---

49 Kübler, SZW 1995, S. 223 (224); Kümpel, Kapitalmarktrecht, Rn. 8.439; zur Bedeutung des Wertpapierhandelsgesetzes auch Hopt, ZHR 159 (1995), S. 135 (136).

50 Börsengesetz v. 21.06.2002 (BGBl. I, S. 2010), zuletzt geändert und neu bekannt gemacht durch Art. 2 des Gesetzes v. 16.07.2007 (BGBl. I, S. 1330).

51 Kümpel, Kapitalmarktrecht, Rn. 8.439; Lenenbach, Kapitalmarktrecht, Rn. 1.52; a.A. Hopt, ZHR 141 (1977), S. 389 (432), der dem Börsenrecht nur dann einen kapitalmarktrechtlichen Charakter zubilligt, soweit es Börsenzulassung und Börsenhandel fungibler Kapitalmarktpapiere regelt.

52 Eingehend hierzu Kümpel, Kapitalmarktrecht, Rn. 8.440 ff., mit ausgesuchten Beispielen.

53 Behrens, Risikokapitalbeschaffung, S. 84; Kümpel, Kapitalmarktrecht, Rn. 8.440.

54 Kümpel, Kapitalmarktrecht, Rn. 8.443 f.; vgl. auch Hirte/Heinrich, ZBB 2001, S. 388 (390); Zeitler, WM 2001, S. 1397 (1400).

d) Kapitalmarktrechtliche Standards

Zu guter Letzt speist sich das Kapitalmarktrecht auch aus kapitalmarktbezogenen Standards. Hierbei handelt es sich nicht um Regelungen im Sinne materieller Gesetze, sondern um Verhaltensmaßstäbe, an denen sich die Praxis orientieren kann. Sie beruhen meist auf unverbindlichen Empfehlungen, welche die Marktteilnehmer aber im wohlverstandenen eigenen Interesse befolgen.[55] Ein Beispiel stellen die Empfehlungen des Basler Ausschusses für Bankenaufsicht dar.[56] Daneben sind jedoch auch die norminterpretierenden Verlautbarungen von Verwaltungsbehörden oder sonstigen Institutionen und Gremien zu nennen, die über keine eigenen legislativen Befugnisse verfügen. Hierzu zählen vor allem die Richtlinien der Bundesanstalt für Finanzdienstleistungsaufsicht.[57]

III. Regelungsziele und Schutzzwecke

Der Gesetzgeber verfolgt mit seinen kapitalmarktrechtlichen Regelungen zwei vorrangige Ziele: Die Sicherung des Funktionsschutzes des Kapitalmarkts auf der einen sowie des hinreichenden Individualschutzes der Anleger auf der anderen Seite.[58]

1. Funktionsschutz

Nach dem Willen des Gesetzgebers hat sich die Funktionsfähigkeit des Kapitalmarkts ausschließlich am öffentlichen Interesse an effizienten Märkten auszurichten.[59] Die Effizienz des Kapitalmarkts ist danach an dem aus vielen besonderen privaten und öffentlichen Einzelinteressen abgeleiteten Gemein-

---

55 Kümpel, Kapitalmarktrecht, Rn. 8.34; Lutter, ZGR 2000, S. 1 (18).
56 Vgl. Flesch, ZKredW 1996, S. 1042 (1044); Hirte/Heinrich, ZBB 2001, S. 388 (390); Jungmichel, WM 2003, S. 1201 (1201); Zeitler, WM 2001, S. 1397 (1400).
57 Vgl. Kümpel, Kapitalmarktrecht, Rn. 8.37 f.; Lenenbach, Kapitalmarktrecht, Rn. 1.54.
58 Assmann, AG 1993, S. 549 (549); Grundmann, Treuhandvertrag, S. 74; Kalss, in: Rill (Red.), FS Wirtschaftsuniversität Wien, S. 183 (188); Kümpel, Kapitalmarktrecht, Rn. 8.388; zu ähnlichen Zielen des englischen Financial Services and Markets Act (Marktvertrauen, öffentliche Bewusstseinsbildung, Anlegerschutz, Verringerung finanzmarktrechtlicher Kriminalität) Fleischer, RIW 2001, S. 817 (820 f.).
59 Finanzausschuss des Deutschen Bundestages, BT-Drucks. 12/7918, S. 102; Kümpel, Kapitalmarktrecht, Rn. 8.393.

interesse zu orientieren.[60] Dieses hat viele Facetten. So ist zum Beispiel die internationale Wettbewerbsfähigkeit einer Volkswirtschaft entscheidend von der Funktionsfähigkeit ihrer Finanzmärkte abhängig.[61] Ebenso ist der allgemeine Finanzierungsbedarf in Deutschland angesichts des Wiederaufbaus in den neuen Bundesländern sowie der strukturellen Veränderungen der deutschen Wirtschaft weiterhin beträchtlich.[62] Zu guter Letzt dient auch in Deutschland der Kapitalmarkt für den Erwerb von Aktien und Schuldverschreibungen zunehmend der privaten Altersvorsorge.[63] Diese Gesichtspunkte untermauern das große Interesse des Staates an einem funktionsfähigen und effizienten Kapitalmarkt. Als Voraussetzungen hierfür werden drei Teilaspekte unterschieden: die institutionelle, operationale und die allokative Funktionsfähigkeit.

a) Institutionelle Funktionsfähigkeit

Die institutionelle Funktionsfähigkeit bildet die Grundvoraussetzung für das Entstehen eines Kapitalmarkts überhaupt. Zu ihr zählen neben einem möglichst ungehinderten Marktzugang sowie der Erhaltung und Festigung des (langfristigen) Vertrauens in die Stabilität und Integrität des Marktes und seiner Institutionen vor allem auch die Berechenbarkeit der Risikofaktoren der auf dem Markt angebotenen Anlagen.[64] Hierzu ist nicht zuletzt der Austausch von Information erforderlich, da nur so eine Markttransparenz entsteht, die einen Vergleich unterschiedlicher Anlagen möglich macht.[65] Zur Sicherstellung dieser institutionellen Effizienz enthält das Kapitalmarktrecht Regelungen zur Reduzierung des Anlage- und Informationsbeschaffungsrisikos durch (Ad-hoc-)Publizitätsvorschriften,[66] zur Sicherung des Vertrauens des Anlegerpublikums durch ein insiderrechtliches Gleichbehandlungsgebot,[67] zur

---

60 Kümpel, Kapitalmarktrecht, Rn. 8.394; vgl. Wolff u.a., Verwaltungsrecht I, § 29 Rn. 5, 8.

61 Kalss, in: Rill (Red.), FS Wirtschaftsuniversität Wien, S. 183 (183 f.); Kümpel, Kapitalmarktrecht, Rn. 8.395; vgl. auch Kurth, WM 1998, S. 1715 (1715).

62 Begr. RegE zum 2. FMFG, BT-Drucks. 12/6679, S. 33; Kümpel, Kapitalmarktrecht, Rn. 8.395.

63 Behrens, Risikokapitalbeschaffung, S. 3; Kümpel, Kapitalmarktrecht, Rn. 8.396. Zur diesbezüglich wesentlich früheren Entwicklung in den U.S.A. Kübler, SZW 1995, S. 223 (224).

64 GroßkommAktG/Assmann, Einl. Rn. 360; Kümpel, Kapitalmarktrecht, Rn. 8.400.

65 Kübler, AG 1977, S. 85 (89).

66 Behrens, Risikokapitalbeschaffung, S. 188; Kübler, AG 1977, S. 85 (89); vgl. auch Finanzausschuss des Deutschen Bundestages, BT-Drucks. 12/7918, S. 96.

67 Vgl. Assmann, ZGR 1994, S. 494 (528); Behrens, Risikokapitalbeschaffung, S. 189.

Transparenz der Aktionärsstruktur[68] sowie zu den Verhaltenspflichten für Marktintermediäre.[69]

b) Operationale Funktionsfähigkeit

Die operationale Funktionsfähigkeit hängt vor allem von den Kosten ab, die den Marktteilnehmern bei ihren Transaktionen auf dem Primär- und Sekundärmarkt erwachsen, da vergleichsweise niedrige Kosten die Akzeptanz und Effizienz des Marktes steigern.[70] So kann die Höhe der erforderlichen Aufwendungen für das Verfahren der Börsenzulassung (zum Beispiel Zulassungsgebühren der Wertpapierbörse oder Kosten für Pflichtveröffentlichungen) Emittenten dazu bewegen, ausländischen Börsen den Vorzug zu geben.[71] Für die Anleger ist bedeutsam, ob und inwieweit diese Transaktionskosten mit Hilfe kapitalmarktrechtlicher Publizität verringert werden können. Diese kann zum einem die Auswahl der günstigsten Anlage erleichtern, zum anderen können diejenigen Kosten gespart werden, die bei der Beschaffung der erforderlichen Daten ohne ein kapitalmarktrechtliches Informationssystem anfallen würden, um eine informierte Anlageentscheidung treffen zu können.[72] Dies ist vor allem dann der Fall, wenn die hierfür wesentlichen Informationen nicht mehr – oder wenigstens nur noch zu stark verminderten Kosten – privat beschafft werden müssen, weil sie durch staatliche Regelung für jeden Interessierten zur Verfügung gestellt werden.[73]

---

68 Vgl. Kümpel, Kapitalmarktrecht, Rn. 8.406.
69 Vgl. z.B. die Bestimmungen der §§ 31 ff. WpHG mit Verhaltenspflichten für Wertpapierdienstleistungsunternehmen.
70 GroßkommAktG/Assmann, Einl. Rn. 359; ausführlich hierzu Kübler, AG 1977, S. 85 (89); Kümpel, Kapitalmarktrecht, Rn. 8.412; Lenenbach, Kapitalmarktrecht, Rn. 1.42.
71 Behrens, Risikokapitalbeschaffung, S. 8; Kümpel, Kapitalmarktrecht, Rn. 8.413 mit weiteren Kostenquellen; zur Kostensenkung durch staatlich angeordnete Publizität Kübler, AG 1977, S. 85 (89).
72 Vgl. Kübler, AG 1977, S. 85 (89); Kümpel, Kapitalmarktrecht, Rn. 8.415; Schwark, ZGR 1976, S. 271 (294); Wiedemann, BB 1975, S. 1591 (1593, 1598).
73 Vgl. Kübler, AG 1977, S. 85 (89), der auch auf bestehende Beispiele in der deutschen Rechtsordnung für eine Rationalisierung der Informationsverschaffung hinweist. So kostet z.B. die Führung des Grundbuchs oder Handelsregisters Steuermittel, erspart aber dafür private Aufwendungen, um die Belastung eines Grundstücks oder die Vertretungsverhältnisse einer Handelsgesellschaft festzustellen.

c) Allokative Funktionsfähigkeit

Unter der allokativen Funktionsfähigkeit versteht man in erster Linie die Fähigkeit des Kapitalmarkts, eine optimale Umschichtung der Ersparnisse der privaten Haushalte in unternehmerisches Investitionskapital zu ermöglichen, so dass der dringendste Bedarf an Investitionsmitteln und die höchste Rendite bei ausreichender Sicherheit der Anlage zusammenfallen.[74] Diese Funktion kann der Kapitalmarkt jedoch nur bei ausreichendem Vertrauen der potentiellen Anleger in die Integrität und die Fairness des Marktes[75] sowie bei einem Höchstmaß an aktuellen Informationen und Markttransparenz[76] wahrnehmen.

Angesichts der großen Bedeutung von Transparenz und Information für die Allokationseffizienz stellt sich die Frage, inwieweit es möglich und sinnvoll ist, die allokative Leistung durch gesetzliche Regelungen zu steigern. Noch in den 1970er Jahren wurde der Nutzen solcher Maßnahmen teilweise verneint.[77] Inzwischen hat sich jedoch die Auffassung durchgesetzt, dass Markteffizienz in erster Linie durch Informationseffizienz erreicht wird[78] und eine gesetzlich vorgeschriebene Publizität die Kapitalallokation jedenfalls dann verbessert, wenn sie die Informationsbasis der Anlageentscheidung stärkt.[79] Denn besteht aufgrund zu hoher Informationsbeschaffungskosten ein Informationsdefizit des Investors, kommt es zu einer einseitigen Risikozuordnung und zu einer ökonomischen Verletzbarkeit. Mittelfristig droht die Marktabwanderung der Investoren, langfristig das Versagen des Kapitalmarkts.[80]

74 Assmann, in: Assmann/Schütze (Hrsg.), Kapitalanlagerecht, § 1 Rn. 24; Kübler, AG 1977, S. 85 (89); Kümpel, Kapitalmarktrecht, Rn. 8.417; Lenenbach, Kapitalmarktrecht, Rn. 1.40.

75 Behrens, Risikokapitalbeschaffung, S. 9; Caspari, ZGR 1994, S. 530 (533); Kümpel, Kapitalmarktrecht, Rn. 8.418; vgl. auch Kurth, WM 1998, S. 1715 (1715).

76 GroßkommAktG/Assmann, Einl. Rn. 358; Kübler, AG 1977, S. 85 (89).

77 Vgl. Stützel, ZKredW 1976, S. 1060 (1063 f.).

78 Schwark, in: Schneider u.a. (Hrsg.), FS Lutter, S. 1528 (1535, 1537); vgl. auch Behrens, Risikokapitalbeschaffung, S. 185 f.; Müller, Die Bank 2001, S. 836 (836); Weber, NJW 1994, S. 2849 (2857 ff.).

79 Kübler/Assmann, Gesellschaftsrecht, S. 469 f.; Schwark, in: Schneider u.a. (Hrsg.), FS Lutter, S. 1528 (1535); zu den Vorteilen standardisierter Informationspflichten Steinhübel, Die private Computerbörse, S. 94.

80 In diesem Sinne Lenenbach, Kapitalmarktrecht, Rn. 1.41.

2. Anleger- oder Individualschutz

Neben den Funktionsschutz des Kapitalmarkts tritt das Ziel des Anleger-
oder Individualschutzes.[81] Hierunter versteht man den Schutz des Anlegers
gegen Substanzverluste durch unseriöse Angebote sowie gegen die Schmäle-
rung seiner Gewinnchancen durch Insidertransaktionen.[82] Zwar werden teilweise Einwände gegen die Notwendigkeit eines Individualschutzes als Rege-
lungsziel des Kapitalmarktrechts geäußert,[83] doch bestehen zahlreiche Gründe
für einen derartigen Anlegerschutz. Diese können normativer Natur sein oder
in spezifischen Anlegerrisiken oder die Marktfunktion schützenden Aspekten
liegen.

a) Normative Gründe für einen kapitalmarktrechtlichen Anlegerschutz

Durch einen Anlegerschutz lassen sich zahlreiche rechts- und wirtschaftspoli-
tische Ziele erreichen. Sozialpolitisch kann ein Individualschutz zur Ergänzung und Entlastung der staatlichen Sicherungssysteme durch private Altersvorsorge über den Kapitalmarkt beitragen,[84] aber auch die Selbstschädigung
geschäftlich unerfahrener Anleger bei (spekulativen) Anlagegeschäften verhindern helfen. Gesellschaftspolitisch kann er die private Investitionsneigung
dadurch stimulieren, dass ein ausreichendes Sicherheitsgefühl der Investoren
diese zu wiederholten Investitionen am Markt anregt. Überdies lassen zahlreiche Studien den Schluss zu, dass anlegerschützende Vorschriften und ihre
wirksame Durchsetzung eine wesentliche Voraussetzung für entwickelte und
liquide Kapitalmärkte darstellen.[85] Die hierdurch geförderte Mobilisierung
privater Geldvermögen kann – wirtschaftspolitisch wünschenswert – zu einer
Verbesserung der Eigenkapitalausstattung der Unternehmen führen.[86] Wohl-
fahrtspolitisch kann ein Individualschutz die Allokationseffizienz verbessern,

---

81 Grundmann, Treuhandvertrag, S. 74; Kümpel, Kapitalmarktrecht, Rn. 8.389.
82 Hopt, Kapitalanlegerschutz, S. 261; Kübler, AG 1977, S. 85 (87); Grundmann, Treu-
    handvertrag, S. 74.
83 Ausführlich hierzu Kübler, AG 1977, S. 85 (87 f.).
84 Vgl. Kübler, SZW 1995, S. 223 (224); Kümpel, Kapitalmarktrecht, Rn. 8.396;
    Schwark, Anlegerschutz, S. 12; zur Aktie als Instrument der Altersvorsorge Deutsche
    Bundesbank, Monatsbericht Januar 1997, S. 40.
85 Vgl. die Studien von La Porta et al., 55 J. Fin. 1 (2000); dies., 106 J. Pol. Econ. 1113
    (1998); dies., 52 J. Fin. 1131 (1997); ebenso La Porta et al., 54 J. Fin. 471 (1999). Zur
    rechtswissenschaftlichen Aufbereitung Black, 48 UCLA L. Rev. 781, 834 et seq.
    (2001); Coffee, 25 Iowa J. Corp. L. 1, 2 (1999).
86 Vgl. Deutsche Bundesbank, Monatsbericht Januar 1997, S. 40; Schwark, Anleger-
    schutz, S. 12.

indem er das Vertrauen des (möglicherweise auch ausländischen) Anlegers in die Integrität und Fairness des deutschen Kapitalmarkts stärkt und so zur bestmöglichen Allokation von freiem Kapital beiträgt.[87] Eine Vertrauensstärkung ausländischer Investoren kann zudem wettbewerbspolitisch positive Folgen haben, da eine Umschichtung ausländischen Kapitals in den deutschen Kapitalmarkt auch die internationale Wettbewerbsfähigkeit der hiesigen Volkswirtschaft fördert.[88]

b) Anlegerrisiken

Mit jeder Kapitalanlage übernimmt der Investor unternehmerische Risiken, die durch den Anlegerschutz minimiert werden sollen. Diese Risiken können, wenn man Überschneidungen außer Acht lässt, in vier Gruppen[89] zusammengefasst werden:

Die erste Gruppe beinhaltet das Informations- und Opportunitätsrisiko des Anlegers in Hinblick auf eine sachgerechte Anlageentscheidung. Das Informationsrisiko beschreibt das Bedürfnis des Anlegers nach korrekter Information über die gegenwärtige und zukünftige Ertrags- und Vermögenslage seiner Investition. Das Opportunitätsrisiko bezeichnet das Risiko, dass der Anleger unter Berücksichtigung alternativer Anlageangebote und -formen eine seinen Interessen gerecht werdende Investitionsentscheidung trifft.[90]

Die zweite Gruppe umfasst das Substanzerhaltungs- und Ertragsrisiko sowie das Abwicklungs- und Verwaltungsrisiko. Erstere bezeichnen die Gefahr, dass der Anleger keine Erträge aus seiner Kapitalanlage ziehen kann, sondern vielmehr befürchten muss, dass sich der Wert seiner Anlage vermindert oder völlig verloren geht. Das Substanzerhaltungs- und Ertragsrisiko hängen maßgeblich von dem Verhalten und den Fähigkeiten derjenigen ab, die über die Verwendung der angelegten Finanzmittel entscheiden oder sonst die Interessen des Anlegers wahrnehmen. Dieses hier weniger relevante Risiko wird als das Abwicklungs- und Verwaltungsrisiko bezeichnet.[91]

---

87 Assmann, in: Assmann/Schütze (Hrsg.), Kapitalanlagerecht, § 1 Rn. 24; Behrens, Risikokapitalbeschaffung, S. 4; Kübler, AG 1977, S. 85 (89); Kümpel, Kapitalmarktrecht, Rn. 8.417 f.

88 Behrens, Risikokapitalbeschaffung, S. 5.

89 In der Literatur werden die typischen Anlegerrisiken unterschiedlich gewichtet und gruppiert; vgl. hierzu GroßkommAktG/Assmann, Einl. Rn. 367 mit einem Überblick über die Literatur in Fn. 24.

90 GroßkommAktG/Assmann, Einl. Rn. 368, 373; Schwark, Anlegerschutz, S. 10.

91 GroßkommAktG/Assmann, Einl. Rn. 369 f.; Schwark, Anlegerschutz, S. 10 f.

Die dritte Gruppe beinhaltet das Liquiditätsrisiko, also das Risiko einer fehlenden Möglichkeit für den Anleger, sein Vermögen umzuschichten oder verbrauchen zu können. Ein solches Risiko besteht vor allem dann, wenn in Bezug auf die konkrete Anlageform kein (organisierter) Sekundärmarkt existiert.[92]

Schließlich ist noch das Konditionenrisiko des Anlegers zu nennen. Es realisiert sich überwiegend in den Preiselementen und Kosten der Anlage (beispielsweise in Emissionspreisen und -aufschlägen) sowie der Anlageberatung, -vermittlung und -verwaltung.[93]

3. Nachhaltigkeit der Regelungsziele und Schutzzwecke

Der Gesetzgeber entwickelt das Kapitalmarktrecht auch weiterhin im Sinne der oben geschilderten Leitmotive fort. Exemplarisch seien an dieser Stelle nur das Vierte Finanzmarktförderungsgesetz[94] oder das Anlegerschutzverbesserungsgesetz[95] erwähnt. Beide haben unter anderem eine weitere Verbesserung der Rechte der Anleger und mehr Markttransparenz zum Ziel.[96] So führte das Vierte Finanzmarktförderungsgesetz unter anderem neue Vorschriften zum Verbot der Kurs- und Marktpreismanipulation (§ 20a WpHG) in das Wertpapierhandelsgesetz ein und begründete die Pflicht zur Offenlegung von Geschäften des Managements mit Wertpapieren des eigenen Unternehmens (§ 15a WpHG). Das Anlegerschutzverbesserungsgesetz fasste das Insiderrecht sowie die Vorschriften über die Ad-hoc-Publizität (§ 15 WpHG) neu. Diese und andere für das Informations- und Opportunitätsrisiko des Anlegers wichtigen Insiderregelungen werden nachfolgend noch Gegenstand einer eingehenden Analyse sein.[97]

Mit den vorgenannten Maßnahmen war der Ansatz des Gesetzgebers, durch Regelungen zur Publizität die Informationsgrundlage der Anleger weiter zu verbessern, jedoch noch nicht abgeschlossen. So wurden Anfang 2007

---

92 GroßkommAktG/Assmann, Einl. Rn. 371; Schwark, Anlegerschutz, S. 10 f.; vgl. auch Wiedemann, BB 1975, S. 1591 (1594); ders., NJW, S. 282 (283).

93 GroßkommAktG/Assmann, Einl. Rn. 372; vgl. Kümpel, Kapitalmarktrecht, Rn. 8.416.

94 Gesetz zur weiteren Fortentwicklung des Finanzplatzes Deutschland v. 21.06.2002 (BGBl. I, S. 2010).

95 Gesetz zur Verbesserung des Anlegerschutzes v. 28.10.2004 (BGBl. I, S. 2630).

96 Hierzu sowie zu anderen Initiativen wie das Investmentmodernisierungsgesetz oder Maßnahmen zur Förderung von Asset-Backed Securities Kümpel, Kapitalmarktrecht, Rn. 8.5 bis 8.31; BMF, Pressemitteilung Nr. 35/2003 v. 06.03.2003; BMJ, Pressemitteilung Nr. 10/2003 v. 25.02.2003.

97 Siehe hierzu nachfolgend S. 232 ff. sowie S. 240 ff.

im Rahmen der Umsetzung der Vorschriften der Transparenzrichtlinie[98] zur Harmonisierung der Transparenzanforderungen in Bezug auf Emittenten in deutsches Recht durch das Transparenzrichtlinie-Umsetzungsgesetz[99] nicht nur zusätzliche Meldeschwellen bei Überschreiten bestimmter Aktienanteile,[100] sondern auch Bestimmungen zur besseren Veröffentlichung von Insiderinformationen, Aktienverkäufen der eigenen Gesellschaft durch Organmitglieder (*directors' dealings*), Stimmrechtsmitteilungen, et cetera eingeführt.

Angesichts der Vielzahl der vorgenannten Maßnahmen stellt sich jedoch die Frage, ob nicht irgendwann ein Punkt erreicht ist, an dem der einzelne Anleger die Flut an Informationen nicht mehr vernünftig verarbeiten kann (*information overkill*). In welchem Umfang Ratingagenturen hier eine Hilfestellung geben können, wird noch zu untersuchen sein.[101]

IV. Bundesanstalt für Finanzdienstleistungsaufsicht

Das starke öffentliche Interesse an der Funktionsfähigkeit des Kapitalmarkts erfordert für die Durchsetzung der kapitalmarktrechtlichen Normen (staatliche) Aufsichtsinstanzen.[102] Lange Zeit erfolgte die staatliche Marktaufsicht auf Basis aufsichtsrechtlicher EG-Bestimmungen, allen voran durch die inzwischen durch die Finanzmarktrichtlinie (MiFID)[103] ersetzte Wertpapierdienstleistungsrichtlinie[104], durch die Bundesaufsichtsämter für Kreditwesen (BAKred), Wertpapierhandel (BAWe) und Versicherungswesen (BAV), eine bei

---

98   Richtlinie 2004/109/EG des Europäischen Parlaments und des Rates v. 15.12.2004 zur Harmonisierung der Transparenzanforderungen in Bezug auf Informationen über Emittenten, deren Wertpapiere zum Handel auf einem geregelten Markt zugelassen sind, und zur Änderung der Richtlinie 2001/34/EG, ABl. EG Nr. L 390/38 v. 31.12.2004.

99   Transparenzrichtlinie-Umsetzungsgesetz v. 5.01.2007 (BGBl. I, S. 10).

100 So wurden in § 21 WpHG zu den bereits bestehenden Schwellen 5%, 10%, 25%, 50% und 75% zusätzlich die Schwellen 3%, 15%, 20%, 30% eingeführt.

101 Siehe hierzu nachfolgend S. 92 ff.

102 Kümpel, Kapitalmarktrecht, Rn. 18.1; vgl. auch Behrens, Risikokapitalbeschaffung, S. 202.

103 Richtlinie 2004/39/EG des Europäischen Parlaments und des Rates v. 21.04.2004 über Märkte für Finanzinstrumente, ABl. EU Nr. L 141/1 v. 30.04.2004.

104 Richtlinie 93/22/EWG des Rates v. 10.05.1993 über Wertpapierdienstleistungen, ABl. EG Nr. L 141/27 v. 11.06.1993; siehe in diesem Zusammenhang auch die entsprechende Durchführungsverordnung 1287/2006, ABl. EU Nr. L 241/1 v. 2.09.2006 sowie die Durchführungsrichtlinie 2006/73/EG, ABl. EU Nr. L 241/26 v. 2.09.2006.

den jeweiligen Ländern angesiedelte Börsenaufsicht,[105] einen Wertpapierrat,[106] eine Handelsüberwachungsstelle[107] sowie Selbstverwaltungsorgane.[108] Im Jahre 2002 fasste der Gesetzgeber die Organisationsstruktur der Einzelaufsicht durch das BAKred, BAWe und BAV zusammen und schuf mit der Bundesanstalt für Finanzdienstleistungsaufsicht (BaFin) eine sogenannte Allfinanzaufsicht.[109] Die Gründe hierfür liegen hauptsächlich in den tiefgreifenden Veränderungen der Marktverhältnisse. So bieten Banken und Versicherungen zunehmend Allfinanzstrategien, -lösungen und -produkte an. Diese Konvergenz von Bank-, Versicherungs-, und Wertpapierprodukten[110] zeigt sich vor allem bei der Daseins- und Altersvorsorge mit ihren Wertpapier- oder Fondssparplänen zur Unterstützung der späteren Rente. Daher sah sich der Gesetzgeber veranlasst, mit der BaFin auch im Bereich der Aufsicht sektorübergreifende Strukturen und Ressourcen zu schaffen.[111] So ist die BaFin zum einen für die Marktaufsicht über Wertpapierdienstleistungen verantwortlich. Hierzu gehören vor allem die Überwachung der Einhaltung der Verhaltensregeln für eine faire und Kunden schützende Anlageberatung, Betreuung und Analyse, die Bekämpfung von Insidergeschäften und Kurs- und Marktmanipulationen sowie die Kontrolle der Ad-hoc-Publizität und sonstiger Publizitätspflich-

---

105 Diese überwachen die ordnungsgemäße Durchführung des Handels und der Börsengeschäftsabwicklung; Claussen, Bank- und Börsenrecht, § 9 Rn. 27; ders., DB 1994, S. 969 (970); Kümpel, Bank- und Kapitalmarktrecht, Rn. 18.4, 18.116 ff.; Begr. RegE zum 2. FMFG, BT-Drucks. 12/6679, S. 60.

106 Dieser fungierte als Verbindungsglied zwischen dem BAWe und den Ländern; Claussen, DB 1994, S. 969 (970 f.); Kümpel; Bank- und Kapitalmarktrecht, Rn. 18.111 ff.

107 Diese ist vor allem für die selbständige und eigenverantwortliche Überwachung der Preisfindung zuständig; Claussen, DB 2994, S. 969 (971); Kümpel, Kapitalmarktrecht, Rn. 18.5.

108 Hierzu zählt z.B. der Börsenrat, der u.a. die Bedingungen für die Geschäfte am Kassa- und Terminmarkt oder die Börsenordnung erlässt; Kümpel, Kapitalmarktrecht, Rn. 17.359 ff.

109 Gesetz über die Bundesanstalt für Finanzdienstleistungsaufsicht v. 22.04.2002 (BGBl. I, S. 1310); Claussen, Bank- und Börsenrecht, § 9 Rn. 25; zur britischen Financial Services Authority als Vorbild der Allfinanzaufsicht Baas, DB 2001, S. 828 (828 f.); Binder, WM 2001, 2230 (2230 ff.); zur Tendenz in anderen europäischen Ländern, Allfinanzaufsichten einzurichten, Caspari, Allfinanzaufsicht, S. 5 f.

110 Siehe nur den sektorübergreifenden Allfinanzkonzern Dresdner Bank/Allianz; vgl. Caspari, Allfinanzaufsicht, S. 7; für weitere Beispiele Hagemeister, WM 2002, S. 1773 (1774).

111 Hagemeister, WM 2002, S. 1773 (1774); Kümpel, Kapitalmarktrecht, Rn. 18.74.

ten.[112] Darüber hinaus beaufsichtigt sie die Wertpapierfirmen und Kreditin-
stitute, soweit sie Wertpapierdienstleistungen erbringen und überwacht die
Zulassung der Unternehmen zum Wertpapiermarkt sowie deren Fähigkeit, ihre fälligen Verbindlichkeiten erfüllen zu können (Solvenzaufsicht).[113] Diese
Allfinanzaufsicht lässt in Hinblick auf die Kontrolle des Kapitalmarkts nicht
nur eine gesteigerte Effizienz der Aufsicht insgesamt, ein verbessertes
Kosten-Nutzen-Verhältnis der Aufsichtstätigkeit sowie eine Steigerung von
Synergieeffekten erwarten.[114] Sie hilft auch, Aufsichtsarbitrage zu verhindern,
indem sie es Banken, Versicherern und Finanzdienstleistern erschwert, untereinander Risiken zum Nachteil anderer Marktteilnehmer zu transferieren.[115]

V. Ergebnis

Der Kapitalmarkt hat die volkswirtschaftlich bedeutsame Aufgabe, Ersparnisse in Investitionskapital zu transformieren. Aufgrund der mit Anlageentschei-
dungen verbundenen Risiken ist seine Regulierung rechtspolitisch erforderlich. Die Leitmotive des Gesetzgebers sind hierbei der Funktions- sowie der
Anlegerschutz. Die Gewährleistung des Funktionsschutzes erfordert einen
ungehinderten Marktzugang sowie das Vertrauen der Investoren in die Stabilität, Fairness und Integrität des Marktes. Darüber hinaus ist die Sicherstellung
allseits verfügbarer Marktinformationen die wichtigste regulatorische Stell-
schraube, da sie zu einer größeren Markttransparenz führt. Allerdings besteht hierbei die Gefahr, dass bei ausufernder Publizität die Kapazitäten der
Anleger zur Informationsverarbeitung an ihre Grenzen stoßen (*information
overkill*) und der Grenznutzen jeder zusätzlichen Information stark abnimmt.
Unbeschadet dieses Einwands wird der Anlegerschutz vor allem durch eine
weitestgehende Beseitigung von Informations- und Opportunitäts-, Substanz-
erhaltungs- und Ertrags- sowie Liquiditätsrisiken verwirklicht. Hierbei über-
schneiden sich Funktions- und Anlegerschutz teilweise oder bedingen sich
gegenseitig. So benötigt ein funktionierender Kapitalmarkt ein hinreichendes
Vertrauen der Investoren, welches nur über einen deren Interessen gerecht
werdenden Anlegerschutz sicherzustellen ist. Gleichzeitig setzt ein wirksamer

---

112 BaFin, Jahresbericht 2003, S. 104 ff.; Caspari, Allfinanzaufsicht, S. 4; Claussen,
     Bank- und Börsenrecht, § 9 Rn. 25; Kümpel, Kapitalmarktrecht, Rn. 18.80; Lenen-
     bach, Kapitalmarktrecht, Rn. 12.4 ff.
113 Hierzu ausführlich BaFin, Jahresbericht 2003, S. 80 ff.; Caspari, Allfinanzaufsicht,
     S. 4; Kümpel, Kapitalmarktrecht, Rn. 18.78.
114 Kümpel, Kapitalmarktrecht, Rn. 18.74.
115 Caspari, Allfinanzaufsicht, S. 11 f.

Anlegerschutz die Funktionsfähigkeit der Märkte voraus. Die besondere Hervorhebung des Individualschutzes neben dem Funktionsschutz lässt anlegerschützende Normen auch dann gerechtfertigt erscheinen, wenn der Marktmechanismus bereits hinreichend funktioniert. Die Sicherung des Funktions- und Anlegerschutzes sowie die Kontrolle und Zulassung der Marktteilnehmer erfolgt – von bestimmten, den Ländern und Selbstverwaltungsgremien übertragenen Aufgaben abgesehen – durch die BaFin als Allfinanzaufsicht.

§ 3 Wirtschaftliche und rechtliche Faktoren für die zunehmende Bedeutung des Ratings

Für die zunehmende Bedeutung des Ratings lassen sich eine Reihe wirtschaftlicher und rechtlicher Faktoren ausmachen. Hierzu zählen kapitalmarktimmanente Faktoren, eine zunehmende regulatorische Indienstnahme des Ratings sowie Initiativen zur Selbstregulierung.

I. Kapitalmarktimmanente Faktoren

Traditionell decken die Unternehmen in Deutschland ihren Bedarf an Fremdkapital durch die Kreditaufnahme bei ihren Hausbanken.[116] Größere Gesellschaften gehen jedoch zunehmend dazu über, (fest-)verzinsliche Wertpapiere im Kapitalmarkt zu platzieren.[117] Diese Art der Kapitalaufnahme gestattet eine günstigere Finanzierung, eröffnet einen größeren Kreis von Kapitalanlegern und gibt die Möglichkeit, die Anleihekonditionen wie Zinssatz, Laufzeit, Möglichkeit der Konversion oder Kündigung nach den eigenen Bedürfnissen selbst zu bestimmen.[118] Dieser Wandel in der Unternehmensfinanzierung wird durch die nachfolgend beschriebenen Entwicklungstendenzen

---

116 Berblinger, in: Pfingsten (Hrsg.), Bankentage 2000, S. 63 (72); Loges/Zeller, in: Suyter (Hrsg.), Risikomanagement, S. 283 (285); Riedel u.a., Rating-Szene, S. 19. Zu den Vorteilen dieser Kreditbeziehung Leffers, in: Büschgen/Everling (Hrsg.), Rating, S. 345 (348); Schäfer, Die Bank 1990, S. 604 (606 ff.).

117 Vgl. Büschgen, in: Büschgen/Richolt (Hrsg.), Internationales Bankgeschäft., S. 1 (16 f.); Friedl, ebd., S. 151 (160 f.); Grundmann, in: Schimansky u.a. (Hrsg.), Bankrecht, § 112 Rn. 8; Kuntze, ZKredW 1987, S. 336 (336); Meyer-Parpart, in: Hadding u.a. (Hrsg.), Bankrechtstag 1996, S. 163 (164).

118 Everling, Credit Rating, S. 67; Peters, Ratingagenturen, S. 24; Pollock u.a., RIW 1991, S. 275 (279).

verstärkt, welche zugleich eine bedeutende Rolle für die zunehmende Nachfrage nach Ratings spielen.[119]

1. Disintermediation

Die immer häufigere Emission von verzinslichen Wertpapieren[120] lässt Anleger und Emittent direkt am offenen Markt, also ohne Zwischenschaltung eines Intermediärs, zusammentreffen (Disintermediation).[121] Die Folge ist zum einen die Übertragung des Insolvenzrisikos von den Kredit gebenden Banken auf die in die Anleihen investierenden Anleger.[122] Zum anderen bleibt nach der Einführung des Euro und dem damit verbundenen Wegfall des Währungsrisikos in Europa den Anlegern auf dem Euro-Anleihemarkt als maßgebliche Ursache für Zinsunterschiede vor allem das differierende Kreditrisiko. Das im Rating zum Ausdruck kommende Bonitätsrisiko steigt somit zum zentralen Differenzierungskriterium von Anleihen auf.[123] Beide Faktoren lassen bei den Anlegern ein steigendes Informationsbedürfnis hinsichtlich der Bonität der Emittenten und damit eine steigende Nachfrage nach Ratings entstehen.[124] Darüber hinaus sind die Emittenten an Erst- und Folgeratings interessiert, denn diese machen die Wertpapiere für einen größeren Investorenkreis interessant,[125] unterstützen die Sekundärmarktfähigkeit der Emission,

---

119 Daneben werden für die zunehmende Bedeutung des Ratingwesens auch die in der Vergangenheit steigenden Insolvenzzahlen verantwortlich gemacht; vgl. Everling, Credit Rating, S. 62 ff.; Henninger, Handelsblatt v. 21.04.1998, S. 32; Rudolf, Analyse der Bonität, S. 1 ff.

120 Seit der Währungsunion hat sich der Umlauf des Anleihevolumens deutscher Unternehmen versechsfacht; Luttermann/Wicher, ZIP 2005, S. 1529 (1529 f.); Deutsche Bundesbank, Monatsbericht April 2004, S. 16.

121 Meyer-Parpart, in: Hadding u.a. (Hrsg.), Bankrechtstag 1996, S. 163 (164); vgl. auch Hochgatterer u.a., in: Stadler (Hrsg.), Unternehmensfinanzierung, S. 169 (171).

122 Everling, Die Bank 1991, S. 308 (310); Schäfer, Die Bank 1990, S. 604 (608); Berblinger, in: Büschgen/Everling (Hrsg.), Rating, S. 21 (23).

123 Breuer, Die Bank 1998, S. 328 (331); Everling, Die Bank 1998, S. 480 (481); Fleischer, Gutachten F, S. F133; Grünbichler, ÖBA 1999, S. 692 (696); Heinemann, Handelsblatt v. 20.03.1997, S. B2; Heinke, Bonitätsrisiko, S. 2 f.; Munsch/Weiß, Externes Rating, S. 10.

124 Everling, Credit Rating, S. 67 ff.; v. Randow, in: Büschgen/Everling (Hrsg.), Rating, S. 543 (545); Smith/Walter, Rating Agencies 4 (INSEAD Working Paper, 2001).

125 Dale/Thomas, 5 J. Int'l Sec. Markets 9, 9 (1991).

beheben das Informationsdefizit der Investoren und wirken den negativen Konsequenzen einer mangelnden Folgepublizität entgegen.[126]

2. Securitization

Mit der zunehmenden Disintermediation gewann auch die Verbriefung von Forderungen (Securitization), bei der bisher nicht liquide Aktiva in handelbare, festverzinsliche Wertpapiere umgewandelt werden,[127] an Bedeutung.[128] Anfangs ermöglichte diese Form der Finanzierung den Kapitalmarktakteuren vor dem Hintergrund der Verschuldungskrise der Entwicklungsländer in den 1980er Jahren[129] sowie nach dem Ausfall der OPEC-Staaten zur Mittelbeschaffung aufgrund des Verfalls des Ölpreises[130] eine flexiblere Inanspruchnahme der Finanz- und Kapitalmärkte. Mit Ausnahme für die reinen Investmentbanken bedeutete die stetige Zunahme an Verbriefungen für die klassischen Universalbanken eine Verminderung der Zinserträge und eine Margenverengung.[131] Schließlich unterstützte aber auch der Bankensektor die zunehmende Verbriefung von Forderungen. Die Gründe hierfür lagen zum einen in den nationalen Finanz- und Kapitalmarktsystemen,[132] zum anderen konnten die Banken nun selbst in großem Umfang Anleihen erwerben. Dies sicherte im Gegensatz zu einer direkten Kreditvergabe eine hinreichende Liquidität und ersparte darüber hinaus eine Eigenkapitalbindung im Rahmen aufsichts-

---

126   Ebenroth/Daum, WM 1992, Sonderbeilage Nr. 5, S. 1 (5); Lemke, Fragen des Ratingwesens, S. 17; Meyer-Parpart, in: Hadding u.a. (Hrsg.), Bankrechtstag 1996, S. 163 (164); vgl. auch ZKA, Stellungnahme, S. 3.

127   Dazu näher Gehring, Asset-Backed Securities, S. 2; vgl. auch Everling, Die Bank 1993, S. 82 (82 ff.).

128   Neumüller/Hochgatterer, in: Stadler (Hrsg.), Unternehmensfinanzierung, S. 263 (263); Peters, Ratingagenturen, S. 24; vgl. auch Paul, Bankenintermediation, S. 52 ff.; Stewart, 12 Int'l Fin. L. Rev. (Supp. II) 1, 1 et seq. (1993); Morrison, 12 Int'l Fin. L. Rev. (Supp. II) 3, 3 et seq. (1993).

129   Zu den Auswirkungen dieser Krise auf die Entwicklung der Securitization Graf v. Bernstorff, RIW 1990, S. 517 (519); Dombret, ZKredW 1987, S. 326 (326 ff.).

130   Zum Markteintritt institutioneller Anleger aus den Industrienationen als Folge des Ausfalls der OPEC-Staaten zur Mittelbeschaffung Graf v. Bernstorff, RIW 1990, S. 517 (519); Friedl, in: Büschgen/Richolt (Hrsg.), Internationales Bankgeschäft, S. 151 (160); Kuntze, ZKredW 1987, S. 336 (336).

131   Peters, Ratingagenturen, S. 24; Thiemann, in: Krümmel/Rudolph (Hrsg.), Finanzintermediation, S. 233 (235 f.).

132   Zu den makroökonomischen Hintergründen Ohl, Asset-Backed Securities, S. 5 ff.; Remsperger, Die Bank 1987, S. 414 (415 ff.); Schäfer, Die Bank 1990, S. 604 (605 f.); Morrison, Globalization 263, 263 et seq. (Campbell ed., 1996); Sato, Globalization 281, 281 et seq. (Campbell ed., 1996).

rechtlicher Regelungen.[133] Nebenfolge der Securitization ist jedoch, dass die begleitenden Banken die Anleger nach Abschluss der Platzierung nicht weiter über die Bonitätsentwicklung informieren. Um dieser fehlenden Folgepublizität entgegenzuwirken, verschaffen sich die Emittenten ein Rating, um die Sekundärmarktfähigkeit und Liquidität ihrer Papiere zu verbessern.[134] Somit trägt die steigende Popularität von Verbriefungen zu einem wachsenden Ratingwesen bei.[135]

3. Globalisierung

Die fortschreitende Entwicklung der nationalen Finanzmärkte in Richtung eines weltumspannenden Geld-, Kredit- und Kapitalmarkts (Globalisierung)[136] ermöglicht es den Unternehmen, ihren Finanzierungsbedarf auch auf ausländischen Kapitalmärkten zu decken.[137] Die Investoren können ihr Portfolio international diversifizieren, ihr Risiko streuen sowie Zinsunterschiede und Wechselkursschwankungen ausnutzen.[138] Am U.S.-amerikanischen Kapitalmarkt stellt ein Rating für die Finanzierung (auch ausländischer) Unternehmen häufig eine rechtliche, zumindest aber faktische Zugangsvoraussetzung dar.[139] Sofern dies inzwischen nicht auch für die europäischen Kapitalmärkte gilt, ist aufgrund der Globalisierung auch hier eine ähnliche Entwicklung zu erwarten.[140] Als Folge ist auch in Zukunft mit einer Ausweitung des Ratingwesens zu rechnen.

---

133 Vgl. Dombret, Die Verbriefung, S. 23 f.; Everling, Credit Rating, S. 67; Paul, in: Büschgen/Everling (Hrsg.), Rating, S. 373 (387).

134 Everling, Der langfristige Kredit 1991, S. 272 (274).

135 Vgl. ZKA, Stellungnahme, S. 3. So hat sich zwischen 1999 und 2004 das Volumen europäischer ABS-Transaktionen verdreifacht, Glüder/Bechtold, Börsen-Zeitung v. 29.07.2004, S. 4. Zum zunehmenden Interesse des Mittelstands an Verbriefungen Ferber, FTD v. 29.03.2004, Beilagen, S. BE5.

136 Ein gutes Beispiel bildet die zunehmende internationale Verklammerung der Märkte über elektronische Handelssysteme; Köhler, WM 1990, S. 1953 (1953); Breuer u.a., Portfoliomanagement I, S. 85; vgl. auch Kümpel, Kapitalmarktrecht, Rn. 2.864. Allgemein zur Globalisierung Contzen, Die Bank 1999, S. 36 (36 ff.); eingehender Storck, Globalisierung und EWU, S. 1 ff.

137 Hoffmann, Bonitätsbeurteilung, S. 121; Serfling u.a., in: Büschgen/Everling (Hrsg.), Rating, S. 629 (631).

138 Everling, Credit Rating, S. 64 ff.; Peters, Ratingagenturen, S. 25.

139 Deipenbrock, WM 2005, S. 261 (261); Habersack, ZHR 169 (2005), S. 185 (186); Mattern, Die Bank, S. 374 (374); Mittendorfer u.a., in: Stadler (Hrsg.), Unternehmensfinanzierung, S. 100 (102).

140 Vgl. Everling, Credit Rating, S. 65; ders., Die Bank 1991, S. 308 (310).

4. *Deregulierung und Liberalisierung*

Die Deregulierung und damit einhergehende Liberalisierung internationaler Finanz- und Kapitalmärkte stellen ebenso einen Beitrag zur Förderung des Ratingwesens dar.[141] Denn sie gehen zumeist mit der Abschaffung von Anlagerestriktionen und der Aufgabe allzu restriktiver Kontrolle der Kapitalmärkte einher. Als Beispiel seien nur die Aufhebung des Emissionsmonopols deutscher Banken im Jahre 1985, die Abschaffung der Börsenumsatzsteuer 1991, die Zulassung von Doppelwährungsanleihen sowie die Abschaffung der staatlichen Emissionsgenehmigung mit der Aufhebung der §§ 795, 808a BGB a.F. zum 1. Januar 1991 genannt.[142] Als Folge werden die Unternehmen in ihrer Mittelbeschaffung auf den internationalen Finanzmärkten immer weniger eingeschränkt, was zu einer Ausweitung der Emissions- und Transaktionsvolumina auf den Kapitalmärkten führt.[143] Andererseits führen die erweiterten Möglichkeiten zur Kapitalbeschaffung aber auch zu einer größeren Eigenverantwortlichkeit der Marktteilnehmer hinsichtlich der Eingehung und Vermeidung von Bonitätsrisiken.[144] Mit der steigenden Eigenverantwortung wächst das Interesse an einfach zugänglichen Bonitätsurteilen.[145]

141　Böhlhoff, in: Kübler u.a. (Hrsg.), FS Heinsius, S. 49 (55); Engel, ZKredW 1991, S. 59 (59 ff.); Pötzsch, WM 1998, S. 949 (949); Weisgerber, Die Bank 1998, S. 200 (200).

142　Hierzu Beyer, Der langfristige Kredit 1989, S. 456 (456); Everling, WISU 1990, S. 93 (93); Kniese, Rating-Analyse, S. 7; Kopper, in: Bierbaum/Feinen (Hrsg.), FS Büschgen, S. 289 (299); Rohleder/Schäfer, Die Bank 1991, S. 204 (204). Zu den Liberalisierungsmaßnahmen des 3. FMFG Pötsch, WM 1998, S. 949 (949 ff.); zum 4. FMFG Möller, WM 2001, S. 2405 (2405 ff.); für den japanischen Finanzmarkt Watanabe, Japanese Financial Markets 89, 102 et seq. (Hayakawa ed., 1996).

143　Lemke, Fragen des Ratingwesens, S. 11.

144　Vgl. Everling, in: DIRK e.V. (Hrsg.), Investor Relations, S. 325 (330); ders., in: Hielscher, Investmentanalyse, S. 209 (210); Serfling u.a., in: Büschgen/Everling (Hrsg.), Rating, S. 629 (632).

145　Zur Wechselbeziehung zwischen Deregulierungsmaßnahmen und dem gesteigerten Bedarf an Ratings am Beispiel des deutschen Lebensversicherungsmarktes Farny, in: Bierbaum/Feinen (Hrsg.), FS Büschgen, S. 145 (148 ff.); Kasten, Versicherungswirtschaft 1995, S. 701 (701 ff.).

5. Finanzinnovationen

Die fortwährende Entwicklung innovativer Finanzprodukte[146] wie Securitization,[147] kurzfristige Anleihen (Commercial Papers),[148] Swapgeschäfte,[149] Ren-
tenpapiere mit variabler Ausgestaltung von Zinssatz, Laufzeit, Emissionskurs
und Währung,[150] Euroanleihen,[151] Nullkuponanleihen,[152] hochverzinsliche
Anleihen (High-Yield-Bonds)[153] oder Derivate[154] verstärkt vor allem von Seiten der Investoren die Nachfrage nach transparenter Aufbereitung der Risiko-
strukturen durch Ratings. Auch in Zukunft ist von der Entwicklung immer
neuer Finanzinstrumente auszugehen,[155] so dass der Bedarf an Ratings in den
betroffenen Marktsegmenten weiter zunehmen wird.[156] Hierbei bedingen sich
die neuen Finanzinstrumente und der Bedarf an Ratings gegenseitig.[157] Einerseits steigern Finanzinnovationen den Bedarf an Ratings. Andererseits sind sie
zum Teil auch Folge der bereits bestehenden Relevanz des Ratings. So greifen
bestimmte Finanzinnovationen auf Ratings zurück. Ein anschauliches Beispiel

---

146 Klein, ZKredW 2005, S. 629 (629); Pollock u.a., RIW 1991, S. 275 (275 ff.); Schäfer,
     Die Bank 1990, S. 604 (608); Wiegand, in: Horn u.a. (Hrsg.), FS Schimansky, S. 837
     (839).

147 Hierzu Baums, WM 1993, S. 1 (1 ff.); Waschbusch, ZBB 1998, S. 408 (408 ff.).

148 Hierzu Niemann, WM 1993, S. 777 (779 ff.); Rohleder/Schäfer, Die Bank 1991,
     S. 204 (204 ff.).

149 Hierzu Büschgen, ZfB 1986, S. 301 (321 ff.); Shenker/Colletta, 69 Tex. L. Rev.
     1369, 1370 (1991).

150 Hierzu Dombret, ZKredW 1987, S. 326 (328); Shenker/Colletta, 69 Tex. L. Rev.
     1369, 1370 (1991).

151 Hierzu Grundmann, in: Schimansky u.a. (Hrsg.), Bankrecht, § 112 Rn. 8 Fn. 4 ff.

152 Hierzu Kümpel, Kapitalmarktrecht, Rn. 14.5; Shenker/Colletta, 69 Tex. L. Rev.
     1369, 1370 (1991).

153 Hierzu Dambach, Die Bank 1998, 658 (658 ff.); Shenker/Colletta, 69 Tex. L. Rev.
     1369, 1370 (1991).

154 Hierzu Partnoy, 77 Wash. U. L.Q. 619, 677 et seq. (1999).

155 Vgl. Everling, in: Hielscher, Investmentanalyse, S. 209 (210); Hoffmann, Bonitäts-
     beurteilung, S. 8 ff.; Kübler, in: Hadding u.a. (Hrsg.), Bankrechtstag 1996, S. 115
     (119).

156 Fleischer, Gutachten F, S. F133; vgl. für den High-Yield-Bond-Markt Dambach, Die
     Bank 1998, 658 (658 ff.); Everling, Die Bank 1998, S. 480 (480 f., 483 f.).

157 Lemke, Fragen des Ratingwesens, S. 14; a.A. wohl Berblinger, in Pfingsten (Hrsg.),
     Bankentage 2000, S. 63 (74), der den Einfluss von Ratingagenturen auf die Ent-
     wicklung der Kapitalmärkte bestreitet.

hierfür bilden *credit sensitive notes*, bei denen die Verzinsung durch entsprechende Regelungen in den Anleihebedingungen an das Rating gekoppelt ist.[158]

6. *Diversifikation der Anlageformen*

Die steigende Zahl an neuen Finanzinstrumenten führt zu einer immer größer werdenden Auswahl an Anlageformen für den Investor (Diversifikation). Dies bietet dem Anleger die Chance, das Anlagerisiko seines Portfolios zu streuen und damit zu verringern.[159] Die größere Auswahl führt aber – vor allem beim internationalen Portfoliomanagement – zu einem steigenden Informationsbedarf.[160] Hierbei sind Ratings äußerst hilfreich, da sie einen guten Überblick über die globalen Wertpapiermärkte und ihre Risiken ermöglichen.

7. *Zunehmende kapitalmarktrechtliche Regulierung der Schwellenländer*

Auch die zunehmende kapitalmarktrechtliche Regulierung der sogenannten Schwellenländer ist für das Ratingwesen von Bedeutung. Die multilateralen Institutionen haben inzwischen erkannt, dass gerade in Schwellenländern ein störungsfrei funktionierender, lokaler Bank- und Kapitalmarkt einen überproportionalen Beitrag zu wirtschaftlichem Wachstum leistet.[161] Hatten die Institutionen bisher die Entwicklungstätigkeit weitestgehend auf Projektfinanzierungen gestützt, richten sie nunmehr zusätzlich ihre Aufmerksamkeit auf die Förderung der lokalen Finanzmärkte.[162] Zu den angestoßenen Maßnahmen gehören vor allem die Sicherstellung einer geeigneten Bankenregulierung und -aufsicht, gut funktionierende Börsen mit korrekter Transaktionsdurchführung und -abrechnung, effiziente Aufsichtsbehörden sowie allgemein

---

158 Mit Beispiel hierzu Everling, Der langfristige Kredit 1991, S. 272 (274); ders., Credit Rating, S. 71 f.
159 Lutz, Die Bank 1994, S. 353 (353 ff.); Mittendorfer u.a., in: Stadler (Hrsg.), Unternehmensfinanzierung, S. 100 (102); Schmidt/Terberger, Investitionstheorie, S. 312; Serfling u.a., in: Büschgen/Everling (Hrsg.), Rating, S. 629 (631).
160 Kerwer, Standardising as Governance 14 (2001); vgl. auch Oelrich/Stocker, BB 1998, S. 37 (37 f.).
161 Dalla, Bond Market Rules 39 (ADB ed., 2003); Smith/Walter, Ratings 289, 301 (Levich et al. eds., 2002); vgl. auch Grubb, zitiert nach: Everling, Kredit & Rating Praxis 3/2003, S. 4 (5); für die Bedeutung von Ratingagenturen hierbei Ahmad, Malaysia Economic News, 30 Mar. 2004, LEXIS, ohne Seitenangabe; Hirose et al., Asian Bond Markets 3 (NRI Papers, 2004); Asia Pulse (o.V.), 4 Dec. 1997, Nationwide Financial News, LEXIS, ohne Seitenangabe.
162 Smith/Walter, Ratings 289, 301 (Levich et al. eds., 2002); insbesondere für Indien vgl. Grubb, zitiert nach: Everling, Kredit & Rating Praxis 3/2003, S. 4 (5).

transparente Märkte.[163] Die Präsenz international anerkannter Ratingagenturen passt gut in derartige Entwicklungsprogramme.[164] Mit ihren Bonitätsurteilen leisten sie vor allem durch ihre zusätzlichen Informationen über
die oft noch intransparenten Märkte einen erheblichen Beitrag zur institutionellen Funktionsfähigkeit der jeweiligen Kapitalmärkte und bilden eine zunehmend wichtige Komponente der Finanzmarktinfrastruktur.[165]

8. Technische und kommunikative Veränderungen

Auch die Entwicklung neuer Informations- und Kommunikationstechnologi-
en sowie veränderte Formen der Informationsverarbeitung tragen zu einer
stärkeren Relevanz des Ratingwesens bei.[166] So führen die Entwicklung und
globale Abstimmung elektronischer Handelssysteme[167] sowie computerge-
stützter Portfoliomanagements[168] zu einer Vereinfachung und Verbilligung
der an den Wertpapiermärkten durchgeführten Transaktionen. Ebenso sorgen
elektronische Medien wie zum Beispiel Reuters, Bloomberg, CNN oder das
Internet[169] für eine schnelle, billige und globale Verbreitung kapitalmarktrele-
vanter Informationen. Diese technischen und kommunikativen Entwicklungen stärken die Relevanz des Ratings in doppelter Hinsicht: Zum einen ermöglichen sie einem zunehmend breiten Anlegerpublikum, leicht und
kostengünstig Zugriff auf Ratings und hierfür relevante Erläuterungen zu erlangen.[170] Dies bedeutet vor allem für den im Vergleich zu institutionellen Investoren wirtschaftlich weniger gut vernetzten Privatanleger einen erheblichen
Vorteil. Zum anderen fassen Ratings aber auch die Unmenge der erhältlichen

---

163 Vgl. Smith/Walter, Rating Agencies 17 (INSEAD Working Paper, 2001).
164 Hirose et al., Asian Bond Markets 3 (NRI Papers, 2004). Für einen Überblick über
     lokale Agenturen in den Schwellenländern Smith/Walter, Rating Agencies 50 et seq.
     (INSEAD Working Paper, 2001).
165 Vgl. Loges/Zeller, in: Suyter (Hrsg.), Risikomanagement, S. 283 (285); Reisen, Asian
     Crisis 6 (OECD Working Paper, 2003); Smith/Walter, Rating Agencies 43
     (INSEAD Working Paper, 2001).
166 Baum/Breidenbach, WM 1990, Sonderbeilage Nr. 6, S. 1 (5); Behrenwaldt, in:
     Büschgen/Everling (Hrsg.), Rating, S. 291 (294 f.); Everling, in: DIRK e.V. (Hrsg.),
     Investor Relations, S. 325 (330); Kniese, Rating Analyse, S. 7; Monti, WM 1998,
     S. 1762 (1762 ff.).
167 Monographisch hierzu Gomber, Elektronische Handelssysteme; siehe auch Serfling
     u.a., in: Büschgen/Everling (Hrsg.), Rating, S. 629 (632).
168 Everling, Credit Rating, S. 73; Lemke, Fragen des Ratingwesens, S. 14.
169 Zu den Gefahren des Internets Greiner, Verhinderung verbotener Internetinhalte,
     S. 4 ff.
170 Vgl. auch Neuberger, Structure of Financial Markets 7 (LBS, 1994).

Informationen in aussagekräftiger Art und Weise zusammen und erleichtern dem Anleger damit die individuelle Aufbereitung.[171]

II. Regulatorische Indienstnahme des Ratings

Neben den kapitalmarktimmanenten Faktoren gehen weitere Impulse für das Rating von den Eigenkapitalgrundsätzen des Zweiten Basler Kapital-Akkords sowie von einer regulatorischen Indienstnahme in den nationalen Bestimmungen einzelner Länder aus.

1. Der Zweite Basler Kapital-Akkord

Einen wichtigen Faktor für die zunehmende Bedeutung des Ratingwesens bilden die Empfehlungen des Basler Ausschusses für Bankenaufsicht zur Eigenkapitalausstattung von Kreditinstituten.

a) Der Basler Ausschuss für Bankenaufsicht

Das bei der Bank für internationalen Zahlungsausgleich in Basel angesiedelte Basel Committee on Banking Supervision (BCBS) setzt sich zusammen aus Vertretern der Bankaufsichtsbehörden und Zentralbanken der G10-Länder[172] sowie Luxemburgs und Spaniens. Es hat die Aufgabe, die Risikosituation von international agierenden Kreditinstituten zu überwachen sowie Vorschläge für internationale bankaufsichtsrechtliche Standards zu erarbeiten.[173] Zwar handelt es sich hierbei lediglich um unverbindliche Empfehlungen, jedoch können es sich aufgrund der zu erwartenden Ansehensverluste und der Sanktionen der globalen Finanzmärkte weder eine international tätige Bank noch der europäische oder nationale Gesetzgeber leisten, ihre Aufsichtsregeln nicht an den Empfehlungen des BCBS auszurichten.[174] So haben über hundert Staaten

---

171 Hierzu siehe auch S. 92.

172 Die „G10" hat nach dem Beitritt der Schweiz inzwischen elf Mitglieder: Belgien, Deutschland, Frankreich, Großbritannien, Italien, Japan, Kanada, die Niederlande, Schweden, die Schweiz und die U.S.A. Die Europäische Kommission besitzt Beobachterstatus.

173 BCBS, History 1 et seq. (2004); Brezski u.a., Basel II, S. 20; Greipel, in: Achleitner/Everling (Hrsg.), Ratingpraxis, S. 665 (665); zu den Gründen, die zur Einrichtung des BCBS führten, Hirte/Heinrich, ZBB 2001, S. 388 (390); Zeitler, WM 2001, S. 1397 (1397 Fn. 6).

174 Flesch, ZKredW 1996, S. 1042 (1044); Hirte/Heinrich, ZBB 2001, S. 388 (390); Zeitler, WM 2001, S. 1397 (1400); Lee, 16 Wis. Int'l L.J. 687, 728 et seq. (1998), der

die Basler Empfehlungen trotz ihrer Unverbindlichkeit übernommen, obwohl die meisten nicht einmal an den Beratungen beteiligt waren.[175]

b) Der Erste Basler Kapital-Akkord

Nach den Empfehlungen des BCBS im Ersten Basler Kapital-Akkord von 1999 (Basel I) mussten Banken für ihre Risikoaktiva mindestens 8% des Eigenkapitals als Sicherheit gegen Ausfall- und Marktrisiken vorhalten.[176] Das Ausfallrisiko eines Kredites bestimmte sich nach der Art des Schuldners, also danach, ob es sich um Privat- oder Firmenkunden, Banken oder die öffentliche Hand handelte.[177] Als Folge wurde Kreditnehmern der gleichen Schuldnerklasse unabhängig von ihrer tatsächlichen Bonität dasselbe Ausfallrisiko zugewiesen. Bei streng ökonomischer Betrachtung führte dies dazu, dass die bonitätsstarken Schuldner die Kreditzinsen der bonitätsschwachen quersubventionierten.[178]

c) Der Zweite Basler Kapital-Akkord

Aufgrund der nachhaltigen Kritik an den zu groben und starren Schuldnerklassen[179] verabschiedete das BCBS im Juni 2004 nach einem eingehenden Beratungsprozess[180] das Zweite Basler Kapital-Akkord,[181] welches inzwischen in einer aktualisierten Fassung von November 2005 (Basel II)[182] vorliegt.

---

in der Anwendung der Basler Übereinkunft in China die Voraussetzung für einen besseren Zugang zum internationalen Finanzsystem sieht.

175 BCBS, History 1 et seq. (2004); Jungmichel, WM 2003, S. 1201 (1201).
176 Ausführlich Arnold/Boos, Die Bank 2001, S. 712 (714); Brezski u.a., Basel II, S. 21 ff.; Hennrichs, ZGR 2006, S. 563 (564).
177 Ausführlich Jungmichel, WM 2003, S. 1201 (1202) mit Rechenbeispiel in Fn. 16.
178 Hennrichs, ZGR 2006, S. 563 (564); Jansen, ÖBA 2002, S. 787 (789); Riedel u.a., Rating-Szene, S. 22; Speyer/Böttcher, in: Guserl/Pernsteiner (Hrsg.), Finanzmanagement, S. 891 (894); vgl. auch Platzer u.a., in: Stadler (Hrsg.), Unternehmensfinanzierung, S. 114 (115).
179 Zu weiteren Kritikpunkten Brezski u.a., Basel II, S. 30 f.; Perridon/Steiner, Finanzwirtschaft, S. 401.
180 Hierzu BCBS, History, 3 (2004); Brezski u.a., Basel II, S. 31; Greipel, in: Achleitner/Everling (Hrsg.), Ratingpraxis, S. 665 (665); Jungmichel, WM 2003, S. 1201 (1202).
181 BCBS, Capital Standards (2004).
182 BCBS, Capital Standards (2005).

aa) Inhaltliche Regelungen

Basel II lässt den Grundsatz der 8%igen Eigenkapitalunterlegung unverändert, sieht aber eine stärkere Differenzierung in Bezug auf die tatsächliche Bonität der einzelnen Schuldner vor. Ziel ist es, jedem einzelnen Kreditnehmer unabhängig von seiner Zugehörigkeit zu einer Schuldnerklasse eine risikoadäquate Bonität zuzuordnen.[183] Dies soll durch Ratings erfolgen.[184] Hierfür können sich die Banken zwischen dem Standardansatz und dem Internal Rating Based Approach (IRB-Ansatz)[185] entscheiden. Beim Standardansatz erfolgt die Bonitätseinschätzung durch externe Ratingagenturen,[186] beim IRB-Ansatz nimmt die den Kredit gebende Bank das Rating selbst vor.[187]

Der für diese Untersuchung relevante Standardansatz basiert auf dem statistisch nachgewiesenen Zusammenhang zwischen Ratings unabhängiger Agenturen und den Ausfallwahrscheinlichkeiten über verschiedene Zeithorizonte hinweg.[188] Er sieht für die Risikoeinteilung fünf Kategorien[189] (0-20-50-100-150%) sowie pauschal 100% für Kredite ohne Rating vor.[190] Allerdings dürfte sich der pauschale Satz für Unternehmen ohne Bonitätseinstufung mittel- bis langfristig auf über 150% erhöhen. Andernfalls bestünde für Unternehmen mit einer Bonität von unter „BB-", welche sonst mit 150% ge-

---

183 Jungmichel, WM 2003, S. 1201 (1202 ff.); vgl. auch Greipel, in: Achleitner/Everling (Hrsg.), Ratingpraxis, S. 665 (665); Zeitler, WM 2001, S. 1397 (1398); siehe aber Ammer/Packer, Int'l Fin. Disc. Papers No. 668, at 2 (2000), welche den Ansatz kritisieren, dass für bestimmte Bonitätsstufen Schuldverschreibungen von Banken geringeren Kapitalanforderungen unterworfen sein sollen als identische Verbindlichkeiten von Industrieunternehmen.

184 Kritisch zu diesem Ansatz Altman/Saunders, Ratings 99 (Levich et al. eds., 2002).

185 Hierzu Brezski/Kinne, Finanzmanagement, S. 6 ff.; Holzkämper/Fischer, in: Achleitner/Thoma (Hrsg.), Corporate Finance, Abschn. 4.5.2, S. 20 ff.; Wittig, ZHR 169 (2005), S. 212 (213).

186 BCBS, Capital Standards ¶ 90 (2005); kritisch zu diesem Ansatz Egbers, ZKredW 2002, S. 169 (169 ff.); zur Kostenproblematik für kleine und mittlere Unternehmen Zeitler, WM 2001, S. 1397 (1398); Wambach/Kirchmer, BB 2002, S. 400 (403 ff.); Wegmann/Koch, Finanz Betrieb 2003, S. 227 (228); vgl. auch v. Boehm-Bezing, WM 2000, S. 1001 (1001).

187 BCBS, Capital Standards ¶ 211 et seq. (2005); zu damit für die Kreditinstitute verbundenen Problemen Günter u.a., ZKredW 2002, S. 122 (123 f.); zu Interessenkonflikten der die Bonität selbst bestimmenden Bank Klein/Grass, in: Achleitner/Everling (Hrsg.), Ratingpraxis, S. 909 (913 f.).

188 Vgl. Everling, Kredit und Rating Praxis 3/2003, S. 4 (4).

189 Für einen tabellarischen Überblick über die Risikoklassen Jungmichel, WM 2003, S. 1201 (1203) sowie Munsch/Weiß, Externes Rating, S. 46.

190 BCBS, Capital Standards ¶ 66 (2005).

wichtet würden, ein Anreiz, unbewertet zu bleiben.[191] Für den Fall, dass für einen Schuldner zwei Ratings existieren, die unterschiedlichen Risikogewichten entsprechen, wird das schlechtere Rating zugrunde gelegt. Bei drei oder mehr Bonitätseinstufungen verschiedener Güte werden die beiden besten Ratings herangezogen, von denen dann das schlechtere für die Risikoeinstufung maßgeblich ist.[192] Zur Verwendung eines externen Ratings bedarf es der Zustimmung der nationalen Bankaufsichtsbehörde, welche die Qualität und Geeignetheit des Ratingsystems prüft.[193]

bb) Umsetzung von Basel II

Auf europäischer Ebene ist die Umsetzung von Basel II bereits erfolgt. So haben das Europäische Parlament und der Rat nach entsprechender Konsultation der Marktteilnehmer[194] die neuen Eigenkapitalregeln durch eine Neufassung der Bankenrichtlinie[195] sowie der Kapitaladäquanzrichtlinie[196] ins EU-Recht überführt.[197]

In Deutschland hat der Deutsche Bundestag das Gesetz zur Umsetzung der neugefassten Bankenrichtlinie und neu beschlossenen Kapitaladäquanzrichtlinie verabschiedet.[198] Die konkrete Umsetzung von Basel II in deutsches

---

191 Kümpel, Kapitalmarktrecht, Rn. 19.87; Schwaiger/Lawrenz, ZKredW 2002, S. 147 (147).

192 BCBS, Capital Standards ¶ 97 et seq. (2005); vgl. hierzu auch Reidenbach, Aktienanalysten, S. 302 ff.

193 BCBS, Capital Standards ¶ 90 (2005); Boos/Schulte-Mattler, Die Bank 2001, S. 346 (347); zu Einzelheiten siehe nachfolgend S. 181 ff.

194 Siehe hierzu vor allem EZB, Stellungnahme, ABl. EU Nr. C 52/37 v. 02.03.2005.

195 Richtlinie 2006/48/EG des Europäischen Parlaments und des Rates v. 14.06.2006 über die Aufnahme und Ausübung der Tätigkeit der Kreditinstitute, ABl. EU L 177/1 v. 30.06.2006 (vormals Richtlinie 2000/12/EG v. 20.03.2000, ABl. EG Nr. L 126/1 v. 26.05.2000).

196 Richtlinie 2006/49/EG des Europäischen Parlaments und des Rates v. 14.06.2006 über die angemessene Eigenkapitalausstattung von Wertpapierfirmen und Kreditinstituten, ABl. EU Nr. L 177/201 v. 30.06.2006 (vormals Richtlinie 93/6/EWG v. 15.03.1993, ABl. EG Nr. L 141/1 v. 11.06.1993).

197 Der Umstand, dass sich die U.S.A. entschlossen haben, die Einführung von Basel II um ein Jahr zu verschieben, hat den europäischen Zeitplan nicht berührt; vgl. Schaub, Finanzdienstleistungspolitik, S. 8.

198 Deipenbrock, WM 2006, S. 2237 (2237).

Recht erfolgte über eine Anpassung und Ergänzung der von der BaFin aufgrund von § 10 Abs. 1 S. 9 KWG[199] erlassenen Solvabilitätsverordnung[200].

Ungeachtet der erfolgten Umsetzungsakte sollte jedoch nicht unerwähnt bleiben, dass einige Konzepte von Basel II schon vorher geltendes Recht waren. So hatte die BaFin bereits mit Rundschreiben 34/2002 über die Mindestanforderungen an das Kreditgeschäft (MaK) von den Banken verlangt, ein System zur Steuerung und Kontrolle der Kreditrisiken sowie ein Ratingverfahren einzurichten und hatte so wesentliche Anforderungen von Basel II zeitlich bereits vorweggenommen.[201]

d) Auswirkungen auf das Ratingwesen

Basel II wird die Nachfrage nach Ratings mittel- bis langfristig erheblich steigern.[202] So verfügen im Gegensatz zu den U.S.A. in Deutschland und in den überwiegenden europäischen Ländern die meisten mittelständischen Unternehmen bisher nicht über ein externes Rating.[203] Diese Betriebe müssten bei der Risikoeinstufung unverändert mit dem pauschalen Satz von wenigstens 100% bewertet werden. Die Folge wäre eine Verteuerung der Kredite,[204] je-

---

199 Gesetz über das Kreditwesen (Kreditwesengesetz) v. 9.09.1998 (BGBl. I, S. 2776), zuletzt geändert durch Art. 3 des Gesetzes vom 16.07.2007 (BGBl. I, S. 1330).

200 Verordnung über die angemessene Eigenmittelausstattung von Instituten, Institutsgruppen und Finanzholding-Gruppen (Solvabilitätsverordnung) v. 14.12.2006 (BGBl. I, S. 2926).

201 Vgl. BaFin, Rundschreiben 34/2002 (BA) v. 20.12.2002, Tz. 1, 16; Becker, Kredit & Rating Praxis 5/2002, S. 17 (20 ff.); Becker/Gruber, ZKredW 2002, S. 862 (862, 865); Fieseler, ZKredW 2003, S. 1192 (1192 f.); Suyter, WM 2002, S. 991 (992 ff.); a.A. aber Groß, Die Bank 2003, S. 94 (98), der in den MaK keine Vorwegnahme von Basel II sieht.

202 Altman/Rijken, 34 Econ. Notes 127, 127 et seq. (2005); Däubler, BB 2003, S. 429 (429); Deipenbrock, BB 2003, 1849 (1854); Everling, in: Suyter (Hrsg.), Risikomanagement, S. 245 (252); Marten/Köhler, in: Wollmert u.a. (Hrsg.), FS Lück, S. 483 (498); Riedel u.a., Rating-Szene, S. 51. Nach einer 2003 durchgeführten Umfrage wollen 51% der 2.400 befragten Banken den Standardansatz verwenden; vgl. BaFin, zitiert nach: Everling, Kredit & Rating Praxis 2/2004, S. 4 (4).

203 Berblinger, in: Pfingsten (Hrsg.), Bankentage 2000, S. 63 (S. 70 f.); v. Boehm-Bezing, WM 2000, S. 1001 (1001); Jungmichel, WM 2003, S. 1201 (1203); zur rasanten Zunahme von bewerteten Unternehmen zwischen 1970 und 1990 jedoch Perraudin/Taylor, 28 J. Banking & Fin. 2769, 2770 n.1 (2004).

204 Grunert u.a., Kredit & Rating Praxis 1/2002, S. 15 (17); Jansen, ZKredW ÖBA 2002, S. 787 (793 f.); Jungmichel, WM 2003, S. 1201 (1203); Perridon/Steiner, Finanzwirtschaft, S. 403; Schmitt, Kredit & Rating Praxis 1/2002, S. 18 (20); Zeitler,

denfalls relativ im Vergleich zu Unternehmen, die über ein externes Rating von „A-" oder besser verfügen[205] und auf günstigere Konditionen hoffen dürfen. Denn eine Verbesserung der Kreditkonditionen für gut bewertete Unternehmen verschlechtert relativ die Bedingungen für die unverändert bewerteten Unternehmen; es kommt also zu einer Spreizung der Kreditkonditionen.[206] Sofern sich letztere kein Rating zulegen, müssen sie sich auf anderen Wegen als über die relativ teurer werdenden Kredite Liquidität verschaffen. Dies wird den Markt für hochverzinsliche Anleihen und Securitizations und damit auch für Ratings stark anwachsen lassen.[207]

Weiterhin haben kleinere und mittlere Banken durch den IRB-Ansatz einen viel höheren Regulierungsaufwand zu tragen als große Kreditinstitute, da sie zumeist bislang noch nicht über geeignete Abteilungen sowie das statistische Know-how und Datenmaterial verfügen.[208] Denn für die Durchführung des IRB-Ansatzes ist es erforderlich, gegenüber der Bankenaufsicht mindestens zweijährige Datenhistorien vorweisen zu können.[209] Diese Banken dürften daher zumindest in der Anfangszeit von Basel II verstärkt auf externe Ratings zurückgreifen.

Darüber hinaus lässt Basel II auch beim IRB-Ansatz den Rückgriff auf externe Ratings zur Beurteilung des Kreditrisikos innerhalb bankinterner Ratingprozesse ausdrücklich zu.[210] Dies ist für die Banken zur Ergänzung und Kontrolle ihrer internen Bonitätseinstufungen interessant,[211] vor allem, wenn es sich um neue oder weniger bekannte Kunden handelt. Die Banken erhalten

---

WM 2001, S. 1397 (1399); a.A. Arnold, ZKredW 2001, S. 168 (169), dem zufolge Basel II die Kreditvergabe nur in Einzelfällen verteuern wird.

205 Unternehmen mit einer Bonität von „BBB+" bis „BB-" sind nach den Vorgaben von Basel II ohnehin mit 100% in Ansatz zu bringen; vgl. BCBS, Capital Standards ¶ 66 (2005).

206 Vgl. Ehlers, ZInsO 2006, S. 510 (511); Großfeld, ZVglRWiss 101 (2002), S. 387 (398); Harbrecht/Kick, Controlling 2006, S. 221 (222); Platzer u.a., in: Stadler (Hrsg.), Unternehmensfinanzierung, S. 114 (115); Wambach/Kirchmer, BB 2002, S. 400 (402).

207 Dietz u.a. (Hrsg.), ZKredW 2001, S. 1196 (1197); Fieseler, ZKredW 2003, S. 1192 (1193); für eine Zunahme aus anderen Gründen Schmidtchen/Krämer-Eis, Kredit & Rating Praxis 6/2002, S. 9 (9).

208 Jungmichel, WM 2003, S. 1201 (1208); vgl. auch Greipel, in: Achleitner/Everling (Hrsg.), Ratingpraxis, S. 665 (667); Priewasser/Fuhrmeister, ZKredW 2002, S. 849 (852); a.A. Brezski u.a., Basel II, S. 87, denen zufolge die meisten Banken die Voraussetzungen von Basel II bereits umgesetzt haben.

209 Jansen, ÖBA 2002, S. 787 (795).

210 BCBS, Capital Standards ¶ 411 (2005).

211 Schulenburg, Kredit & Rating Praxis 5/2002, S. 8 (11).

so die zusätzliche Fachmeinung eines unabhängigen Dritten und Branchen-experten,[212] vor allem, wenn ihnen eine spezielle Expertise fehlt. Dies kann häufig bei der Einschätzung sogennanter „weicher" Faktoren wie der Bran-chenentwicklung bei rasch expandierenden Technologieunternehmen der Fall sein.[213] Darüber hinaus könnte das Beibringen eines externen Ratings die in-terne Bonitätseinstufung durch die Bank positiv beeinflussen. So werden die-se von den Banken im Gespräch mit dem Unternehmer fast immer als quali-tativ hochwertige Information akzeptiert.[214] Dies dürfte sich positiv auf die Nachfrage nach externen Ratings auswirken.

Abschließend darf nicht vergessen werden, dass die Kreditinstitute viel-fach um eine partielle Anwendung des Standardansatzes gar nicht herum-kommen, da die Kredit gebenden Banken zumindest bei Krediten an die öf-fentliche Hand sowie bei Ausleihungen an andere Banken auf externe Ratings angewiesen sind.[215]

2. Nationale aufsichtsrechtliche Bestimmungen

Weiterhin nehmen bereits zahlreiche Staaten in ihren kapitalmarktrechtlichen Vorschriften auf Ratings Bezug und leisten so einen „staatlich geförderten" Beitrag zur Entwicklung des Ratingwesens.

a) Vereinigte Staaten von Amerika

Schon seit den frühen 1930er Jahren knüpft das U.S.-amerikanische Kapital-marktrecht im Rahmen der Regelungen zur Kapitalausstattung von Kurs-maklern (broker-dealers),[216] bei Publizitätsanforderungen an die Emission be-stimmter verbriefter Wertpapiere sowie zur Verhinderung von Kurs- und Marktmanipulationen und Insiderhandel vielfach an die Existenz eines Min-destratings an.[217] Inzwischen nehmen zahlreiche Aufsichtsbehörden (darunter das Office of the Comptroller of the Currency (OCC), die National Associa-

---

212 BdB, Banken 2004, S. 93; Everling, WISU 2004, S. 179 (179); Schamp, zitiert nach: Everling, Kredit & Rating Praxis 3/2004, S. 4 (5).
213 Hofmann, zitiert nach: Everling, Kredit & Rating Praxis 6/2001, S. 4 (4).
214 Schulenburg, Kredit & Rating Praxis 5/2002, S. 8 (13).
215 Disselbeck, ZKredW 2003, S. 552 (552).
216 Der vom U.S.-Gesetzgeber verwendete Begriff broker-dealer bezeichnet eine Wertpa-pierfirma, die im außerbörslichen Handel (over-the-counter-Markt) tätig ist und sowohl als Handelsmakler (broker) als auch als Händler (dealer) auftritt; vgl. hierzu Dietl/Lo-renz, Wörterbuch, Stichwort: „broker", S. 85.
217 Für eine ausführliche Darstellung der wichtigsten regulatorischen Bestimmungen siehe nachfolgend S. 142 ff.

tion of Insurance Commissioners, die SEC, das Federal Reserve Board (FRB), das U.S. Department of Labor, das U.S. Department of Transportation, die National Association of Securities Dealers, das Federal Home Loan Bank Board, die Federal Deposit Insurance Corporation, die Commodity Futures Trading Commission sowie die New York Stock Exchange)[218] in ihren Regelungen auf Ratings Bezug.[219] Als Folge dieser fortgeschrittenen Inanspruchnahme des Ratings zur Kapitalmarktregulierung sind viele institutionelle Anleger in den U.S.A. (etwa Geldmarktfonds, Investmentfonds oder Pensionskassen) oftmals an die Beachtung des Ratings gebunden, da deren interne Richtlinien häufig bestimmen, dass Geld und Kapital nur in Emissionen mit bestimmten Mindestratings angelegt werden dürfen.[220] Soweit die Emittenten diese Anleger erreichen wollen, ist eine entsprechende Bonitätseinschätzung daher (auch für ausländische Unternehmen) unumgänglich.[221]

b) Europäische Union

Die Tendenz zur regulatorischen Indienstnahme von Bonitätsurteilen lässt sich auch auf europäischer Ebene beobachten.[222] Den Anfang machte die Solvabilitätsrichtlinie,[223] welche eine ausreichende Eigenkapitalausstattung der Kreditinstitute sichern sollte. Nach Art. 5 Abs. 1 der Richtlinie sind dafür die Aktiva der Kreditinstitute bestimmten Kreditrisikograden zuzuordnen. Diese hängen in erster Linie von der Art der Forderung, dem Schuldner (Bank, Unternehmen, öffentliche Hand) sowie dessen Herkunftsland ab. Zur Berechnung des Eigenkapitalbedarfs werden die Forderungen den einzelnen Risikoklassen entsprechend gewichtet.[224]

218 Knapp, Comment File No. S7-04-05 (June 9, 2005); Smith/Walter, Rating Agencies 27 (INSEAD Working Paper, 2001).
219 Vgl. Fleischer, Gutachten F, S. F137; Partnoy, 77 Wash. U. L.Q. 619, 691 et seq. (1999); West, 16 J.L. & Econ. 159, 161 et seq. (1973); Estrella et al., Credit Ratings 54 (BCBS Working Paper, 2000).
220 Vgl. Gordon et al., Portfolio Management 127, 128 (Ingrams ed., 1989); Kerwer, Standardising as Governance 14 (2001); Schnabel, in: Büschgen/Everling (Hrsg.), Rating, S. 305 (308); ten Brink, in: Büschgen/Everling (Hrsg.), Rating, S. 273 (278).
221 Gündling/Everling, Die Bank 1994, S. 727 (730); vgl. Everling, Die Bank 1991, S. 308 (309).
222 Dies gilt allerdings nicht für Deutschland. Siehe hierzu ausführlich nachfolgend S. 179 ff.
223 Richtlinie 89/647/EWG des Rates v. 18.12.1989 über einen Solvabilitätskoeffizienten für Kreditinstitute, ABl. EG Nr. L 386/14 v. 30.12.1989.
224 Für eine genaue Aufschlüsselung vgl. Art. 6, 7, 8 und 11 der Solvabilitätsrichtlinie.

Die erste ausdrückliche Bezugnahme auf Ratings externer Agenturen erfolgte durch die Kapitaladäquanzrichtlinie.[225] Nach Art. 2 Ziff. 12 Abs. 2 S. 2 dieser Richtlinie können bestimmte Schuldverschreibungen, deren Ausfallrisiken anerkannte Agenturen als besonders niedrig eingestuft haben, von den Behörden als „qualifizierte Aktiva" angesehen werden. Dies hat geringere Eigenkapitalanforderungen für die Wertpapierhäuser zur Folge. Die Mitgliedstaaten konnten hierbei gemäß Art. 2 Ziff. 12 Abs. 3 der Richtlinie auf die externe Bonitätseinstufung verzichten. Von dieser Option machte jedoch nur Deutschland Gebrauch.[226]

Weiterhin finden Bonitätsbeurteilungen im Rahmen der Offenmarktpolitik der Europäischen Zentralbank (EZB) Anwendung. Gemäß Art. 18.1 der Satzung des Europäischen Systems der Zentralbanken (ESZB) können die EZB und die nationalen Zentralbanken auf den Finanzmärkten tätig werden, indem sie unter anderem auf Euro oder Drittlandswährungen lautende Forderungen und börsengängige Wertpapiere kaufen und verkaufen.[227] Die jeweiligen Geschäftspartner der EZB müssen diese Geschäfte mit Sicherheiten unterlegen.[228] Bis Mitte 2004 unterschied die EZB Sicherheiten der „Kategorie 1" und „Kategorie 2".[229] Inzwischen hat sich der EZB-Rat jedoch auf eine einheitliche Sicherheitenliste (Single List) verständigt, welche mit Wirkung vom 1. Januar 2007 in Kraft trat.[230] In diese werden nunmehr Kreditforde-

---

225 Richtlinie 93/6/EWG des Rates v. 15.03.1993 über die angemessene Eigenkapitalausstattung von Wertpapierfirmen und Kreditinstituten, ABl. EG Nr. L 141/1 v. 11.06.1993; vgl. auch Deipenbrock, WM 2005, S. 261 (262); v. Randow, ZBB 1995, S. 140 (153).
226 Estrella et al., Credit Ratings 41 (BCBS Working Paper, 2000).
227 Eingehend hierzu Bofinger, Monetary Policy 348 et seq. (2001); Claussen, Bank- und Börsenrecht, § 3 Rn. 22; Scheller, Die Europäische Zentralbank, S. 96 f.
228 Claussen, Bank- und Börsenrecht, § 3 Rn. 22a; Deutsche Bundesbank, Monatsbericht September 2004, S. 60; EZB, Geldpolitik in Stufe 3, S. 40; Kümpel, Kapitalmarktrecht, Rn. 20.294.
229 Unter „Kategorie 1" fielen marktfähige Schuldtitel (überwiegend Staatsanleihen), die von der EZB festgelegte einheitliche Zulassungskriterien in Hinblick auf den Emittenten, seinen Sitz und Bonität erfüllten. Zur „Kategorie 2" zählten z.B. marktfähige (Schuldtitel und Aktien) und nicht marktfähige (Bankkredite und Handelswechsel) Sicherheiten; hierzu Claussen, Bank- und Börsenrecht, § 3 Rn. 22a; EZB, Geldpolitik in Stufe 3, S. 40 ff.; Kümpel, Kapitalmarktrecht, Rn. 20.296.
230 EZB, Monthly Bulletin 84 (May 2006).

rungen[231] aufgenommen, Aktien allerdings ausgeschlossen.[232] Wirtschaftskredite können danach dann als Sicherheit zugelassen werden, wenn die verpflichteten Unternehmen von einer nationalen Zentralbank als notenbankfähig eingestuft wurden[233] oder über eine „einwandfreie" Bonität verfügen. Letztere kann unter anderem durch externe Ratings nachgewiesen werden.[234] Als Mindestwert hat das Eurosystem ein Rating von „Single A" festgelegt, was einem langfristigen Rating von „A-" von Fitch Ratings, Ltd. (Fitch) und Standard & Poor's Corp. (S&P) oder „A3" von Moody's Investors Service, Inc. (Moody's) entspricht.[235] Damit trägt neben der vorstehend bereits eingehender beschriebenen erwartbaren Zunahme externer Ratings infolge der Umsetzung von Basel II auch die zunehmende Indienstnahme von Ratings an anderen Stellen des Gemeinschaftsrechts[236] zu einem wachsenden Ratingwesen bei.

c) Weitere Staaten

Eine Verwendung des Ratings zur Kapitalmarktregulierung findet auch in zahlreichen anderen Staaten statt. Von den 13 Mitgliedstaaten[237] des BCBS greifen wenigstens elf auf Bonitätseinstufungen von Ratingagenturen zurück.[238] Allerdings ist einzuschränken, dass von diesen elf Staaten sieben die

---

231 Zur Ermittlung der Bonität (Notenbankfähigkeit) dieser Forderungen ausführlich Deutsche Bundesbank, Beurteilung der Bonität, S. 5 ff.; dies., Monatsbericht September 2004, S. 60 ff.

232 Vgl. EZB, Monthly Bulletin 75 et seq. (May 2006); dies., Pressemitteilung v. 22.07.2005; siehe auch die Ausführungen der Deutschen Bundesbank, Monatsbericht September 2004, S. 60.

233 Zum Ablauf des Bonitätsbeurteilungsverfahrens Deutsche Bundesbank, Beurteilung der Bonität, S. 5 ff.; dies., Monatsbericht September 2004, S. 62 ff.

234 Bofinger, Monetary Policy 350 n.11 (2001); Deutsche Bundesbank, Monatsbericht September 2004, S. 60; EZB, Pressemitteilung v. 22.07.2005; ZKA, Stellungnahme, S. 14. Zu den Zulassungskriterien dieser Ratingagenturen siehe auch EZB, Geldpolitik im Euro-Währungsgebiet, S. 50.

235 EZB, Geldpolitik im Euro-Währungsgebiet, S. 54.

236 So auch Fleischer, Gutachten F, S. F137; a.A. Schnabel, in: Büschgen/Everling (Hrsg.), Rating, S. 305 (307), dem zufolge Ratings in Deutschland und Europa bis heute nicht institutionell verankert sind.

237 Dies sind die elf G10-Staaten sowie Luxemburg und Spanien; BCBS, History 1 (2004).

238 Vor allem Japan nimmt das Rating regulatorisch extensiv in Dienst; vgl. Adams et al., International Capital Markets 191 (IMF Survey, 1999); Dale/Thomas, 5 J. Int'l Sec. Markets 9, 9 (1991); Packer, Ratings 139, 142 et seq. (Levich et al. eds., 2002). Deutschland bildet hingegen die Ausnahme, die Situation in Spanien ist unklar;

Ratings lediglich zur Bankenregulierung heranziehen und damit europäische Vorgaben erfüllen.[239] Nur vier, darunter die U.S.A., nehmen das Rating zu Zwecken in Dienst, die über die bloße Bestimmung des Marktrisikos für die Bankenregulierung hinausgehen.[240]

Darüber hinaus nehmen auch wirtschaftlich weniger bedeutende Länder das Rating regulatorisch in Dienst. So dürfen in Argentinien Rentenversicherungen nur in Anleihen mit bestimmter Mindestbonität investieren; Australien rechnet bei der Bewertung von mit Grundpfandrechten besicherten Forderungen eventuell vorhandene Ausfallversicherungen an, wenn die Bonität des Versicherers von einer anerkannten Agentur wenigstens mit „A" bewertet wurde; in Chile dürfen bestimmte Anstalten in ausländische Wertpapiere nur bei einem Mindestrating investieren; Hongkong lässt für bestimmte institutionelle Anleger Abschläge bei der Berechnung ihrer Liquiditätskennzahlen zu, soweit die gehaltenen Wertpapiere eine bestimmte Bonität besitzen; und in Neuseeland müssen Kreditinstitute Ratings, die sie für bestimmte langfristige Verbindlichkeiten erhalten haben, vierteljährlich veröffentlichen.[241]

III. Initiativen zur Selbstregulierung

Die zunehmende Internationalisierung der nationalen Kapitalmärkte zwingt die Aufsichtsbehörden verstärkt, ihre aufsichtsrechtlichen Regelungen auf internationaler Ebene zu definieren.[242] So haben sich auf internationaler und regionaler Ebene Plattformen zur Ausarbeitung einheitlicher Standards gebildet. Zwei Ansätze werden nachfolgend exemplarisch dargestellt.

Estrella et al., Credit Ratings 41 et seq. (BCBS Working Paper, 2000); White, Ratings 41, 54 et seq. (Levich et al. eds., 2002).

239 So bei der Bestimmung von Eigenkapitalanforderungen sowie bestimmter Zinsrisiken; vgl. Estrella et al., Credit Ratings 41 et seq. (BCBS Working Paper, 2000); Flesch, ZKredW 1996, S. 1042 (1044 f.).

240 So sind in Belgien die Banken verpflichtet, Informationen über die Zusammensetzung ihrer Wertpapierportfolios nach Ratings aufzuschlüsseln; in Großbritannien finden Ratings noch im Zusammenhang mit der Liquiditätskontrolle von Banken Anwendung; die Schweiz macht die Fähigkeit von Investmentfonds zu bestimmten Geschäftsabschlüssen von der Bonität der jeweiligen Vertragspartner abhängig; Estrella et al., Credit Ratings 41 et seq., 54 (BCBS Working Paper, 2000).

241 Hierzu und zu weiteren Ländern Sinclair, Masters of Capital 47 et seq. (2005).

242 Flesch, ZKredW 1996, S. 1042 (1042); vgl. Luttermann/Vahlenkamp, ZIP 2003, S. 1629 (1635).

1. International Organization of Securities Commissions

Die bedeutendste Kooperationsplattform ist die International Organization of Securities Commissions (IOSCO). Sie ist ein kooperativer Zusammenschluss nationaler Börsen- und Wertpapieraufsichtsbehörden. Sie besitzt mehr als 180 Mitglieder, welche zusammen über 90% der weltweiten Wertpapiermärkte regulieren.[243] Mitglieder sind neben Wertpapieraufsichtsbehörden, Börsen und Verbänden auch die Kommission der Europäischen Union (EU) sowie die Organization for Economic Co-Operation and Development (OECD).[244] Die IOSCO hat zum Ziel, einen weltweit hohen Regulierungsstandard sowie die Gerechtigkeit, Effizienz und störungsfreie Funktion der Wertpapiermärkte zu gewährleisten. Dies will sie vor allem durch die Erarbeitung gemeinsamer Standards und deren Umsetzung auf nationaler Ebene erreichen.[245] Hierzu hat sie 1998 in Zusammenarbeit mit dem BCBS die „Objectives and Principles of Securities Regulation" verabschiedet, welche heute in einer aktualisierten Fassung von 2003 für die internationalen Wertpapiermärkte Maßstäbe setzen.[246]

Darüber hinaus beschäftigt sich die IOSCO auch mit dem Phänomen des Ratings und der Regulierung der Ratingagenturen.[247] Dies führte, unter maßgeblicher Einbindung der Marktteilnehmer,[248] zu der Erstellung eines Verhaltenskodexes für Ratingagenturen, dem „Code of Conduct Fundamentals for Credit Rating Agencies" (IOSCO-Kodex).[249] Der IOSCO-Kodex formuliert Verhaltensweisen, welche die Qualität, Integrität und Transparenz der Ratingerstellung garantieren, die Unabhängigkeit der Agenturen sichern, Interessenkonflikte vermeiden sowie die Pflichten der Agenturen gegenüber den Emit-

---

243 IOSCO, Historical Background. Zur IOSCO als wichtigstes internationales Forum für die Wertpapieraufsicht siehe BaFin, Jahresbericht 2003, S. 34.

244 Flesch, ZKredW 1996, S. 1042 (1044).

245 IOSCO, General Information; vgl. auch Flesch, ZKredW 1996, S. 1042 (1044); zur IOSCO aus Sicht des deutschen Finanzplatzes Köhler, WM 1990, S. 1953 (1953).

246 Hierzu Deipenbrock, WM 2005, S. 261 (264 f.); vgl. auch Flesch, ZKredW 1996, S. 1042 (1046); IOSCO, Objectives and Principles of Securities Regulation (2003).

247 Vgl. IOSCO, Statement of Principles Regarding the Activities of Credit Rating Agencies (2003); IOSCO, Report on the Activities of Credit Rating Agencies (2003).

248 IOSCO, Consultation Report, Präambel (2004). Die Stellungnahmen der Marktteilnehmer sind veröffentlicht; vgl. IOSCO, Public Comments on Code of Conduct (2004).

249 IOSCO, Code of Conduct Fundamentals (2004); ausführlich Deipenbrock, WM 2005, S. 261 (265 f.); dies., BB 2005, S. 2085 (2086 ff.); BaFin, Jahresbericht 2003, S. 35. Zu den Bemühungen der Literatur, Kriterien für eine *good rating practice* zu entwickeln, Krahnen/Weber, 25 J. Banking & Fin. 3, 3 (2001).

tenten und den Investoren festschreiben sollen.[250] Ähnlich den Empfehlungen des BCBS haben auch diese Standards keinen bindenden Charakter.[251] Die IOSCO kann allenfalls über ihre einzelnen Mitglieder wie zum Beispiel die SEC oder BaFin auf eine solche Bindung hinwirken. De facto wird sich kaum ein Wertpapierhaus oder Kreditinstitut der Umsetzung der Standards entziehen können.[252] Dementsprechend haben die führenden Ratingagenturen ihre eigenen Verhaltenskodices bereits an den wesentlichen Bestimmungen des IOSCO-Kodexes orientiert.[253] Die von der IOSCO praktizierte Form der Kapitalmarktregulierung stellt somit eine Art faktisch aufgezwungener Selbstregulierung dar. Die hieraus entstehenden, international abgestimmten Verfahren und Mindeststandards stellen einen maßgeblichen Schritt zur Qualitätssicherung des Ratingwesens dar. Dies wirkt sich nicht nur positiv auf das allgemeine Vertrauen in die Kapitalmärkte aus,[254] es beseitigt auch mögliche Kritik an der Rolle der Agenturen sowie der Qualität ihrer Bonitätsurteile. Beides kann sich nur günstig auf die weitere Entwicklung des Ratingwesens auswirken.

2. Selbstregulierungsinitiativen im asiatischen Raum

Weitere, vor allem für das Ratingwesen im asiatischen Raum förderliche Initiativen sind das ASEAN Forum of Credit Rating Agencies (AFCRA) sowie die Association of Credit Rating Agencies in Asia (ACRAA).

Das 1993 von Ratingagenturen aus Indonesien, Malaysia, den Philippinen und Thailand gegründete[255] AFCRA hat die Diskussion ratingspezifischer Problemstellungen, die Harmonisierung von Ratinganforderungen, die Ausarbeitung gemeinsamer Standards sowie die Förderung der Entwicklung der

---

250 IOSCO, Code of Conduct Fundamentals 3 (2004).
251 Deipenbrock, WM 2005, S. 261 (266); Flesch, ZKredW 1996, S. 1042 (1044).
252 Flesch, ZKredW 1996, S. 1042 (1044).
253 Siehe hierzu nachfolgend S. 209. Inzwischen hat die IOSCO nach einem nunmehr über zweijährigen Bestehen des IOSCO-Kodexes mit dessen Überprüfung begonnen und die Ratingagenturen hierzu um Stellungnahme gebeten; vgl. IOSCO, Review of Code of Conduct Fundamentals 2 (2007) sowie IOSCO, Comments received on the Consultation Report (2007). Es bleibt abzuwarten, ob diese Überprüfung zu einer Überarbeitung des IOSCO-Kodexes führt.
254 IOSCO, Code of Conduct Fundamentals 4 (2004).
255 Z.B. die philippinische Agentur CIBI (nunmehr PhilRatings), die malaysische RAM, die thailändische TRIS Rating sowie die indonesische PT Pefindo; ADB, News Release 119/95 (Oct. 27, 1995).

Anleihemärkte in Asien zum Ziel.[256] Dies geschieht im Wesentlichen durch jährliche Gipfeltreffen, Seminare, Workshops und Konferenzen, welche dem Erfahrungsaustausch und der Verbesserung der Zusammenarbeit dienen sollen.[257]

Bei der ACRAA handelt es sich um eine 2001 von 15 Ratingagenturen unter Mithilfe der Asian Development Bank (ADB)[258] gegründete, regionale Handelsorganisation. Sie will die Rolle der Agenturen als verlässliche Informationsdienstleister in der asiatischen Region verbessern, gemeinsame Standards von hoher Qualität und Vergleichbarkeit entwickeln sowie den asiatischen Anleihemarkt und grenzüberschreitende Investitionen fördern.[259] Dies geschieht im Wesentlichen ebenfalls durch Seminare und Workshops, welche durch die ADB gefördert werden. Darüber hinaus hat die ACRAA 2002 eine „Best Practices Check List and Code of Ethics" für Ratingagenturen veröffentlicht.[260]

Beide Initiativen beruhen auf dem Selbstbindungswillen der Mitglieder und fördern so eine Vereinheitlichung und Stabilisierung des Ratingwesens im asiatischen Markt, der sich gerade in den dortigen Schwellenländern rapide[261] entwickelt. Hierdurch ist ebenfalls ein weiterer Schub für das Ratingwesen zu erwarten.

IV. Ergebnis

Die Bedeutung des Ratings nimmt stetig zu. Verantwortlich hierfür sind verschiedene kapitalmarktimmanente Faktoren. Eine weitere Rolle spielt die Bezugnahme auf Ratings durch Basel II sowie die zunehmende Verwendung zur

---

256   Asia Pulse (o.V.), 10 July 1997, Nationwide Financial News, LEXIS, ohne Seitenangabe; ADB, News Release 119/95 (Oct. 27, 1995); Dalla, Bond Market Rules 42 et seq. (ADB ed., 2003).

257   Vgl. Business Times Malaysia (o.V.), 9 Mar. 1996, Companies/Markets, p. 7; ebenso die Informationen auf dem Internetauftritt von ASEAN unter *http://www.aseansec.org/64.htm*.

258   Zur Geschichte der Asian Development Bank, ihrer Finanzierung und ihren Aufgaben siehe ADB, 2003 Annual Report 2 et seq. (2004); vgl. auch Broich, Asia-Pacific Economic Cooperation, S. 63 f.

259   Madhur, Rating Agencies in Asia 1 (ADB ed., 2004); Dalla, Bond Market Rules 42 et seq. (ADB ed., 2003).

260   Madhur, Rating Agencies in Asia 3 (ADB ed., 2004); Menon, Regional Standards 19 (ADB ed., 2004).

261   Dalla, Bond Market Rules 42 (ADB ed., 2003); vgl. Kerwer, Standardising as Governance 19 (2001).

Kapitalmarktregulierung durch nationale Aufsichtsbehörden. Zwar stützen sich die Länder hierbei nicht auf besondere Ratinggesetze,[262] doch greifen die meisten führenden Wirtschaftsnationen bei der Regulierung zumindest teilweise und in unterschiedlicher Ausprägung auf Ratings zurück. Schließlich gewinnen Ratings durch verschiedene Initiativen auf internationaler und regionaler Ebene, welche überwiegend die Vereinheitlichung von Standards zum Ziel haben, an Bedeutung.

§ 4 Ratingagenturen

Derzeit dürften weltweit um die 200 Ratingagenturen existieren, [263] darunter 45 in Europa und allein 21 in Deutschland.[264] Es ist zu erwarten, dass diese Zahl weiter anwachsen wird, vor allem in den weniger entwickelten Märkten.[265] Nachfolgend werden die historische Entwicklung der Ratingagenturen, der Vorgang der Erstellung des Bonitätsurteils sowie die Finanzierung der Agenturen dargestellt.

I. Historische Entwicklung

1. Vereinigte Staaten von Amerika

Die Ursprünge des Ratings gehen bis in das 18. Jahrhundert zurück. Bereits 1760 untersuchten sogenannte Schiffsklassifizierungsgesellschaften, etwa der Lloyd's Register of Shipping, Schiffe auf ihre Seetauglichkeit und bewerteten diese mit Buchstaben und Symbolen.[266] Die New Yorker Mercantile Agency als erster Wirtschaftskredit-Informationsdienst veröffentlichte seit 1837 Informationen über das Ansehen und die Kreditwürdigkeit von Unternehmen in den gesamten U.S.A.[267] Seit 1868 bereitete Henry V. Poor in seinem jährlich erscheinenden „Manual of the Railroads of the United States" die finanzielle und operative Geschäftsentwicklung der größten amerikanischen Eisen-

---

262 Die einzige Ausnahme bildet wohl Chile; hierzu ausführlich Peters, Ratingagenturen, S. 147 ff.
263 Everling, Kredit & Rating Praxis 4/2005, S. 10 (21).
264 Everling/Trieu, in: Büschgen/Everling (Hrsg.), Rating, 2. Aufl., S. 95 (98) mit einer Kurzvorstellung zahlreicher Ratingagenturen auf den Folgeseiten.
265 Vgl. Everling, ZKredW 2005, S. 185 (186).
266 Ebenroth/Dillon, 24 Law & Pol'y Int'l Bus. 783, 794 (1993).
267 Rhodes, 20 Seton Hall Legis. J. 293, 300 (1996).

bahngesellschaften statistisch auf.[268] Vom eigentlichen Credit Rating spricht man jedoch erst seit der Bonitätsbewertung von Eisenbahnanleihen Anfang des 20. Jahrhunderts. Da die Anleger nur spärliche Informationen über die Kredit suchenden Gesellschaften hatten, entstand für die im Zuge der bahntechnischen Erschließung der U.S.A. emittierten Anleihen ein Bedarf an Ratingdienstleistungen. Im Jahre 1909 begann John Moody mit der Bewertung vorgenannter Anleihen nach einem von ihm eingeführten Ratingsystem. Andere Unternehmen folgten nur kurz darauf mit eigenen Systemen: Poor's Publishing Company im Jahre 1916, Standards Statistics Company 1922 und Fitch Publishing Company 1924.[269] In den Folgejahren kam es zu einer Ausweitung der untersuchten Wertpapiere auf andere Branchen. Dies führte zu Markteintritten weiterer Agenturen und einer anschließenden Konsolidierung.[270] Derzeit existieren in den U.S.A. mit Moody's Investors Service, Inc. (Moody's), Standard & Poor's Corp. (S&P), Fitch Ratings, Ltd. (Fitch) (vormals Fitch Investors Services, Inc.) und Dominion Bond Rating Service, Ltd. (DBRS) neben zahlreichen kleineren Agenturen vier nennenswerte, nicht spezialisierte Ratingagenturen. Hierbei teilen sich Moody's und S&P nahezu hälftig rund 80%, mit Fitch zusammen sogar 95% des Marktes.[271] Daneben existiert mit A.M. Best Company, Inc. (A.M. Best) eine global operierende Agentur, die sich auf das Rating von Versicherungen spezialisiert hat.[272] Die internationale Marktabdeckung der drei großen Agenturen variiert in ihrer re-

---

268   Dale/Thomas, 5 J. Int'l Sec. Markets 9, 9 (1991); Sinclair, Masters of Capital 23 (2005).

269   Berblinger, in: Büschgen/Everling (Hrsg.), Rating, S. 21 (25 f.); Cantor/Packer, 19 FRBNY Q. Rev. 1, 2 (1994); Hoffmann, Bonitätsbeurteilung, S. 24 ff.; Rhodes, 20 Seton Hall Legis. J. 293, 300 et seq. (1996); Sylla, Ratings 19, 20 et seq. (Levich et al. eds., 2002); West, 16 J.L. & Econ. 159, 160 et seq. (1973).

270   Im Jahre 1941 fusionierten Standard Statistics und Poor's Publishing Co. zur Standard and Poor's Corp. Die Agentur McCarthy, Crisanti, and Maffei wurde 1975 gegründet und später von Xerox Financial Services erworben. Diese wurde 1991 mit Duff & Phelps verschmolzen und im Jahre 2000 schließlich von Fitch Ratings übernommen; hierzu Cantor/Packer, 19 FRBNY Q. Rev. 1, 2 (1994); Sylla, Ratings 19, 24 (Levich et al. eds., 2002); Smith/Walter, Rating Agencies 16 (INSEAD Working Paper, 2001).

271   Förderreuther, in: Schuster/Widmer (Hrsg.), Bankenkrise, S. 277 (284); Smith/Walter, Rating Agencies 4 (INSEAD Working Paper, 2001); zu größeren Marktanteilen von Fitch in Teilgebieten wie Asset- und Mortgage-Backed Securities Cantor/Packer, 19 FRBNY Q. Rev. 1, 20 (1994); zum Verlust von Marktanteilen von Moody's und S&P an kleinere Agenturen Nusbaum, Risk, Oct. 1996, p. 57.

272   Hierzu ausführlich Zboron, in: Achleitner/Everling (Hrsg.), Versicherungsrating, S. 179 (180 ff.).

gionalen Gewichtung. Alle verfügen über große Marktanteile in den U.S.A. und Europa. Daneben verfügt Moody's über eine etwas größere Marktabdeckung in Asien, während S&P stärkere Akzente in Lateinamerika setzt.[273]

2. Europa

Auf den europäischen Finanzmärkten[274] ließen staatliche Genehmigungspflichten für Emissionen, das (damalige) Vertrauen der Anleger in die „großen Namen" der emittierenden Gesellschaften[275] sowie die Präsenz der Universalbanken, die über Aufsichtsratsmandate, Beteiligungen und ihre Kreditvergabetätigkeit meist über ausreichende Einblicke in die finanziellen Verhältnisse der Emittenten verfügten,[276] die Arbeit von Ratingagenturen lange Zeit entbehrlich erscheinen.[277] Die zunehmende Liberalisierung, Globalisierung und Deregulierung der Kapitalmärkte sowie zunehmende Zahlungsschwierigkeiten renommierter Unternehmen[278] erhöhten das Interesse europäischer Anleger an einer Bonitätsprüfung der Anleiheschuldner und führte zum Markteintritt der U.S.-amerikanischen Agenturen Moody's und S&P.[279] Die Gründung einzelner nationaler oder länderübergreifender europäischer Agenturen blieb zunächst erfolglos oder war aufgrund von Übernahmen nicht von Dauer.[280] Lediglich Fitch mit Hauptsitz in London konnte sich als einzige

---

273 Blaurock, ZGR 2007, S. 603 (606); Smith/Walter, Rating Agencies 9 (INSEAD Working Paper, 2001).

274 Zur Entwicklung der Ratingbranche in Kanada, Asien, Australien und Südamerika Everling, Credit Rating, S. 83 ff., S. 93 ff.; ders., Die Bank 1991, S. 151 (152 ff.).

275 Buchholz, Wirtschaftswoche Nr. 22 v. 26.05.1989, S. 106 (106 f.); Fidler, FT, 4 Dec. 1990, p. 33; Littmann, Wirtschaftswoche Nr. 35 v. 25.08.1989, S. 76 (76); The Economist (o.V.), 30 Mar. 1991, p. 78 (78).

276 Vgl. Breuer, in: Engels (Hrsg.), Anlegerschutz, S. 75 (82); Engelen, The International Economy, Nov./Dec. 1994, p. 46 (47).

277 Peters, Ratingagenturen, S. 42 f.

278 Siehe hierzu die Abbildung (1) bei Berblinger, in: Büschgen/Everling (Hrsg.), Rating, S. 21 (24).

279 1991 eröffnete Moody's sein erstes Büro in Deutschland, S&P folgte ein Jahr später; Riedel u.a., Rating-Szene, S. 7. Zur Expansionstätigkeit der Ratingagenturen Everling, Die Bank 1999, S. 808 (808 f.).

280 Vgl. hierzu und für Beispiele Everling, in: Hielscher, Investmentanalyse, S. 209 (216); ders., Credit Rating, S. 91 ff.; Kübler, in: Hadding u.a. (Hrsg.), Bankrechtstag 1996, S. 115 (117); Kniese, Rating-Analyse, S. 91 ff.; Peters, Ratingagenturen, S. 43 Fn. 199 f.; Trück, Transfer Nr. 27, S. 33 (34).

größere, aus Europa operierende Agentur behaupten.[281] Inzwischen existieren im europäischen Ratingmarkt neben den dominierenden drei großen Agenturen kleinere, nationale, auf den Mittelstand oder bestimmte Länder fokussierte Agenturen, deren Bedeutung sich allerdings weiterhin in Grenzen hält.[282]

3. Deutschland

Am noch jungen deutschen Ratingmarkt dürfte, soweit es um Bonitätsurteile für den internationalen Kapitalmarkt geht, die Dominanz der drei marktführenden Agenturen noch deutlicher ausfallen als im Weltmarktvergleich.[283] Jedoch haben sich inzwischen auch hier kleinere, auf den Mittelstand spezialisierte Agenturen im Markt festsetzen können.[284] Diese Agenturen mit meist geringem Personalbestand betrachten sich nicht als direkte Konkurrenz zu den drei Marktführern, sondern sehen ihre Expertise eher auf dem nationalen Kapitalmarkt.[285] Von einem weiteren Wachstum in diesem Sektor ist auszugehen.[286]

---

281 Vgl. Monro-Davies, in: Büschgen/Everling (Hrsg.), Rating, S. 175 (181); Smith/ Walter, Rating Agencies 15 et seq. (INSEAD Working Paper, 2001); Wiggins, FT, 9 Dec. 2002, IT, p. 10.

282 Siehe v. Düsterlho/Pöhlsen, in: DIRK e.V. (Hrsg.), Investor Relations, S. 419 (422); Estrella et al., Credit Ratings 15 (BCBS Working Paper, 2000); für einen Überblick über diese kleineren, regionalen Agenturen Smith/Walter, Rating Agencies 49 et seq. (INSEAD Working Paper, 2001).

283 Förderreuther, in: Schuster/Widmer (Hrsg.), Bankenkrise, S. 277 (284); zur Dominanz der drei großen Agenturen in Deutschland Kley/Everling, Finanz Betrieb 2001, S. 172 (172).

284 Hierzu Everling, ZKredW 2005, S. 185 (186) mit einer Auflistung größerer deutscher Agenturen; Pape, in: Suyter (Hrsg.), Risikomanagement, S. 327 (330); Loges/ Zeller, in: Suyter (Hrsg.), Risikomanagement, S. 283 (286 f.); Munsch/Weiß, Externes Rating, S. 90.

285 Vgl. Riedel u.a., Rating-Szene, S. 44; Holzkämper/Fischer, in: Achleitner/Thoma (Hrsg.), Corporate Finance, Abschn. 4.5.2, S. 19; Wegmann/Koch, Finanz Betrieb 2003, S. 227 (236).

286 So v. Düsterlho/Pöhlsen, in: DIRK e.V. (Hrsg.), Investor Relations, S. 419 (422); Everling, in: Suyter (Hrsg.), Risikomanagement, S. 245 (247); Kley/Everling, Finanz Betrieb 2001, S. 247 (253); vgl. auch Förderreuther, in: Schuster/Widmer (Hrsg.), Bankenkrise, S. 277 (283 f.); Riedel u.a., Rating-Szene, S. 53; kritisch zu den Chancen dieser Agenturen, sich gegen die etablierten durchzusetzen, Schulze Heuling/ Lehrke, in: Achleitner/Everling (Hrsg.), Ratingpraxis, S. 121 (124).

4. Japan

Auch in Japan besitzen Ratingagenturen keine ausgeprägte Tradition. Verantwortlich hierfür war lange Zeit die Regulierung des japanischen Bankensystems. So sah das japanische Recht traditionell für Unternehmensanleihen die zwangsweise Unterlegung mit Sicherheiten vor. Diese waren jedoch von den großen Universalbanken als Treuhänder zu verwalten, was diesen erlaubte, die Entstehung von Ratingagenturen erfolgreich zu blockieren.[287] Die Universalbanken boten die ganze Bandbreite möglicher Bankdienstleistungen an, welche in anderen – vor allem der amerikanischen – Volkswirtschaften durch spezialisierte Marktteilnehmer wie Investmentbanken, Risikokapitalgeber oder Ratingagenturen übernommen wurden.[288] Zwar gingen die japanischen Anleger bereits zu Beginn der 1970er Jahre zunehmend dazu über, sich nach Finanzierungsalternativen zu Bankkrediten umzusehen,[289] doch wurde ihnen erst Anfang der frühen 1990er so richtig klar, dass Unternehmensverbindlichkeiten ein inhärentes Kreditrisiko anhaftet.[290] Als Folge verfügt Japan (noch) über relativ wenige nationale Ratingagenturen.[291] Zu den wichtigsten zählen die japanische Rating and Investment Information (R&I),[292] die Japan

---

287 Hierzu Milhaupt, 37 Harv. Int'l L.J. 3, 23 n.107 (1996); ders., 30 Stan. J. Int'l L. 423, 442 (1994); Niimi, 1 Japan Res. Q. 35, 73, 85 (1992); vgl. auch True, 28 N.Y.U. J. Int'l L. & Pol. 505, 507 (1996), der die Überregulierung des japanischen Kapitalmarkts als Entwicklungshemmnis ansieht.

288 Vgl. Milhaupt, 149 U. Pa. L. Rev. 2083, 2103 (2001); ders. 37 Harv. Int'l L.J. 3, 22 et seq. (1996).

289 So begannen zahlreiche japanische Unternehmen, Anleihen auf dem Euromarkt zu begeben; vgl. Grouse, 12 Duke J. Comp. & Int'l L. 571, 592 (2002); Niimi, 1 Japan Res. Q. 35, 72 et seq. (1992).

290 Der Grund hierfür ist vor allem darin zu sehen, dass die Zahl der japanischen Unternehmen, die Anleihen herausgaben, in dieser Zeit erheblich anstieg; siehe Grouse, 12 Duke J. Comp. & Int'l L. 571, 588 (2002); vgl. auch Hulme, The Daily Yomiuri, 5 Sept. 1990, p. 9.

291 Hierzu Milhaupt/West, 67 U. Chi. L. Rev. 41, 59 (2002); ders., 2 J. Small & Emerging Bus. L. 177, 185 (1998); vgl. auch Packer, Ratings 139, 141 (Levich et al. eds., 2002).

292 R&I ging 1998 aus dem Zusammenschluss des 1975 gegründeten Japan Bond Research Institute mit dem seit 1985 bestehenden Nippon Investors Service, Inc. hervor.

Credit Rating Agency (JCRA)[293] sowie Mikuni[294].[295] Ihre Stärken liegen in der besonderen Expertise für Transaktionen auf dem japanischen Markt oder im asiatischen Raum,[296] jedoch bleiben ihre Marktanteile auch in Japan im Vergleich zu Moody's, S&P und Fitch begrenzt.[297]

5. Asiatische Schwellenländer

Die asiatischen (Schwellen-)Länder wie China, Indonesien, Korea, Malaysia, die Philippinen, Singapur und Thailand erfuhren eine noch stärker verzögerte Entwicklung. Erst mit aufkommendem wirtschaftlichen Interesse an diesen Ländern weiteten Moody's, S&P und Fitch ihre Tätigkeit in diese Wirtschafträume aus[298] und nahmen auch hier die führende Stellung ein.[299] Allerdings bildeten sich aufgrund der lokalen Verschiedenheiten sowie der relativ schlechten Transparenz dieser Märkte recht bald kleinere, auf einzelne Regionen spezialisierte Agenturen heraus.[300] Die etablierten Agenturen sind zum Teil an ihnen beteiligt[301] oder arbeiten mit ihnen in Joint Ventures zusam-

---

293 1985 gegründet, beschäftigt JCRA derzeit lediglich 90 Mitarbeiter, so dass eine umfassende Abdeckung des Marktes ausgeschlossen sein dürfte.

294 Mikuni & Co. wurde 1975 gegründet, betreibt aber das eigentliche Ratinggeschäft erst seit 1983.

295 Vgl. Packer, Ratings 139, 140 (Levich et al. eds., 2002); siehe auch Grouse, 12 Duke J. Comp. & Int'l L. 571, 587 n.73 (2002), für weitere, inzwischen jedoch überholte Beispiele.

296 Packer, Ratings 139, 141 et seq. (Levich et al. eds., 2002); vgl. auch Felson, 47 Duke L.J. 567, 609 (1997); Packer, 5 FRBNY Curr. Iss. Econ. & Fin. (No. 15) 1, 2 (1999); Smith/Walter, Ratings 289, 304 (Levich et al. eds., 2002); Yokota, Nikkei Weekly (Japan), 6 Oct. 1997, p. 1; zu dem Versuch einiger japanischer Agenturen zu Beginn der 1990er Jahre, über den japanischen Markt hinaus auch ausländische Emittenten zu bewerten, Shimada, 29 Colum. J. Transnat'l L. 319, 356 n.241 (1991).

297 Vgl. Perlmutter, Developments, in: International Securities Markets 87, 98 (PLI/Corp. No. 572, 1987); Smith/Walter, Rating Agencies 9 (INSEAD Working Paper, 2001).

298 Vgl. Everling, Die Bank 1999, S. 808 (808 f.); Cantor/Packer, 19 FRBNY Q. Rev. 1, 3 (1994).

299 Dalla, Bond Market Rules 42 (ADB ed., 2003).

300 Zur Gründungstätigkeit seit den 1980er Jahren Everling, Credit Rating, S. 93 f; vgl. auch Menon, Regional Standards 3 (ADB ed., 2004); für Indien siehe Mukhopadhyay, 5 Annals Econ. & Fin. 313, 313 (2004).

301 Zur Ausweitung seiner Beteiligungen am Korea Investors Service (auf über 50%), an der russischen Interfax Rating Agency (auf 20%) oder an der ICRA (auf 22%) siehe Moody's, 2002 Annual Report 13 (2003).

men,[302] teilweise sind die lokalen Spezialisten aber auch unabhängig.[303] Trotz zunehmender Gründungen weiterer lokaler Agenturen wird der größte Marktanteil durch die drei etablierten Agenturen abgedeckt.[304]

II. Die Erstellung des Bonitätsurteils

Nachfolgend werden das Credit Rating im Sinne dieser Untersuchung definiert, seine wichtigsten Spielarten aufgezeigt sowie der Prozess der Ratingerstellung und dessen Ergebnis, nämlich das Bonitätsurteil in Form von Symbolen, näher erläutert.

1. Definition des Credit Ratings

In Hinblick auf den für diese Untersuchung relevanten Finanzsektor bezeichnet ein Rating die durch Symbole einer festgelegten, ordinalen Skala ausgedrückte Meinung einer auf Bonitätsanalysen spezialisierten Institution (Ratingagentur) über die wirtschaftliche Fähigkeit, rechtliche Verpflichtung und Willigkeit[305] eines Schuldners, seinen fälligen Zahlungsverpflichtungen stets vollständig und rechtzeitig nachzukommen.[306] Damit ist das Rating letztendlich nichts anderes als ein Bonitätsurteil.[307] Bezieht es sich auf die Zahlungsfähigkeit des Schuldners, spricht man von einem Emittentenrating. Ein solches

---

302 Dalla, Bond Market Rules 42 (ADB ed., 2003). So arbeitet Moody's mit dem Korea Investors Service, der chinesischen Dagong Global Credit Rating sowie der indischen ICRA zusammen. S&P bedient sich der Expertise der indischen CRISIL, der PT Pemeringkat Efek Indonesia sowie der Taiwan Ratings Corp. Fitch arbeitet mit Korea Ratings sowie der Malaysia Rating Agency zusammen; hierzu Menon, Regional Standards 7 et seq. (ADB ed., 2004); Smith/Walter, Rating Agencies 18 (INSEAD Working Paper, 2001).

303 So z.B. die Rating Agency Malaysia, die Thai Rating and Information Services oder PhilRatings; hierzu Dalla, Bond Market Rules 42 et seq. (ADB ed., 2003).

304 Vgl. Dalla, Bond Market Rules 42 (ADB ed., 2003); Smith/Walter, Rating Agencies 9, 18 et seq. (INSEAD Working Paper, 2001).

305 Zur Bedeutung dieses Aspekts Picker, Institutional Investor 73, 77 (August 1991).

306 Everling, in: Achleitner/Bassen (Hrsg.), Investor Relations, S. 463 (466); vgl. auch Bär, Asset Securitisation, S. 231; Jurgeit, Bewertung von Optionen, S. 18; v. Randow, in: Büschgen/Everling (Hrsg.), Rating, S. 543 (545); S&P, Corporate Ratings Criteria 4 (1998): "[Credit Ratings] stellen die gegenwärtige Meinung über die Bonität eines Schuldners in Hinblick auf eine bestimmte finanzielle Verpflichtung dar" (Übersetzung durch Verfasser).

307 Holzkämper/Fischer, in: Achleitner/Thoma (Hrsg.), Corporate Finance, Abschn. 4.5.2, S. 4.

umfasst auch die Bonitätsbeurteilung von öffentlich-rechtlichen Körperschaften oder Staaten. Gilt das Urteil für einen bestimmten Finanztitel, spricht man hingegen von einem Emissions- oder Finanztitelrating.[308]

2. Arten des Ratings

Funktional existieren mehrere Arten des Ratings. Die Unterscheidung erfolgt nach dem Ratingobjekt, der Ratinglaufzeit, der Art des Auftragsverhältnisses und – gerade in Hinblick auf Basel II – der Art des Ratingsubjekts.

a) Ratingobjekt

Bei der Frage nach dem Ratingobjekt ist die Unterscheidung zwischen dem Emissions- und dem Emittentenrating von elementarer Bedeutung. Das Emissionsrating bezieht sich auf die Bewertung eines genau definierten Finanztitels.[309] In der Praxis stehen hierbei langfristige Anleihen privater und öffentlicher Emittenten wie Unternehmensanleihen, Bankschuldverschreibungen und Kommunalobligationen sowie kurzfristige Geldmarktpapiere wie Commercial Papers mit einer Laufzeit von unter einem Jahr im Vordergrund.[310] In den U.S.A. werden darüber hinaus schon seit langem auch Produkte von Finanzdienstleistern wie zum Beispiel Versicherungen[311] oder Investmentfonds,[312] aber auch Vorzugsaktien[313] mit Ratings versehen – eine

---

308 Everling, in: Achleitner/Bassen (Hrsg.), Investor Relations, S. 463 (466).

309 Dimitrakopoulos/Spahr, in: Achleitner/Everling (Hrsg.), Ratingpraxis, S. 211 (212); Förderreuther, in: Schuster/Widmer (Hrsg.), Bankenkrise, S. 277 (280); Marten/ Köhler, in: Wollmert u.a. (Hrsg.), FS Lück, S. 483 (486); Riedel u.a., Rating-Szene, S. 8.

310 Berblinger, in: Büschgen/Everling (Hrsg.), Rating, S. 21 (36); Everling, Der langfristige Kredit 1991, S. 382 (484); Hoffmann, Bonitätsbeurteilung, S. 23; Peters, Ratingagenturen, S. 28 f.

311 Hierzu Bottini, 30 San Diego L. Rev. 579, 589 et seq. (1993); Everling, Die Bank 1992, S. 202 (202); Schmidt, in: Hadding u.a. (Hrsg.), Bankrechtstag 1996, S. 137 (138); Sönnichsen, in: Büschgen/Everling (Hrsg.), Rating, 2. Aufl., S. 317 (317 ff.); zum Rating von Rückversicherungen siehe Rief, in: Büschgen/Everling (Hrsg.), Rating, 2. Aufl., S. 167 (167 ff.).

312 Berblinger, in: Büschgen/Everling (Hrsg.), Rating, S. 21 (43); Götz, in: Büschgen/ Everling (Hrsg.), Rating, 2. Aufl., S. 347 (347 ff.); Riedel u.a., Rating-Szene, S. 9; vgl. auch Fischer/Nitzsche, in: Achleitner/Everling (Hrsg.), Fondsrating, S. 183 (183 f.).

313 In den U.S.A. können Vorzugsaktien mit fester Dividendenhöhe und festen Rückzahlungsfristen ausgestattet werden; hierzu Berblinger, in: Büschgen/Everling (Hrsg.), Rating, S. 21 (37); Everling, Die Bank 1992, S. 151 (151); Peters, Ratingagenturen, S. 29 Fn. 66.

Entwicklung,[314] die langsam auch in Deutschland Fuß fasst. Da die verschiedenen Finanztitel in Bezug auf ihre Besicherung, Laufzeit, Zins- und Tilgungszahlungen, et cetera meist unterschiedlich ausgestaltet sind, können die Emissionen desselben Unternehmens ein unterschiedliches Rating erhalten.[315] Das Emissionsrating enthält daher nur unter Berücksichtigung der Ausgestaltungsmerkmale des emittierten Wertpapiers relevante Informationen.[316]

Das Emittentenrating analysiert und bewertet den Emittenten in seiner Gesamtheit und reflektiert die Zukunftsfähigkeit eines Unternehmens, einer öffentlich-rechtlichen Körperschaft oder eines Staates. Es spielt daher auch eine zentrale Rolle für das Emissionsrating.[317] Da das Bonitätsrisiko eines Anlegers aber gerade von den konkreten Bedingungen „seiner" Anleihe abhängt, wird der Informationsgehalt des Emittentenratings zuweilen als geringer eingestuft.[318]

b) Ratinglaufzeit

Des Weiteren werden Ratings nach ihrer Laufzeit unterschieden. Langfristige Ratings berücksichtigen die Perspektive von vier bis fünf Jahren; bei kurzfristigen Ratings wird lediglich ein Zeitraum von bis zu maximal einem Jahr betrachtet. Während Emittentenratings immer langfristiger Natur sind, gibt es beim Emissionsrating auch die kurzfristige Form.[319]

c) Auftragsverhältnis

Ebenso spielt eine Rolle, ob die Bonitätseinstufung im Auftrag des Emittenten erfolgt oder nicht. In der Regel wird die Ratingagentur erst aktiv, wenn das Unternehmen selbst den Auftrag erteilt. Dieses stellt in Deutschland den Normalfall dar. Beim unbeauftragten Rating geht die Initiative gerade nicht vom Emittenten, sondern unmittelbar von der Agentur selbst oder einem Investor aus. Die Aussagekraft unbeauftragter Ratings ist meist niedriger, da das

---

314 Kritisch zur zunehmenden Ausweitung der Ratingobjekte Lewis, The Banker, Oct. 1990, p. 6; ebenso Rhodes, 20 Seton Hall Legis. J. 293, 307 (1996), die eine mögliche Verwirrung der Anleger befürchtet.
315 Förderreuther, in: Schuster/Widmer (Hrsg.), Bankenkrise, S. 277 (280); Riedel u.a., Rating-Szene, S. 8.
316 Everling, in: Achleitner/Bassen (Hrsg.), Investor Relations, S. 463 (466).
317 Förderreuther, in: Schuster/Widmer (Hrsg.), Bankenkrise, S. 277 (280).
318 So Everling, Credit Rating, S. 34 f.; Peters, Ratingagenturen, S. 29.
319 Förderreuther, in: Schuster/Widmer (Hrsg.), Bankenkrise, S. 277 (280); Kley/Everling, Finanz Betrieb 2001, S. 172 (173).

Ratingobjekt selbst nicht direkt beteiligt ist und daher nur öffentlich zugängliche Informationen für die Analyse herangezogen werden können.[320]

d) Ratingsubjekt

Schließlich werden Ratings noch nach dem Ratingsubjekt, also der das Rating durchführenden Institution, unterschieden. Abgegrenzt wird danach, ob die Bonitätsbeurteilung intern durch die (Haus-)Bank des Schuldners oder extern durch eine Ratingagentur erfolgt.[321] Diese Unterscheidung spielt vor allem im Rahmen der Eigenkapitalvorschriften von Basel II eine Rolle.[322]

3. Organisation der Ratingagenturen

Nachfolgend wird die Organisation der Ratingagenturen dargestellt. Diese gliedert sich in den Trägerstatus, die Aufbauorganisation und die Ablauforganisation.

a) Trägerstatus

Der Trägerstatus bezeichnet hier die aufgrund von Eigentumsverhältnissen bestehenden Abhängigkeiten der Ratingagenturen. Zwar existieren weder gesetzliche Vorschriften hinsichtlich der Rechtsform der Agenturen[323] noch ist ihr Trägerstatus normiert, jedoch sind die Agenturen in den meisten Fällen als Aktiengesellschaft oder Gesellschaft mit beschränkter Haftung organisiert.[324] Die größeren Agenturen unterhalten zusätzlich zu ihrem Hauptsitz Niederlassungen an anderen Finanzplätzen.[325] Dienten diese zunächst der Distribution,

---

320 Bottini, 30 San Diego L. Rev. 579, 599 et seq. (1993); Dimitrakopoulos/Spahr, in: Achleitner/Everling (Hrsg.), Ratingpraxis, S. 211 (212); Vetter, WM 2004, S. 1701 (1703).
321 Förderreuther, in: Schuster/Widmer (Hrsg.), Bankenkrise, S. 277 (280); Marten/Köhler, in: Wollmert u.a. (Hrsg.), FS Lück, S. 483 (486 f.); zu Self-Ratings und Peer-Ratings Schmidt, in: Hadding u.a. (Hrsg.), Bankrechtstag 1996, S. 137 (143).
322 Siehe hierzu oben S. 29 ff.
323 Für die „Ausnahme Chile" siehe Peters, Ratingagenturen, S. 147 ff.
324 Vgl. hierzu die Tabelle bei Everling, Credit Rating, S. 95; Peters, Ratingagenturen, S. 38.
325 Vgl. Cantor/Packer, 19 FRBNY Q. Rev. 1, 3 (1994); Smith/Walter, Rating Agencies 17 et seq. (INSEAD Working Paper, 2001).

Logistik und PR-Arbeit,[326] werden dort inzwischen auch eigenständige Bewertungen durch weitgehend einheimische Analysten vorgenommen.[327]

Die Eigentümerstruktur der Ratingagenturen variiert zum Teil erheblich. Einige Agenturen wie A.M. Best, Moody's oder Mikuni sind unabhängige Publikumsgesellschaften,[328] andere wie S&P oder Fitch sind Tochtergesellschaften großer Verlagshäuser oder anderer Medienunternehmen.[329] Wieder andere Agenturen stehen noch im Eigentum und unter der Leitung ihrer ursprünglichen Gründer. Dies sind zumeist Emittenten, Kreditinstitute oder institutionelle Investoren, welche häufig von staatlicher Seite unterstützt werden.[330]

b) Aufbauorganisation

Die Aufbauorganisation der Ratingagenturen besteht aus einer flachen Hierarchie sowie der Institution des Ratingkomitees, welches organisatorisch den übrigen Einheiten nebengeordnet ist.[331] Die Detailstruktur der Agenturen wird im Wesentlichen von Umfang und Art der analytischen Tätigkeit, ihrem Leistungsprogramm sowie der Anzahl der für sie tätigen Analysten und sonstigen Mitarbeiter geprägt.[332] Die Personalstärke reicht von 20 oder weniger

---

326 Everling, Die Bank 1991, S. 308 (311); Peters, Ratingagenturen, S. 38.

327 Deysson, Wirtschaftswoche Nr. 16 v. 15.04.1988, S. 122 (122 f.); Rudolf, Analyse der Bonität, S. 150.

328 Hill, 82 Wash. U. L.Q. 43, 48 n.24 (2004); Smith/Walter, Rating Agencies 11 et seq. (INSEAD Working Paper, 2001); zur Chance der Agenturen, durch eine große Zahl von Anteilseignern ihre Unabhängigkeit zu wahren, Everling, Die Bank 1991, S. 151 (156); Hoffmann, Bonitätsbeurteilung, S. 130 f., S. 137.

329 S&P gehört zum Medienkonzern McGraw-Hill, Inc. Fitch ist Teil der französischen Fimalac S.A., zu welcher u.a. Immobiliengesellschaften, Medienunternehmen sowie eines der weltgrößten Lagerunternehmen für Chemieprodukte gehören. Hierzu und zu den Eigentumsverhältnissen auch kleinerer Agenturen Smith/Walter, Rating Agencies 13 et seq., 49 et seq. (INSEAD Working Paper, 2001).

330 Everling, Die Bank, S. 151 (154 ff.); vgl. auch Cantor/Packer, 19 FRBNY Q. Rev. 1, 2 et seq. (1994); Peters, Ratingagenturen, S. 38; Smith/Walter, Rating Agencies 10 et seq. (INSEAD Working Paper, 2001); für Japan Everling, Credit Rating, S. 84 ff.; Hulme, The Daily Yomiuri, 5 Sept. 1990, p. 9.

331 Vgl. Everling, in: Hielscher, Investmentanalyse, S. 209 (216 f.) mit Organigramm; ders., Credit Rating, S. 97; S&P, Debt Ratings Criteria 10 (1986).

332 Everling, in: Hielscher, Investmentanalyse, S. 209 (216); Peters, Ratingagenturen, S. 37; zum Anforderungsprofil eines Analysten Hirsch, in: Büschgen/Everling (Hrsg.), Rating, S. 657 (663 ff.).

Analysten bei kleinen, regional oder sektoral spezialisierten Agenturen[333] bis zu mehr als 1.000 Analysten bei den Marktführern.[334] Letztere teilen ihren Analystenstab aufgrund der Vielzahl der Ratingobjekte in verschiedene Abteilungen ein, die auf einzelne Branchen, eine bestimmte geographische Herkunft, spezielle Finanzinstrumente oder ökonomische Analysen spezialisiert sind.[335] Die Kehrseite dieser ansonsten vorteilhaften Spezialisierung ist die Gefahr mangelnder Vergleichbarkeit der von getrennt arbeitenden Analysegruppen erstellten Bonitätsurteile. Dieser versuchen die Agenturen dadurch zu begegnen, dass sie auf eine heterogene Zusammensetzung des Ratingkomitees achten,[336] abschließende Ratingentscheidungen unter Beachtung globaler Aspekte treffen und interne Vergleichsstudien durchführen.[337]

c) Ablauforganisation

Die Ablauforganisation der Ratingagenturen wird im Wesentlichen durch das Ratingverfahren bestimmt, welches nachfolgend näher erläutert wird.

aa) Auswahl der Ratingagentur

Bei der Auswahl der Ratingagentur durch den Emittenten ist vor allem der mit dem Rating angestrebte Zweck bedeutsam. Sollen Anleihen in den U.S.A. platziert werden, ist das Rating einer amerikanischen Agentur praktisch zwingend; für nationale Märkte mag eine lokale Agentur geeigneter sein. Dient das Rating insbesondere dem Management oder den Gesellschaftern zur Selbst-

---

333 So beschäftigen fast alle deutschen Ratingagenturen nicht mehr als 20 fest angestellte Mitarbeiter; Riedel u.a., Rating-Szene, S. 39.

334 So beschäftigt Moody's mehr als 1.800 Angestellte, davon über 1.000 Analysten. S&P greift sogar auf 1.250 Analysten zurück. Für einen guten Überblick über die verschiedenen Personalstärken der Agenturen Smith/Walter, Rating Agencies 49 et seq. (INSEAD Working Paper, 2001).

335 Everling, Credit Rating, S. 96 ff.; ders., in: Hielscher, Investmentanalyse, S. 209 (217); Peters, Ratingagenturen, S. 37.

336 Neben meist fünf bis zehn Analysten verschiedener Abteilungen gehört auch ein branchenübergreifend tätiger Direktor dem Komitee an; Everling, in: DIRK e.V. (Hrsg.), Investor Relations, S. 325 (332); ders., in: Hielscher, Investmentanalyse, S. 209 (217); Hoffmann, Bonitätsbeurteilung, S. 65; a.A. Schulenburg, Kredit & Rating Praxis 5/2002, S. 8 (11), der zufolge die Analysten selbst dem Komitee nicht angehören.

337 Gordon et al., Portfolio Management 127, 128 et seq. (Ingrams ed., 1989); Peters, Ratingagenturen, S. 37.

einschätzung, scheiden Agenturen aus, die praktisch nur das Ergebnis, nicht aber eine detaillierte Auflistung ihrer Entscheidungskriterien offenlegen.[338]

bb) Antragstellung des Emittenten

Der Ratingprozess eines beauftragten Ratings beginnt mit dem Antrag des Emittenten oder eines Konsortialmitglieds ein bis drei Monate im Voraus.[339] Bei Vorliegen bestimmter Mindestvoraussetzungen, wie zum Beispiel bestimmter Emissionsvolumina, eröffnet die Agentur das beantragte Verfahren. Liegt das Ratingobjekt außerhalb ihres Kompetenzbereichs, lehnt sie den Antrag ab.[340] Eine solche Ablehnung dürfte bei Moody's, S&P oder Fitch jedoch unwahrscheinlich sein.

cc) Informationsbeschaffung

Nimmt die Agentur den Ratingauftrag an, ermittelt ein Analyseteam zunächst mit Hilfe hauseigener Datenbanken und sonstiger Quellen das gesamte öffentlich verfügbare Material über den Emittenten.[341] Bei einem beauftragten Rating kommt darüber hinaus der Kooperation des Emittenten große Bedeutung zu. So bekommt er die Gelegenheit, mögliche Schwachstellen seiner Kreditwürdigkeit oder noch offene Fragen durch die Bereitstellung eigener Unterlagen auszuräumen.[342] Dies geschieht anhand von Fragenkatalogen oder in zahlreichen Treffen zwischen dem Analyseteam und den Führungskräften

---

338 Everling, in: Achleitner/Bassen (Hrsg.), Investor Relations, S. 463, 471; Holzkämper/Fischer, in: Achleitner/Thoma (Hrsg.), Corporate Finance, Abschn. 4.5.2, S. 34; Kniese, Rating-Analyse, S. 44 ff.

339 Berblinger, in: Büschgen/Everling (Hrsg.), Rating, S. 21 (61 ff.); Everling/Bargende, Controlling 2005, S. 261 (263); Marten/Köhler, in: Wollmert u.a. (Hrsg.), FS Lück, S. 483 (491); Rudolf, Analyse der Bonität, S. 152; Steiner, WiSt 1992, S. 509 (511); Vetter, WM 2004, S. 1701 (1702); Sherwood, Corporate and Municipal Debt 138 (1976); Rhodes, 20 Seton Hall Legis. J. 293, 309 et seq. (1996).

340 Everling, in: Achleitner/Bassen (Hrsg.), Investor Relations, S. 463 (471); ders., Credit Rating, S. 111 f.; Hoffmann, Bonitätsbeurteilung, S. 63; vgl. auch S&P, Understanding Credit Rating 3 (2002).

341 Zum Ablauf Marten/Köhler, in: Wollmert u.a. (Hrsg.), FS Lück, S. 483 (492); Rhodes, 20 Seton Hall Legis. J. 293, 310 (1996); SEC, Credit Rating Agencies 26 (2003); Vetter, WM 2004, S. 1701 (1702).

342 Zur Chance des Unternehmens, sein Rating durch eine verständlich strukturierte Aufbereitung der Informationen zusätzlich zu steigern, Larisch, in: Achleitner/Everling (Hrsg.), Ratingpraxis, S. 571 (579).

des Unternehmens.[343] Diese Treffen ermöglichen es den Analysten auch, vertrauliche Informationen wie zum Beispiel zukünftige Erträge, Finanzierungspläne oder Produktentwicklungen zu berücksichtigen.[344]

dd) Analyse der gesammelten Informationen

Die exakte Methode der Analyse sowie der Ratingerstellung[345] halten die Agenturen weitestgehend geheim.[346] Damit wollen sie eine Übernahme der Produkte durch die Konkurrenz sowie mögliche Rückschlüsse auf die seitens der Emittenten erhaltenen vertraulichen Informationen verhindern. Darüber hinaus soll auch vermieden werden, dass die Emittenten ihre Informationspolitik an der Analysemethodik der Agenturen ausrichten können.[347] Beim Unternehmensrating erfolgt eine systematische Untersuchung der gesammelten Daten durch die Heranziehung mathematisch-statistischer (also quantitativer) Kennzahlen. Hierzu gehören zum Beispiel Branchen- und Länderrisiken,[348] das Finanzrisiko des Unternehmens, sein Finanzierungsgefüge, seine Finanzkennzahlen, seine Rentabilität, die Kapitalstruktur sowie Zahlungsströme und Erträge.[349] Darüber hinaus berücksichtigen die Ratingagenturen aber auch subjektive (also qualitative) Faktoren. Dies sind zum Beispiel die Kompetenz und Effektivität des Managements, Unternehmens- und Marketingstrategien, die Einführung neuer Technologien, die politische Situation

---

343 Vgl. Blaurock, ZGR 2007, S. 603 (605); v. Düsterlho/Pöhlsen, in: DIRK e.V. (Hrsg.), Investor Relations, S. 419 (422); Everling, WISU 1989, S. 673 (674); Gordon et al., Portfolio Management 127, 130. (Ingrams ed., 1989); Krimphove/Kruse, ZKredW 2005, S. 413 (413); Vetter, WM 2004, S. 1701 (1702).

344 Everling, in: Achleitner/Bassen (Hrsg.), Investor Relations, S. 463 (471); Rhodes, 20 Seton Hall Legis. J. 293, 310 (1996); vgl. auch Ederington et al., Bond Rating Agencies 2 (U. Okla. Working Paper, 1996); Husisian, 75 Cornell L. Rev. 411, 418 et seq. (1990).

345 Zu den Unterschieden der Ratingprozesse bei Moody's, S&P und Fitch siehe Dimitrakopoulos/Spahr, in: Achleitner/Everling (Hrsg.), Ratingpraxis, S. 211 (216 ff.).

346 Hierzu Sinclair, Masters of Capital 33 et seq. (2005).

347 Balzer/Ehren, managermagazin 1998, Heft Nr. 3, S. 64 (70); Dimitrakopoulos/Spahr, in: Achleitner/Everling (Hrsg.), Ratingpraxis, S. 211 (221); Everling, Credit Rating, S. 295 ff.

348 Hierzu v. Düsterlho/Pöhlsen, in: DIRK e.V. (Hrsg.), Investor Relations, S. 419 (423); Lichtlen, Länderrisiken, S. 33 ff.; Hoffmann, Bonitätsbeurteilung, S. 76 ff.

349 Hierzu Everling, Credit Rating, S. 137 ff.; Fischer/Holzkämper, in: Guserl/Pernsteiner (Hrsg.), Finanzmanagement, S. 917 (930 f.); van Horne/Wachowicz, Financial Management 434 (12th ed. 2005); Krag u.a., Bonitätsanalyse, S. 9; Rhodes, 20 Seton Hall Legis. J. 293, 309 (1996); S&P, Corporate Ratings Criteria 17 et seq. (2000); Steiner, WiSt 1992, S. 509 (511 ff.).

beim Länderrating oder Bewegungen am Arbeitsmarkt (wie zum Beispiel Streikaktivitäten).[350] Schließlich gehen auch rechtliche Erwägungen wie aufsichtsrechtliche Fragen, Tendenzen und Entwicklungen in die Bonitätseinstufung ein.[351] Beim Emissionsrating überprüfen die Agenturen zusätzlich die Situation der Investoren im Fall von Zahlungsschwierigkeiten oder der Insolvenz des Emittenten. Entscheidend sind hierbei die Ausgestaltung der Rechte der Anleger sowie ihre Stellung gegenüber anderen Gläubigern.[352]

ee) Entscheidungsfindung durch das Ratingkomitee

Die Analysten bereiten die gewonnenen Informationen für das Ratingkomitee auf und geben eine Ratingempfehlung ab. Nach Diskussion der vorgelegten Daten legt das Komitee das Rating fest.[353] Hierbei soll es die Konsistenz und Effizienz der Ratings sicherstellen und die Integrität des Ratingprozesses wahren. Welche Kriterien und in welcher Gewichtung bei der Entscheidungsfindung Bedeutung erlangen, hängt im Wesentlichen von dem jeweiligen von der Agentur implementierten Ratingsystem ab.[354]

Das Ratingergebnis wird dem Emittenten unter Angabe der wesentlichen Gründe mitgeteilt, damit er vor seiner Veröffentlichung die Gelegenheit zum Einspruch hat und möglicherweise weitere Unterlagen beibringen kann.[355] Beim erstmaligen beauftragten Rating hat der Emittent die Möglichkeit, die

---

350 Berblinger, in: Büschgen/Everling (Hrsg.), Rating, S. 21 (64, 69 f.); Gordon et al., Portfolio Management 127, 139 et seq. (Ingrams ed., 1989); Hirsch, in: Büschgen/Everling (Hrsg.), Rating, S. 657 (657 ff.); Hoffmann, Bonitätsbeurteilung, S. 54 ff., S. 95 f.; Krag u.a., Bonitätsanalyse, S. 9; Steiner, WiSt 1992, S. 509 (513); Witte/Hrubesch, ZIP 2004, S. 1346 (1348); kritisch zur Berücksichtigung qualitativer Faktoren Jahn, ZKredW 1995, S. 510 (513).

351 Coffee, 70 Va. L. Rev. 717, 723 et seq. (1984); Gordon et al., Portfolio Management 127, 143 (Ingrams ed., 1989); Klüwer, Asset-Backed Securitisation, S. 25; S&P, Understanding Credit Ratings 3 (2002); ausführlicher dies., Corporate Ratings Criteria 15 et seq. (1998).

352 Peters, Ratingagenturen, S. 33; vgl. Everling/Gündling, Die Bank 1991, S. 727 (730); Serfling/Pries, Die Bank 1990, S. 381 (381).

353 Meyer-Parpart, in: Hadding u.a. (Hrsg.), Bankrechtstag 1996, S. 163 (169).

354 Everling, Credit Rating, S. 124 ff.; Peters, Ratingagenturen, S. 33 f.; Kniese, Rating-Analyse, S. 58 ff.; zu den verschiedenen Ratingkonzeptionen der Agenturen und den einzelnen Stufen ihrer Analyse Everling, in: Achleitner/Bassen (Hrsg.), Investor Relations, S. 463 (468 f.).

355 Zum Einspruchsverfahren ausführlich Everling, in: DIRK e.V. (Hrsg.), Investor Relations, S. 325 (341 f.); vgl. auch Meyer-Parpart, in: Hadding u.a. (Hrsg.), Bankrechtstag 1996, S. 163 (169); Partnoy, 77 Wash. U. L.Q. 619, 652 (1999); SEC, Credit Rating Agencies 26 (2003).

Veröffentlichung des Ratings zu verhindern.[356] Erteilt er seine Zustimmung, wird das Rating in den Medien publiziert.[357]

ff) Überwachung der Bonität

Da das Ratingverfahren der Agenturen darauf ausgerichtet ist, ein über die gesamte Laufzeit des Wertpapiers gültiges Bonitätsurteil zu ermitteln, findet nach Abschluss und Veröffentlichung des Ratings eine regelmäßige Überwachung der Bonität statt. Diese erfolgt zumindest einmal jährlich, gegebenenfalls unter Durchführung von Gesprächen mit Unternehmensvertretern. Hierbei festgestellte Bonitätsveränderungen werden der Öffentlichkeit durch Herauf- oder Herabstufungen mitgeteilt.[358]

Daneben wird bei Bekanntwerden von für die Bonität möglicherweise relevanten Ereignissen und Entwicklungen wie Restrukturierungs-, Fusions-, Akquisitions- oder Übernahmevorhaben ein besonderes Überprüfungsverfahren eingeleitet. Gleichzeitig wird der Finanztitel in eine spezielle Überwachungsliste[359] übernommen, welche eine unverbindliche Tendenzangabe[360] für das Rating enthält. Dies soll eine frühzeitige Information der Anleger über denkbare Änderungen des Bonitätsurteils ermöglichen.[361]

4. Ratingsymbole

Das Ergebnis des Ratingprozesses wird in komprimierter Form anhand eines Symbols dargestellt, welches aus einer Buchstaben-, Zahlen- und Zeichen-

---

356 Everling, in: DIRK e.V. (Hrsg.), Investor Relations, S. 325 (343), dem zufolge von dieser Möglichkeit auch reger Gebrauch gemacht wird; vgl. auch Cantor/Packer, 19 FRBNY Q. Rev. 1, 5 (1994); Holzkämper/Fischer, in: Achleitner/Thoma (Hrsg.), Corporate Finance, Abschn. 4.5.2, S. 25 f.

357 Everling, in: DIRK e.V. (Hrsg.), Investor Relations, S. 325 (343 f.); Meyer-Parpart, in: Hadding u.a. (Hrsg.), Bankrechtstag 1996, S. 163 (169); zur Möglichkeit, ein negatives Bonitätsurteil erst nach einer „Schonfrist" zu veröffentlichen, Peters, Ratingagenturen, S. 34.

358 Förderreuther, in: Schuster/Widmer (Hrsg.), Bankenkrise, S. 277 (286); Gordon et al., Portfolio Management 127, 131 (Ingrams ed., 1989); Hoffmann, Bonitätsbeurteilung, S. 72 f.; zur Überwachung auch Berblinger, in: Büschgen/Everling (Hrsg.), Rating, S. 21 (60); Meyer-Parpart, ebd., S. 111 (118 ff.).

359 Die bekanntesten Publikationen sind die "Credit Watch" von S&P, die "Watchlist" von Moody's sowie der „Rating Alert" von Fitch.

360 Tendenzaussagen wie „stable", „positive" und „negative" sollen die voraussichtliche Entwicklung des Ratings in den nächsten 6 bis 18 Monaten erfassen; Riedel u.a., Rating-Szene, S. 36.

361 Everling, Credit Rating, S. 121 f.; Peters, Ratingagenturen, S. 35.

kombination besteht.[362] Auf diese Weise wird die Bonität des Ratingobjekts auf einen Blick erfass- und mit anderen Ratingergebnissen weitestgehend[363] vergleichbar.[364] Zwar variieren die Bewertungsskalen der Agenturen zum Teil,[365] doch orientieren sich vor allem jüngere und kleinere Agenturen regelmäßig an den einander ähnlichen Strukturen bei S&P und Moody's.[366]

Jedem Ratingsymbol ist eine Definition zugeordnet.[367] Als grobe Unterscheidung hat sich am Markt die Einteilung in „Investment Grade" und „Speculative Grade" durchgesetzt. Investment Grade umfasst danach die vier höchstmöglichen Bonitätsstufen der jeweiligen Ratingagentur.[368] Mit Speculative Grade bewertete Anleihen werden auch als „Junk Bonds" bezeichnet.[369] Diese Unterscheidung ist vor allem in den U.S.A. von Bedeutung,[370] da hier zahlreiche Regelungen die Investitionsmöglichkeiten in bestimmte Wertpapie-

---

362   Krämer, in: Hadding u.a. (Hrsg.), Bankrechtstag 2004, S. 3 (10); Marten/Köhler, in: Wollmert u.a. (Hrsg.), FS Lück, S. 483 (488); Perridon/Steiner, Finanzwirtschaft, S. 197.

363   Die Vergleichbarkeit kann aufgrund von Bewertungsbesonderheiten innerhalb der verschiedenen Branchen und Wertpapierarten eingeschränkt sein; Hoffmann, Bonitätsbeurteilung, S. 93; Serfling/Pries, Die Bank 1990, S. 381 (383); kritisch zur Vergleichbarkeit der Skalen Cantor/Packer, 12 FRBNY Staff Rep. 1, 4 (1996); Schmidt, in: Hadding u.a. (Hrsg.), Bankrechtstag 1996, S. 137 (144).

364   Bunemann, in: Krümmel/Rudolph (Hrsg.), Finanzintermediation, S. 199 (203 f.); Ebenroth/Daum, WM 1992, Sonderbeilage Nr. 5, S. 1 (6); Everling, Die Bank 1991, S. 308 (312); Loges/Zeller, in: Suyter (Hrsg.), Risikomanagement, S. 283 (284); Marten/Köhler, in: Wollmert u.a. (Hrsg.), FS Lück, S. 483 (488); Stadler, in: Stadler (Hrsg.), Unternehmensfinanzierung, S. 14 (21).

365   So differenziert Moody's Ratingskala für langfristige Ratings zwischen neun Stufen von Aaa bis C, die durch die Modifikatoren 1, 2 oder 3 verfeinert werden. Die Skala von S&P umfasst zehn Abstufungen von AAA bis D, die durch die Modifikatoren „+" und „-" ergänzt werden; hierzu Marten/Köhler, in: Wollmert u.a. (Hrsg.), FS Lück, S. 483 (490); Munsch/Weiß, Externes Rating, S. 19.

366   Peters, Ratingagenturen, S. 35; Hoffmann, Bonitätsbeurteilung, S. 66; Riedel u.a., Rating-Szene, S. 48, dem zufolge 80% der deutschen Agenturen die Notation von S&P verwenden.

367   Hierzu Berblinger, in: Büschgen/Everling (Hrsg.), Rating, S. 21 (91 ff.); Meyer-Parpart, ebd., S. 111 (170 ff.).

368   Dale/Thomas, 5 J. Int'l Sec. Markets 9, 10 (1991).

369   Hierzu Yago, Junk Bonds 3 et seq. (1991); zur weiteren Differenzierung Hansen, Junk Bonds, S. 49.

370   Die gesetzliche Definition von Investment und Speculative Grade erfolgte in den U.S.A. durch den Kongress im Jahre 1989 im Federal Deposit Insurance Act; vgl. 12 U.S.C. § 1831e(d)(4)(A) (2007).

re an deren Bewertung mit Investment Grade knüpfen und dies die Absatz-
und Preisfestsetzungsmöglichkeiten für den Emittenten günstiger gestaltet.[371]
    Für kurzfristige Anleihen mit einer Laufzeit von bis zu einem Jahr, existie-
ren spezielle Ratingsymbole.[372] Überdies stellen die großen Agenturen ausdrücklich klar, ob es sich um ein beauftragtes oder unbeauftragtes Rating
handelt. Bei Moody's geschieht dies in der Presseerklärung zur Veröffentlichung des Ratings, bei S&P durch Anhängen der Kennzeichnung „pi" bei einem unbeauftragten Rating, da hier das Urteil allein auf öffentlich zugängli-
cher *public information* beruht.[373]

III. Finanzierung der Ratingagenturen

Ratingagenturen sind gewinnorientierte Unternehmen. Ihre Ertragsquellen
sind die Einnahmen aus den Ratingverträgen mit den Emittenten sowie der
Vertrieb ihrer Bonitätsurteile und Publikationen.[374] Darüber hinaus bieten die
Agenturen in letzter Zeit verstärkt zusätzliche, über die bloße Ratingerstellung
hinausgehende Beratungstätigkeiten an.[375]

1. Aufträge von Emittenten

Bis zu Beginn der 1970er Jahre finanzierten sich die Agenturen ausschließlich
über die Verkaufserlöse ihrer Publikationen an die Abonnenten (in der Regel

---

371 Cantor/Packer, 19 FRBNY Q. Rev. 1, 6 et seq. (1994); Everling, Credit Rating,
     S. 49.
372 Hierzu und zur Einteilung kurzfristiger Ratings in „P-1", „P-2", „P-3" und „not
     prime" (Moody's), in „A-1+", „A-1", „A-2", „A-3", „B" und „C" (S&P) und in
     „F1+", „F1", „F2", „F3", „B" und „C" (Fitch) sowie der Korrelation mit der ent-
     sprechenden langfristigen Skala Berblinger, in: Pfingsten (Hrsg.), Bankentage 2000,
     S. 63 (64 f.); Fischer/Holzkämper, in: Guserl/Pernsteiner (Hrsg.), Finanzmanage-
     ment, S. 917 (919); Neumüller/Hochgatterer, in: Stadler (Hrsg.), Unternehmensfi-
     nanzierung, S. 263 (265); kritisch zu dem Umstand, dass im kurzfristigen Bereich
     weniger Abstufungen bestehen, Schmidt, in: Hadding u.a. (Hrsg.), Bankrechtstag
     1996, S. 137 (144).
373 Smith/Walter, Rating Agencies 37 (INSEAD Working Paper, 2001); zum Teil wer-
     den unbeauftragte Ratings auch mit einem „q" für quantitatives Rating gekennzeich-
     net, vgl. Blaurock, ZGR 2007, S. 603 (606).
374 Peters, Ratingagenturen, S. 39; zur Profitabilität des Ratingwesens Hill, 82 Wash. U.
     L.Q. 43, 52 n.43 (2004); Smith/Walter, Rating Agencies 24 (INSEAD Working Pa-
     per, 2001).
375 Hill, 82 Wash. U. L.Q. 43, 51 (2004); vgl. auch Smith/Walter, Rating Agencies 36
     (INSEAD Working Paper, 2001); Moody's, 2002 Annual Report 11 (2003).

die Investoren).[376] Inzwischen tragen die Kosten der Ratingerstellung über-
wiegend die Emittenten.[377] Der Grund hierfür liegt in dem Aufkommen von
Massenvervielfältigungs- und Verteilungsmitteln wie Kopierer, Scanner oder
Internet. Trotz technischer und rechtlicher Möglichkeiten, den finanziellen
Schaden aus einer unerlaubten Weitergabe zu begrenzen,[378] mussten die
Agenturen befürchten, dass sich einmal veröffentlichte Informationen schnell
im Markt verteilen.[379] Als Konsequenz legten sie den Emittenten die Kosten
für das beauftragte Rating auf, was ihnen im Vergleich zu den Subskriptionsgebühren wesentliche Mehreinnahmen bescherte.[380] Die Angaben zu den von
den Marktführern verlangten Gebühren variieren stark. In der Regel verlangen Moody's und S&P eine Gebühr von circa vier Basispunkten auf den Aus-
gabepreis. Hierzu gesellen sich Provisionen für jedes Jahr, in dem das Rating
bestehen bleibt.[381]

Zuweilen wird befürchtet, die überwiegende Finanzierung der Agenturen
durch Aufträge einzelner Emittenten führe zur finanziellen Abhängigkeit und
gefährde die unparteiische Stellung.[382] Diese Kritik ist nicht von der Hand zu
weisen. Allerdings ist weniger entscheidend, ob derartige Interessenkonflikte
tatsächlich bestehen (denn dies ist der Fall), sondern vielmehr, ob ausreichende marktimmanente Schutzmechanismen hiergegen existieren.[383]

---

376 Cantor/Packer, 19 FRBNY Q. Rev. 1, 4 (1994); The Economist (o.V.), 15 July 1995,
p. 53 (54); Monro-Davies, in: Büschgen/Everling (Hrsg.), Rating, S. 175 (177 f.).
377 So beziehen die großen Agenturen ca. 85 bis 90% ihrer Einnahmen aus Gebühren
der bewerteten Unternehmen; vgl. ZKA, Stellungnahme, S. 9; Estrella et al., Credit
Ratings 16 (BCBS Working Paper, 2000); Treacy/Carey, 84 Fed. Res. Bull. 897, 897
et seq. (1998).
378 Smith/Walter, Rating Agencies 6 et seq. (INSEAD Working Paper, 2001).
379 Adams et al., International Capital Markets 192 et seq. (IMF Survey, 1999); Cantor/
Packer, 19 FRBNY Q. Rev. 1, 4 (1994); Smith/Walter, Rating Agencies 7 (INSEAD
Working Paper, 2001).
380 Peters, Ratingagenturen, S. 40, mit der Auffassung, die Mehreinnahmen schlügen
sich letztlich in einer Steigerung der Qualität von Recherchen und Analysen nieder.
381 Vgl. Cantwell, Treasury Mgmt. Assn. J. 14, 14 et seq. (1998); Förderreuther, in:
Schuster/Widmer (Hrsg.), Bankenkrise, S. 277 (284), mit Übersichten auch für Preise deutscher Agenturen; Hillebrand, in: Brühl u.a. (Hrsg.), Privatisierung der Weltpolitik, S. 150 (153); Smith/Walter, Rating Agencies 19 et seq. (INSEAD Working
Paper, 2001); Treacy/Carey, 84 Fed. Res. Bull. 897, 897 et seq. (1998) sowie die Internetauftritte der einzelnen Agenturen.
382 Buchholz, Wirtschaftswoche Nr. 22 v. 26.05.1989, S. 106 (107); Coffee, 70 Va. L.
Rev. 717, 745 (1984); Jahn, ZKredW 1995, S. 510 (512); Peters, Ratingagenturen,
S. 40; Smith/Walter, Rating Agencies 8 (INSEAD Working Paper, 2001).
383 Zu dieser Frage noch ausführlich nachfolgend S. 70 ff.

2. Vertrieb der Bonitätsurteile und Publikationen

Kleinere Ratingagenturen, aber auch globale Spezialisten wie A.M. Best, finanzieren sich weitestgehend durch den Verkauf ihrer Ratingpublikationen an Investoren. Der Grund liegt darin, dass diese Agenturen zumeist statistische Modelle zur Ratingerstellung verwenden und daher Informationen vom Emittenten nur in eingeschränktem Maße benötigen.[384] Für die großen Agenturen hingegen bildet der Vertrieb ihrer Bonitätsurteile und Publikationen lediglich ein zusätzliches finanzielles Standbein. Durch preisgünstige Abonnements und Mitteilungen an die Presse können sie ihren Bekanntheitsgrad stärken und so eine einflussreichere Stellung gegenüber den zahlenden Emittenten geltend machen.[385]

3. Zusätzliche Beratungsleistungen

Neben den vorgenannten klassischen Leistungen bieten die großen Agenturen zunehmend zusätzliche Beratungsleistungen (ancillary services) an. Hierbei handelt es sich um verschiedenste Formen der Risiko- und Bonitätsberatung, wie zum Beispiel eine ständige online-Ratinginformation oder eine Analyse der Bonitätsentwicklung im Falle bestimmter Transaktionen.[386] Auch wenn es Anzeichen gibt, dass der Anteil der ancillary services an den Gesamteinnahmen der Ratingagenturen zunehmen wird,[387] so ist er mit circa 1% bis 1,5% insgesamt verschwindend gering.[388]

384 Estrella et al., Credit Ratings 16 (BCBS Working Paper, 2000); für einen Überblick über zahlreiche Agenturen und ihre Finanzierung Smith/Walter, Rating Agencies 53 (INSEAD Working Paper, 2001).

385 Everling, Credit Rating, S. 102; Jahn, ZKredW 1995, S. 510 (512); Peters, Ratingagenturen, S. 40; Rudolf, Analyse der Bonität, S. 148.

386 Hill, 82 Wash. U. L.Q. 43, 51 (2004); Moody's, 2002 Annual Report 11 (2003); SEC, Credit Rating Agencies 42 (2003); Smith/Walter, Rating Agencies 36 (INSEAD Working Paper, 2001).

387 Vgl. McGraw-Hill Companies, Inc., 2001 Form 10-K Annual Report ("[S&P's] revenue from rating evaluations services ... increased substantially during 2000.").

388 So für Moody's im Jahre 2002; siehe SEC, Hearing on the Current Role of Credit Rating Agencies (2002) (Statement of Raymond W. McDaniel, Moody's); vgl. auch Beaver et al., 42 J. Acct. & Econ. 303, 332 (2006).

Zweiter Teil – Die Zweckmäßigkeit einer regulatorischen Indienstnahme des Ratings

Nach der Darstellung der für diese Untersuchung relevanten thematischen Grundlagen wird nun die Zweckmäßigkeit einer Verwendung des Ratings zur Kapitalmarktregulierung untersucht. Hierfür ist es erforderlich, die Zusammenhänge zwischen Kapitalmarkt und Ratingwesen zu verstehen. Zunächst wird daher die ökonomische Rolle des Ratings für den Kapitalmarkt sowie die Funktion der Ratings für die einzelnen Marktteilnehmer aufgezeigt. Im Anschluss wird die Effizienz des Ratings als Regulierungsmedium untersucht.

§ 5 Die ökonomische Rolle des Ratings

Ratingagenturen und ihre Ratings spielen eine wesentliche Rolle im Rahmen der Unternehmensfinanzierung. Daher ist es sinnvoll, die konkreten Auswirkungen des Ratings auf den Kapitalmarkt sowie die optimale Gestaltung von Kapitalgeber- und Kapitalnehmerbeziehungen aus finanztheoretischer Sicht zu erfassen.[389] Als relevante Theorien kommen die neoklassische sowie die neoinstitutionalistische Finanzierungstheorie in Betracht. Beide werden nachfolgend vorgestellt. Im Anschluss werden die wirtschaftstheoretischen Folgeprobleme untersucht, die sich aus der Existenz des Ratings für den Kapitalmarkt ergeben.

I. Neoklassische Finanzierungstheorie

Die neoklassische Finanzierungstheorie in der Ausformung der Kapitaltheorie[390] geht von einem vollkommenen Markt aus, auf dem sich unendlich viele Kapitalanbieter unendlich vielen, gleichermaßen gut informierten Kapitalnachfragern in einer Welt ohne Steuern und Transaktionskosten gegenüber-

---

389 Die Betrachtung der optimalen Gestaltung von Kapitalgeber- und Kapitalnehmerbeziehungen stellt die Grundlage der Finanzierungstheorien dar; hierzu Steiner/Kölsch, DBW 1989, S. 409 (409 ff.).

390 Ausführlich hierzu Perridon/Steiner, Finanzwirtschaft, S. 21 ff.; für einen guten Überblick über alternative kapitalmarkttheoretische Modelle Nowak, Kapitalmarkttheorie, S. 27 ff.

stehen und mit unendlich großen Reaktionsgeschwindigkeiten ein perfektes Marktgleichgewicht herbeiführen.[391] Die neoklassische Finanzierungstheorie unterstellt demnach eine strenge (das heißt perfekte) Informationseffizienz der Märkte.[392] In einer solchen Modellwelt kann kein Platz für Intermediäre sein, denen die Funktion der Herstellung von Informationseffizienz zugesprochen wird, weil letztere schon vorausgesetzt wird. Soweit alle Marktteilnehmer sämtliche Informationen bereits kennen, besitzt auch ein Rating keinen Mehrwert. Eine Wohlfahrtssteigerung durch Ratingurteile ist danach nicht möglich. Vielmehr reduzieren Ratingagenturen die Markteffizienz sogar, denn ihre Leistungen schaffen keine Vorteile, verursachen aber Kosten. Die neoklassische Finanzierungstheorie kann daher die Existenz von Ratingagenturen wegen Unvereinbarkeit mit den zugrundeliegenden Prämissen nicht erklären.[393]

II. Neoinstitutionalistische Finanzierungstheorie

Die neoinstitutionalistische Finanzierungstheorie berücksichtigt, dass finanzielle Transaktionen Kosten verursachen, deren Höhe durch die Wahl einer bestimmten Ausgestaltung der Transaktionen beeinflussbar ist. Sie bezieht nicht nur das leistungswirtschaftliche Risiko und das Kapitalstrukturrisiko in die Analyse mit ein, sondern auch weitere Risiken wie zum Beispiel Informationsasymmetrien, Marktunsicherheit oder die Möglichkeit zu opportunistischem Verhalten der Marktpartner.[394] Dies geschieht in erster Linie mit Hilfe der Prinzipal-Agent-Theorie.[395]

---

391 Everling, in: DIRK e.V. (Hrsg.), Investor Relations, S. 325 (331); Steiner/Heinke, in: Büschgen/Everling (Hrsg.), Rating, S. 579 (583); vgl. auch Menche, Regulierung, S. 34.

392 Kerwer, Standardising as Governance 4 (2001); zu den verschiedenen Formen der Informationseffizienz des Kapitalmarkts (schwach, halbstreng, streng) siehe Fama, 38 J. Bus. 34, 34 et seq. (1965).

393 Kerwer, Standardising as Governance 4 (2001); Perridon/Steiner, Finanzwirtschaft, S. 24; Schmidt, in: Budäus u.a. (Hrsg.), Betriebswirtschaftslehre, S. 239 (245); Steiner/Heinke, in: Büschgen/Everling (Hrsg.), Rating, S. 579 (583 f.).

394 Menche, Regulierung, S. 35; Steiner/Heinke, in: Büschgen/Everling (Hrsg.), Rating, S. 579 (607); zur Neoinstitutionalistik und ihrer Abgrenzung gegenüber der Neoklassik Wolferink, Delegation, S. 29 ff.

395 Hierzu und zu weiteren, für diese Untersuchung keine Rolle spielenden Ansätzen der Neoinstitutionalistik wie dem Transaktionskostenansatz sowie der Property-Rights-Theorie Elschen, DBW 1988, S. 248 (250); Janson, Ökonomische Theorie,

1. Die Prinzipal-Agent-Theorie

Die Prinzipal-Agent-Theorie untersucht die Beziehung zwischen dem Fremd-kapitalnehmer (Agent) und dem Fremdkapitalgeber (Prinzipal) sowie die hier-aus entstehenden Probleme und Kosten.[396] Diese treten im Wesentlichen un-ter den Aspekten der Informationsasymmetrie sowie des sogenannten Moral Hazard auf. Diese strukturellen Ungleichgewichte können zu Misstrauen, wel-ches sich normalerweise in Zuschlägen bei den Renditeforderungen manife-stiert (Risikoabgeltungsthese),[397] und in letzter Konsequenz zu einer Markt-abwanderung in sicherere Anlageformen und damit zu Marktversagen füh-ren.[398]

a) Informationsasymmetrie

Die Beziehung zwischen dem Agenten und dem Prinzipal ist durch das Pro-blem der *hidden information* geprägt. Der Agent ist über die zukünftige Ertrags-lage und das damit zu erwartende Bonitätsrisiko seines Unternehmens besser informiert als der Prinzipal.[399] Dieser Informationsvorsprung ergibt sich vor allem daraus, dass der Prinzipal faktisch keinen eigenen Zugang zu internen Unternehmensinformationen besitzt und er zur Erlangung derselben auf die Informationspolitik des Agenten angewiesen ist.

b) Moral Hazard

Die asymmetrische Informationsverteilung wird durch das Problem der *hidden action* verstärkt. Dieses ergibt sich aus der fehlenden Beobachtbarkeit der Handlungen des Agenten.[400] Dadurch erhält dieser die Gelegenheit zu op-portunistischem und für den Prinzipal nachteiligem Verhalten (Moral Ha-

---

S. 60 ff.; Picot/Dietl, WiSt 1990, S. 178 (178); Steiner/Heinke, in: Büschgen/Ever-ling (Hrsg.), Rating, S. 579 (607).

396 Zur Bedeutung der Kontrolle der Prinzipal-Agent-Kosten Eidenmüller, JZ 2001, S. 1041 (1046 ff.).

397 Perridon/Steiner, Finanzwirtschaft, S. 541; Linde, in: Kirchhoff/Piwinger (Hrsg.), Investor Relations, S. 207 (211).

398 Assmann, in: Assmann/Schütze (Hrsg.), Kapitalanlagerecht, § 1 Rn. 63; Kümpel, Kapitalmarktrecht, Rn. 8.44.

399 Hierzu Janson, Ökonomische Theorie, S. 81 f.; Perridon/Steiner, Finanzwirtschaft, S. 540 f.; Schulenburg, Kredit & Rating Praxis 5/2002, S. 8 (11); Triantis, 21 J. Legal Stud. 225, 232 (1992).

400 Neuberger, Structure of Financial Markets 5 (LBS, 1994); Steiner/Heinke, in: Büschgen/Everling (Hrsg.), Rating, S. 579 (608).

zard).[401] So ist die Unternehmensleitung zum Beispiel in der Lage, Informationen selektiv oder zeitlich verzögert zu veröffentlichen, um die Entscheidung der Investoren zu manipulieren.[402]

2. Rating als Instrument zur Reduzierung von Prinzipal-Agent-Problemen

Sowohl Agent als auch Prinzipal sind sich der bestehenden Ungleichgewichte bewusst. Als Konsequenz wird der Kapitalgeber versuchen, den Kapitalnehmer zu überwachen. Umgekehrt wird der Agent versuchen, den Prinzipal von seiner Redlichkeit zu überzeugen. In beiden Fällen können Ratings auf vielfältige Art und Weise zu einer Überwindung der Informationsasymmetrien und Moral Hazard-Gefahren beitragen.

a) Reduzierung der Informationsasymmetrie

Ratings erhöhen den Informationsstand der Marktteilnehmer.[403] Sie erlauben so eine stärkere Kontrolle der Kapitalnehmer, bieten jedoch auch dem Emittenten Vorteile. Nachfolgend werden diese positiven Auswirkungen näher erläutert.

aa) Informationsverteilungsfunktion

Unter der neoinstitutionalistischen Prämisse, dass keine Informationseffizienz der Märkte besteht, verringern Ratings das Informationsungleichgewicht zwischen Agent und Prinzipal erheblich.[404] Sie erlauben dem Kapitalgeber, eine Fülle von Informationsquellen wie Bilanzen, Geschäftsberichte, Gewinn- und Verlustrechnungen, sämtlich oftmals in verschiedenen Sprachen, in seine Anlageentscheidung mit einfließen zu lassen, ohne zuvor durch ihn aufbereitet

---

401 Eingehend hierzu Heinke, Bonitätsrisiko, S. 194 ff.; Kerwer, Standardising as Governance 5; Perridon/Steiner, Finanzwirtschaft, S. 542 f.; Schulenburg, Kredit & Rating Praxis 5/2002, S. 8 (11 f.); vgl. auch Ford/Kay, Global Securities Markets 145, 147 (Oditah ed., 1996); Jensen/Meckling, 3 J. Fin. Econ. 305, 308 et seq. (1976); Millon/Thakor, 40 J. Fin. 1403, 1403 et seq. (1985).

402 Hierzu Adams et al., International Capital Markets 168 (IMF Survey, 1999); Estrella et al., Credit Ratings 11 (BCBS Working Paper, 2000); Kerwer, Standardising as Governance 5 (2001).

403 Steiner/Heinke, in: Büschgen/Everling (Hrsg.), Rating, S. 579 (611).

404 Vgl. Adams et al., International Capital Markets 168 (IMF Survey, 1999); Kerwer, Standardising as Governance 5 (2001); Wagner, Rating mittelständischer Unternehmungen, S. 69 ff.

werden zu müssen.[405] Daneben besitzen die Ratingagenturen neben den vorgenannten öffentlichen Quellen meist auch Zugang zu schuldnerinternen Informationen. Sie können damit vertrauliche Insiderinformationen wie Produkt-, Expansions- oder Finanzierungspläne in das Ratingurteil einfließen lassen und den Anlegern nutzbar machen, ohne dabei komparative Konkurrenzvorteile an die Wettbewerber weiterzugeben.[406] Somit fördern Ratings eine stärkere und kontinuierliche Markttransparenz.[407]

bb) Zertifizierungs- und Signalfunktion

Indem sich der Emittent einem (später veröffentlichten) Rating aussetzt, hebt er den Informationsstand des Kapitalgebers freiwillig an. Durch die Zertifizierung seiner Bonität durch einen Dritten kann er dem Investor signalisieren, dass er sich um eine glaubwürdige Informationspolitik bemüht.[408] Fehlt ein solches Signal, wird der Emittent für seine Wertpapiere weniger als den angemessenen Preis erhalten.[409] Das Rating erfüllt damit eine Zertifizierungs- und Signalfunktion. Durch die hohe Verbreitung der Ratingurteile und infolge der regelmäßigen Berichterstattung in den einschlägigen Medien dürften sie als Signale allen potentiellen Kapitalgebern zugänglich sein.[410] Dies führt, wie die vorgenannte Informationsverteilungsfunktion, ebenfalls zu einer stärkeren Markttransparenz sowie zur Verringerung der von den Investoren eingeforderten Misstrauenszuschläge.

---

405 Everling, Credit Rating, S. 262; vgl. auch Gaugausch/Wainig, in: Stadler (Hrsg.), Unternehmensfinanzierung, S. 80 (83); Linde, in: Kirchhoff/Piwinger (Hrsg.), Investor Relations, S. 207 (211).

406 Everling, Der langfristige Kredit 1991, S. 382 (383 f.); Goh/Ederington, 48 J. Fin. 2001, 2002 (1993); Kerwer, Standardising as Governance 13 (2001); Husisian, 75 Cornell L. Rev. 411, 418 et seq. (1990).

407 Heinsius, ZBB 1994, S. 47 (55); Kübler, in: Hadding u.a. (Hrsg.), Bankrechtstag 1996, S. 115 (121); Lemke, Fragen des Ratingwesens, S. 23; Monro-Davies, ZKredW 1999, S. 126 (129); v. Randow, ZBB 1995, S. 140 (143); zu den theoretischen Ansätzen zur Verringerung von Informationsasymmetrien Coffee, 70 Va. L. Rev. 717, 725 et seq. (1984); Levmore, 70 Va. L. Rev. 645, 645 et seq. (1984).

408 Vgl. v. Randow, ZBB 1995, S. 140 (144).

409 Barnea et al., Agency Problems 38 (1985); für die Auswirkungen dieser Signale auf den Emissionspreis Wakeman, Corporate Finance 410, 413 et seq. (Smith ed., 1990).

410 Vgl. Everling, in: Hielscher, Investmentanalyse, S. 209 (230); Steiner/Heinke, in: Büschgen/Everling (Hrsg.), Rating, S. 579 (613).

b) Anreizfunktion

Darüber bildet die Existenz des Ratings für den Agenten einen Anreiz, durch Maximierung seines eigenen Nutzens auch den des Prinzipals zu maximieren. Verweigert der Agent die Informationsübermittlung, wird der Prinzipal dies als negatives Signal werten und mit einem Renditezuschlag sanktionieren, so dass die Finanzierungskosten des Unternehmens steigen.[411] Der Zusammenhang zwischen der Informationsbereitschaft des Agenten und dessen Finanzierungskosten bildet einen Anreiz zu richtiger und ausreichender Informationsübertragung. Dies verringert nicht nur das Informationsgefälle, sondern mindert auch die Anreize für den Agenten zu einem Moral Hazard-Verhalten.

c) Disziplinierungs- und Überwachungsfunktion

Schließlich dient das Rating auch als Disziplinierungs- und Überwachungsinstrument. Zum einen steht der Kapitalnehmer unter der ständigen Beobachtung durch die Ratingagenturen (Überwachungsfunktion). Zum anderen ist er zum Erhalt eines guten Ratings den durch die Agentur auferlegten Bindungen bezüglich Länderrisiko, Ertrags- und Finanzrisiko unterworfen. Unterstellt man eine für den Kapitalgeber ausreichende Transparenz des Ratingverfahrens, schränken beide Umstände die Schädigungsmöglichkeiten gegen den Kapitalgeber erheblich ein[412] (Disziplinierungsfunktion). Überdies können die Ratingagenturen den Agenten dank ihrer Spezialisierung günstiger überwachen als der einzelne Kapitalgeber.[413] Dadurch reduzieren Ratings nicht nur den Anreiz zu einem für den Prinzipal nachteiligen Moral Hazard, sondern auch die hierdurch drohenden Prinzipal-Agent-Kosten.

3. Diskussion

Folgte man dem Ansatz der neoklassischen Finanzierungstheorie, wäre die Untersuchung der Zweckmäßigkeit ratingbezogener Regelungen an dieser Stelle bereits zu Ende. Denn nach ihrem Ansatz könnten Ratings keine neuen

---

411　Everling, Credit Rating, S. 52; Steiner/Heinke, in: Büschgen/Everling (Hrsg.), Rating, S. 579 (615).

412　Vgl. Kerwer, Standardising as Governance 14 (2001); Steiner/Heinke, in: Büschgen/ Everling (Hrsg.), Rating, S. 579 (615).

413　Hierzu Diamond, 51 Rev. Econ. Studies 393, 393 et seq. (1984); Fridson, Ratings 85, 85 (Levich et al. eds., 2002); Gilson/Kraakman, 70 Va. L. Rev. 549, 593 et seq. (1984); Gordon/Kornhauser, 60 N.Y.U. L. Rev. 761, 817 (1985); Levmore, 70 Va. L. Rev. 645, 645 et seq. (1984); Seibt, ZGR 2006, S. 501 (506); Steiner, WiSt 1992, S. 509 (514); Wakeman, Corporate Finance 410, 412 (Smith ed., 1990).

Informationen mehr in den Markt bringen, da alle Marktteilnehmer sämtliche Informationen schon besitzen. In diesem Fall würde aber auch eine Indienstnahme des Ratings zur Regulierung des Kapitalmarkts keinen Sinn machen. Denn wenn eine Wohlfahrtssteigerung durch Ratings nicht zu erwarten ist, werden die Marktteilnehmer nicht auf sie zurückgreifen. Mangels Relevanz für den Markt erscheint dann aber auch eine Beeinflussung und Steuerung des Marktes durch ratingbezogene Regelungen wenig sinnvoll.

Folgt man hingegen der neoinstitutionalistischen Finanzierungstheorie, so ergibt sich ein anderes Bild. Nach der von ihr vertretenen Prinzipal-Agent-Theorie bestehen zwischen Kapitalnehmern und Kapitalgebern erhebliche Informationsgefälle sowie mangelnde Kontrollmöglichkeiten. Beides führt zu Prinzipal-Agent-Kosten in Form von Misstrauensaufschlägen durch die Kapitalgeber. Ratingagenturen und ihre Bonitätsurteile sind jedoch in der Lage, die bestehenden Informationsungleichgewichte zu verringern und hierdurch die Misstrauensaufschläge und damit die Prinzipal-Agent-Kosten zu reduzieren.

Die Realitäten des Marktes sprechen für den neoinstitutionalistischen Ansatz. Vollkommen informationseffiziente Märkte existieren nicht.[414] Kapitalgeber werden praktisch nie in der Lage sein, über den gleichen Informationsstand zu verfügen wie die Kapitalnehmer. Insiderwissen wird immer existieren. So ist es Investoren schon faktisch unmöglich, zum selben Zeitpunkt in den Besitz von Unternehmensinformationen zu gelangen wie die Unternehmensleitung. Dies bestätigen die Finanzskandale wie Enron oder WorldCom. Bei einer symmetrischen Informationsverteilung hätte es theoretisch nicht zu den erfolgten finanziellen Einbußen der Anleger kommen dürfen, da diese bei Kenntnis um die tatsächliche Lage der Unternehmen entweder von einer Investition Abstand genommen hätten oder früher ausgestiegen wären.

Auch die fortdauernde Existenz der Ratingagenturen spricht gegen den neoklassischen Ansatz. Würden Ratings tatsächlich keine zusätzlichen Informationen liefern, könnten sich Ratingagenturen kaum im Markt halten. Rational handelnde Marktteilnehmer würden aufgrund des mangelnden Informationswertes des Ratings bei gleichzeitigen Kosten für ihre Beschaffung auf eine Nachfrage verzichten. Dass aber Ratingagenturen trotz der mit ihren Leistungen verbundenen Kosten existieren, ist nur damit zu begründen, dass mit ihnen die Märkte unter den realen Gegebenheiten besser funktionieren als ohne sie. Da überdies eine Nachfrage nach Ratings selbst in Ländern existiert, die in ihrer Kapitalmarktregulierung nicht auf Ratings Bezug nehmen (so dass

---

414 Vgl. auch Menche, Regulierung, S. 34; Myers/Majluf, Corporate Finance 419, 421 (Smith ed., 1990); Schwartz/Wilde, 127 U. Pa. L. Rev. 630, 630 (1979).

in diesen Ländern keine staatlich gesteuerte Nachfrage besteht), muss ihnen ein wirtschaftlicher Mehrwert zukommen.

Die finanztheoretische Erklärung der Existenz von Finanzintermediären und Ratings nach dem Ansatz der neoinstitutionalistischen Theorie steht jedoch unter einem Vorbehalt: Sie ist nur dann schlüssig, wenn die Reduzierung der Prinzipal-Agent-Kosten durch den Abbau von Informationsasymmetrien und Moral Hazard-Gefahren nicht durch neue, aufgrund der zusätzlichen Beziehung zwischen Fremdkapitalgeber und Finanzintermediär entstehende, Kosten überkompensiert wird.[415] Von einer solchen Überkompensation ist jedoch nicht auszugehen. Zum einen lassen sich für eine Nettoreduzierung der Prinzipal-Agent-Kosten dieselben Gründe anführen, die auch für die fortwährende Existenz der Agenturen sprechen. Bei einer Überkompensierung würde der rational handelnde Marktteilnehmer von einem Rückgriff auf Ratings Abstand nehmen. Zum anderen besteht der Nutzen von Ratingagenturen gerade darin, dass sie als Spezialisten die erforderlichen Aufgaben und Funktionen der Informationsverarbeitung, Signalwirkung, Anreizverschaffung und Überwachung günstiger als jeder einzelne Kapitalnehmer oder Kapitalgeber erledigen können. Der volkswirtschaftliche Nutzen besteht dann in vergleichsweise niedrigeren Kosten für die vorgenannten Leistungen. Die Kostenreduktion rührt dabei in erster Linie daher, dass bei Spezialisierung eine Arbeitsteilung stattfindet. Letztere führt nicht nur zu Rationalisierungsmöglichkeiten, sondern auch dazu, dass nicht mehr jeder Marktteilnehmer für sich selbst Maßnahmen ergreifen muss, sondern dies einzelnen Spezialisten überlassen kann, welche die jeweilige Aufgabe effizienter bewältigen können.[416] Als Beispiel sei hier der auf Erfahrung und Spezialisierung beruhende Vorsprung der Ratingagenturen bei der Auswertung fremdsprachiger Emissionsprospekte oder bei der Bonitätsbeurteilung im Umfeld fremder Rechnungslegungsvorschriften genannt.

III. Folgeprobleme der neoinstitutionellen Finanzierungstheorie

Ratingagenturen verringern jedoch nicht nur bestehende Prinzipal-Agent-Probleme, sie schaffen auch neue. So wird die Agentur zum Agenten des Investors, der sich eine Reduzierung der Schädigungsmöglichkeiten durch den

---

415 So auch Hax u.a., in: Christians (Hrsg.), Finanzierungshandbuch, S. 689 (709).
416 Vgl. Diamond, 51 Rev. Econ. Studies 393, 393 et seq. (1984); Benston/Smith, 31 J. Fin. 215, 215 et seq. (1976), denen zufolge Arbitrageoperationen bei fehlenden Ratings nur durch höhere Transaktionskosten aufgrund eines zusätzlichen Zeit- und Analyseaufwandes der einzelnen Marktteilnehmer möglich sind.

Emittenten erhofft. Gleichzeitig wird sie zum Prinzipal des Emittenten, da sie auf dessen vollständige Informationen angewiesen ist, um ihre Funktion als Informationsversorger des Investors erfüllen zu können. Damit drohen Prinzipal-Agent-Probleme sowohl zwischen Ratingagentur und Investor als auch zwischen Ratingagentur und Emittent.

1. *Prinzipal-Agent-Probleme zwischen Ratingagentur und Investor*

a) *Wirtschaftliche Abhängigkeit der Ratingagentur vom Emittenten*

Ein Gefahrenherd für den Investor ist die unmittelbare wirtschaftliche Abhängigkeit der Ratingagenturen von den zu bewertenden Emittenten. Problematisch können das Vergütungssystem zwischen Emittent und Agentur bzw. Agentur und Analyst, der Wettbewerbsdruck, politischer Druck, kapitalmäßige Verflechtungen sowie *ancillary services* sein.

aa) *Vergütungssystem zwischen Emittent und Ratingagentur*

Mehr als 85% der Einnahmen der etablierten Ratingagenturen stammen aus der Vergütung von Emittenten.[417] Aus dieser wirtschaftlichen Abhängigkeit wird teilweise die Gefahr einer fehlenden Objektivität und emittentenorientierten Einseitigkeit der Bonitätsurteile abgeleitet. So wird befürchtet, die Agenturen könnten als gewinnorientierte Unternehmen eine wohlwollende Bewertung des Emittenten vornehmen, um das Mandat auch bei weiteren Emissionen oder späteren Ratings zu erhalten.[418] So sehr dieses Argument auf den ersten Blick zu überzeugen scheint, stehen ihm doch verschiedene Aspekte und disziplinierende Mechanismen entgegen.

(1) *Mandantenstruktur*

Zumindest die größeren Ratingagenturen erzielen ihre Erträge aus Geschäften mit einer Vielzahl von Emittenten. So bewertet Moody's über 170.000 Wertpapiere und Transaktionen sowie mehr als 100 Staaten. S&P beurteilt an die 1.500 börsennotierte Unternehmen und circa 1.800 Fonds. Fitch analysiert die Bonität von mehr als 3.000 Finanzinstitutionen, über 1.200 Emittenten sowie

---

417 ZKA, Stellungnahme, S. 9.

418 Vgl. Coffee, 70 Va. L. Rev. 717, 545 et seq. (1984); Ebenroth/Daum, WM 1992, Sonderbeilage Nr. 5, S. 1 (21); Heinke, Bonitätsrisiko, S. 219 ff.; Hoffmann, Bonitätsbeurteilung, S. 37; Jahn, ZKredW 1995, S. 510 (513); Gordon/Kornhauser, 60 N.Y.U. L. Rev. 761, 815 (1985); Sönnichsen, Rating-Systeme, S. 178 f.; Steiner/Heinke, in: Büschgen/Everling (Hrsg.), Rating, S. 579 (619).

über 90 Staaten.[419] Da die Abhängigkeit einer Agentur von einzelnen Emittenten mit zunehmender Größe des Kundenkreises sinkt,[420] sind diese Agenturen von Geschäftsbeziehungen zu einzelnen Vertragspartnern vergleichsweise unabhängig. Für kleinere und im Aufbau befindliche Agenturen bleibt die Gefahr einer wirtschaftlichen Abhängigkeit und eines damit verbunden Moral Hazard zunächst bestehen.

(2) Doppelstellung des Emittenten

Nicht wenige Kunden der Agenturen sind Emittenten und Investoren zugleich.[421] Dies ist zum Beispiel der Fall, wenn die Kapitalnehmer die Alterversorgung ihrer Mitarbeiter durch eine firmeninterne Renten(fonds)verwaltung sichern oder wenn sie im Rahmen ihrer Vermögensverwaltung Kapitalüberschüsse kurzfristig gewinnbringend anlegen. Aufgrund dieser Doppelstellung haben Emittenten im Regelfall kein Interesse daran, dass die beauftragte Agentur betont emittenten- oder investorfreundlich ist. Dies verringert einen möglichen Druck auf die Agentur, ihr Urteil einseitig zugunsten des Emittenten ausfallen zu lassen.

(3) Qualitätsdruck durch Unternehmen mit guter Bonität

Darüber hinaus üben diejenigen Emittenten, die über ein gutes Rating verfügen, einen Qualitätsdruck auf die Ratingagenturen aus, ihre Bonitätsurteile objektiv und neutral zu erstellen. Denn diese Unternehmen erhoffen sich aufgrund ihrer hervorragenden Bonität eine gegenüber anderen Schuldnern günstigere Finanzierung, da ihnen gerade ihr vergleichsweise besseres Rating Vorteile im Markt verschafft. An einer unterschiedslosen Hochwertung aller Emittenten durch die Agenturen haben diese Unternehmen kein Interesse.[422]

(4) Reputation

Weiterhin existiert ein disziplinierender Marktmechanismus, der allgemein als Reputation bezeichnet wird. Er basiert auf der Erkenntnis, dass das Ansehen eines Vertragspartners eine entscheidende Rolle bei geschäftlichen Transak-

---

419 Vgl. hierzu die Internetauftritte der genannten Ratingagenturen.
420 Vgl. für den Bereich der Wirtschaftsprüfung De Angelo, 3 J. Acct. & Econ. 183, 189 et seq. (1981) sowie Fischel, 52 Brooklyn L. Rev. 1051, 1053 (1987).
421 Deipenbrock, WM 2005, S. 261 (262); v. Randow, in: Büschgen/Everling (Hrsg.), Rating, S. 543 (555).
422 Vgl. Berblinger, in: Büschgen/Everling (Hrsg.), Rating, S. 21 (51 f.); v. Randow, ZBB 1995, S. 140 (148).

tionen darstellt.[423] Nach dem sogenannten Extrapolationsprinzip bedeutet dies für Ratingagenturen, dass die zukünftige analytische Qualität ihrer Bonitätsurteile aufgrund des bisherigen prognostischen Leistungserfolges beurteilt wird.[424] Investoren werden ihre Anlageentscheidung danach ausrichten, welcher Agentur sie vertrauen. Dies wird weitestgehend durch den Prognoseerfolg der Agenturen bestimmt. Sofern daher die Agenturen Wiederholungsgeschäfte in Form von erneuten Aufträgen bei zukünftigen Emissionen anstreben, werden sie sich gut überlegen, ob sie sich in der zwischen ihnen und den Investoren bestehenden Prinzipal-Agent-Situation für eine eventuell kurzfristige Gewinnsteigerung zu einem Moral Hazard-Verhalten hinreißen lassen.[425] Denn sollten die Investoren das Vertrauen in die Objektivität und Neutralität einer Agentur verlieren, könnten sie von dieser nicht länger eine Reduzierung der Informationsasymmetrie und damit ihrer Transaktionskosten erwarten.[426] Die Investoren würden sich dann zukünftig anderen Informationsquellen, mithin auch anderen Ratingagenturen, zuwenden.[427] Als Konsequenz wird der Wettbewerb zwischen konkurrierenden Ratingagenturen neben der Preisgestaltung insbesondere über das bei den institutionellen Anlegern vorhandene Ansehen ausgetragen,[428] da die Zahlungsbereitschaft der

---

423 Vgl. Smith, Lectures 253, 254 et seq. (Cannan ed., 1964) (1896), wonach jemand, der mit Nachbarn wiederholt Geschäfte abschließt, aufgrund negativer Konsequenzen für seinen Ruf nicht betrügen kann, während jemand, der mit fremden Personen handelt, zum Betrügen verleitet wird, da er keine Folgen für sein Ansehen fürchten muss; Baird et al., Game Theory and Law 159, 159 et seq. (2nd prtg. 1995), welche die Auswirkungen der Reputation bei Wiederholungsgeschäften beschreiben; Diamond, 97 J. Pol. Econ. 828 (1989) mit einem ökonomischen Modell zur Rolle der Reputation bei Emittenten von Anleihen.

424 Schäfer/Ott, Ökonomische Analyse des Zivilrechts, S. 507; v. Ungern-Sternberg/v. Weizsäcker, 33 J. Indus. Econ. 531, 531 et seq. (1985).

425 Partnoy, 79 Wash. U. L.Q. 491, 501 (2001). Diese disziplinierende Funktion versagt jedoch, wenn die geschäftliche Beziehung vor dem Ende steht; vgl. Gilson/Kraakman, 70 Va. L. Rev. 549, 620 (1984).

426 Cantor/Packer, 12 FRBNY Staff Rep. 1, 2 (1996).

427 Berblinger, in: Büschgen/Everling (Hrsg.), Rating, S. 21 (45); Heinke, Bonitätsrisiko, S. 234; zu weiteren Konsequenzen Ford/Kay, Global Securities Markets 145, 152 (Oditah ed., 1996).

428 Lemke, Fragen des Ratingwesens, S. 116; allgemein zur Reputation als marktwirtschaftliches Anreizsystem Gordon/Kornhauser, 60 N.Y.U. L. Rev. 761, 815 n.138 (1985); Hopf, Informationen für Märkte, S. 78 f.; Kornhauser, 26 J.L. & Econ. 691 (1983); Kreps/Wilson, 27 J. Econ. Theory 253 (1982).

Emittenten letztlich von der Meinung abhängt, welche die Anleger von der Qualität der Ratings haben.[429]

Die Reputation hinsichtlich Zuverlässigkeit, technischer Kompetenz, Kontinuität, Transparenz, Objektivität und Neutralität stellt das primäre Kapital der Ratingagenturen für einen langfristigen Erfolg dar.[430] Sie werden daher versuchen, durch kontinuierliche Glaubwürdigkeit ihre Reputation und mithin ihre Marktanteile zu steigern.[431] Hierbei kann die Agentur mit jedem erstellten Rating an Reputation gewinnen, jedoch mit jeder unrichtigen Bonitätsbewertung auch verspielen, da Investoren nicht nur positive, sondern auch negative Erfahrungen in die Zukunft extrapolieren.[432] So mögen die Agenturen zwar kurzfristig den Emittenten durch eine unangemessen günstige Bewertung entgegenkommen und so eventuell Marktanteile hinzugewinnen, auf lange Sicht würden sie hierdurch jedoch ihre Reputation und ihre Geschäftsergebnisse schädigen. Solange die Agenturen an Wiederholungsgeschäften und langfristiger Kapitalmarktakzeptanz interessiert sind, werden sie kaum durch Gefälligkeitsratings ihre über Jahre im Markt aufgebaute Reputation gefährden. Dieser Umstand wirkt als disziplinierender Mechanismus und verhindert, dass die Agenturen Gefälligkeitsratings zu Lasten der Investoren ausstellen.[433] Der Druck der Reputation wird besonders deutlich angesichts der öffentlichen Kritik, der die Ratingagenturen wegen ihrer Fehlurteile im Falle des Zusammenbruchs von Enron ausgesetzt waren. Zwar sind keine Hinweise auf unmittelbare negative wirtschaftliche Auswirkungen für die Agenturen ersichtlich. Dies mag aber darauf zurückzuführen sein, dass sämtliche großen Ratingagenturen in der Kritik standen. Gleichwohl war der öffentliche Druck

---

429 Vgl. Everling, Die Bank 1991, S. 308 (314); Heinke, Bonitätsrisiko, S. 234; Kübler, in: Hadding u.a. (Hrsg.), Bankrechtstag 1996, S. 115 (122, 133); Schwarcz, 8 Duke J. Comp. & Int'l L. 235, 252 (1998).
430 Cantor/Packer, 19 FRBNY Q. Rev. 1, 4 (1994); Smith/Walter, Rating Agencies 4 (INSEAD Working Paper, 2001); vgl. zur Situation bei Wirtschaftsprüfern Antle, 22 J. Acct. Res. 1, 16 et seq. (1984); Fischel, 52 Brooklyn L. Rev. 1051, 1052 et seq. (1987); Siliciano, 86 Mich. L. Rev. 1929, 1053 (1988).
431 Lemke, Fragen des Ratingwesens, S. 117; vgl. auch Löffler, Finanzanalysten, S. 45.
432 Heinke, Bonitätsrisiko, S. 237; Hoffmann, Bonitätsbeurteilung, S. 54; Husisian, 75 Cornell L. Rev. 411, 426 (1990).
433 So auch Covitz/Harrison, Conflicts of Interests 23 (FRB Papers, 2003); Husisian, 75 Cornell L. Rev. 411, 425 (1990); Kerwer, Standardising as Governance 14 (2001); Krämer, in: Hadding u.a. (Hrsg.), Bankrechtstag 2004, S. 3 (39); Norden/Weber, zfbf 2005, Sonderheft 52, S. 31 (45); Rhodes, 20 Seton Hall Legis. J. 293, 317 (1996); White, Ratings 41, 50 (Levich et al eds., 2002); a.A. Peters, Ratingagenturen, S. 159, der in der Reputation kein Korrektiv sieht; kritisch auch Habersack, ZHR 169 (2005), S. 185 (191).

enorm: Neben der Aufarbeitung der Ratingleistungen in der Presse mussten die betroffenen Agenturen ihre Arbeitsweisen und Entscheidungsprozesse in mehreren Anhörungen vor dem U.S.-amerikanischen Senat erläutern bzw. rechtfertigen.[434]

(5) Nachträgliche Qualitätskontrolle

Vor allem die institutionellen Anleger besitzen die Möglichkeit, die prognostische Qualität und Zuverlässigkeit der Ratings im Nachhinein zu überprüfen. Eine sofortige Überprüfung unmittelbar nach Bekanntgabe der Bonitätsurteile scheidet aus, denn dies würde genau den Aufwand erfordern, den sich die Anleger mit Hilfe der Agenturen gerade ersparen möchten. Doch kann mit einem gewissen zeitlichen Abstand durch die Auswertung statistischer Erhebungen eine Kontrolle ex post erfolgen.[435] So können die Anleger die Anzahl der tatsächlichen Zahlungsausfälle mit den durch die Agenturen erteilten Ratings oder den Marktpreisen kreditrisikosensitiver Anlageformen abgleichen.[436] Dies ermöglicht die Erstellung sogenannter Ausfallstudien, mit deren Hilfe die prognostischen Qualitäten der einzelnen Agenturen verglichen werden können. Zum Teil publizieren die Agenturen derartige Studien selbst,[437] um die Genauigkeit ihrer Ratings zu untermauern und ihre Reputation zu fördern. Ansonsten findet eine externe Qualitätskontrolle statt, die auf den eigenen Erfahrungen der Investoren, auf finanzwissenschaftlichen Studien[438] sowie auf der Interaktion der Medien[439] beruht.

Die Möglichkeit der nachträglichen Kontrolle übt einen permanenten und disziplinierenden Druck auf die Agenturen aus, ihr Rating entsprechend der tatsächlichen Bonitätssituation des bewerteten Unternehmens zu erstellen. Ein Moral Hazard-Verhalten zu Lasten der Investoren würde sofort auffallen,

---

434 Siehe hierzu noch ausführlicher nachfolgend S. 107 ff.

435 Zur Wichtigkeit, bei einer ex post-Kontrolle gut abzuschneiden, Hill, 82 Wash. U. L.Q. 43, 75 et seq. (2004); Husisian, 75 Cornell L. Rev. 411, 440 et seq. (1990); Sönnichsen, Rating-Systeme, S. 167.

436 Hierzu Norden/Weber, zfbf 2005, Sonderheft 52, S. 31 (45).

437 Vgl. z.B. Moody's, European Corporate Finance 3 (2004); S&P, Ratings Performance 2003 (2004); für strukturierte Finanzierungen Fitch, Fitch Ratings 1991 - 2004 (2005).

438 Vgl. nur Altman, 44 J. Fin. 910 (1989); Altman/Nammacher, 41 Fin. Analysts J. 25 (1985); Amato/Furfine, 28 J. Banking & Fin. 2641 (2004); Ammer/Packer, Int'l Fin. Disc. Papers No. 668 (2000); Krämer/Güttler, Accuracy of Default Predictions (ebs Working Paper, 2006); Shin/Moore, 12 Rev. Fin. Econ. 327 (2003); Thompson/Vaz, 25 Fin. Rev. 457 (1990).

439 Meyer-Parpart, in: Hadding u.a. (Hrsg.), Bankrechtstag 1996, S. 163 (172).

wenn die Agentur ihr Rating während der Laufzeit einer Anleihe nach unten korrigieren müsste, dieser Änderung aber keinerlei entsprechende Mitteilung des Unternehmens selbst vorausgegangen wäre oder wenn nachträglich aufgrund von Studien eine mangelhafte Ratingqualität festgestellt würde.[440] Sanktionen durch den Markt in Form einer sinkenden Nachfrage nach Ratings oder von Abschlägen in der Vergütung dieser Agentur wären die wahrscheinliche Folge.[441] Zwar bedürfte es schon auffälliger und nachhaltiger Mängel, um einen Investor dazu zu bewegen, die Qualität einer Agentur in Frage zu stellen. Jedoch ist eine wirksame Qualitätskontrolle bereits darin zu sehen, dass die vorgenannten Studien es den Marktteilnehmern erlauben, für einzelne Agenturen Entwicklungstendenzen bei der Korrelation von Ausfallwahrscheinlichkeiten und Ratings festzustellen. Der Markt würde die Interpretation dieser Ratings entsprechend korrigieren,[442] eine Schwächung der Reputation wäre die Folge. Auch wären die Investoren in der Lage, Ratings gleicher Bonitätsstufe von verschiedenen Agenturen unterschiedlich zu bewerten. Diese mögliche Sanktionierung von inflationären Tendenzen bei der Vergabe von Bonitätsurteilen wirkt sich ebenfalls disziplinierend auf die Agenturen aus.

bb) Vergütungssystem zwischen Ratingagentur und Analyst

Ein Moral Hazard wäre auch denkbar, wenn die Vergütung oder Leistungsbewertung des einzelnen Analysten in irgendeiner Form an das Auftrags- oder Einnahmevolumen der Agentur aus den Ratingaufträgen gekoppelt wäre. Dann könnte der Analyst nach einem übergünstigen (Erst-)Rating an möglichen Folgeaufträgen weiter verdienen. Dieser Gefahr begegnen die etablierten Agenturen, indem sie die Vergütung der Analysten von den Erlösen aus dem Ratinggeschäft unabhängig gestalten.[443] Überdies würden an das Geschäftsergebnis gekoppelte Vergütungssysteme die Glaubwürdigkeit der Agenturen beschädigen und durch die Investoren in der bereits angesprochenen Art sanktioniert werden.

---

440 Vgl. Norden/Weber, zfbf 2005, Sonderheft 52, S. 31 (45); v. Randow, ZBB 1995, S. 140 (144).

441 Vgl. Partnoy, 79 Wash. U. L.Q. 491, 502 (2001).

442 Rhodes, 20 Seton Hall Legis. J. 293, 317 (1996); vgl. Zonana, L.A. Times, 18 July 1991, p. A1.

443 Smith/Walter, Ratings 289, 310 (Levich et al. eds., 2002), unter Verweis auf ein Interview von Juli 2000 mit Managing Director Jerome S. Fons und Vice-President Richard Cantor (beide Moody's).

cc) Wettbewerbsdruck

Die wirtschaftliche Abhängigkeit der Ratingagenturen von den Emittenten birgt in Verbindung mit dem Wettbewerb der Agenturen untereinander weitere Moral Hazard-Potentiale. Hierzu gehören das Phänomen des „Race to the Bottom" sowie das unbeauftragte Rating.

(1) Race to the Bottom

Unter Race to the Bottom versteht man die mögliche Tendenz der Agenturen, zur Gewinnung von Marktanteilen entweder günstigere Ratings zu erteilen oder die Prüfungsparameter für bestimmte Transaktionen so zu ändern, dass bessere Ratings möglich sind. Beispiele hierfür werden insbesondere aus dem Bereich des Ratings von Asset-Backed Securities (ABS) und Mortgage-Backed Securities (MBS) angeführt.[444] So senkte Anfang der 1990er Jahre Fitch seine Anforderungen an die Übersicherungsgrenzen und andere Mechanismen zur Bonitätsverbesserung bei ABS- und MBS-Transaktionen. Als Folge gewann Fitch erhebliche Marktanteile auf Kosten der Wettbewerber. Danach kam es unter den führenden Ratingagenturen zu einem Prozess immer neuer Erleichterungen der Anforderungen an die Qualität und Besicherung von mit Investment Grade bewerteten Schuldinstrumenten.[445]

Die genaue Ursache für die Herabsetzung der Ratinganforderungen im ABS- und MBS-Bereich bleibt unklar. Skeptiker sehen den Kampf um Marktanteile als Grund. Dem kann aber entgegengehalten werden, dass im damals noch recht jungen Geschäft der Bewertung von ABS- und MBS-Transaktionen auch zunehmende Erkenntnisse über das Bonitätsverhalten der verbrieften Wertpapiere für eine Reduzierung der Risikoaufschläge verantwortlich waren. In diesem Sinne begründeten auch die Agenturen und Analysten die Modifikationen der Ratinganforderungen mit erfahrungsbedingten Lerneffekten, die eine bessere Einschätzung der Risiken möglich machten.[446] Darüber hinaus können die Verschiebungen der Marktanteile auch mit einem Wachstum der Transaktionsvolumina der ihren Marktanteil vergrößernden

---

444 Zur Unterscheidung zwischen Asset-Backed Securities und Mortgage-Backed Securities durch die allgemeine Praxis Cantor/Packer, 19 FRBNY Q. Rev. 1, 19 n.21 (1994).

445 Hierzu ausführlich Cantor/Packer, 19 FRBNY Q. Rev. 1, 19 et seq. (1994); Partnoy, 77 Wash. U. L.Q. 619, 675 (1999); v. Randow, in: Büschgen/Everling, Rating, S. 551.

446 Cantor/Packer, 19 FRBNY Q. Rev. 1, 21 (1994); Uzzi, 70 St. John's L. Rev. 779, 790 et seq. (1996).

Agenturen zusammengehangen haben.[447] Des Weiteren ist zu beachten, dass selbst wenn es den Agenturen tatsächlich um Marktanteile gegangen sein sollte, die Herabsetzung der Mindestanforderungen durch die Agenturen öffentlich erklärt wurde. Die Investoren konnten ein eventuell verbessertes Rating und die Gründe hierfür nachvollziehen und entsprechend bewerten. Ein heimlicher Moral Hazard zu Lasten der Investoren fand nicht statt.

Zum Teil wird den Agenturen auch vorgeworfen, ihre Marktanteile durch andere missbräuchliche Verhaltensweisen wie zum Beispiel *notching* oder die Schädigung der Reputation anderer Agenturen steigern zu wollen.[448] *Notching* ist das Verhalten einer Agentur, für bestimmte strukturierte Finanzierungen das Rating abzusenken oder eine Bewertung zu verweigern, solange sie nicht einen erheblichen Anteil der Vermögenswerte in den jeweiligen Finanzierungspools bewerten darf.[449] Es ist jedoch bereits fraglich, ob ein solches Verhalten überhaupt stattfindet bzw. ob die beklagten Auswirkungen tatsächlich hierauf zurückzuführen sind. Aus Sicht der Kreditwirtschaft findet *notching* in keinem nennenswerten Umfang statt.[450] Für eventuell beklagte Verluste von Marktanteilen[451] sind auch andere Ursachen wie Veränderungen der Transaktionsvolumina denkbar. Auch eine gegenseitige Rufschädigung der Agenturen untereinander findet nicht statt. Darüber hinaus kann mittel- bis langfristig auf den disziplinierenden Mechanismus der Reputation verwiesen werden.[452]

(2) Unbeauftragte Ratings

Ein weiterer Moral Hazard ist bei unbeauftragten Ratings denkbar. Da diese häufig schlechter ausfallen als beauftragte, wird ihnen ein „abstraktes Nötigungspotential"[453] zugeschrieben. Die Agenturen könnten ihre unbeauftragten Bewertungen ungünstig verzerren, um zukünftig vom Emittenten bezahlte

---

447 Cantor/Packer, 19 FRBNY Q. Rev. 1, 21 (1994); Schultz, Wall St. J., 4 Jan. 1994, p. 7A.
448 Smith/Walter, Rating Agencies 33 (INSEAD Working Paper, 2001).
449 SEC, Credit Rating Agencies 24 (2003).
450 ZKA, Stellungnahme, S. 13.
451 So nennt Fitch *notching* als Grund für den Verlust von Marktanteilen im MBS-Markt in 2001, jedoch war dieser nicht von Dauer; SEC, Credit Rating Agencies 24 n.63 (2003).
452 Vgl. diesbezüglich auch die Studie von Covitz/Harrison, Conflicts of Interests (FRB Papers, 2003).
453 So v. Randow, ZBB 1996, S. 84 (90).

Ratingaufträge zu erhalten, welche dann mit einem besseren Rating belohnt werden könnten.[454]

Ein Moral Hazard in Verbindung mit auftraglosen Ratings kann jedoch angesichts des historischen Ursprungs des Ratings als „traditionell auftraglos" bezweifelt werden.[455] Zum einen sind die häufig ungünstigeren Bonitätsurteile bei unbeauftragten Ratings darauf zurückzuführen, dass der Agentur im Gegensatz zu beauftragten Ratings lediglich öffentlich zugängliche Informationen und keine Interna als Analysegrundlage zur Verfügung stehen.[456] Eine restriktive Beurteilung aus Gründen der Vorsicht ist dann nur die logische Konsequenz. Zum anderen dienen unbeauftragte Ratings letztlich der Information der Anleger. Eine systematische Unterbewertung bei unbeauftragten Ratings würde bei diesen zu einem Vertrauens- und Reputationsverlust führen. Sollte sich dieser langfristig auch auf beauftrage Ratings erstrecken, drohen den Agenturen wirtschaftliche Nachteile, da dann die ein Rating beauftragenden Emittenten aufgrund des gesunkenen Anlegervertrauens weniger zu zahlen bereit sein dürften. Aufgrund dieses Sanktionsmechanismus stellen unbeauftragte Ratings kein abstraktes Nötigungspotential dar und werden von den Agenturen als solches auch nicht gebraucht.[457] Vielmehr fungieren unbeauftragte Ratings in Fällen übergünstiger Auftragsratings selbst als korrigierendes Element[458] und verhindern daher einen Moral Hazard eher als dass sie zu ihm beitragen.

dd) Politischer Druck

Ein Moral Hazard kann sich auch aus politischem Druck ergeben, dem die Agenturen in der Regel ausgesetzt sind, wenn sie die Bonität eines Staates überprüfen. Für das betreffende Land hat das Länderrating (*sovereign credit rating*) eine erhebliche Bedeutung zur Anziehung ausländischen Investitionskapitals. Dies gilt vor allem für Schwellen- und Entwicklungsländer, deren Bo-

---

454 Hill, 82 Wash. U. L.Q. 43, 76 (2004); Smith/Walter, Rating Agencies 37 (INSEAD Working Paper, 2001); Monro-Davies, in: Büschgen/Everling (Hrsg.), Rating, S. 175 (178); White, Ratings 41, 50 (Levich et al. eds., 2002).

455 Kübler, in: Hadding u.a. (Hrsg.), Bankrechtstag 1996, S. 115 (132 Fn. 64); Lemke, Fragen des Ratingwesens, S. 46; ähnlich Monro-Davies, in: Büschgen/Everling, Rating, S. 175 (177).

456 Vgl. Dimitrakopoulos/Spahr, in: Achleitner/Everling (Hrsg.), Ratingpraxis, S. 211 (212); Habersack, ZHR 169 (2005), S. 185 (198 f.); Vetter, WM 2004, S. 1701 (1703).

457 So auch White, Ratings 41, 50 (Levich et al. eds., 2002).

458 Hill, 82 Wash. U. L.Q. 43, 76 (2004); Smith/Walter, Rating Agencies 40 (INSEAD Working Paper, 2001).

nität sich oft an der Grenze zum Investment Grade befindet.[459] Zusätzliches
Gewicht erhalten Länderratings dadurch, dass sie auch die Einstufung von
Unternehmen oder Gebietskörperschaften des jeweiligen Landes bestimmen,
da in der Regel eine „Untereinheit" keine bessere Einstufung als das Land erhält, in dem sie ansässig ist (*sovereign ceiling*).[460] Daher ist seitens der Staaten mit
einem hohen Druck auf die Agenturen zu rechnen. Auch für letztere steht
unter Umständen viel auf dem Spiel. Zum einen können private Emittenten
erst dann ein Rating beantragen, wenn ein Länderrating für ihr Land vorliegt,
zum anderen winken den Agenturen bei einem positiven Rating oft An-
schlussaufträge zur Bewertung von staatlich dominierten Unternehmen.[461]

Diese Anreize zu einem Moral Hazard werden allerdings durch verschiedene Faktoren entschärft. So haben Moody's und S&P die Deckelung der *sovereign ceiling* durchlässiger gemacht, indem nicht-souveräne Einheiten in Einzelfällen bessere Bewertungen erhalten können als der Staat, in dem sie
ansässig sind.[462] Überdies sind die beauftragenden Staaten aufgrund der
Wichtigkeit des Ratings in der Regel zu einem umfassenden Informationstransfer an die Agenturen bereit.[463] Schließlich ist wegen der Bedeutung der
Länderratings für die Investoren, gerade weil die Urteile oft um die Schwelle
zum Investment Grade pendeln, erneut auf das disziplinierende Korrektiv der
Reputation zu verweisen.

ee) Kapitalmäßige Verflechtungen

Ein Moral Hazard droht auch, soweit zwischen einer Ratingagentur und einem Emittenten Organverflechtungen bestehen oder die Agentur Unternehmen bewertet, die bedeutende Geschäftspartner oder wichtige Konkurrenten

---

459 Für eine Übersicht vgl. nur die Auflistung unter *http://www.standardandpoors. com/ra-
      tings/sovereigns/*.
460 Hillebrand, in: Brühl u.a. (Hrsg.), Privatisierung der Weltpolitik, S. 150 (158); Perri-
      don/Steiner, Finanzwirtschaft, S. 198; Smith/Walter, Rating Agencies 10 (INSEAD
      Working Paper, 2001).
461 Schneck, Kredit & Rating Praxis 4/2004, S. 17 (20); Smith/Walter, Ratings 289, 313
      (Levich et al. eds., 2002), mit einem Beispiel für das Dilemma der Ratingagenturen,
      wenn die Bonitätseinstufung unmittelbar vor Wahlen stattfindet und das Urteil ge-
      rade auf die Entscheidung zwischen Investment Grade oder Speculative Grade
      hinausläuft; Sy, 28 J. Banking & Fin. 2845, 2846 (2004).
462 Adams et al., International Capital Markets 195 (IMF Survey, 1999), Hillebrand, in:
      Brühl u.a. (Hrsg.), Privatisierung der Weltpolitik, S. 150 (158).
463 Hillebrand, in: Brühl u.a. (Hrsg.), Privatisierung der Weltpolitik, S. 150 (166).

anderer Teile des Konzerns sind.[464] Dies könnte das Vertrauen in die Objektivität und Neutralität der Ratingerstellung erschüttern. Keine der großen Agenturen steht jedoch im direkten oder indirekten Eigentum von Finanzunternehmen.[465] Vielmehr versuchen sie, ihre Unabhängigkeit von anderen Marktteilnehmern zu wahren.[466] Da eventuelle Kapitalverflechtungen ohnehin bekannt wären und sich negativ auf die Glaubwürdigkeit der Agenturen auswirken würden,[467] kann ein Moral Hazard-Verhalten weitgehend ausgeschlossen werden. Soweit vor allem kleinere Agenturen noch im Eigentum oder unter der Leitung von Emittenten, Kreditinstituten oder institutionellen Investoren stehen oder soweit auch bei breit gestreuter oder finanzmarktferner Eigentümerschaft noch immer eine Möglichkeit zur Einflussnahme bleibt, tragen die Agenturen diesem Umstand meist durch einen Verzicht auf die Bewertung beteiligter Unternehmen Rechnung.[468]

ff) Zusätzliche Beratungsleistungen

Schließlich sehen Kritiker auch in der zunehmenden Einnahmequelle der Ratingagenturen durch *ancillary services* eine Gefahr für die Objektivität der Ratingurteile. Zum einen wird befürchtet, die zusätzliche Einnahmequelle gebe

---

464 Vgl. ZKA, Stellungnahme, S. 10. So standen z.B. die japanische Nippon Investor Service sowie die Japanese Credit Rating Agency im Eigentum von Finanzkonsortien, zu denen auch Finanzinstitutionen gehörten, für die ebenfalls Ratings erstellt wurden; vgl. Cantor/Packer, 19 FRBNY Q. Rev. 1, 3 (1994).

465 Siehe oben S. 52 f.; für Moody's und S&P Shin/Moore, 12 Rev. Fin. Econ. 327, 330 (2003).

466 Agenturen ohne derartige Verflechtungen genießen daher den besten Ruf; Smith/Walter, Rating Agencies 3 (INSEAD Working Paper, 2001). Auch die Aufsichtsbehörden fördern diese Unabhängigkeit. So stellte das FRB 1984 klar, dass Duff & Phelps nach dem geplanten Erwerb durch die Security Pacific Bank keine öffentlichen Ratings mehr erteilen dürfe, da sonst die Securities Pacific Bank faktisch ihre eigenen Kreditnehmer bewerten würde. Die Transaktion fand daraufhin nicht statt; Ederington/Yawitz, Handbook of Financial Markets § 23.5 (Altman ed., 6th ed. 1987).

467 So musste die 2002 von der Deutschen Ausgleichsbank mit weiteren europäischen Partnern gegründete EuroRatings AG ihren Betrieb aufgrund mangelnder Unabhängigkeit von der Finanzwirtschaft und daraus resultierender fehlender Nachfrage wieder einstellen; Loges/Zeller, in: Suyter (Hrsg.), Risikomanagement, S. 283 (286); ebenso zur Unabhängigkeit der Agenturen als unbedingte Voraussetzung für ihre Glaubhaftigkeit Berblinger, in: Pfingsten (Hrsg.), Bankentage 2000, S. 63 (76); Everling, in: DIRK e.V. (Hrsg.), Investor Relations, S. 325 (329), Smith/Walter, Ratings 289, 290 (Levich et al. eds., 2002).

468 Everling, Credit Rating, S. 96.

den Agenturen einen Anreiz, ihre Ratings zu schönen, um so den Emittenten an sich zu binden, zum anderen könnten Unternehmen diese Situation ausnutzen, indem sie zusätzliche Beratungsaufträge vom Erhalt des erwünschten Ratings abhängig machen. Umgekehrt ist auch denkbar, dass Emittenten die *ancillary services* in der Hoffnung beantragen, hierdurch ein besseres Rating zu erhalten. Dies wird aus einer ähnlichen Entwicklung bei den Wirtschaftsprüfungsgesellschaften abgeleitet, bei denen die Erweiterung des Leistungsangebots auf Beratungstätigkeiten augenscheinlich zu besseren Prüfungsergebnissen für die Mandanten führte.[469]

Auch wenn die beschriebenen Anreize durchaus bestehen, ist fraglich, ob ein solches Verhalten tatsächlich stattfindet. Für die Kreditwirtschaft wird dies jedenfalls nicht beobachtet[470] und auch sonst sind keine wirtschaftlich begründbaren Hinweise auf ein solches Verhalten ersichtlich.[471] Darüber hinaus ist der Anteil der zusätzlichen Beratungsleistungen an den Einnahmen der Agenturen sehr gering.[472] Überdies gelten für die *ancillary services* dieselben disziplinierenden Mechanismen wie für einen durch das Vergütungssystem zwischen Agentur und Emittent motivierten Moral Hazard. Insofern kann auf die vorgebrachten Argumente zur Doppelstellung der Emittenten, den Qualitätsdruck durch bonitätsstarke Unternehmen, die Reputation und die nachträgliche Qualitätskontrolle verwiesen werden.[473] Schließlich haben die Agenturen selbst entschärfende Maßnahmen ergriffen, etwa die sachliche, personelle und räumliche Trennung von Rating- und Beratungsbereichen oder eine von zusätzlichen Aufträgen unabhängige Analystenvergütung.[474] Dies erscheint für die augenblickliche Situation als ausreichend.

b) Einflussnahme des Emittenten auf die Ratinganalysten

Ein weiterer Moral Hazard liegt in der möglichen Einflussnahme des Emittenten auf die Analysten. Diese könnte durch Aufwendungen erfolgen, die

469 Hill, 82 Wash. U. L.Q. 43, 75 (2004); SEC, Credit Rating Agencies 42 et seq. (2003); ZKA, Stellungnahme, S. 9 f.; zu diesen kaum sichtbaren Auswirkungen eines erweiterten Leistungsangebots Coffee, 89 Cornell L. Rev. 269, 292 et seq. (2004); Gordon, 69 U. Chi. L. Rev. 1233, 1237 et seq. (2002).
470 ZKA, Stellungnahme, S. 13.
471 Vgl. Beaver et al., 42 J. Acct. & Econ. 303, 332 (2006).
472 Siehe hierzu oben S. 62.
473 Siehe hierzu oben S. 70 ff.
474 Vgl. FAZ (o.V.), Interessenkonflikt, FAZ v. 9.08.2007, S. 21; Pinto, 54 Am. J. Comp. L. 341, 344 (2006); SEC, Credit Rating Agencies 43 (2003); ZKA, Stellungnahme, S. 10.

den Analysten unmittelbar zugute kommen und sie zu einem geschönten Urteil verleiten. Denkbar sind hier großzügige Essen mit den Mitarbeitern der Agentur, Spenden oder Geschenke.

Ob sich diese Gefahr im Geschäftsleben tatsächlich realisiert, ist fraglich. Einladungen unter Geschäftspartnern sind inzwischen derart üblich, dass sie einen erfahrenen Analysten kaum beeindrucken dürften. Sofern die finanziellen Vergünstigungen ungewöhnliche Höhen erreichen oder den Tatbestand der Bestechlichkeit im geschäftlichen Verkehr nach § 299 StGB erfüllen, sollte auf kurze Sicht neben dem Strafrecht die Kontrolle durch das Ratingkomitee greifen, welches die Konsistenz der Ratings sicherstellen sowie die Integrität des Ratingprozesses wahren soll. Mittelfristig dürfte ein Moral Hazard durch die firmeninterne Leistungs- und Ergebniskontrolle der einzelnen Mitarbeiter verhindert werden. Langfristig dürfte hierfür der Disziplinierungsmechanismus der Reputation sorgen.

c) Doppelstellung der Ratingagenturen

Ein Moral Hazard wäre auch denkbar, wenn die Ratingagenturen – wie andere Marktteilnehmer auch – selbst als Emittent oder Investor auf dem Kapitalmarkt agierten, da sie dann die Bonität ihres eigenen Anlageportfolios beeinflussen könnten. Die Agenturen wirken diesem potentiellen Interessenkonflikt jedoch entgegen, indem sie auf eine eigene Teilnahme am Markt als Emittent oder Anleger verzichten.[475] Durch diese Konzentration auf das Geschäftsfeld der Ratingerstellung machen die Agenturen die Qualität ihrer Bonitätsurteile zu ihrem einzigen Kapital[476] und verhindern so den angesprochenen Moral Hazard.

d) Politische Diskriminierung und kulturelle Einflüsse

Weiterhin kann ein Moral Hazard auch darin bestehen, dass die Ratingentscheidungen der Agenturen politisch motiviert oder durch kulturelle Einflüsse negativ beeinflusst sind. So stuften Moody's und S&P im Februar 2003 die deutsche ThyssenKrupp AG auf Speculative Grade zurück. Deutsche Politiker und Wirtschaftsvertreter mutmaßten angesichts des zeitgleich stattfindenden Irak-Krieges, die U.S.-amerikanischen Agenturen würden – patriotisch

---

475 Hierzu Berblinger, in: Büschgen/Everling (Hrsg.), Rating, S. 21 (88); Meyer-Parpart, ebd., S. 111 (113); vgl. auch v. Randow, in: Büschgen/Everling (Hrsg.), Rating, S. 543 (555).
476 Fitch, Brief an Secretary Katz (SEC) v. 06.12.1994; v. Randow, ZBB 1995, S. 140 (148).

freiwillig oder durch gewissen politischen Druck – amerikanische Firmen in einem sehr viel milderen Licht bewerten.[477] Andere machten hierfür lediglich ein fehlendes Verständnis der Agenturen für die wirtschaftliche Kultur in Europa verantwortlich.[478]

Die Herabstufung von ThyssenKrupp erfolgte, weil die Agenturen ihre bisherige Praxis änderten und rückstellungsfinanzierte Pensionsverpflichtungen in vollem Umfang als Finanzverbindlichkeiten einstuften.[479] Zwar mutet es schon eigenartig an, dass die Agenturen ihre Praxis gerade während des Irak-Krieges änderten, doch ist eine politische Motivation eher unwahrscheinlich. Zum einen wurde die Behandlung der Rückstellungen schon länger diskutiert,[480] zum anderen würden die Agenturen durch eine systematische Unterbewertung deutscher Unternehmen auch amerikanischen Investoren ein falsches Bild vermitteln. Überdies sind die meisten Angestellten der Agenturen in Europa Europäer.[481] Schließlich treffen die Agenturen die endgültige Entscheidung durch ein mehrköpfiges Komitee und müssen aus Reputations- und Vergleichbarkeitsgründen Wert darauf legen, stets dieselben Kriterien zu verwenden.

Sicher nicht völlig von der Hand zu weisen ist der Vorwurf, die amerikanischen Agenturen könnten die Eigenheiten der europäischen Unternehmen nicht angemessen erfassen.[482] Während das angloamerikanische Wirtschaftsverständnis ein wesentlich liberaleres ist und eher auf die Marktkräfte und Eigenverantwortung des Einzelnen setzt, spielen in Kontinentaleuropa die sozialen Sicherungssysteme sowie Eingriffe der öffentlichen Hand (noch) eine

---

477 Fairlamb, Business Week, 17 Mar. 2003, p. 75; Förderreuther, in: Schuster/Widmer (Hrsg.), Bankenkrise, S. 277 (286 f.); zum Entzug des Ratings für den Iran im Jahre 2002 durch Moody's und S&P aufgrund von Boykott-Regelungen der Bush-Administration Everling, Kredit & Rating Praxis 4/2006, S. 4 (4).

478 Vgl. Bank/Lawrenz, Kredit & Rating Praxis 3/2003, S. 6 (6).

479 Zur Behandlung von Pensionsverpflichtungen durch Moody's, S&P und Fitch siehe Grund, in: Kahlert/Seeger (Hrsg.), Konzernbilanzierung, S. 363 (379 ff.); vgl. auch Fairlamb, Business Week, 24 Mar. 2003, p. 60.

480 Fairlamb, Business Week, 24 Mar. 2003, p. 60; zur unterschiedlichen Behandlung von Pensionsverbindlichkeiten in Deutschland und den U.S.A. Bank/Lawrenz, Kredit & Rating Praxis 3/2003, S. 6 (7).

481 Torsten Hinrichs (Head of S&P Germany), zitiert nach: Fairlamb, Business Week, 17 Mar. 2003, p. 75.

482 Zu dieser Kritik Engelen, The International Economy, Nov./Dec. 1994, p. 46 (46 et seq.); Jack, FT, 27 Mar. 1995, p. 24; Littmann, Wirtschaftswoche Nr. 35 v. 25.08.1989, S. 76 (78); Schubert, Wirtschaftswoche Nr. 39 v. 23.09.1988, S. 116 (125); Shin/Moore, 12 Rev. Fin. Econ. 327, 328 et seq. (2003).

bedeutendere Rolle.[483] Die Agenturen versichern jedoch, derartige Unterschiede wie zum Beispiel nationale Rechnungslegungsvorschriften zu berücksichtigen.[484] Hieran haben sie schon aus Reputationsgründen ein starkes Interesse. Darüber hinaus fehlt es auch schlicht an einem ökonomischen Anreiz, Unternehmen aus anderen Kulturkreisen systematisch zu benachteiligen. Überdies nimmt der größte Problemherd, nämlich die unterschiedlichen Rechnungslegungsvorschriften, aufgrund von Vereinheitlichungstendenzen zunehmend ab. So bilanzieren international tätige Unternehmen und Banken bereits heute nach den International Accounting Standards oder den Generally Accepted Accounting Principles.[485] Zu guter Letzt tragen die Agenturen den unterschiedlichen Gegebenheiten durch einheimische Mitarbeiter vor Ort Rechnung. Zwar kann man, wo Menschen am Werk sind, kulturelle Einflüsse nie völlig ausschließen, doch dürfte ein politisch oder kulturell bedingter Moral Hazard weitestgehend ausscheiden.[486]

e) Mangelnde Transparenz des Ratingprozesses

Ein weiteres Prinzipal-Agent-Problem liegt in dem Informationsvorsprung der Ratingagenturen gegenüber den Investoren in Bezug auf den Ratingprozess. Die Investorenseite kritisiert häufig, die Ratings der Agenturen seien in ihrer Entstehung, Begründung und Logik oft nur schwer zu verstehen. Dies gelte vor allem für Herauf- oder Herabstufungen.[487]

Einen Weg, die Ratingagenturen zu einer besseren Informationspolitik zu zwingen, gibt es nicht, solange das derzeitige Verhalten keine negativen Auswirkungen auf ihre Reputation hat. Dies scheint angesichts des konstanten Rückgriffs auf Ratings durch die Investoren nicht der Fall zu sein. Die etablierten Agenturen haben allerdings ihre Bereitschaft erklärt, durch eine verbesserte Informationspolitik für eine stärkere Transparenz zu sorgen.[488] Dies ist zu begrüßen. Zusätzlich wäre es sinnvoll, im Falle einer Verwendung des

---

483 Bank/Lawrenz, Kredit & Rating Praxis 3/2003, S. 6 (6 f.).
484 Kritisch hierzu Bank/Lawrenz, Kredit & Rating Praxis 3/2003, S. 6 (7).
485 Bank/Lawrenz, Kredit & Rating Praxis 3/2003, S. 6 (8).
486 So wird der Vorwurf einer tendenziell schlechteren Bewertung nicht-amerikanischer Unternehmen durch U.S.-amerikanische Agenturen zunehmend auch durch Studien widerlegt, vgl. nur Güttler/Wahrenburg, 31 J. Banking & Fin. 751 (2007).
487 Hierzu SEC, Credit Rating Agencies 33 (2003); SEC, Hearing on the Current Role of Credit Rating Agencies (2002) (Statement of Cynthia L. Strauss, Fidelity Investments, Inc.); Serfling u.a., in: Büschgen/Everling (Hrsg.), Rating, S. 629 (648); ZKA, Stellungnahme, S. 7.
488 SEC, Hearing on the Current Role of Credit Rating Agencies (2002) (Statement of Leo C. O'Neill, S&P); SEC, Credit Rating Agencies 34 (2003).

Ratings zu regulatorischen Zwecken durch den Gesetzgeber gewisse Mindestanforderungen an die mit dem Rating zu veröffentlichen Informationen fest-
zuschreiben. Erste Schritte in diese Richtung hat die IOSCO mit dem
IOSCO-Kodex gemacht, wonach die Agenturen ihre Ratings mit ausreichenden Informationen zu angewandten Analyseverfahren, Grundannahmen und
Definitionen der verwendeten Ratingkategorien unterlegen sollen.[489]

2. Prinzipal-Agent-Probleme zwischen Ratingagentur und Emittent

Auch zwischen Ratingagentur und Emittent besteht die Gefahr eines Moral
Hazard. Zwar unterwirft sich der Emittent mit seiner Auftragserteilung der
Verpflichtung zur Bereitstellung von Informationen,[490] doch kann die Agentur ihrer Funktion als Informationsintermediär nur dann erfolgreich nachkommen, wenn der Emittent auch tatsächlich sämtliche Informationen unge-
schönt zur Verfügung stellt.[491] Die überlegene Informationsbasis bildet für
den Emittenten einen Anreiz, diesen Vorteil zu Lasten der Agentur und der
Investoren auszunutzen und zu versuchen, durch Weitergabe unvollständiger,
falscher oder geschönter „Insiderinformationen" das Ratingurteil zu manipulieren.[492] So werden beispielsweise gute Nachrichten zur Finanz- und Er-
tragslage in der Regel früher preisgegeben als schlechte.[493]

Diese berechtigten Bedenken lassen sich weitgehend zerstreuen. Zwar ist
richtig, dass der Emittent die Informationshoheit besitzt. Jedoch verfügt die
Ratingagentur über einen großen Fundus an Erfahrung mit dem Emittenten
bzw. seiner Branche. Sie ist damit in der Lage, zusammen mit den öffentlich
zugänglichen Informationen die Angaben des Emittenten zu einem erheblichen Teil auf ihre Schlüssigkeit zu überprüfen. Auch üben unbeauftragte Ratings dritter Agenturen einen Erklärungsdruck auf die Emittenten aus, soweit
sie erheblich von dem Rating der beauftragten Agentur abweichen. Überdies
ist auch der Emittent der disziplinierenden Kontrolle ex post ausgesetzt. Erweisen sich die gegenüber der Agentur gemachten Angaben im Nachhinein
als falsch, mag der Emittent zwar kurzfristig einen Vorteil erlangt haben,
mittel- bis langfristig leidet aber seine Glaubwürdigkeit. Die daraus resultie-

---

489   IOSCO, Code of Conduct Fundamentals 9, at 3.5 et seq. (2004); siehe hierzu aus-
      führlich nachfolgend S. 199 ff.
490   Everling, Bankkaufmann 1991, S. 35 (37).
491   Vgl. Everling, Die Bank 1991, S. 308 (314); SEC, Credit Rating Agencies 30 (2003).
492   Steiner/Heinke, in: Büschgen/Everling (Hrsg.), Rating, S. 579 (622).
493   Vgl. hierzu Chambers/Penman, 22 J. Acct. Res. 21, 21 et seq. (1984); Edering-
      ton/Goh, 33 J. Fin. & Quant. Analysis 569, 584 (1998).

renden Misstrauenszuschläge würden sich negativ auf seine zukünftigen Finanzierungskosten auswirken.

Zu guter Letzt ist auch folgendes zu beachten: Gegen betrügerische Handlungen und Falschinformationen Einzelner ist niemand gefeit – weder der Kapitalmarkt noch die Ratingagenturen. Wenn Emittenten die Möglichkeit besitzen, Ratingagenturen mit falschen Informationen zu manipulieren, so können sie in Abwesenheit dieser Informationsintermediäre den Kapitalmarkt auch direkt schädigen. Wenn also zum Beispiel Unternehmen ihre Bilanzen, Rechenschaftsberichte oder sonstige Unternehmensinformationen manipulieren, wird der Anleger in jedem Fall getäuscht: Entweder, indem die Ratingagenturen die manipulierten Informationen in ihren (dann fehlerhaften) Ratings verarbeiten, auf die sich dann wiederum der Anleger verlässt; oder, indem – bei unterstellter Abwesenheit der Ratingagenturen – der Anleger selbst die manipulierten Informationen verarbeitet und durch sie getäuscht wird. Ungeachtet dieses Dilemmas ist jedoch hervorzuheben, dass die Situation für die Anleger durch die Zwischenschaltung der Agenturen nicht schlechter wird, sondern sich vielmehr verbessert, da die Agenturen aufgrund ihrer Erfahrung eher in der Lage sind, die Angaben der Emittenten zu überprüfen als der einzelne Investor.

IV. Ergebnis

Die neoklassische Finanzierungstheorie ist zur finanztheoretischen Erklärung der Existenz von Ratingagenturen ungeeignet. Hierzu ist allein die neoinstitutionalistische Theorie in der Lage, da sie die in Prinzipal-Agent-Beziehungen strukturell verankerten Informationsasymmetrien und die durch fehlende Kontrollmöglichkeiten der Marktteilnehmer bestehenden Moral Hazard-Gefahren berücksichtigt. Die Zweckmäßigkeit ratingbezogener Vorschriften ist daher am neoinstitutionalistischen Maßstab zu messen.

Ratings verringern die Informationsasymmetrie zwischen Kapitalnehmer und -geber und reduzieren so Prinzipal-Agent-Probleme. Dies senkt die Misstrauensaufschläge der Investoren und damit die Finanzierungskosten der Unternehmen. Diese Reduzierung wird durch die neuen Kosten, die im Zusammenhang mit den zur Überwindung der Informationsasymmetrie eingeschalteten Ratingagenturen anfallen, nicht überkompensiert, so dass unter dem Strich eine Nettoreduzierung der Prinzipal-Agent-Kosten steht.

Ratings üben eine Disziplinierungs- und Überwachungsfunktion in Bezug auf die Emittenten aus und mindern so deren Anreize zu einem für die Investoren nachteiligen Moral Hazard. Als Kehrseite können die Emittenten die

Zertifizierungs- und Signalfunktion des Ratings nutzen, um bei den Anlegern durch die freiwillige Bonitätsprüfung Vertrauen zu schaffen. Die damit in der Regel verbundene Senkung ihrer Finanzierungskosten bildet zugleich einen Anreiz zu umfangreicher und korrekter Informationsübertragung.

Durch die Zwischenschaltung der Ratingagenturen als Informationsintermediäre entstehen neue Prinzipal-Agent-Probleme zwischen den Emittenten bzw. Investoren und den Agenturen. Diese Probleme und mögliche Moral Hazard-Gefahren sind jedoch wirksam kontrollierbar, da sowohl marktimmanente als auch in dem Verhalten der Agenturen liegende Gründe einem Moral Hazard entgegenwirken. Wichtigstes Element ist hierbei das wirtschaftlich bedingte Interesse der Agenturen am Erhalt ihrer Reputation.

§ 6 Die Funktion des Ratings für die Marktteilnehmer

Über ihren Beitrag zur Senkung der Prinzipal-Agent-Kosten hinaus besitzen Ratings noch weitere, individuelle Funktionen nicht nur für Emittenten und Investoren, sondern auch für die Aufsichtsbehörden und sonstige Marktteilnehmer.

I. Die Funktion des Ratings für die Emittenten

Unternehmen möchten Fremdkapital möglichst günstig, also mit einem niedrigen Risikoaufschlag seitens der Investoren, aufnehmen. Gleichzeitig sind sie, von einer Privatplatzierung einmal abgesehen, an einem denkbar großen Investorenkreis interessiert.[494] Vor diesem Hintergrund ist das Rating für den Emittenten neben den bereits beschriebenen Funktionen auch unter dem Aspekt der Selbstanalyse, des Finanzmarketings, der Emissionspreisfindung sowie der Reduzierung der Finanzierungskosten von Nutzen.

1. Selbstanalyse

Zunächst kann durch das Zusammenstellen der für das Ratingverfahren benötigten Daten sowie der Informationsaustausch zwischen der Unternehmensleitung und den Ratinganalysten nicht nur das erteilte Rating, sondern

---

494 Smith/Walter, Rating Agencies 7 (INSEAD Working Paper, 2001); vgl. auch Dale/ Thomas, 5 J. Int'l Sec. Markets 9, 9 (1991); Menche, Regulierung, S. 36.

bereits der Prozess seiner Erstellung für den Emittenten informativ sein.[495] Eine intensive Analyse im Rahmen des Ratingprozesses kann bisher unerkannte Schwachstellen im Unternehmen aufdecken und zur kritischen Selbstreflexion zwingen.[496] Dies gilt insbesondere für mittelständische Unternehmen, welche eine Eigenanalyse oft in einem geringeren Maße betreiben als Großunternehmen.[497]

2. Finanzmarketing

Daneben kann ein Rating kommunikationspolitische Maßnahmen im Rahmen des Finanzmarketings des Unternehmens ersetzen oder in ihrer Wirkung unterstützen.[498] Es ermöglicht auf diese Weise auch die Einsparung von Kosten auf dem Gebiet der Investor Relations,[499] die bei fehlendem Rating durch anderweitige Unternehmenspublikationen entstünden.[500] Der Emittent kann so ein positives Bild des Unternehmens transportieren und seinen Bekanntheitsgrad steigern.[501] Letzteres kann sich vor allem bei der Kapitalaufnahme auf ausländischen Märkten als hilfreich erweisen ebenso wie für Emittenten, die zwar über eine gute Bonität, jedoch noch nicht über einen hohen Bekanntheitsgrad verfügen.[502] Schließlich kann das Rating auch einen Ausstrahlungs-

---

495 Vgl. Everling, in: Hielscher, Investmentanalyse, S. 209 (231); Mittendorfer u.a., in: Stadler (Hrsg.), Unternehmensfinanzierung, S. 100 (110); Munsch/Weiß, Externes Rating, S. 54; an der Heiden, MuM 5/2005, S. 64 (68).

496 Everling, Credit Rating, S. 254; Förderreuther, in: Schuster/Widmer (Hrsg.), Bankenkrise, S. 277 (279); Goll, in: Hadding u.a. (Hrsg.), Bankrechtstag 1996, S. 173 (174); Heinke, Bonitätsrisiko, S. 52 f.; aus der Praxis Peter/Casademont, Kredit & Rating Praxis 4/2002, S. 6 (6 ff.).

497 Vgl. hierzu Peter, in: Suyter (Hrsg.), Risikomanagement, S. 299 (303 f.).

498 Everling, Credit Rating, S. 265 ff.; Munsch/Weiß, Externes Rating, S. 51; Paul, in: Büschgen/Everling (Hrsg), Rating, S. 373 (373 ff.); Wagner, Rating mittelständischer Unternehmungen, S. 30 ff.; zu möglichen finanziellen Einbußen aufgrund schlechten Finanzmarketings Ebenroth/Daum, WM 1992, Sonderbeilage Nr. 5, S. 1 (6, 22 f.); Heinke, Bonitätsrisiko, S. 57.

499 Diehl, Kapitalmarktkommunikation, S. 80 ff.; Link, AG 1994, S. 364 (364 ff.); Serfling u.a., AG 1998, S. 272 (272 ff.).

500 Everling, Die Bank 1998, S. 480 (484); Heinke, Bonitätsrisiko, S. 55 ff.; Lemke, Fragen des Ratingwesens, S. 19; Meyer-Parpart, in: Hadding u.a. (Hrsg.), Bankrechtstag 1996, S. 163 (164).

501 Vgl. Everling, in: Hielscher, Investmentanalyse, S. 209 (230); Meyer-Parpart, in: Hadding u.a. (Hrsg.), Bankrechtstag 1996, S. 163 (165); Mittendorfer u.a., in: Stadler (Hrsg.), Unternehmensfinanzierung, S. 100 (110).

502 Behrenwaldt, in: Büschgen/Everling (Hrsg.), Rating, S. 191 (294); Everling, Credit Rating, S. 266 f.

effekt auf andere Anleihen desselben Emittenten ausüben, so dass diese unter Umständen auch ohne Rating platziert werden können.[503]

3. Emissionspreisfindung

Eine weitere wichtige Rolle spielt das Rating im Rahmen der Emissionspreisfindung. Zwar ist der Emittent an einem möglichst hohen Emissionspreis interessiert, andererseits birgt ein nicht marktkonformer Kurs die Gefahr, dass die Emission nur unter Schwierigkeiten platziert und der hohe Emissionspreis nicht realisiert werden kann.[504] Hier erlaubt das Rating als Maßstab zur Messung der Bonität eine relative Vergleichbarkeit von Emissionen in Hinblick auf deren Risiko.[505] Um den vom Markt gerade noch akzeptierten Emissionspreis zu finden, kann er sich am Ausgabekurs anderer – der Bonität nach vergleichbarer – Anleihen orientieren.[506] Das Rating unterstützt damit eine marktgerechte Emissionspreisfindung und erleichtert das Ausschöpfen von Bewertungsspielräumen.[507]

Darüber hinaus stehen Emissionskurs und Finanzierungskosten des Emittenten in einer wechselseitigen Beziehung. Je höher der Emissionspreis, desto niedriger sind die Kapitalkosten und umgekehrt. Ein besseres Rating führt zu einem für den Emittenten günstigeren Emissionskurs, damit zur Senkung seiner Kapitalkosten und in der Regel zu einer verhältnismäßig schnellen und reibungslosen Platzierung der Emission.[508]

---

503   Man spricht dann von einem „Schattenrating"; Arendts, DStR 1997, S. 1649 (1652); Everling, Die Bank 1992, S. 78 (80); ders., Credit Rating, S. 267.

504   Detrez, Kredit & Rating Praxis 1/2003, S. 6 (9); Heinke, Bonitätsrisiko, S. 54 f.; Hochgatterer u.a., in: Stadler (Hrsg.), Unternehmensfinanzierung, S. 169 (179); Lemke, Fragen des Ratingwesens, S. 20.

505   Everling, Credit Rating, S. 257; vgl. auch Kerwer, Standardising as Governance 12 (2001); Heinke, Bonitätsrisiko, S. 54 f.; Stadler, in: Stadler (Hrsg.), Unternehmensfinanzierung, S. 14 (16).

506   Lemke, Fragen des Ratingwesens, S. 20; allgemein zur Bestimmung von Kapitalkosten bei Anleihen Hielscher/Laubscher, Finanzierungskosten, S. 13 ff.

507   Everling, in: Hielscher, Investmentanalyse, S. 209 (231); Holzkämper/Fischer, in: Achleitner/Thoma (Hrsg.), Corporate Finance, Abschn. 4.5.2, S. 4.

508   Vgl. Breuer, WM 1991, S. 1109 (1109); Ebenroth/Koos, in Büschgen/Everling (Hrsg.), Rating, S. 483 (486); Everling, Credit Rating, S. 255 ff., S. 274 ff., mit empirischen Untersuchungen; allgemein zu den Kosten der Fremdfinanzierung Schmidt/Terberger, Investitionstheorie, S. 232 ff.

4. Reduzierung der Finanzierungskosten

Am Kapitalmarkt werden Bonitäts- bzw. Insolvenzrisiken durch Risikoprämien abgegolten, so dass ein niedrigeres oder fehlendes Rating den Emittenten in der Regel zwingt, eine höhere Rendite anzubieten, um seine Emission auf dem Kapitalmarkt platzieren zu können.[509] Als Folge steigen seine Finanzierungskosten.[510] So müssen zum Beispiel mit „BBB" bewertete Emittenten zum Teil eine bis zu 2% höhere Rendite anbieten als mit „AA" bewertete Unternehmen.[511] Das gleiche Prinzip gilt bei einer späteren Herabstufung bereits bewerteter Emissionen oder Emittenten.[512] Aus diesem Grund wird der Emittent versuchen, ein dauerhaft gutes Rating zu erhalten. Hierbei entstehen ihm jedoch sogenannte „Bonding"-Kosten. Diese liegen in erster Linie darin, dass er durch die Beantragung und Bezahlung eines Ratings den Anlegern einen Teil der für die Investmentanalyse notwendigen Aufwendungen abnimmt,[513] aber auch in dem zeitlichen Aufwand für die Durchführung des Ratings[514] oder in seiner Beschränkung der Handlungsfreiheit durch das Ratingverfahren. Letzteres ist zum Beispiel der Fall, wenn die Anforderungen der Agenturen bestimmte Handlungen des Emittenten unmöglich machen.[515]

Trotz dieser Bonding-Kosten werden Unternehmen mit einer guten Bonität die Kosten für ein Rating nicht scheuen, solange sie unter dem Strich eine Nettoersparnis aus der Verrechnung der Kosten für die Ratingerstellung mit der bei einem guten Rating möglichen Senkung der Finanzierungskosten erwarten können. Doch auch bei Unternehmen mit geringer Bonität ist denkbar, dass die auch durch ein nur mäßiges Rating immerhin ausgeräumte Unsicherheit beim Anleger die misstrauensbedingten Renditeaufschläge derart verringert, dass sich die Investition in ein Rating unter dem Strich auch hier lohnt.

---

509 Vgl. Ackermann/Jäckle, BB 2006, S. 878 (879); Altman, 44 J. Fin. 909, 919 (1989); Cantor/Packer, 19 FRBNY Q. Rev. 1, 10 et seq. (1994); Finnerty/Nunn, 25 Mgmt. Int'l Rev. 23, 23 et seq. (1985); Katz, 29 J. Fin. 551, 551 et seq. (1974); West, 16 J.L. & Econ. 159, 159 et seq. (1973).

510 Kerwer, Standardising as Governance 3 (2001); Munsch/Weiß, Externes Rating, S. 55; Stroomann, in: Brödermann u.a. (Hrsg.), Fit für 2006, S. 20.

511 Vgl. Ruhkamp, Magere Entlohnung, FAZ v. 23.12.2004, S. 21.

512 Hierzu Ebenroth/Dillon, 8 J. Int'l Banking L. 174, 180 et seq. (1993).

513 Zu dieser Kostenverlagerung bei der Bonitätsanalyse Gündling/Everling, Die Bank 1994, S. 727 (729).

514 Jensen/Meckling, 3 J. Fin. Econ. 305, 325 (1976); Perridon/Steiner, Finanzwirtschaft, S. 25; S&P, Corporate Ratings Criteria 13 (1998); Steiner/Heinke, in: Büschgen/Everling (Hrsg.), Rating, S. 579 (610).

515 Schmidt, in: Rühli/Thommen (Hrsg.), Unternehmensführung, S. 135 (147).

II. Die Funktion des Ratings für die Investoren

Neben der bereits geschilderten Verringerung der Informationsasymmetrie zwischen Emittent und Investor erleichtern Ratings den Anlegern auch die Analyse der im Markt angebotenen Anlageoptionen und reduzieren seine Überwachungskosten.

1. Analyse und Aufbereitung der Anlageoptionen

Bei jeder Geldanlage muss ein Investor für eine informierte Anlageentscheidung eine Vielzahl von Informationen zu Aspekten wie Rentabilität, Liquidität und Sicherheit verarbeiten,[516] und das oft unter erheblichem Zeitdruck.[517] Hierbei sieht er sich einer unüberschaubaren Menge gehandelter Wertpapiere, international uneinheitlichen und schwer überschaubaren Publikations- und Rechnungslegungsvorschriften sowie komplexen und komplizierten Anlageformen gegenüber. Während schon für institutionelle Investoren die erforderlichen Recherchekosten meist eine prohibitive Höhe erreichen dürften, stellt dies für den einfachen Privatanleger eine kaum zu bewältigende Aufgabe dar.[518] In diesem Szenario machen Ratingagenturen durch die Verwendung einheitlicher Notensysteme nicht nur die Emittenten, sondern auch die verschiedenen Anlageformen vergleichbar.[519]

2. Reduzierung der Überwachungskosten

Die Beschaffung der zur Risikoeinschätzung erforderlichen Informationen ist für den Investor mit sogenannten „Monitoring"-Kosten verbunden. Diese können beispielsweise aus den Subskriptionsgebühren für die Ratings beste-

---

516 Assmann, in: Assmann/Schütze (Hrsg.), Kapitalanlagerecht, § 1 Rn. 63; Heinke, Bonitätsrisiko, S. 36 ff.; Menche, Regulierung, S. 36; Möllers, ZGR 1997, S. 334 (338); zu den theoretischen Grundlagen aus dem U.S.-amerikanischen Schrifttum Akerlof, 84 Q. J. Econ. 488 (1970); Ang/Patel, 30 J. Fin. 631 (1975); Triantis, 21 J. Legal Stud. 225 (1992).
517 Smith/Walter, Rating Agencies 8 (INSEAD Working Paper, 2001); Bär, Asset Securitisation, S. 233.
518 Vgl. ten Brink, in: Büschgen/Everling (Hrsg.), Rating, S. 273 (277); Goll, in: Hadding u.a. (Hrsg.), Bankrechtstag 1996, S. 173 (175); Kübler, ebd., S. 115 (120); Kerwer, Standardising as Governance 14 (2001); Sinclair, Masters of Capital 32 (2005); Steiner, WiSt 1992, S. 509 (513), welcher auch auf Sprachbarrieren hinweist.
519 Hierzu schon oben S. 58 ff.; vgl. auch Moody's, Global Ratings Guide 3 (1998): „Das Ratingsystem erlaubt einen Vergleich der bewerteten Schuldtitel unabhängig von ihrer Währung, dem Land des Emittenten oder der Branche, in welcher der Emittent tätig ist." (Übersetzung durch Verfasser).

hen.[520] Nicht zuletzt aufgrund der langjährigen Existenz von Ratingagenturen kann jedoch angenommen werden, dass diese Monitoring-Kosten weit hinter den Kosten einer sonst durch jeden Anleger selbst vorzunehmenden Risikoanalyse zurückbleiben.[521] Aus gesamtwirtschaftlicher Sicht verhindern Ratingagenturen die überflüssige Ermittlung gleichartiger Informationen durch die individuellen Anleger und damit die Verschwendung wirtschaftlicher Ressourcen.[522] Dies setzt finanzielle Mittel frei, welche als zusätzliches Investitionskapital zur Verfügung stehen, was wiederum zu makroökonomisch bedeutsamen Effizienzsteigerungen führen kann.[523]

3. Funktionale Grenzen des Ratings

Ein Rating kann nicht sämtliche Informationen ersetzen, die der Investor bei seiner Anlageentscheidung zu berücksichtigen hat.[524] Es stellt auch keine Empfehlung zum Kauf, Verkauf oder Halten bestimmter Wertpapiere dar, sondern ist lediglich Ausdruck des Bonitätsrisikos des Unternehmens.[525] Die Zuordnung zu einer bestimmten Ratingkategorie quantifiziert nach dem Willen der Agenturen nicht die absolute Ausfallwahrscheinlichkeit eines Ratingobjektes, sondern bestimmt lediglich dessen Bonität im Verhältnis zu anderen

---

520 Vgl. Perridon/Steiner, Finanzwirtschaft, S. 25; Hartmann-Wendels, Kredit & Kapital 1990, S. 228 (232).

521 Für eine solche Annahme auch Hax u.a., in: Christians (Hrsg.), Finanzierungshandbuch, S. 689 (709).

522 Vgl. Everling/Gündling, Die Bank 1994, S. 727 (729); Gordon et al., Portfolio Management 127, 128 (Ingrams ed., 1989); v. Randow, ZBB 1995, S. 140 (143); Coffee, 70 Va. L. Rev. 717, 734 (1984); Easterbrook/Fishel, 70 Va. L. Rev. 669, 681 et seq. (1984); Hirshleifer, 61 Am. Econ. Rev. 561, 570 (1971).

523 Hierzu Berblinger, in: Büschgen/Everling (Hrsg.), Rating, S. 21 (24); Pollock u.a., RIW 1991, S. 275 (278); allgemeiner Diehl, Kapitalmarktkommunikation, S. 168 ff.

524 Gordon/Kornhauser, 60 N.Y.U. L. Rev. 761, 817 (1985); Rhodes, 20 Seton Hall Legis. J. 293, 341 (1996); Schwarcz, 8 Duke J. Comp. & Int'l L. 235, 251 n.73 (1998); Vetter, WM 2004, S. 1701 (1702).

525 Everling, in: Achleitner/Bassen (Hrsg.), Investor Relations, S. 463 (466); Vetter, WM 2004, S. 1701 (1702); Moody's, Global Ratings Guide, Impressum (1998): „[Ratings] sind keine Tatsachenbehauptungen oder Empfehlungen zum Kauf, Verkauf oder Halten von Wertpapieren. ... Jedes Rating oder jede sonstige Meinung darf nur ein Aspekt [unter vielen] bei der Anlageentscheidung darstellen.“; S&P, Corporate Ratings Criteria 3 (1998): „Ein Rating stellt keine Empfehlung zum Kauf, Verkauf oder Halten eines bestimmten Wertpapiers dar.“ (Übersetzungen durch Verfasser).

Ratingobjekten.[526] Damit beschränkt sich das Ratingurteil auf den Vergleich, ob ein bestimmtes Ratingobjekt riskanter oder weniger riskant ist als ein anderes und drückt so lediglich die Meinung einer Ratingagentur über das mit dem Finanztitel verbundene relative Bonitätsrisiko aus.[527] Andere Risiken wie die Änderung des Marktzinses oder des Marktpreises einer Anleihe sowie Inflations- oder Wechselkursrisiken bleiben unberücksichtigt.[528] Daher darf selbst die Einordnung in die oberste Ratingkategorie nicht mit der absoluten Sicherheit der Anlage gleichgesetzt werden.[529] An dieser funktionalen Grenze ändert auch der Umstand nichts, dass Studien bestimmte Korrelationen zwischen einzelnen Bonitätsstufen und absoluten Bonitätsrisiken nachgewiesen haben und der Gesetzgeber eine derartige Korrelation voraussetzt, wenn er in seinen Regelungen auf eine Mindestbonität Bezug nimmt.[530] Auch wenn das Rating bei den Überlegungen des Investors eine erhebliche Rolle spielt, darf es nicht das einzige Kriterium der Anlageentscheidung sein.[531] Es kann die Entscheidung beeinflussen, nicht aber ersetzen.

III. Die Funktion des Ratings für die Aufsichtsbehörden

Ratings können auch eine wichtige Hilfestellung bei der Kapitalmarktregulierung durch den Gesetzgeber bzw. die mit der Regulierung betrauten Aufsichtsbehörden geben. Grundsätzlich hat der Staat ein ureigenes Interesse an einer reibungslosen Funktion, Transparenz, Integrität und Effizienz seiner Fi-

---

526 Cantor/Packer, 19 FRBNY Q. Rev. 1, 10 et seq. (1994); Everling, Der langfristige Kredit 1991, S. 382 (384); Hoffmann, Bonitätsbeurteilung, S. 91; Jahn, ZKredW 1995, S. 510 (513); Kerwer, Standardising as Governance 12 (2001); Perridon/Steiner, Finanzwirtschaft, S. 197; Serfling/Pries, Die Bank 1990, S. 381 (383).

527 Everling, in: Achleitner/Bassen (Hrsg.), Investor Relations, S. 463 (466); Hoffmann, Bonitätsbeurteilung, S. 18; Serfling u.a., in: Büschgen/Everling (Hrsg.), Rating, S. 629 (647).

528 Bär, Asset Securitisation, S. 232; Gehring, Asset-Backed Securities, S. 28; Hoffmann, Bonitätsbeurteilung, S. 18, S. 34; Lemke, Fragen des Ratingwesens, S. 25; allgemeiner zu Anlagerisiken Ekkenga, Anlegerschutz, S. 26 ff.; Hopt, Kapitalanlegerschutz, S. 53 ff.; Mülbert, Aktiengesellschaft, S. 117.

529 Serfling u.a., in: Büschgen/Everling (Hrsg.), Rating, S. 629 (647); Munsch/Weiß, Externes Rating, S. 25.

530 Cantor/Packer, 19 FRBNY Q. Rev. 1, 11 et seq. (1994); Munsch/Weiß, Externes Rating, S. 23 ff.; S&P, Corporate Default 16 (2005).

531 Bär, Asset Securitisation, S. 234; Bottini, 30 San Diego L. Rev. 579, 604 (1993); Gordon/Kornhauser, 60 N.Y.U. L. Rev. 761, 817 (1985); Theilacker, ZKredW 2005, S. 177 (190).

nanz- und Kapitalmärkte, da die Bevorzugung eines bestimmten Kapitalmarkts durch Anleger und Emittenten erheblich von diesen Faktoren abhängt.[532] Ratings tragen zur Überwindung struktureller Informationsgefälle und zur erhöhten Markttransparenz und -effizienz bei. Dies bietet den staatlichen Aufsichtsbehörden die Möglichkeit, sich bei ihrer Regulierungstätigkeit dieser Funktion der Ratingagenturen zu bedienen. Denn wollte beispielsweise der Staat bestimmte Finanzanlagen aus Anlegerschutzgesichtspunkten in Abhängigkeit von ihrer Bonität regulieren, hat er zwei Möglichkeiten: Er kann die erwerbbaren Wertpapiere konkret auflisten. Dies war bisher das Vorgehen in Deutschland zur Bestimmung der Mündelsicherheit, Lombard- oder Deckungsstockfähigkeit eines Wertpapiers.[533] Der Staat kann aber auch eine abstrakte Form der Identifizierung zulässiger Finanzanlagen wählen. Ein Beispiel hierfür wäre der Ansatz, bestimmte Ratingurteile zum Anknüpfungspunkt für regulatorische Konsequenzen zu machen. Gerade dieser Ansatz würde es erlauben, auf eine komplexe, eigenhändige und unmittelbare Regulierung durch staatliche Aufsichtsbehörden zu verzichten. Die damit verbundenen Vorteile sind vielfältig: Die Aufsichtsbehörde könnte bei der Bestimmung der Bonität von Finanzanlagen auf die Expertise der hierauf spezialisierten Agenturen zurückgreifen. In einem Markt, der mit wachsender Geschwindigkeit immer neue Anlagetitel generiert, würde ein solches Vorgehen die Ressourcen der Aufsichtsbehörde erheblich schonen und wäre wesentlich kostengünstiger als eine eigene Bonitätsbestimmung durch die Behörde.[534] Damit bieten Ratings dem Regulierer eine Möglichkeit zur billigen und flexiblen Art der Kapitalmarktsteuerung. Darüber hinaus verringern Ratings Prinzipal-Agent-Kosten, was angesichts des Regulierungsziels eines fairen, transparenten und liquiden Kapitalmarkts ebenfalls nur im Sinne der Aufsichtsbehörden sein kann.

Einige Staaten sind dem hier beschriebenen Ansatz bereits gefolgt. So reicht die Spanne der Indienstnahme des Ratings durch U.S.-amerikanische Aufsichtsbehörden von Erwerbsverboten für als spekulativ eingestufte Titel

---

532 Vgl. hierzu Assmann, in: Assmann/Schütze (Hrsg.), Kapitalanlagerecht, § 1 Rn. 64; Kümpel, Kapitalmarktrecht, Rn. 18.1 f.; Kurth, WM 1998, S. 1715 (1715).

533 Kübler, in: Hadding u.a. (Hrsg.), Bankrechtstag 1996, S. 115 (125 f.); v. Randow, ZBB 1995, S. 140 (151 f.).

534 Rhodes, 20 Seton Hall Legis. J. 293, 297 (1996); Kübler, in: Hadding u.a. (Hrsg.), Bankrechtstag 1996, S. 115 (125 f.); vgl. auch Estrella et al., Credit Ratings 13 (BCBS Working Paper, 2000), welche eine fehlende effektive Bonitätsprüfung durch den öffentlichen Sektor unterstellen.

bis hin zu Bewertungsregeln, die in vielfältiger Weise an Ratings anknüpfen.[535] Auch Basel II führt in eine ähnliche Richtung, indem die Aufsichtsbehörden bestimmte (Rechts-)Folgen an gesetzte Standards knüpfen.

IV. Die Funktion des Ratings für sonstige Marktteilnehmer

Ratings sind aber auch für andere Marktteilnehmer von Bedeutung. Indem sie Auswirkungen auf Zahlungsziele, Konditionen und die Einschätzung des Delkredere-Risikos haben, tragen sie zur Stabilisierung der Geschäftsbeziehungen bei.[536] Ebenso spielen Bonitätseinstufungen häufig in privatrechtlichen Verträgen eine wichtige Rolle. Im Rahmen sogenannter „Ratingtrigger" sehen bestimmte Vertragsklauseln die Stellung zusätzlicher Sicherheiten oder die vorzeitige Rückzahlung durch den Schuldner vor, sobald dessen Rating unter eine vorher definierte Grenze fällt.[537] Viele solcher Triggerfolgen, wie zum Beispiel Kuponanhebungen, sind harmlos. Sie können aber auch verheerende Auswirkungen auf die Bonität und Liquidität des Schuldners haben, indem sie zum Beispiel automatisch die Freigabe von Sicherheiten, Garantien oder vorzeitige Fälligkeiten hervorrufen und so die Finanzsituation des bereits angeschlagenen Unternehmens weiter verschlechtern.[538] Darüber hinaus spielt das Bonitätsurteil für Kreditversicherer bei der Risikokalkulation eine Rolle. Schließlich kann es auch eine Funktion für Mitarbeiter eines Unternehmens

---

535 Siehe hierzu ausführlich nachfolgend S. 142 ff.; zu den Motiven der Regulierungs-
     behörden hinsichtlich der Indienstnahme von Ratings Dale/Thomas, 5 J. Int'l Sec.
     Markets 10 et seq. (1991).
536 Vgl. Förderreuther, in: Schuster/Widmer (Hrsg.), Bankenkrise, S. 277 (279);
     Munsch/Weiß, Externes Rating, S. 56.
537 Habersack, ZHR 169 (2005), S. 185 (188 f.); Pinto, 54 Am. J. Comp. L. 341, 342
     (2006); SEC, Credit Rating Agencies 29 et seq. (2003); ZKA, Stellungnahme, S. 4; zu
     den gängigsten Ratingtriggern Bhanot/Mello, 79 J. Fin. Econ. 69, 70 et. seq. (2006);
     Cormier, 21-3 Am. Bankr. Inst. J. 16, 16 (2002); zur Verwendung in Swap-Verträgen
     Lindholm, 1994 Colum. Bus. L. Rev. 73, 101 (1994); zu den negativen Auswirkun-
     gen im Fall Enron Hill, 35 Conn. L. Rev. 1145, 1149 et seq. (2003).
538 CESR, Consultation Paper, Annex E, 83 et seq. (2004); Cormier, 21-3 Am. Bankr.
     Inst. J. 16, 16 (2002), dem zufolge in vielen Fällen Ratingtrigger ihren eigentlichen
     Zweck eines Anlegerschutzes gerade verfehlen, indem sie die Insolvenz des Schuld-
     ners entweder erst hervorrufen oder zumindest weiter beschleunigen; Hill, 35 Conn.
     L. Rev. 1145, 1150 et seq. (2003); Luttermann/Wicher, ZIP 2005, S. 1529 (1532);
     SEC, Credit Rating Agencies 29 et seq. (2003); ZKA, Stellungnahme, S. 4; zu dieser
     Problematik aus Sicht der Agenturen Moody's, Unintended Consequences of Rating
     Triggers (2001).

entwickeln, da diese oder mögliche Bewerber aus dem Rating Schlüsse auf das Bestandsrisiko des Unternehmens und somit die Sicherheit ihres Arbeitsplatzes ziehen können.[539]

V. Ergebnis

Ratings bzw. deren Erstellung erleichtern dem individuellen Emittenten die Selbstanalyse, ein besseres Finanzmarketing, die Findung eines adäquaten Emissionspreises sowie die Reduzierung seiner Finanzierungskosten. Für die Investoren übernehmen die Ratingagenturen die Analyse und Aufbereitung der zahllosen Anlageoptionen, deren eigene Durchführung für die Anleger zu teuer wäre. Durch einheitliche Notensysteme sorgen die Agenturen für eine Vergleichbarkeit der Emittenten und Anlageformen. Damit tragen sie zur institutionellen und allokativen Funktionsfähigkeit der Kapitalmärkte bei. Das Rating findet seine funktionale Grenze in dem Umstand, dass es lediglich eine Aussage über das relative Bonitätsrisiko des Ratingobjektes trifft. Es stellt nur einen von vielen bei der Anlageentscheidung zu berücksichtigenden Aspekten dar.

Den staatlichen Aufsichtsbehörden bieten ratingbezogene Regelungen die Möglichkeit, bei der Kapitalmarktregulierung auf eine unmittelbare und eigenhändige Regulierung zu verzichten und stattdessen bei der Bonitätsbestimmung von Finanzanlagen auf die Expertise der hierauf spezialisierten Agenturen zurückzugreifen und so Ressourcen zu schonen.

Schließlich erlangen Ratings für eine Reihe weiterer Marktteilnehmer durch Ratingtrigger in privatrechtlichen Verträgen oder dadurch eine erhebliche Bedeutung, dass sie die finanzielle Situation des Geschäftspartners oder Arbeitgebers transparenter machen.

§ 7 Die Effizienz des Ratings als Regulierungsmedium

Bisher wurden die zahlreichen positiven Auswirkungen des Ratings für den Markt und seine einzelnen Teilnehmer aufgezeigt. Abschließend soll nun untersucht werden, ob im Rahmen einer Kapitalmarktregulierung an Stelle des Ratings effizientere Anknüpfungspunkte existieren oder ob Ratings mögli-

---

539 Everling, in: Suyter (Hrsg.), Risikomanagement, S. 245 (247 f.); Förderreuther, in: Schuster/Widmer (Hrsg.), Bankenkrise, S. 277 (279); Larisch, in: Achleitner/Everling (Hrsg.), Ratingpraxis, S. 571 (581); Mittendorfer u.a., in: Stadler (Hrsg.), Unternehmensfinanzierung, S. 100 (110); Munsch/Weiß, Externes Rating, S. 56.

cherweise in bestimmten Situationen Leistungsdefizite aufweisen, die gegen ihre Verwendung zur Regulierung sprechen.

I. Alternativen zum Rating

Für eine Regulierung des Kapitalmarkts wird aufgrund der nachfolgend dargestellten Kritik zum Teil vorgeschlagen, an Stelle der Ratings auf die im Markt geforderten Renditeaufschläge (*credit spreads*) zurückzugreifen. Daneben sind auch andere Quellen zur Bestimmung des Kreditrisikos wie zentrale Kreditregister, Datenbanken sowie andere Analysen denkbar.

1. Credit Spreads

a) Kritik am Rating

Kritiker argumentieren, die meisten in einem Rating enthaltenen Informationen stammten aus öffentlich zugänglichen Quellen und reflektierten demnach lediglich bereits in die Marktpreise eingespeiste Daten.[540] Faktisch hinke das Rating den Markterwartungen hinterher und Herabstufungen erfolgten vor allem dann, wenn der Markt dies „fordere".[541] Als Folge schätzten sowohl Investoren als auch Emittenten den Wert des Ratings mangels zusätzlicher Informationen und fehlender Genauigkeit als recht gering ein.[542] Darüber hinaus beschrieben die Agenturen die Grundlagen ihrer Analyseentscheidung nur unzureichend, so dass ihre Bonitätsurteile oft nur schwer nachzuvollziehen seien.[543]

Aufgrund der vorgenannten Kritik wird vorgeschlagen, statt des Ratings die durch den Markt ermittelten *credit spreads* als Anknüpfungspunkt für eine

---

540 Partnoy, Ratings 65, 69 (Levich et al. eds., 2002).

541 Vgl. Larsen/Wiggins, FT, 14 Jan. 2002, C&FI, p. 22; Partnoy, 79 Wash. U. L.Q. 491, 509 (1999); Serfling, in: Büschgen/Everling (Hrsg.), Rating, S. 629 (648); van Horne, Financial Market Rates 123 (6th ed. 2001), mit dem Hinweis, die Reaktion des Marktes beginne zumeist bereits mit der Ankündigung der Agenturen, ein bestimmtes Rating auf die Überwachungsliste zu setzen; für Länderratings Kaminsky/Schmukler, Ratings 227, 242 et seq. (Levich at al eds., 2002).

542 Siehe hierzu die Studien von Baker/Mansi, 29 J. Bus. Fin. & Acct. 1367 (2002), wonach 63% der befragten institutionellen Investoren ihre Investmententscheidung eher auf eigene Recherchen als auf die Urteile der Agenturen stützen, sowie Ellis, 7 J. Fixed Income 35 (1998), wonach 43% der Investoren der Ansicht waren, Ratings erfolgten nicht zeitnah genug.

543 Partnoy, Ratings 65, 72 et seq. (Levich et al. eds., 2002).

Regulierung zu verwenden. Ein *credit spread* ist die Renditedifferenz zwischen einer bestimmten Anleihe und einer laufzeitkongruenten, risikolosen Anleihe mit ansonsten gleichen Charakteristika.[544] *Credit spreads*, so das Argument, würden angesichts imperfekter Information im Markt die bestmögliche Einschätzung der Ausfallwahrscheinlichkeit sowie der erwartbaren Werthaltigkeit der Anleihe im Falle eines Zahlungsausfalls darstellen.[545] Sie seien die Reflexion aller im Markt erhältlichen Informationen, einschließlich der bereits veröffentlichten Ratings, und daher genauer. So hätten zahlreiche Studien gezeigt, dass signifikante Kursanpassungen bereits vor einer Ratingänderung erfolgen. Dies lasse darauf schließen, dass Ratings keine zusätzlichen Informationen enthalten. Auch wenn Ratingagenturen mit ihren Bonitätsurteilen zumeist richtig lägen, lieferten sie dem Markt keine Informationen, die dieser nicht schon in den *credit spread*s verarbeitet hätte. Denn wären Ratings in ihrem Urteil qualitativ zutreffend, müssten konsequenterweise Anleihen mit derselben Bonitätsstufe auch über denselben Renditeaufschlag verfügen. Dies sei jedoch nicht immer der Fall.[546] Überdies könnten *credit spreads* auf objektive Art und Weise jederzeit oder in periodischen Abständen bestimmt werden. So herrsche unter den Marktteilnehmern hinsichtlich der Methode zur Berechnung der *credit spreads* grundsätzlich Einigkeit. Differenzen könnten dadurch ausgeräumt werden, dass der Investor sich entweder eine zweite Berechnung besorgt oder dass die Berechnung „vernünftig" sein muss. Darüber hinaus könnten *credit spreads* sogar zum Zeitpunkt der Wertpapieremission bestimmt werden, auch wenn eine solche Bestimmung weniger zuverlässig sei als im Sekundärmarkt. So könnten Regulierer auf die vom Markt geschätzten *credit spreads* vor einer Emission (*price talks*) Bezug nehmen. Um Zwangsverkäufe aufgrund vorübergehender Preisschwankungen zu vermeiden, könnte in den regulatorischen Vorschriften auf Durchschnitts- oder Medianwerte Bezug genommen werden. Hierbei würden die *credit spreads* über bestimmte Zeiträume erfasst und dann ein Durchschnitts- oder Medianwert zugrundegelegt. In illiquiden Märkten schließlich könne der Regulierer auf mehrere Berechnungen zurückgreifen.[547]

b) Diskussion

Die Ansicht, *credit spreads* seien für eine Regulierung besser geeignet, steht und fällt mit der Annahme, dass Ratings tatsächlich keinen zusätzlichen Informa-

---

544 Rottmann/Seitz, ifo Schnelldienst 24/2004, S. 10 (10).
545 Partnoy, 77 Wash. U. L.Q. 619, 705 et seq., 655 et seq. (1999), mit Rechenbeispiel.
546 Partnoy, 77 Wash. U. L.Q. 619, 658 et seq. (1999).
547 Partnoy, Ratings 65, 80 et seq. (Levich et al. eds., 2002).

tionswert besitzen und keinen Einfluss auf die *credit spreads* ausüben. Sobald Ratings zusätzliche Informationen enthalten, die nicht bereits in den *credit spreads* eingespeist waren, bricht das Argument in sich zusammen. Sofern sich demnach Kursreaktionen und Änderungen der *credit spreads* nach Veröffentlichung oder Änderung eines Ratingurteils beobachten lassen, kann daraus geschlossen werden, dass das Rating zusätzliche, bis zur Veröffentlichung noch nicht in den Preisen berücksichtigte Informationen bereitstellt.

Es existiert eine Vielzahl von Studien, die die Auswirkungen der Ratings bzw. ihrer Herauf- oder Herabstufungen auf den Markt und die *credit spreads* untersuchen. Einige Studien scheinen die Vorteile der *credit spreads* zu bestätigen, da sie entweder feststellen, dass Kursanpassungen bereits vor Ratingänderungen erfolgen[548] oder dass im Zeitpunkt der Änderungen keine signifikanten Anpassungen stattfinden.[549] Die meisten der – von den Kritikern des Ratings schlichtweg ignorierten – Untersuchungen weisen jedoch eine signifikante Renditeanpassung für den Zeitraum nach einer Ratingänderung nach.[550] Sie sprechen damit für einen zusätzlichen Informationsgehalt des Ratings. Zwar stellen einige Studien fest, dass der Informationsgehalt des Ratings bei Heraufstufungen der Bonität stark nachlässt.[551] Dies ist jedoch damit zu erklä-

---

548 Vgl. Hettenhouse/Sartoris, 16 Q. Rev. Econ. & Bus. 65 (1976); Norden/Weber, 28 J. Banking & Fin. 2813 (2004); Pinches/Singleton, 33 J. Fin. 29 (1978); Weinstein, 5 J. Fin. Econ. 329 (1977); mit Einschränkungen Löffler, 28 J. Banking & Fin. 2715 (2004).

549 Vgl. Wakeman, Bond Rating Agencies (U. Roch. Working Paper, 1978).

550 Vgl. Ammer/Clinton, Int'l Fin. Disc. Papers No. 809 (2004); Cornell et al., 4 J. Acct. Auditing & Fin. 460 (1989); Creighton et al., Rating Changes (RBA Res. Disc. Paper, 2004); Ederington et al., Bond Rating Agencies (U. Okla. Working Paper, 1996); Ederington/Goh, 33 J. Fin. & Quant. Analysis 569 (1998); Glascock et al., 26 Q. J. Bus. & Econ. 67 (1987); Goh/Ederington, 48 J. Fin. 2001 (1993); Grier/Katz, 49 J. Bus. 226 (1976); Griffin/Sanvincente, 37 J. Fin. 103 (1982); Hand et al., 47 J. Fin. 733 (1992); Holthausen/Leftwich, 17 J. Fin. Econ. 57 (1986); Hull et al., 28 J. Banking & Fin. 2789 (2004); Ingram et al., 38 J. Fin. 997 (1983); Katz, 29 J. Fin. 551 (1974); Kish et al., 39 Q. Rev. Econ. & Fin. 363 (1999); Liu/Thakor, 16 J. Money Credit & Banking 344 (1984); Micu et al., Rating Announcements (BIS Working Paper, 2006); Nayar/Rozeff, 49 J. Fin. 1431 (1994); Peavy/Scott, 38 J. Econ. & Bus. 255 (1986); Perraudin/Taylor, 28 J. Banking & Fin. 2769 (2004); Wansley/Clauretie, 8 J. Fin. Res. 31 (1985); Zaima/McCarthy, 23 Fin. Rev. 483 (1988); in diesem Sinne auch Reiter/Ziebart, 26 Fin. Rev. 45 (1991).

551 Vgl. die Studien von Ederington/Goh, 33 J. Fin. & Quant. Analysis 569 (1998); Goh/Ederington, 48 J. Fin. 2001 (1993); Griffin/Sanvincente, 37 J. Fin. 103 (1982); Hand et al., 47 J. Fin. 733 (1992); Holthausen/Leftwich, 17 J. Fin. Econ. 57 (1986); Hull et al., 28 J. Banking & Fin. 2789 (2004); Nayar/Rozeff, 49 J. Fin. 1431 (1994); Wansley/Clauretie, 8 J. Fin. Res. 31 (1985).

ren, dass die Agenturen entweder mehr Ressourcen auf die Entdeckung von negativen als von positiven Entwicklungen verwenden oder die Unternehmen gute Nachrichten früher und bereitwilliger veröffentlichen als schlechte,[552] so dass sich der strategische Vorteil der Agenturen, Zugang zu Insiderinformationen zu erhalten, nicht auswirken kann.

Die vorgenannten Studien zeigen, dass Ratingänderungen sowohl vor- als auch nachlaufend sein können. Allerdings bestehen vor allem in der jüngeren Literatur starke Anzeichen dafür, dass Ratings zusätzliche Informationen enthalten.[553] Hierfür spricht auch, dass die Bonitätsurteile der einzelnen Agenturen unterschiedliche Auswirkungen auf *credit spreads* besitzen.[554] Dies lässt sich aber nur dann sinnvoll erklären, wenn ihnen ein gewisser, in Einzelfällen unterschiedlicher, Informationsgehalt zugebilligt wird. Zwar mag die zusätzliche Informationszufuhr bei großen Publikumsgesellschaften, die ausgiebig durch die Medien und Finanzanalysten beobachtet werden, geringer sein. Für Nebenwerte und Papiere aus weniger liquiden Märkten ist jedoch davon auszugehen, dass Ratingveränderungen dem Markt zusätzliche Informationen bieten.[555] Aufgrund der empirischen Ergebnisse ist die Ansicht, *credit spreads* enthielten die in Ratings verkörperten Informationen bereits, zumindest für die aus Sicht des Marktes so wichtigen Herabstufungen nicht haltbar.

Dieses Ergebnis wird durch ein weiteres Argument gestützt. Im Jahre 2003 verabschiedete die SEC zur Sicherstellung einer ausreichenden Informationsversorgung der Marktteilnehmer Regulation Fair Disclosure (Regulation FD)[556]. Danach müssen Unternehmen, sobald sie vertrauliche Informationen weitergeben, diese gleichzeitig dem gesamten Markt zur Verfügung stellen. Ratingagenturen sind jedoch von dieser Regelung ausgenommen.[557] Die Folge ist eine relative Besserstellung der Agenturen, da die Ratingana-

---

552 Ederington/Goh, 33 J. Fin. & Quant. Analysis 569, 584 (1998).

553 Dies gilt sogar für unbeauftragte Ratings, die im Prinzip allein auf öffentlich zugänglichen Informationen beruhen; vgl. Behr/Güttler, Informational Content of Unsolicited Ratings 21 et seq. (ebs Working Paper, 2007).

554 Vgl. Kish et al., 39 Q. Rev. Econ. & Fin. 363, 375 (1999); zu den Auswirkungen der Ratings von U.S.-amerikanischen und japanischen Agenturen Packer, Ratings 139, 155 et seq. (Levich et al. eds., 2002).

555 Vgl. Beiker, Risiken kleiner Aktiengesellschaften, S. 140, der gerade für deutsche Nebenwerte eine mangelnde Informationsverfügbarkeit feststellt; für den australischen Kapitalmarkt Creighton et al., Rating Changes 22 (RBA Res. Disc. Paper, 2004).

556 17 C.F.R. § 243 (2007); die Verfassungsmäßigkeit von Regulation FD bezweifelnd Page/Yang, 39 U.C. Davis L. Rev. 1, 84 (2005).

557 17 C.F.R. § 243.100(b)(2)(iii) (2007).

lysten weiterhin Zugang zu vertraulichen Informationen haben, die für andere Wertpapieranalysten unter Umständen nicht länger erhältlich sind, weil sie gar nicht mehr veröffentlicht werden. Damit erhöht sich der Informationsgehalt des Ratings relativ zu anderen Indikatoren wie zum Beispiel *credit spreads*. Der Informationsvorsprung der Ratingagenturen gegenüber den übrigen Marktteilnehmern wird hierdurch noch größer. Konsequenterweise haben sich seit der Verabschiedung der Regulation FD die Auswirkungen auf die Aktienkurse nach Herauf- oder Herabstufungen der betroffenen Unternehmen signifikant erhöht.[558]

Soweit die Kritiker des Ratings beklagen, die Analyseentscheidungen der Agenturen seien mangels ausreichender Erklärungen für die Marktteilnehmer oft nur schwer nachzuvollziehen, mag diese Kritik in Einzelfällen zutreffen. Sie ist aber insofern zu relativieren, als dass die Agenturen bisher ihre Kriterien in mehr als 200.000 umfassenden und ausführlichen Rechercheberichten sowie Presseerklärungen offengelegt haben.[559]

Ein weiteres vorgebrachtes Argument für die Verwendung von *credit spreads* ist deren laufende Aktualität und Genauigkeit. Mit der damit einhergehenden größeren Volatilität besitzen *credit spreads* jedoch eine Kehrseite, die ihre Eignung für regulatorische Zwecke im Vergleich zu Ratings erheblich mindert. Zwar sind Investoren grundsätzlich an einer größtmöglichen Aktualität der Bonitätsbeurteilung interessiert. Jedoch verlangen sie nicht, dass Ratings jede kleinste Veränderung der Finanzsituation widerspiegeln. Vielmehr sollen sie eine kurz- bis mittelfristige Stabilität aufweisen.[560] Daher versuchen die Agenturen, bei ihrer Ratingerstellung nicht allein den Augenblick darzustellen, sondern die Bonität eines Unternehmens über dessen gesamten Geschäftszyklus (*through-the-cycle*), der sich durchaus über mehrere Jahre erstrecken kann, zu bestimmen.[561] Dadurch soll eine langfristige Bonitätseinschätzung erreicht werden. Der hieraus entstehende Eindruck, die Agenturen passten ihre Ratings zu langsam an neue Umstände an, ist nicht die Folge einer Trägheit der Agenturen, sondern des Konzeptes einer stabilitätsorientierten Bonitätseinschätzung.

---

558 Vgl. Francis et al., 41 J. Acct. & Econ. 271 (272) (2006); Jorion et al., 76 J. Fin. Econ. 309, 329 (2005).

559 Everling, in: Suyter (Hrsg.), Risikomanagement, S. 245 (253).

560 Altman/Rijken, 28 J. Banking & Fin. 2679, 2680 (2004); SEC, Hearing on the Current Role of Credit Rating Agencies (2002) (Statement of Raymond W. McDaniel, Moody's).

561 Adams et al., International Capital Markets 192 (IMF Survey, 1999); Altman/Rijken, 34 Econ. Notes 127, 128 (2005); Balzer, ZBB 2004, S. 329 (330); Cantor, 28 J. Banking & Fin. 2565 (2004); Kerwer, Standardising as Governance 12 (2001).

Hinsichtlich einer möglichen Verwendung zur Kapitalmarktregulierung weisen *credit spreads* entscheidende Nachteile auf. Zum einen verarbeiten sie aufgrund unterschiedlicher Risikoeinstellungen der Investoren nicht nur erwartete Verlustwahrscheinlichkeiten, sondern auch individuelle Risikoprämien der Investoren. Gerade letztere verändern sich jedoch stark in Zeiten von Finanzkrisen. Zum anderen werden *credit spreads* auch durch die Marktliquidität beeinflusst, also durch einen Faktor, der mit dem Bonitätsrisiko in keinem Zusammenhang steht.[562] Darüber hinaus sind sie häufig von sachfremden oder spekulativen Einflüssen geprägt und daher oft spontan volatil.[563] So fiel beispielsweise nur ein geringer Anteil der Schuldner, deren *credit spreads* sich nach dem 11. September 2001 (Anschlag auf das World Trade Center) bzw. im Sommer 2002 (drohender Irak-Krieg) stark ausgeweitet hatten, später auch tatsächlich aus.[564]

Ratings hingegen bringen mit ihrer größeren Konstanz den Konflikt zwischen einer zeitnahen und gleichzeitig stabilen Bonitätsbewertung besser in Einklang. Zwar mögen sie zur Bestimmung des kurzfristigen Bonitätsrisikos zuweilen hinter *credit spreads* zurücktreten.[565] Jedoch verbessert sich die kurzfristige prognostische Leistung der Agenturen erheblich, wenn man ihre besonderen kurzfristigen Ratings sowie ihre Sonderinformationen wie Hinweise zu kurzfristigen Aussichten, zur Aufnahme in eine Überwachungsliste oder zur Ratingvorgeschichte berücksichtigt.[566] Überdies würde die Verwendung eines gegenüber Ratings volatileren Bezugsmaßstabes höhere Kosten verursachen. Denn vor allem die institutionellen Investoren würden aufgrund häufigerer Über- oder Unterschreitungen bestimmter Bonitätsschwellen zu häufigeren, Kosten verursachenden, Transaktionen gezwungen.[567]

---

562 Vgl. Estrella et al., Credit Ratings 119 (BCBS Working Paper, 2000).

563 Amato/Furfine, 28 J. Banking & Fin. 2641, 2674 (2004); vgl. auch Hull et al., 28 J. Banking & Fin. 2789, 2800 (2004); Fitch, Brief an Secretary Katz (SEC) v. 28.07.2003.

564 Norden/Weber, zfbf 2005, Sonderheft 52, S. 31 (47); vgl. auch Charles D. Brown (General Counsel von Fitch Ratings), zitiert nach: Everling, in: Suyter (Hrsg.), Risikomanagement, S. 245 (258).

565 Vgl. die Studie von Cantor/Mann, Are Corporate Bond Ratings Procyclical? (Moody's, Special Comment, 2003), die jedoch die Aufnahme eines Titels in Überwachungslisten nicht berücksichtigt.

566 Vgl. Hamilton/Cantor, 14 J. Fixed Income 54 (2004); Löffler, 28 J. Banking & Fin. 2715, 2717 (2004).

567 Vgl. auch Cantor, 28 J. Banking & Fin. 2565, 2568 (2004) sowie Löffler, 28 J. Banking & Fin. 2715, 2716 (2004), wonach Regelungen zu Portfoliozusammensetzungen mehr Transaktionen auslösen.

Des Weiteren tragen die stabilen Ratings auch zur Stabilisierung des Finanzsystems bei.[568] Die von Kritikern zum Teil gemachten Vorschläge zur Senkung der Volatilität von *credit spreads* durch ihre Berechnung über einen gewissen Zeitraum hinweg könnte zwar zu einer den Ratings entsprechenden Stabilität führen. Jedoch stellt sich dann das Problem, dass bei rapiden Bonitätsveränderungen eines Unternehmens die durch glättende Durchschnitts- oder Medianberechnung ermittelten *credit spreads* sich der tatsächlichen Situation unter Umständen zu langsam anpassen, während die Ratingagentur immer die Möglichkeit besitzt, ihr Rating ad hoc anzugleichen. Selbst wenn man dieses Risiko durch Sonderberechnungsmethoden behöbe, würde dieser Ansatz in jedem Fall zu komplizierten und für den einfachen Anleger nicht verständlichen Berechnungsmethoden führen.

Auch das Argument, gleiche Bonitätsstufen müssten mit gleichen *credit spreads* korrelieren, täten dies aber nicht, greift nicht. Denn zumindest mittel- bis langfristig sind Ratings und Renditen weitestgehend deckungsgleich. So wurde nachgewiesen, dass Inkonsistenzen zwischen Ratings und Renditen in bis zu zwei Dritteln der überprüften Fälle nach drei bis sechs Monaten verschwunden sind.[569] Zudem handelt es sich bei den Bonitätsstufen der Agenturen um grobe Raster. Selbst die innerhalb einer Stufe möglichen Nuancen durch ein „+" oder „–" können nicht die Genauigkeit der auf mehrere Nachkommastellen berechneten *credit spreads* abbilden. Daher können durchaus auch mit gleicher Bonität bewertete Anleihen unterschiedliche *credit spreads* aufweisen. Darüber hinaus ist fraglich, ob Ratings die Genauigkeit von *credit spreads* überhaupt erreichen müssen. Würde seitens des Marktes ein solcher Bedarf bestehen, hätten die Agenturen im Laufe der Zeit viel feinere Bonitätsabstufungen entwickeln müssen. Dies ist jedoch nicht geschehen.

Schließlich zeigt sich die Schwäche eines Rückgriffs auf *credit spreads* besonders bei Neuemissionen. Die Kritiker des Ratings schlagen vor, *credit spreads* auf Basis der vor einer Emission stattfindenden *price talks* unter den Marktteilnehmern zu berechnen. Dieser Ansatz ist problematisch. So dürften diese *price talks* wenig belastbar sein, da bereits (antizipierte) Handelsaufträge über sehr geringe Stückzahlen erhebliche Auswirkungen entfalten können.[570] Überdies sind in der Regel nur institutionelle Anleger an den *price talks* beteiligt. Kleinanlegern, die sich leicht an einem (Vor-)Emissionsrating orientieren könnten, würde der Informationszugang erschwert. Darüber hinaus kann eine

---

568 Creighton et al., Rating Changes 24 (RBA Res. Disc. Paper, 2004).
569 Perraudin/Taylor, 28 J. Banking & Fin. 2769, 2771 (2004); zur Relation von Spreads und Ratingstufen Rottmann/Seitz, ifo Schnelldienst 24/2004, S. 10 (13).
570 Schürmann/Körfgen, Familienunternehmen, S. 203.

Bonitätsbeurteilung durch eine Ratingagentur die nötige emotionale Distanz sichern. In diesem Zusammenhang kann auf den Emissionshype am Neuen Markt Anfang 2000 verwiesen werden, als jede Emission mehrfach überzeichnet war.[571] In derartigen Situationen ist für *credit spreads* nicht auszuschließen, dass sie aufgrund der allgemeinen Hysterie des Marktes nicht den tatsächlichen wirtschaftlichen Gegebenheiten entsprechen. Zwar sind auch die Ratinganalysten nicht vor einer solchen Hysterie gefeit, doch ergeht ihre Entscheidung auf einer objektiveren, auf Fundamentaldaten gestützten und weniger emotionalen Basis.

Zu guter Letzt soll noch auf die zuweilen unterschiedlichen Bonitätsurteile verschiedener Agenturen (Split Ratings) eingegangen werden, da diese häufig als vermeintlicher Beweis für einen geringen Informationsgehalt des Ratings herangezogen werden.[572] Jedoch ändert auch die Tatsache, dass zwei Agenturen unterschiedlicher Auffassung sind, nichts am Informationsgehalt eines Ratings. Zum einen haben Studien gezeigt, dass Split Ratings zumeist die Folge von Zufallsschwankungen an den Grenzen der Ratingklassen sind,[573] die sich mit der Komplexität des Bewertungsvorgangs und der nicht zu vernachlässigenden Subjektivität der Analysten erklären lassen.[574] Zum anderen orientieren sich *credit spreads* bei Split Ratings in der Regel am Durchschnitt beider Ratings.[575] Würden Ratings keine neuen Informationen liefern, müssten sich die *credit spreads* unabhängig von den Ratings errechnen. Dies ist augenscheinlich nicht der Fall. Sollten sich die *credit spreads* aber unabhängig von den Split Ratings in deren Mitte eingependelt haben, so würde dies immerhin bestätigen, dass unterschiedliche Ratings für dasselbe Ratingobjekt in ihrer Gesamtheit die Einschätzung des Marktes relativ gut widerspiegeln. Das Eingeständnis der Kritiker, in illiquiden Märkten bei abweichenden *credit spreads* oder unterschiedlicher Berechnung auf mehrere oder „vernünftige" Berechnungen

---

571 Zur Realitätsentkoppelung der Märkte aus soziologischer Sicht Piel, Ökonomie des Nichtwissens, S. 40 ff.

572 Steiner/Heinke, in: Büschgen/Everling (Hrsg.), Rating, S. 579 (589).

573 Ederington, 15 Fin. Mgmt. 37 (1986); vgl. auch Billingsley et al., 14 Fin. Mgmt. 59 (1985); Perry et al., 15 J. Bus. Fin. & Acct. 231 (1988).

574 Vgl. Steiner, WiSt 1992, S. 509 (514).

575 Vgl. Jewell/Livingston, 21 J. Fin. Res. 185 (1998); a.A. Billingsley et al., 14 Fin. Mgmt. 59 (1985) und Perry et al., 15 J. Bus. Fin. & Acct. 231 (1988), denen zufolge das niedrigere Rating den Marktpreis bestimmt; a.A. auch Hsueh/Kidwell, 17 Fin. Mgmt. 46 (1988) und Reiter/Ziebart, 26 Fin. Rev. 45 (1991), welche das höhere Rating für relevant halten. Die Studien mit anderen Auffassungen stützen sich jedoch nur auf eine kleine Anzahl von Datensätzen, was deren Aussagekraft stark einschränkt.

zurückgreifen zu müssen, zeigt, dass *credit spreads* gegenüber Ratings gerade dort Defizite aufweisen, wo ihnen aus Anlegersicht eine hohe Bedeutung zukommt. Gerade in illiquiden Märkten ist es schwieriger für den Anleger, Informationen zur Qualität eines Wertpapiers zu erhalten. Ratings sind jedoch im Gegensatz zu *credit spreads* von der Marktliquidität unabhängig. Insgesamt ist damit für regulatorische Zwecke nach hier vertretener Auffassung eine Überlegenheit der *credit spreads* gegenüber Ratings nicht zu erkennen.

2. Weitere mögliche Quellen zur Bestimmung des Kreditrisikos

Anstelle des Ratings wären zur Bestimmung des Kreditrisikos auch andere Informationsquellen vorstellbar. So könnte hierfür das bei der Evidenzzentrale der Deutschen Bundesbank geführte zentrale Kreditregister in Betracht kommen, wonach Kreditinstitute und andere vom Kreditwesengesetz erfasste Rechtssubjekte vierteljährlich Kreditvolumina über € 1,5 Millionen anzuzeigen haben.[576] Hier wäre eine vergleichbare Regelung für sonstige Unternehmen vorstellbar. Ebenso sind zentrale Datenbanken für Unternehmensbilanzen oder Register zur Erfassung der Bonitätsgeschichte von Schuldnern, etwa die Schutzgemeinschaft für allgemeine Kreditsicherung (SCHUFA), denkbar.[577] Auch ein Rückgriff auf Länderrisikoanalysen durch Exportkreditagenturen wie der weltweit führenden Euler Hermes Kreditversicherungs AG ist in Erwägung zu ziehen.

Für eine Verwendung zur Kapitalmarktregulierung scheiden die vorgenannten Beispiele jedoch aus. So ermöglicht die Meldepflicht nach dem Kreditwesengesetz den Instituten zwar einen Einblick in die Kreditstruktur sowie in die Verschuldung ihrer Großkunden,[578] lässt aber keine unmittelbaren Schlüsse auf die Ausfallwahrscheinlichkeit der Kredite zu. Zentrale Datenbanken für Unternehmensbilanzen haben den Nachteil, dass sie eine eigene Aufbereitung durch den Anleger erfordern. Register wie die SCHUFA dienen in erster Linie dem Händlerschutz. Sie beziehen sich lediglich auf die Vergangenheit und liefern weder Informationen über das Einkommen der registrierten Privatpersonen noch über die Verwendung gewährter Kredite. Für die Länderrisikoanalysen von Exportkreditagenturen spricht zwar, dass sie weit-

---

576 Vorschriften hierzu finden sich u.a. in §§ 13, 14, 19 und 20 KWG; zu Kreditregistern in anderen europäischen Ländern Estrella et al., Credit Ratings 57 et seq. (BCBS Working Paper, 2000).

577 Hierzu Estrella et al., Credit Ratings 60 et seq. (BCBS Working Paper, 2000).

578 Groß, in: Boos/Fischer/Schulte-Mattler (Hrsg.), KWG, § 14 Rn. 1.

aus mehr Länder abdecken als die etablierten Ratingagenturen.[579] Allerdings ist der Fokus dieser Agenturen darauf ausgerichtet, den Export zu stärken; eine Transparenz der Bewertungsmethoden ist nicht gegeben.[580] Überdies sind die Einschätzungen bezüglich des Risikos eher genereller Natur und im Vergleich zu den bekannten Ratingkategorien der Agenturen recht grob. Damit liefern die vorgenannten Alternativen zwar wertvolle Informationen für die Bonitätsanalysen der Ratingagenturen, als Ersatz für die umfassende Analyse von (Länder-)Emittenten und ihren Wertpapieren eignen sie sich aufgrund ihrer jeweiligen Ausrichtung auf die Einzelaspekte der Bankenregulierung, des Händlerschutzes oder der Exportförderung jedoch nicht.

II. Die Leistungsfähigkeit des Ratings in Unternehmens- und Wirtschaftskrisen

In einigen wenigen, dafür aber umso spektakuläreren Fällen wie den Unternehmenskrisen von Enron, WorldCom oder Parmalat sowie in den internationalen Wirtschaftskrisen Asiens (1997), Russlands (1998) oder Brasiliens (1999) haben die Agenturen die aufkommenden Krisen in ihren Ratings nicht adäquat vorweggenommen. Fraglich ist daher, ob dieser Umstand gegen eine regulatorische Indienstnahme des Ratings spricht.

1. Die Enron-Krise

Für eine Untersuchung bietet sich als Beurteilungsmaßstab die Enron-Krise aus dem Jahre 2001 an. Zum einen fiel das wahrgenommene Defizit der Agenturen hier besonders drastisch aus, zum anderen erregte diese Krise die größte Aufmerksamkeit und hatte mit dem Sarbanes-Oxley-Act eine extensive Reaktion des Gesetzgebers zur Folge.

a) Die Kritik

Nachdem sich im Oktober 2001 die negativen Entwicklungen in Enrons Finanzsituation abzeichneten, begannen die Ratingagenturen mit einer Überprüfung ihrer Ratings und setzten diese im Folgenden in mehreren Schritten

---

579   Für einen Überblick über die verschiedenen Exportkreditagenturen der G10-Staaten und die Anzahl der von ihnen bewerteten Länder Estrella et al., Credit Ratings 93 et seq. (BCBS Working Paper, 2000).
580   Estrella et al., Credit Ratings 92 (BCBS Working Paper, 2000).

herab. Dennoch bewerteten die Agenturen Enron noch am 28. November 2001, also lediglich vier Tage, bevor das Unternehmen Insolvenz anmeldete, mit Investment Grade[581], das heißt mit einer selbst für einen konservativen Investor relativ sicheren Bonität. Als Folge dieser Fehleinschätzung verloren Investoren insgesamt über 61 Milliarden Dollar.[582] Aufgrund der negativen Auswirkungen gerieten vor allem die Ratingagenturen in die Kritik. Ihre Ratings hätten die tatsächliche Situation nicht ausreichend widergespiegelt, sondern seien dem Marktwissen hinterhergelaufen.[583]

b) Diskussion

Die Ratingagenturen haben in der Enron-Krise in der Tat keine gute Figur gemacht. Die Kritik relativiert sich jedoch erheblich, wenn man sich die spezifischen Umstände der Krise ansieht. Wie bereits dargestellt, streben Ratingagenturen stabile Ratings an. Wenn sich die Finanzsituation eines Unternehmens jedoch beträchtlich verschlechtert, sind auch sie zu einer Herabstufung gezwungen. Bei einer solchen Entscheidung trifft die Agenturen jedoch eine große Verantwortung. Denn eine Herabstufung könnte Ratingtrigger aktivieren oder andere negative Auswirkungen auf die Finanzierungssituation des Unternehmens haben, hierdurch die finanziellen Schwierigkeiten zusätzlich anheizen und eventuell zu einer weiteren Herabstufung führen.[584] Dies bringt die Agenturen in ein Dilemma: Ihre Aufgabe ist in erster Linie, ein korrektes Rating abzugeben, nicht jedoch, die Konsequenzen zu bedenken. Andererseits zwingt der – auch von den Investoren erwartete – Stabilitätsgedanke die Agenturen dazu, in ihren Ratings die zukünftige Entwicklung zu berücksichtigen. Da Enron in seinen Kreditverträgen über zahlreiche Ratingtrigger verfügte,[585] hätte eine übereilte Herabstufung auf Speculative Grade die Situation Enrons nur beschleunigt und eine Rückkehr zum Investment Grade unmög-

---

581 Für eine detaillierte chronologische Darstellung Hill, 35 Conn. L. Rev. 1145, 1148 et seq. (2003); Kley, Kredit & Rating Praxis 4/2002, S. 10 (11).

582 Kroger, 76 U. Colo. L. Rev. 57, 59 et seq. (2005); Norris, N.Y. Times, 1 Jan. 2002, p. A1.

583 Vgl. Hill, 82 Wash. U. L.Q. 43, 78 (2004); Kamisky/Schmuker, Ratings 227, 228 (Levich et al. eds., 2002); Kley, Kredit & Rating Praxis 4/2002, S. 10 (10); Partnoy, 77 Wash. U. L.Q. 491, 509 (2001).

584 Zu dieser Abwärtsspirale Sampson, Credit Cliff Dynamics 2 (S&P, Commentary, 2001); vgl. auch Reidenbach, Aktienanalysten, S. 297 ff.

585 Kley, Kredit & Rating Praxis 4/2002, S. 10 (10); Sampson, Credit Cliff Dynamics 2 (S&P, Commentary, 2001).

lich gemacht.[586] Überdies führte Enron seit Anfang November Fusionsgespräche mit dem Konkurrenten Dynegy Inc. (Dynegy). Dynegy-Großaktionär ChevronTexaco Corp. (nunmehr Chevron Corp.) versprach hierbei, zusätzliche Eigenmittel in die Fusion einzubringen. Moody's, S&P und Fitch nahmen an, dies werde Enrons finanzielle Situation entschärfen.[587] Gleichzeitig spielte die Möglichkeit einer Herabstufung bei den Fusionsverhandlungen eine wichtige Rolle. Daher senkten die Agenturen ihre Einschätzungen erst dann auf Speculative Grade ab, als das Scheitern der Übernahme klar wurde.[588] Im Lichte dieser Umstände erscheint die Haltung der Agenturen, die Entwicklungen der Fusionsverhandlungen abzuwarten, aus Stabilitätsgesichtspunkten vernünftig. Überdies hatten alle drei Agenturen Enron bereits seit Anfang November mit dem untersten Investment Grade-Rating bewertet und zusätzlich mit einem negativen Ausblick versehen. Insofern kann die endgültige Herabstufung auf Speculative Grade die Investoren nicht mehr überrascht haben – vor allem, wenn man die stabilitätsorientierte Bewertung der Agenturen berücksichtigt.[589]

Doch selbst wenn man letzteren Aspekt nicht gelten ließe, so ist den Fällen Enron, WorldCom, Parmalat, et cetera ein Aspekt gemein, der die Agenturen weitgehend entlastet. Der Insolvenz Enrons ging ein mehrjähriges betrügerisches Verhalten mit Täuschungen und Fehlinformationen durch die Enron-Führung voraus.[590] So hatte Enron seit 1997 die in den Mitteilungen 10-Q und 10-K erforderlichen Pflichtveröffentlichungen erheblich geschönt[591] und andere Manipulationen vorgenommen.[592] Gleichzeitig hatte die Wirtschaftsprüfungsgesellschaft Arthur Andersen aufgrund jahrelanger schlampiger Prüfung versäumt, Gefahrenzeichen zu erkennen.[593] Damit war aber ein großer Teil der den Agenturen zur Verfügung stehenden Informatio-

---

586 Hill, 82 Wash. U. L.Q. 43, 69 (2004).

587 Hill, 35 Conn. L. Rev. 1145, 1148 (2003); Staff S. Comm. Govtl. Aff., Enron 88 (Comm. Print, 7 Oct. 2002).

588 Hill, 35 Conn. L. Rev. 1145, 1149 (2003); Kley, Kredit & Rating Praxis 4/2002, S. 10 (10 f.).

589 Zum Informationsgehalt derartiger negativer Ausblicke für den Markt Micu et al., Rating Announcements 13 (BIS Working Paper, 2006).

590 Hill, 82 Wash. U. L.Q. 43, 79 (2004); Kley, Kredit & Rating Praxis 4/2002, S. 10 (10).

591 Barnard, 47 Ariz. L. Rev. 9, 47 n.261 (2005); Batson, Second Interim Report 55 et seq. (2003); SEC, Litigation Release No. 18543, 2004 SEC LEXIS 75, at *2 (Jan. 14, 2004); Staff S. Comm. Govtl. Aff., Enron 30 (Comm. Print, 7 Oct. 2002).

592 Hierzu ausführlich Kroger, 76 U. Colo. L. Rev. 57, 73 et seq. (2005).

593 Batson, Second Interim Report 40 et seq. (2003); Kroger, 76 U. Colo. L. Rev. 57, 86 et seq. (2005); Staff S. Comm. Govtl. Aff., Enron 22 (Comm. Print, 7 Oct. 2002).

nen unbrauchbar. Gegen systematische Fehlinformation sind auch Ratingagenturen nur in dem Maße gefeit, in dem die Täuschung auch erkennbar ist.[594] Die Agenturen können nicht alle erhaltenen Informationen überprüfen und versprechen dies auch nicht.[595] Dies wäre gerade auf dem Gebiet der Wirtschaftsprüfung auch kaum möglich.

Selbst wenn man zugestünde, dass es die Agenturen bei Enron sowie in anderen vergleichbaren Fällen versäumten, die verwendeten Informationen ausreichend zu überprüfen,[596] so haben doch alle Marktteilnehmer versagt: Die Geschäftsführungen der jeweiligen Unternehmen waren entweder überfordert oder handelten in betrügerischer Absicht; die Wirtschaftsprüfer arbeiteten schlampig oder stellten bewusst falsche Prüfungstestate aus; eine Vielzahl von Wall Street-Analysten sowie Investmentbanken wie Goldman Sachs, Credit Swiss First Boston, UBS Warburg und Solomon Smith Barney klassifizierten Enron bis Ende Oktober als „strong buy";[597] und auch die Aufsichtsbehörde SEC prüfte die Jahresabschlüsse und jährlichen 10-K-Mitteilungen von Enron nach 1997 nicht oder nur sehr oberflächlich, obwohl sie die mangelnde Klarheit von Enrons Rechnungslegung kannte.[598] Damit schnitten die Ratingagenturen nicht schlechter ab als sämtliche anderen Marktteilnehmer. Ratings erreichen die Grenzen ihrer Aussagekraft, wenn die Geschäftsführung des betroffenen Unternehmens wichtige Informationen selbst nicht besitzt oder vorenthält. Da in solchen Fällen neben den Agenturen auch die übrigen Marktteilnehmer ahnungslos sind, würde auch ein Rückgriff auf Credit Ratings oder der Verzicht auf eine derartige Regulierung insgesamt kein besseres Ergebnis bringen. Von Einzelfällen kollektiven Versagens abgesehen sind Ratings zur Erkennung von Unternehmenskrisen in der Lage und lassen wenig zu wünschen übrig.[599]

594 Vgl. Ackermann/Jäckle, BB 2006, S. 878 (883); Schwarcz, 2002 U. Ill. L. Rev. 1, 6 (2002).
595 Schwarcz, 89 Minn. L. Rev. 1044, 1075 (2005); SEC, Hearing on the Current Role of Credit Rating Agencies (2002) (Statement of Raymond W. McDaniel, Moody's).
596 So SEC, Credit Rating Agencies 17 (2003).
597 Knoche/Hübner, Kredit & Rating Praxis 3/2003, S. 11 (12); Kroger, 76 U. Colo. L. Rev. 57, 60 (2005).
598 Hierzu ausführlich Staff S. Comm. Govtl. Aff., Enron 24 et seq. (Comm. Print, 7 Oct. 2002).
599 Vgl. auch CESR, Technical Advice, Annex C, 83 et seq. (2005); Covitz/Harrison, Conflicts of Interests 8 (FRB Papers, 2003); Schwintowski/Schäfer, Bankrecht, § 18 Rn. 20; Serfling, in: Büschgen/Everling (Hrsg.), Rating, 2. Aufl., S. 709 (739); Sy, 28 J. Banking & Fin. 2845, 2863 (2004).

2. Die Asien-Krise

Die Fähigkeit des Ratings, Wirtschaftskrisen rechtzeitig zu erkennen, soll nachfolgend am Beispiel der Asien-Krise von 1997 untersucht werden. Hier spielten Ratings eine besonders unglückliche Rolle, und die Herabstufungen waren, anders als in den Krisen Russlands und Brasiliens,[600] besonders groß.

a) Die Kritik

Kritiker bemängeln vor allem die verspäteten und prozyklischen Reaktionen der Agenturen. Obwohl die Probleme der asiatischen Länder bereits seit dem Frühsommer absehbar gewesen seien, hätten die Agenturen erst im Spätherbst begonnen, die Anleihen Indonesiens, Thailands, Südkoreas und Malaysias herabzustufen. Dies sei dann aber geradezu panisch und abrupt erfolgt. Als Folge hätten sich institutionelle Anleger massiv von Papieren der betroffenen Länder getrennt, was die Vertrauens- und Liquiditätskrise weiter verschärft habe. Damit hätten die Agenturen die Krise weder kommen sehen noch richtig auf sie reagiert.[601]

b) Diskussion

In der Asien-Krise waren die Ratingagenturen in der Tat nicht in der Lage, die sich abzeichnende Währungs- und Finanzkrise vorherzusagen.[602] Als mögliche Ursache werden Moral Hazards wie die Hoffnung auf Anschlussgeschäfte im Falle eines guten Ratings genannt.[603] Diese Vorwürfe werden jedoch weder belegt noch sind sie vor dem Hintergrund bereits gewonnener Erkenntnisse wahrscheinlich.[604]

---

600 Vgl. Adams et al., International Capital Markets 206 (IMF Survey, 1999).

601 Vgl. Detrez, Kredit & Rating Praxis 1/2003, S. 6 (8); Hillebrand, in: Brühl u.a. (Hrsg.), Privatisierung der Weltpolitik, S. 150 (162); Kaminsky/Schmukler, Ratings 227, 228, 242 et seq. (Levich at al eds., 2002); Murphy, Credit Ratings and Emerging Economies 5 (2000); W., ZKredW 2003, S. 694 (694).

602 Vgl. nur die Studien von Goldstein et al., Financial Vulnerability (2000); IMF, International Capital Markets (1999); Radelet/Sachs, The East Asian Financial Crisis (1998); Reinhart, 16 World Bank Econ. Rev. 151 (2002); Sy, 28 J. Banking & Fin. 2845 (2004).

603 Larrain et al., Emerging Market Risk 9 (OECD Technical Paper No. 124, 1997); Sy, 28 J. Banking & Fin. 2845, 2846 (2004).

604 Siehe oben S. 70 ff.; ebenso Adams et al., International Capital Markets, Annex V, 137 (IMF Survey, 1999).

Als weiterer Grund für den fehlenden Prognoseerfolg wird eine schlechte Informationslage angeführt.[605] Dieser Vorwurf mag in Teilen berechtigt sein, erstreckt sich aber zwangsläufig über Ratingagenturen hinaus auf den gesamten Markt. So liegen den Analysten für die zu bewertenden Staaten oft nur eingeschränkte Informationen vor. Denn die notwendigen Daten für die Analysen stammen zum Großteil von den zu beurteilenden Staaten selbst. Zwar werden diese mit den Informationen multinationaler Organisationen wie dem Internationalen Währungsfonds oder der Bank für internationalen Zahlungsausgleich abgeglichen. Doch da auch diese Organisationen ihre Daten von den jeweiligen Staaten beziehen, kommt es entscheidend auf deren Qualität an. Regionale Einzeldaten können oft nicht bereitgestellt werden, und einzelne Transaktionen des Staates sind mitunter so komplex, dass sie kaum nachprüfbar sind.[606] Überdies haben Bonitätsbeurteilungen für staatliche Emittenten eine noch sehr junge Geschichte,[607] was mangels aussagekräftiger empirischer Studien die Analyse für die Ratingagenturen zusätzlich erschwert.[608]

Darüber hinaus ist zu beachten, dass ein Rating die relative Wahrscheinlichkeit einer Bonitätskrise darstellt. Ein Länderrating reflektiert damit die relative Wahrscheinlichkeit eines Zahlungsverzuges oder einer Zahlungsunfähigkeit eines Landes. Es macht keine Aussage zur Wahrscheinlichkeit von Banken- oder Währungskrisen. Dann ist es aber verfehlt, von den Ratingagenturen die Warnung vor den genannten Krisen – allesamt Währungs- oder Bankenkrisen – zu verlangen, da sie mit ihrem Rating eine derartige Vorhersagegewähr nicht übernehmen. Etwas anderes könnte lediglich dann gelten, wenn Bonitätskrisen mit Währungs- oder Bankenkrisen in Zusammenhang stünden. Für Schwellenmärkte wie die asiatischen „Tigerstaaten" wird dies

---

605 Vgl. Kerwer, Standardising as Governance 5 (2001); Sy, 28 J. Banking & Fin. 2845, 2846 (2004).
606 Zum Vorstehenden Schneck, Kredit & Rating Praxis 4/2004, S. 17 (20); Sy, 28 J. Banking & Fin. 2845, 2846 (2004); Goldstein et al., Financial Vulnerability 7 (2000) mit Beispielen für solche Informationsdefizite hinsichtlich Thailand und Korea.
607 Adams et al., International Capital Markets 207 (IMF Survey, 1999); Schneck, Kredit & Rating Praxis 4/2004, S. 17 (18); Sy, 28 J. Banking & Fin. 2845, 2855 (2004).
608 Vgl. Cantor/Packer, 19 FRBNY Q. Rev. 1, 9 (1994), wonach ein Interesse an Studien zur historischen Ausfallwahrscheinlichkeit von Anleihen souveräner Staaten bisher nicht bestand; Hillebrand, in: Brühl u.a. (Hrsg.), Privatisierung der Weltpolitik, S. 150 (155), der das Problem fehlender Erfahrung der Agenturen vor allem für die Schwellenländer sieht; zur fehlenden wissenschaftlichen Aufbereitung der Rolle der Agenturen bei der Frühwarnung vor staatlichen Finanzkrisen Sy, 28 J. Banking & Fin. 2845, 2846 (2004).

zum Teil vertreten.[609] Allerdings stützen sich diese Studien auf ein relativ beschränktes Datenmaterial aus den Krisen der 1980er Jahre und beschränken sich weitgehend auf Bankenverbindlichkeiten. Neuere Studien mit umfassenderem Datenmaterial können keinen Zusammenhang zwischen Bonitäts- und Währungskrisen feststellen.[610] Die Kritik am fehlenden Prognoseerfolg der Agenturen bei Währungskrisen geht ins Leere.

Auch soweit den Ratingagenturen in Bezug auf Länderratings vorgeworfen wird, sie verhielten sich in Krisen prozyklisch und würden die Krise weiter anheizen, geht der Vorwurf fehl. Zum einen sind für die Entwicklung der Krise vor allem die zentralen Mechanismen und Eigenheiten des heutigen Weltfinanzsystems sowie gravierende strukturelle Defizite im Finanzsektor der betroffenen Länder verantwortlich zu machen.[611] Zum anderen wird der Vorwurf an die Agenturen durch die empirische Datenlage weitgehend widerlegt. Denn historisch gesehen hielten die Agenturen ihre Ratings für die Länder, in denen die besagten Krisen auftraten, seit Beginn der 1990er Jahre relativ stabil und mit einer nur geringen Fluktuation zwischen verschiedenen Ratingstufen.[612] Darüber hinaus lagen die Agenturen für Russland und Brasilien mit ihren Einschätzungen weitestgehend richtig.[613] Lediglich in der Asien-Krise kam es mit Anpassungen um bis zu fünf Einzelschritten (also mehr als eine Ratingstufe) zu den abruptesten Herabstufungen der jüngeren Ratinggeschichte.[614] Die marktgenerierten *credit spreads* wiesen jedoch vergleichbar heftige Bewegungen auf.[615] Damit haben es auch andere Analysten mit ihren Währungsvorhersagen sowie der übrige Markt nicht vermocht, die Krisen in den betroffenen Ländern vorherzusehen.[616] Im Gegenteil: Umfragen der Informationsdienste Institutional Investor und Euromoney kurz vor der Krise

---

609 Vgl. Goldstein et al., Financial Vulnerability (2000); IMF, Early Warning Systems (IMF, 2001).

610 Cantor, 28 J. Banking & Fin. 2565, 2571 (2004); Reinhart, Ratings 251, 265 (Levich et al. eds., 2002); Sy, 28 J. Banking & Fin. 2845, 2847 (2004).

611 Hillebrand, in: Brühl u.a. (Hrsg.), Privatisierung der Weltpolitik, S. 150 (163).

612 Adams et al., International Capital Markets 203 et seq. (IMF Survey, 1999); vgl. auch die Studie von Mora, 30 J. Banking & Fin. 2041 (2006).

613 Vgl. Adams et al., International Capital Markets 203 sowie Annex V, 139 et seq. (IMF Survey, 1999).

614 Hierzu ausführlich Adams et al., International Capital Markets 206 (IMF Survey, 1999).

615 Vgl. Adams et al., International Capital Markets, Annex V, 126 et seq. (IMF Survey, 1999).

616 Vgl. Goldfajn/Valdés, 42 Eur. Econ. Rev. 887, 887 et seq. (1998); Kaminsky et al., 45 IMF Staff Papers (No. 1) 1, 1 et seq. (1998); Reinhart, Ratings 251, 261 (Levich et al. eds., 2002).

unter den Analysten der großen internationalen Universal- und Investmentbanken ergaben, dass besagte Analysten allen asiatischen Ländern eine hohe
Kreditwürdigkeit unterstellten. Darüber hinaus wurde den Agenturen sogar
vorgeworfen, sie seien zu konservativ, da sie bestimmte Länder nicht besser
bewerteten.[617]

Zu guter Letzt soll angesichts der in Krisenzeiten zumeist von Politikern
oder betroffenen Unternehmen geäußerten Kritik angemerkt werden, dass die
Agenturen für eine Sündenbockrolle geradezu prädestiniert sind – vergleichbar mit unabhängigen Zentralbanken, die von Politikern für eine zu restriktive
Zinspolitik verantwortlich gemacht werden. Die Natur ihres Geschäfts setzt
die Agenturen grundsätzlich einer asymmetrischen Verteilung von Lob und
Kritik aus. Für eine richtige Bonitätsbewertung können sie nur bedingt Lob
erwarten, da eine korrekte Einschätzung vorausgesetzt wird. Eine falsche oder
als falsch empfundene Einschätzung führt jedoch sofort zu vehementer Kritik, da sich die Betroffenen ungerecht behandelt fühlen. Dies führt zu fast
schon paradoxen Vorwürfen: Wurde den Agenturen in der Enron-Krise vorgeworfen, ihre Ratings nicht schnell genug angepasst zu haben, bestand der
Vorwurf in der Asien-Krise darin, zu überzogen gehandelt zu haben.

III. Ergebnis

Ratings enthalten zusätzliche Informationen für den Markt. Dies gilt vor allem für Herabstufungen von Bonitätsurteilen. Zwar weisen Ratings – von
Emissionsratings abgesehen – selten die Aktualität von *credit spreads* auf, doch
bringen sie den Konflikt zwischen dem Wunsch der Marktteilnehmer nach
Zeitnähe bei gleichzeitiger Stabilität der Urteile besser in Einklang. Diese Stabilität lässt das Rating für regulatorische Zwecke besser geeignet erscheinen,
da so weniger Transaktionskosten anfallen, das Finanzsystem stabilisiert wird
und sich *credit spreads* in illiquiden oder emotional aufgeladenen Märkten stärker von kurzfristigen, sachfremden und spekulativen Stimmungen treiben lassen. Schließlich ändern auch Split Ratings nichts an ihrem Informationswert
für den Markt. Sonstige Alternativen zum Rating wie der Rückgriff auf zentrale Kreditregister, Datenbanken oder Länderanalysen durch Exportkreditagenturen kommen aufgrund fehlender Tiefe und Breite nicht in Betracht.

Ratingagenturen sind in der Lage, Unternehmenskrisen zu erkennen. Wie
der übrige Markt sind sie gegen betrügerische Aktivitäten jedoch nur in dem
Maße gefeit wie sie zu einer Kontrolle und Aufdeckung in der Lage sind. Ab

---

617 Adams et al., International Capital Markets 206 (IMF Survey, 1999).

einer gewissen kriminellen Energie und Raffinesse gehören solche Risiken mangels Erkennbarkeit zum allgemeinen Lebensrisiko des Investors. Für die Vorhersage von Finanz- und Währungskrisen sind Länderratings nur bedingt geeignet. Die Kritik hieran übersieht jedoch, dass die Agenturen eine solche Vorhersage gar nicht beabsichtigen, sondern allein die relative Wahrscheinlichkeit von Bonitätskrisen erfassen wollen. Diese Aufgabe lösen sie mit Erfolg und besser als der Markt.

Dritter Teil – Die Regulierung des Kapitalmarkts durch Ratings in den U.S.A.

In den U.S.A. besitzt die gesetzliche Bezugnahme auf Ratings zur Regulierung von Finanzinstitutionen wie Banken, Versicherungen, Wertpapierfirmen, Investment- oder Pensionsfonds eine lange Tradition.[618] Hieran hat auch die 2005 erfolgte Reform des U.S.-amerikanischen Kapitalmarktrechts nichts geändert. Kernbestandteile dieser Reform waren vor allem eine mit Wirkung vom 8. März 2005 in Kraft getretene Überarbeitung der Registrierungs- und Informationspflichten für Asset-Backed Securities[619] sowie die seit dem 1. Dezember 2005 wirksame Novellierung der Vorschriften zur Registrierung und zum Angebot von Wertpapieren (Securities Offering Reform)[620]. Mit seinen ratingbezogenen Regelungen bezweckt der U.S.-Gesetzgeber den Schutz der Kunden von Finanzdienstleistungsinstitutionen vor dem Verlust ihrer Einlagen. Darüber hinaus soll der Rückgriff auf Ratings aber auch den Investoren zugute kommen. Eine ständige Bonitätskontrolle, die Sicherung der Kapitalmarkteffizienz durch Steigerung der Sensibilität für mit bestimmten Investitionen verbundene Risiken sowie die Überwachung von Wertpapiertransaktionen von Insidern und an der Emission beteiligten Konsortialmitgliedern sollen die Anleger vor Verlusten schützen.[621]

§ 8 Die Regulierung des Zugangs zum Ratingmarkt

Der U.S.-Gesetzgeber lässt in seinen kapitalmarktrechtlichen Vorschriften nur die Bonitätsurteile bestimmter Ratingagenturen als Anknüpfungspunkt ratingbezogener Regelungen zu. Die Beurteilung einer Verwendung des Ratings zu Regulierungszwecken erfordert daher auch eine Analyse der sich aus dieser besonderen Zulassung der Agenturen ergebenden Probleme.

---

618   Cantor/Packer, 19 FRBNY Q. Rev. 1, 6 (1994); White, Ratings 41, 51 (Levich et al. eds., 2002).

619   SEC, Securities Act Release No. 8518, 70 Fed. Reg. 1506 (Jan. 7, 2005).

620   SEC, Securities Act Release No. 8591, 70 Fed. Reg. 44722 (Aug. 3, 2005).

621   Vgl. Cantor/Packer, 12 FRBNY Staff Rep. 1, 5 (1996); Dale/Thomas, 5 J. Int'l Sec. Markets 9, 10 et seq. (1991); White, Ratings 41, 51 (Levich et al. eds., 2002).

I. Das Konzept der Nationally Recognized Statistical Rating Organization

Lange blieb unklar, wessen Ratings für die regulatorischen Ziele berücksichtigt werden können.[622] Im Jahre 1975 schuf die SEC anlässlich der Einführung von Rule 15c-3[623] zum Securities Exchange Act of 1934 (Exchange
Act)[624] den Begriff der Nationally Recognized Statistical Rating Organization
(NRSRO). Hierzu erkannte die SEC die drei großen zu diesem Zeitpunkt
existierenden Agenturen Moody's, S&P und Fitch als NRSROs an und ver-
wies im Folgenden in ihren gesetzlichen Vorschriften auf Ratings von
NRSROs.[625] Weitere Benennungen als NRSRO folgten für Duff and Phelps
Credit Rating Co. (DCR) (1982), McCarthy, Cristanti & Maffei, Inc. (1983),
Fitch IBCA, Inc. (1991) sowie Thompson Bank Watch, Inc. (1992).[626] Nach
der inzwischen erfolgten Konsolidierung im Ratingmarkt besaßen bis zur Reform der Kriterien für die Zulassung als NRSRO[627] neben Moody's, S&P und
Fitch nur noch die kanadische DBRS sowie A.M. Best NRSRO-Status.[628]

1. Die Situation vor dem Credit Rating Agency Reform Act of 2006

Bis Ende 2006 erfolgte die Anerkennung einer Ratingagentur als NRSRO im
sogenannten No-Action Letter-Verfahren.[629] Im Rahmen dieses Verfahrens
war die Agentur zur Bereitstellung einer Vielzahl von Informationen verpflichtet. Erforderlich waren unter anderem Angaben zu möglichen Interessenkonflikten, zu Trägerstatus und gesellschaftsrechtlichen Verflechtungen,
zur finanziellen Ausstattung der Agentur sowie der Art ihrer Vergütung, aber

---

622 Vgl. auch *Hickman*, Corporate Bond Quality 145 (1958).
623 17 C.F.R. § 240.15c3-1 (2007); siehe hierzu ausführlich nachfolgend S. 143 ff.
624 15 U.S.C. §§ 78a (2007).
625 Zur Indienstnahme der Ratingurteile von NRSROs *Baron/Murch*, Statutory and
      Regulatory Uses of Ratings (Fitch Investors Service, 1993); *Cantor/Packer*, 19
      FRBNY Q. Rev. 1, 5 et seq. (1994); *McGuire*, Ratings in Regulation (1995).
626 Die Benennung von ICBA und Thompson Bank Watch als NRSRO war allerdings
      auf das Rating von Banken und Finanzinstitutionen beschränkt; *Cantor/Packer*, 19
      FRBNY Q. Rev. 1, 8 (1994).
627 Siehe hierzu nachfolgend S. 121 ff.
628 SEC, Securities Act Release No. 8570, 70 Fed. Reg. 21306, 21306 et seq. (Apr. 25,
      2005); SEC, Dominion Bond Rating Services Ltd. (No-Action Letter), 2003 SEC
      No-Act. LEXIS 196 (Feb. 24, 2003); SEC, A.M. Best Company, Inc. (No-Action
      Letter), 2005 SEC No-Act. LEXIS 323 (Mar. 3, 2005).
629 Hierzu SEC, Securities Act Release No. 8570, 70 Fed. Reg. 21306, 21318 et seq.
      (Apr. 25, 2005); allgemein zum No-Action Letter-Verfahren der SEC *Lemke*, 42
      Bus. Law. 1019 (1987).

auch Stellungnahmen zu Fehlratings in der Vergangenheit und zum Umgang mit vertraulichen Informationen.[630] Entscheidendes Kriterium war jedoch die Frage, ob die den NRSRO-Status beantragende Agentur über eine „breite Marktakzeptanz" im Inland verfügte und als Quelle verlässlicher Ratingurteile anerkannt war.[631] Die Entscheidungsgrundlage hierfür bildeten Kundenlisten der Ratingagenturen sowie Marktanalysen der SEC.[632]

Das Fehlen eines formalen Anerkennungsverfahrens sowie das vorgenannte Abstellen auf das unscharfe Kriterium der „breiten Marktakzeptanz" für die Zulassung einer Ratingagentur wurde allgemein als unbefriedigend und wenig durchschaubar kritisiert. Bereits Anfang der 1990er Jahre hatte die SEC daher damit begonnen, die Zweckmäßigkeit einer Verwendung des Ratings zu regulatorischen Zwecken sowie die Notwendigkeit eines formalen Anerkennungsverfahrens für NRSROs zu überprüfen. In Konzeptpapieren von 1994[633] und 2003[634], anlässlich einer Überarbeitung der Net-Capital-Rule im Jahre 1997[635] sowie im Rahmen von Anhörungen zur Rolle der Agenturen während des Enron-Debakels im Jahre 2002[636] bat sie die Marktteilnehmer um Stellungnahmen und Vorschläge zur Rolle des Ratings für die Kapitalmarktregulierung.[637] Die Mehrheit sprach sich dafür aus, das Konzept der be-

630 Vgl. SEC, Securities Act Release No. 7085, 59 Fed. Reg. 46314, 46316 (Sept. 7, 1994); Rhodes, 20 Seton Hall Legis. J. 293, 360 et seq. (1996); White, Ratings 41, 52 (Levich et al. eds., 2002).
631 SEC, Securities Act Release No. 7085, 59 Fed. Reg. 46314, 46316 (Sept. 7, 1994); Hill, 82 Wash. U. L.Q. 43, 56 et seq. (2004).
632 Rhodes, 20 Seton Hall Legis. J. 293, 325 (1996).
633 SEC, Securities Act Release No. 7085, 59 Fed. Reg. 46314 (Sept. 7, 1994).
634 SEC, Securities Act Release No. 8236, 68 Fed. Reg. 35258 (June 12, 2003); zu den Stellungnahmen siehe *http://www.sec.gov/rules/concept/s71203.shtml*; zu denen von Moody's, S&P und Fitch insbesondere Everling, in: Suyter (Hrsg.), Risikomanagement, S. 245 (256 ff.).
635 SEC, Exchange Act Release No. 39457, 62 Fed. Reg. 68018 (Dec. 30, 1997).
636 Zu den Stellungnahmen ausführlich SEC, Credit Rating Agencies 10 et seq. (2003); für das Protokoll der Anhörungen v. 15.11.2002 und 21.11.2002 siehe *http://www.sec.gov/spotlight/ratingagency.htm*.
637 Zusätzlich fanden Anhörungen durch den U.S.-amerikanischen Senat sowie das Repräsentantenhaus statt; vgl. U.S. Senate, Hearing Before the Comm. on Govtl. Aff., 107th Cong. (2002); U.S. H.R., Hearing Before the Subcomm. on Capital Markets, 108th Cong. (2004); U.S. H.R., ebd. (2003).

sonderen Zulassung als NRSRO beizubehalten, jedoch deren Voraussetzungen zu konkretisieren.[638] Maßnahmen seitens der SEC blieben jedoch aus.

Mit ihrem Konzeptpapier von April 2005[639] griff die SEC die nicht enden wollende Diskussion wieder auf. Sie schlug eine Definition der NRSRO vor[640] und bat die Marktteilnehmer diesbezüglich um Stellungnahme. Die meisten sprachen sich erneut für die Beibehaltung des NRSRO-Konzeptes aus,[641] nur eine Minderheit forderte seine Abschaffung.[642] Die Frage der breiten Marktakzeptanz einer Agentur wollten einige anhand des Gebrauchs der Ratings im Markt,[643] andere anhand einer marktfernen Analyse der Ratingbilanz der Agentur[644] entscheiden. Einigkeit herrschte darüber, dass auch eine Zulassung als NRSRO für ein begrenztes Ratinggebiet möglich sein und dass die SEC die Anzahl der eingesetzten Analysten pro Rating den Agenturen überlassen sollte.[645] In einem Fall wurde gefordert, das inhaltlich unscharfe No-Action

---

638   Zusammenfasssend SEC, Securities Act Release No. 8570, 70 Fed. Reg. 21306, 21308 (Apr. 25, 2005); für eine Abschaffung des NRSRO-Konzeptes aber White, Comment File No. S7-12-03 (July 25, 2003).

639   SEC, Securities Act Release No. 8570, 70 Fed. Reg. 21306 (Apr. 25, 2005).

640   SEC, Securities Act Release No. 8570, 70 Fed. Reg. 21306, 21323 (Apr. 25, 2005): "The term nationally recognized statistical rating organization means any entity that: (a) Issues publicly available credit ratings that are current assessments of the creditworthiness of obligors with respect to specific securities or money market instruments; (b) Is generally accepted in the financial markets as an issuer of credible and reliable ratings, including ratings for a particular industry or geographic segment, by the predominant users of securities ratings; and (c) Uses systematic procedures designed to ensure credible and reliable ratings, manage potential conflicts of interest, and prevent the misuse of nonpublic information, and has sufficient financial resources to ensure compliance with those procedures".

641   So z.B. Brown, Comment File No. S7-04-05 (June 9, 2005) für Fitch; Corbet, Comment File No. S7-04-05 (June 9, 2003) für S&P; Emori, Comment File No. S7-04-05 (May 31, 2005) für JCRA; Long, Comment File No. S7-04-05 (June 10, 2005) für Multiple-Markets; Mayewski, Comment File No. S7-04-05 (June 9, 2005) für A.M. Best; Wideman, Comment File No. S7-04-05 (June 10, 2005) für DBRS.

642   Dering, Comment File No. S7-04-05 (June 9, 2005) für Moody's; Partnoy, Comment File No. S7-04-05 (June 9, 2005); White, Comment File No. S7-04-05 (June 8, 2005).

643   Corbet, Comment File No. S7-04-05 (June 9, 2003) für S&P; Mayewski, Comment File No. S7-04-05 (June 9, 2005) für A.M. Best; Wideman, Comment File No. S7-04-05 (June 10, 2005) für DBRS.

644   Brown, Comment File No. S7-04-05 (June 9, 2005) für Fitch; Dering, Comment File No. S7-04-05 (June 9, 2005) für Moody's.

645   Vgl. nur Brown, Comment File No. S7-04-05 (June 9, 2005) für Fitch; Corbet, Comment File No. S7-04-05 (June 9, 2003) für S&P; Mayewski, Comment File No. S7-04-05 (June 9, 2005) für A.M. Best.

Letter-Verfahren durch ein Verfahren mit festen Regeln zu ersetzen.[646] Nachdem sich die SEC erneut nicht zu einem Handeln durchringen konnte, riss schließlich der U.S.-amerikanische Gesetzgeber die Problematik an sich und ordnete mit der Verabschiedung des Credit Rating Agency Reform Act of 2006 die Zulassung der Ratingagenturen neu.

2. Der Credit Rating Agency Reform Act of 2006

Mit dem Credit Rating Agency Reform Act of 2006[647] vom 29. September 2006 (CRA Reform Act) hat der U.S.-amerikanische Gesetzgeber den Ansatz der besonderen Zulassung der Ratingagenturen als NRSRO bestätigt, sich jedoch vom bisherigen Zulassungskonzept verabschiedet und die bisher erteilten No-Action Letter für unwirksam erklärt.[648] Durch Einfügen von Section15E in den Exchange Act hat er darüber hinaus das Zulassungsverfahren der Ratingagenturen detaillierter normiert und die SEC angewiesen, bis spätestens zum 26. Juni 2007 den CRA Reform Act konkretisierende Regelungen zu erarbeiten.[649] Dieser Aufforderung ist die SEC nach Konsultation der Marktteilnehmer am 18. Juni 2007 mit der Veröffentlichung entsprechender „Rules and Regulations" nachgekommen.[650] Nachfolgend werden die für diese Untersuchung relevanten Regelungen des CRA Reform Act näher dargestellt.

a) Motive

Zu Beginn führt der CRA Reform Act die Bedeutung der Ratingagenturen für den Kapitalmarkt sowie seine einzelnen Teilnehmer aus.[651] Sodann wird festgestellt, dass eine Regulierung der Ratingagenturen aus Anlegerschutzgesichtspunkten im öffentlichen Interesse ist,[652] die zwei größten Ratingagenturen einen erheblichen Marktanteil besitzen und eine stärkerer Wettbewerb da-

---

646 Wideman, Comment File No. S7-04-05 (June 10, 2005) für DBRS.
647 Credit Rating Agency Reform Act of 2006, Pub. L. No. 109-291, 120 Stat. 1327 (2006).
648 Vgl. 15 U.S.C. § 78o-7(l)(2) (2007).
649 Vgl. 15 U.S.C. § 78o-7(n)(1)(A) (2007).
650 Siehe hierzu SEC, Securities Act Release No. 55857, 72 Fed. Reg. 33564, 33564 (June 18, 2007).
651 CRA Reform Act of 2006, Pub. L. No. 109-291, § 2(1)-(3) (2006).
652 CRA Reform Act of 2006, Pub. L. No. 109-291, § 2(4) (2006).

her wünschenswert ist[653] sowie dass die SEC klargestellt hat, für eine Aufsicht über die Agenturen die Ermächtigung des Gesetzgebers zu benötigen.[654]

b) Definitionen

An die Einleitung schließt sich ein Definitionsteil an. Hierin wird zunächst die Ratingagentur allgemein definiert als „Person, welche, ohne eine gewerbliche Kreditauskunftei zu sein, mittels quantitativer, qualitativer oder beider Methoden Bonitätsbewertungen erstellt und diese kostenlos oder gegen angemessene Gebühr, welche entweder von Emittenten, Investoren oder anderen Marktteilnehmern oder in Kombination der vorgenannten zu bezahlen ist, im Internet oder in anderen schnell zugänglichen Formen vertreibt".[655]

Etwas verkürzt dargestellt wird eine NRSRO nunmehr konkret definiert als eine Ratingagentur, welche nach § 15E des Exchange Act zugelassen ist, vor Antragstellung auf Zulassung wenigstens drei Jahre als Ratingagentur tätig war und von qualifizierten institutionellen Investoren (*qualified institutional buyers, QIBs*) anerkannte Ratings von Kreditinstituten, Finanzdienstleistungsinstituten, Wertpapierhändlern, Versicherungen, Unternehmen und Emittenten von Asset-Backed Securities sowie von Wertpapieren der (nationalen oder internationalen) öffentlichen Hand erstellt.[656]

---

653 CRA Reform Act of 2006, Pub. L. No. 109-291, § 2(5) (2006). Erwähnenswert ist in diesem Zusammenhang, dass die ursprüngliche Gesetzesvorlage zum CRA Reform Act noch als "Credit Rating Agency Duopoly Reform Act of 2006" eingeführt wurde, vgl. H.R. Rep. No. 109-546 (2006).

654 CRA Reform Act of 2006, Pub. L. No. 109-291, § 2(6) (2006).

655 15 U.S.C. § 78c(a)(61) (2007): "The term 'credit rating agency' means any person (A) engaged in the business of issuing credit rating on the Internet or through another readily accessible means, for free or for a reasonable fee, but does not include a commercial credit reporting company; (B) employing either a quantitative or qualitative model, or both, to determine credit ratings; and (C) receiving fees from either issuers, inestors, or other market participants, or a combination thereof".

656 15 U.S.C. § 78c(a)(62) (2007): "The term 'nationally recognized statistical rating organization' means a credit rating agency that (A) has been in business as a credit rating agency for at least 3 consecutive years immediately preceding the date of its application for registration under section 15E; (B) issues credit ratings certified by qualified institutional buyers ... with respect to (i) financial institutions, brokers, or dealers; (ii) insurance companies; (iii) corporate issuers; (iv) issuers of asset-backed securities ...; (v) issuers of government securities, municipal securities, or securities issued by a foreign government; or (vi) a combination of one or more categories of obligors described in any of clauses (i) through (v); and (C) is registered under section 15E".

c) Zulassungsvoraussetzungen

Der CRA Reform Act sieht im Gegensatz zur früheren Zulassung mittels No-Action Letter ein festes Zulassungsverfahren vor. Dieses beginnt mit einem Antrag der betreffenden Ratingagentur bei der SEC auf Zulassung als NRSRO.[657] Für diesen Antrag muss der Antragsteller der SEC in einem besonderen „Formular NRSRO"[658] eine Vielzahl von Informationen bereitstellen. Hierzu gehören unter anderem Statistiken hinsichtlich des kurz-, mittel- und (soweit möglich) langfristigen Ratingerfolges der Agentur, eine Darstellung der bei der Ratingerstellung verwendeten Vorgehensweisen und Methoden sowie der getroffenen Maßnahmen zur Vermeidung von Missbrauch von im Zuge der Ratingerstellung erhaltenen, nicht öffentlich zugänglichen Informationen. Ebenso sind Angaben zu der Anzahl und der Vergütung der Ratinganalysten erforderlich. Darüber hinaus muss die den Antrag stellende Ratingagentur Informationen zu ihrer organisatorischen Struktur, zu eventuell bestehenden Verhaltenskodices sowie zu möglichen Interessenskonflikten liefern. Des Weiteren sind auf vertraulicher Basis eine Liste der nach Nettoeinnahmen zwanzig größten von der Agentur betreuten Emittenten und Abonnenten in dem der Antragstellung vorangehenden Steuerjahr einzureichen. Schließlich muss die Antragstellerin erklären, für welche Art von Emittenten sie ihre Zulassung als NRSRO beantragt.[659] Dies verschafft ihr die Möglichkeit, eine Zulassung zunächst für bestimmte Marktsegmente (zum Beispiel Versicherungsrating) zu beantragen.

Das vor Verabschiedung des CRA Reform Act erforderliche Kriterium der „breiten Marktakzeptanz" ist nunmehr einem Bestätigungserfordernis durch die Marktteilnehmer gewichen. So sind bei Antragstellung schriftliche Nachweise von nicht weniger als zehn *QIBs* einzureichen, die unter anderem bestätigen müssen, dass sie in den drei der Antragstellung vorangegangenen Jahren die Ratings der Antragstellerin verwendet haben. Hierbei müssen für jede Emittentenart mindestens zwei Bestätigungen eingereicht werden, wobei Doppelbestätigungen desselben *QIB* möglich sind.[660] Befreit von diesem Nachweis der Marktakzeptanz waren lediglich diejenigen Ratingagenturen, die bereits vor dem 2. August 2006 mittels No-Action Letter als NRSRO aner-

---

657 15 U.S.C. § 78o-7(a)(1)(A) (2007).
658 Siehe Form NRSRO, 17 C.F.R. § 249b.300 (2007).
659 Siehe hierzu Form NRSRO, 17 C.F.R. § 249b.300 (2007), auch abgedruckt in SEC, Securities Act Release No. 55857, 72 Fed. Reg. 33564, 33625 et seq. (June 18, 2007).
660 Hierzu sowie zu weiteren, weniger relevanten Erfordernissen 15 U.S.C. § 78o-7(a)(1)(C) (2007).

kannt waren, also Moody's, S&P, Fitch, DBRS sowie, für den Versicherungs-bereich, A.M. Best.[661]

d) Zulassungsverfahren

Nach Stellung des Antrags auf Erteilung des NRSRO-Status und Einreichung der Unterlagen muss die SEC innerhalb von 90 Tagen entscheiden, ob sie dem Antrag (unter Umständen nach Fristverlängerung im Einvernehmen mit der Antragstellerin) stattgibt oder ob sie ein Ablehnungsverfahren einleitet.[662] In letzterem Fall müssen der Antragstellerin die Gründe für die Ablehnung mitgeteilt und ihr die Gelegenheit zu einer Anhörung eingeräumt werden. Das Ablehnungsverfahren muss spätestens 120 Tage nach Antragstellung mit ei-nem positiven oder negativen Bescheid abgeschlossen werden und darf nur ausnahmsweise, und über 90 Tage hinaus nur mit Einwilligung der Antrag-stellerin, verlängert werden.[663] Bisher haben mit Moody's, S&P, Fitch, DBRS, A.M. Best, JCRA sowie R&I sieben Ratingagenturen das Zulassungsverfahren erfolgreich durchlaufen und sind als NRSRO im Sinne des CRA Reform Act zugelassen.[664]

e) Pflichten der Ratingagenturen und mögliche Sanktionen

Im Falle einer Zulassung als NRSRO sind die Ratingagenturen verpflichtet, der SEC jede wesentliche Änderung in Bezug auf ihre Zulassungsunterlagen bekanntzugeben. Darüber hinaus müssen die Agenturen jedes Jahr bis spä-testens 90 Tage nach Ende eines Kalenderjahres entweder wesentliche Ände-rungen mitteilen oder bestätigen, dass die beim Zulassungsantrag eingereich-ten Informationen und Unterlagen weiterhin zutreffen.[665]

Über die vorstehenden Rechenschaftspflichten hinaus sind die Agenturen verpflichtet, besondere Regeln zum Umgang mit nicht öffentlichen Informa-tionen aufzustellen und durchzusetzen, um einem Missbrauch dieser Infor-mationen vorzubeugen. Ebenso sind Verhaltensregeln zu schaffen, welche mögliche Interessenskonflikte in Zusammenhang mit der Erstellung und der Veröffentlichung von Bonitätsurteilen verhindern sowie die Offenlegung der-selben sicherstellen sollen. Um den Ratingagenturen die Ausformung solcher

---

661   15 U.S.C. § 78o-7(a)(1)(D) (2007).
662   15 U.S.C. § 78o-7(a)(2)(A) (2007).
663   15 U.S.C. § 78o-7(a)(2)(B) (2007).
664   SEC, Press Release No. 2007-199 (Sept. 24, 2007).
665   15 U.S.C. § 78o-7(b) (2007); siehe auch 17 C.F.R. § 240.17g-1(f) (2007).

internen Regelungen zu erleichtern, hat die SEC in Rule 17g-5 mögliche Interessenskonflikte nicht nur definiert,[666] sondern auch bestimmte Handlungen und Praktiken verboten. Hierzu gehören in erster Linie Verhaltensweisen, mit denen sich die Agenturen zusätzliches Geschäft „abpressen" könnten, beispielsweise durch die Drohung, ein Rating oder die Qualität desselben vom Kauf zusätzlicher Beratungsleistungen abhängig zu machen.[667] Ebenso verbietet die SEC ein Verhalten (oder die Drohung mit einem solchen), bei ABS- oder MBS-Transaktionen das Rating des Pools an Vermögenswerten nur dann vorzunehmen, wenn auch ein bestimmter Anteil der dem Pool zugrunde liegenden Vermögenswerte von der betreffenden Agentur bewertet wird.[668] Zu guter Letzt soll allgemein vermieden werden, dass die Ratingagenturen ein erteiltes Rating abändern oder bei unaufgeforderten Ratings von ihrer regelmäßig angewandten Ratingmethologie abweichen (oder drohen, selbiges zu tun), um das betroffene Ratingobjekt zum Kauf des Ratings oder sonstiger Leistungen der Ratingagentur zu zwingen.[669]

Grundsätzlich ist die SEC für den Fall, dass die Ratingagenturen ihren vorgenannten Pflichten nicht nachkommen, oder aus sonstigen Erwägungen des Anlegerschutzes nach Durchführung einer Anhörung berechtigt, die für erforderlich gehaltenen Maßnahmen zu treffen. Zu diesen zählen neben der einfachen Rüge auch eine Beschränkung der Tätigkeitsfelder der Agentur, die vorübergehende Aussetzung der Zulassung für eine Frist von maximal zwölf Monaten sowie der endgültige Entzug der Zulassung.[670]

II. Problematik des U.S.-amerikanischen Regulierungsansatzes

Das Konzept der besonderen Anerkennung bestimmter Agenturen als NRSRO ist aus noch darzustellenden Gründen nicht unproblematisch. So besaß die nunmehr überholte, von der SEC mehr als dreißig Jahre praktizierte Zulassung im Wege eines No-Action Letter-Verfahrens im Gegensatz zu einer gesetzlichen Regelung zwar den Vorteil einer größeren Flexibilität,[671] warf jedoch auch eine Reihe von Problemen auf. Wie nachfolgend zu zeigen sein wird, werden diese durch den CRA Reform Act nur bedingt gelöst. Zum einen hält dieser am Konzept der besonderen Zulassung von NRSROs fest.

---

666 17 C.F.R. § 240.17g-5(b) (2007).
667 17 C.F.R. § 240.17g-6(a)(1), (2) (2007).
668 17 C.F.R. § 240.17g-6(a)(4) (2007).
669 17 C.F.R. § 240.17g-6(a)(3) (2007).
670 15 U.S.C. § 78o-7(d) (2007).
671 Zu weiteren Vorteilen Lemke, 42 Bus. Law. 1019, 1020 n.10 (1987).

Zum anderen bestehen trotz der gewollten Abschaffung des No-Action Let-ter-Verfahrens durch den CRA Reform Act[672] einige in diesem Zusammen-hang bestehenden Probleme fort.

1. Marktzugangsbarrieren

Das ursprünglich praktizierte No-Action Letter-Konzept der SEC stellte eine erhebliche Marktzugangsbarriere dar und förderte marktimmanente, wettbe-werbsfeindliche Tendenzen. Ursachen hierfür waren zum einen das intranspa-rente und den Marktzugang hemmende Zulassungskriterium der „breiten Marktakzeptanz", zum anderen das Phänomen des Zwei-Ratings-Standards. Der CRA Reform Act kann allenfalls die erste Problematik entschärfen.

a) Intransparente und den Marktzugang hemmende Zulassungskriterien

Da die SEC für das völlig unklare Erfordernis der „breiten Marktakzeptanz" nie objektive Kriterien formuliert hatte, blieb die Entscheidung darüber, ob eine Agentur über eine ausreichende Akzeptanz verfügte, weitgehend intrans-parent und dem subjektiven Urteil des Sachbearbeiters überlassen. Zudem führte das Erfordernis der breiten Marktakzeptanz zu einem Teufelskreis: Wegen der ausschließlichen Indienstnahme von NRSRO-Ratings in zahllosen gesetzlichen Bestimmungen war es für Agenturen ohne Anerkennung als NRSRO mangels Nachfrage nach ihren Ratings nicht möglich, sich im Markt eine breite Akzeptanz aufzubauen. Andererseits war eine solche Akzeptanz aber gerade Voraussetzung für die Vergabe des NRSRO-Status.

Mit Verabschiedung des CRA Reform Act sollte diese sogar vom U.S. Department of Justice kritisierte[673] Marktzugangsbarriere weitestgehend ent-schärft sein. So kann die den NRSRO-Status beantragende Ratingagentur die Marktakzeptanz jetzt durch eine objektiv nachprüfbare Anzahl von Bestäti-gungen durch *QIBs* nachweisen. Dies sollte zumindest für größere Rating-agenturen aus der zweiten Reihe, wie zum Beispiel die Egan-Jones Ratings Co. oder Weiss Ratings, Inc. kein Problem darstellen. Zwar bleibt die endgül-tige Entscheidung über die Zulassung noch immer von der (subjektiven) Ein-schätzung der SEC abhängig, ob auch die zahlreichen weiteren Voraussetzun-gen für eine Zulassung gegeben sind. Daher bleibt abzuwarten, ob die sonstigen Voraussetzungen wie Erfolgsstatistiken, interne Maßnahmen zur

---

672 Vgl. hierzu H.R. Rep. No. 109-546, at 10 (2006).
673 Hierzu SEC, Securities Act Release No. 8570, 70 Fed. Reg. 21306, 21318 (Apr. 25, 2005).

Vermeidung von Missbrauch oder die Ausgestaltung von Verhaltenskodices durch Entscheidungen der SEC im Laufe der Zeit eine größere Konkretisierung erfahren. Dennoch stellen die Regelungen des CRA Reform Act eine Objektivierung des Zulassungsverfahrens dar und sollten eine Zunahme der als NRSRO zugelassenen Ratingagenturen ermöglichen.

b) Das Phänomen des Zwei-Ratings-Standards

Dass der No-Action Letter-Ansatz der SEC zu Marktzugangsbarrieren führte, wurde insbesondere auch an seinen Auswirkungen deutlich. War eine Agentur erst einmal als NRSRO anerkannt, führten Marktkräfte zu einer Verfestigung der bestehenden oligopolistischen Strukturen. Typischerweise versuchten Emittenten, ein Rating sowohl von Moody's als auch von S&P zu erhalten. Ein drittes Rating von Fitch wurde nur gelegentlich beantragt, meistens dann, wenn die Bonitätseinschätzungen von Moody's und S&P divergierten. Dass Fitch für ein zweites Rating engagiert wurde, war eher selten, noch seltener war die Situation, dass Fitch für das einzige Rating herangezogen wurde.[674] Für die Mehrzahl der Emissionen hatte sich die Einholung zweier Ratings, zumeist von Moody's und S&P, durchgesetzt.[675] Dieses Phänomen wird zum Teil als Zwei-Ratings-Standard bezeichnet.[676]

aa) Entstehung des Zwei-Ratings-Standards

Der Grund für die Herausbildung des Zwei-Ratings-Standards ist bisher nicht geklärt. Studien haben nachgewiesen, dass Emissionen, die von zwei Agenturen das gleiche Rating erhalten haben, eine niedrigere Verzinsung versprechen als solche mit nur einem Rating.[677] Zum Teil wird dies damit begründet, ein zweites Rating signalisiere dem Investor, man habe nichts zu verbergen.[678] Andere sind der Auffassung, ein alleiniges Rating ließe den Schluss zu, der

---

674 Vgl. Hill, 82 Wash. U. L.Q. 43, 60 et seq. (2004); Smith/Walter, Rating Agencies 21 (INSEAD Working Paper, 2001); White, Ratings 41, 47 (Levich et al. eds., 2002); ZKA, Stellungnahme, S. 5; vgl. auch van Horne, Financial Market Rates 122 (6th ed. 2001) sowie die Studie von Baker/Mansi, 29 J. Bus. Fin. & Acct. 1367 (2002).

675 Hill, 82 Wash. U. L.Q. 43, 62 (2004); zur Dominanz von Moody's und S&P vgl. auch Smith/Walter, Rating Agencies 4 (INSEAD Working Paper, 2001).

676 Dittrich, Credit Rating Industry 74 (2007); Hill, 82 Wash. U. L.Q. 43, 60 (2004) ("two-rating norm").

677 So v. Randow, in: Büschgen/Everling (Hrsg.), Rating, S. 543 (558); vgl. Smith/Walter, Rating Agencies 16 (INSEAD Working Paper, 2001), denen zufolge die Märkte in der Regel zwei Ratings erwarten.

678 So die Terminologie von Hill, 82 Wash. U. L.Q. 43, 62 (2004).

Emittent habe kein zweites äquivalentes Rating erhalten können.[679] Wieder andere führen an, zwei Ratings signalisierten eine höhere Qualität und widerspruchsfreiere Ergebnisse.[680] Wahrscheinlich dürften alle drei Erklärungen zutreffen.

Unklar ist auch, warum sich der Markt gerade bei zwei Ratings eingependelt hat. Denkbar ist, dass der Emittent bei zwei Ratings die besten Finanzierungskonditionen, also die günstigsten Zinskonditionen unter Einrechnung der für das Rating gezahlten Gebühren, erzielen kann. Dies wäre vor allem dann der Fall, wenn der Markt davon ausginge, dass ein drittes Rating keine zusätzlichen entscheidungserheblichen Informationen liefert und daher keinen weiteren Zinsabschlag in Höhe der hierfür aufgewendeten Kosten rechtfertigt.[681]

Ein weiterer Grund für die Entwicklung und Verfestigung des Zwei-Ratings-Standards könnte in den gesetzlichen Regelungen liegen, in denen der amerikanische Gesetzgeber auf Ratings zurückgreift. So verfügte das OCC im Jahre 1931, dass Banken Anleihen nur dann zu ihrem Buchwert in der Bilanz veranschlagen durften, wenn sie von „wenigstens einer" Agentur mit Investment Grade bewertet worden waren. Andernfalls sollten die Anleihen nur mit ihrem Marktwert bilanziert werden dürfen und eine Anrechnung von 50% des Buchverlusts auf das Eigenkapital stattfinden.[682] Im Jahre 1936 verschärften das OCC und die Federal Reserve Bank diese Anforderungen weiter, indem sie den Banken grundsätzlich verboten, Anleihen zu halten, die nicht von „wenigstens zwei" Agenturen mit Investment Grade bewertet worden waren. Diese für Banken noch heute gültigen Vorschriften wurden 1989 auch auf Bausparkassen ausgedehnt.[683] Weiterhin können im Rahmen von Rule 15c3-1 Kursmakler bei der Bestimmung ihres Eigenkapitals die erforderlichen Sicherheitsabschläge erheblich reduzieren, wenn die gehaltenen Wertpapiere von wenigstens zwei NRSROs in den dritt- oder vierthöchsten Kategorien bewertet wurden.[684] Schließlich knüpft auch Rule 2a-7[685] zum Investment Company Act of 1940 (Company Act)[686] an den Umstand, dass be-

---

679 Vgl. SEC, Credit Rating Agencies 26 (2003).

680 Smith/Walter, Rating Agencies 23 (INSEAD Working Paper, 2001).

681 Hill, 82 Wash. U. L.Q. 43, 62 n.96 (2004).

682 Cantor/Packer, 19 FRBNY Q. Rev. 1, 6 (1994). Diese Regelung führte zur Etablierung des Ratings als fester Bestandteil des Wirtschaftlebens in den U.S.A.; Jack, FT, 27 Mar. 1995, p. 24.

683 Cantor/Packer, 19 FRBNY Q. Rev. 1, 6 (1994).

684 Siehe hierzu ausführlich nachfolgend S. 143 f.

685 17 C.F.R. § 270.2a-7 (2007).

686 15 U.S.C. §§ 80a-1 et seq. (2007).

stimmte Wertpapiere von zwei NRSROs mit hoher Qualität bewertet wurden, vorteilhafte Rechtsfolgen.[687] Und obwohl der U.S.-Gesetzgeber – historisch betrachtet – zunehmend auf das Erfordernis eines zweiten Ratings verzichtet,[688] dürfte dem Umstand, dass gerade in den Anfängen ratingbezogener Regulierung wenigstens zwei Ratings verlangt wurden, für die Entstehung und Verfestigung des Zwei-Ratings-Standards eine erhebliche Bedeutung beizumessen sein.

bb) Selbsterhaltung des Zwei-Ratings-Standards

Einmal im Kapitalmarkt etabliert, neigt der Zwei-Ratings-Standard dazu, sich eher zu verfestigen als aufzulösen. Dies soll am Beispiel eines typischen Wertpapieranlegers, etwa einer Vermögensverwaltungsgesellschaft, aufgezeigt werden. Die bei dieser Gesellschaft tätigen Vermögensberater treffen ihre täglichen Investitionsentscheidungen aufgrund von Anlagerichtlinien, eingespielten Praktiken und langjähriger Übung und müssen häufig in von Moody's und S&P bewertete Anleihen oder andere Finanzierungsinstrumente investieren. Hierbei haben die Gesellschaften keine unmittelbare Veranlassung, die bewährten Richtlinien, Praktiken und Übungen einer Überprüfung zu unterziehen. Gleichzeitig bilden auch die Strukturen innerhalb der Gesellschaften keine zwingenden Anreize für eine Überarbeitung oder Aktualisierung der bewährten Handlungsmuster. Grund hierfür ist das Streben jeder gewinnorientierten Gesellschaft, ihre Transaktionskosten gering zu halten.[689]

Darüber hinaus führt die Verwendung von Richtlinien, genauen Vorgaben und Formularen zu prozessorientierten Strukturen. Dies lässt in der Regel allgemein akzeptierte Sicherheitsstandards für Investitionsentscheidungen entstehen, die es dem Investor ermöglichen, sich gegen mögliche Schadensersatzprozesse für Verlustgeschäfte zu wappnen.[690] So haben U.S.-Gerichte häufig auf die üblicherweise stattfindenden Prüfungsprozesse seitens der

---

687 Siehe hierzu ausführlich nachfolgend S. 147 ff.

688 Vgl. hierfür die Übersicht bei Cantor/Packer, 19 FRBNY Q. Rev. 1, 6 (1994).

689 Hill, 82 Wash. U. L.Q. 43, 60 (2004); ebenso Hill, 77 Chi.-Kent L. Rev. 59, 70 et seq. (2002), wonach der Umstand, dass die internen Richtlinien oder Formulare einfach mit dem Computer geändert werden können, paradoxerweise zu einer Verfestigung des Zwei-Ratings-Standards beiträgt. Da eine Aktualisierung „automatisch" durchgeführt werden könne und meist auch werde, bestünde weniger Gelegenheit, bestimmte Vorgaben in Frage zu stellen und grundlegend zu ändern als wenn die Autoren „manuell" vorgingen und bei jedem einzelnen Punkt überlegten, was zu ändern oder zu belassen sei.

690 Hill, 82 Wash. U. L.Q. 43, 60 (2004).

Vermögensberater, welche sich unter anderem auch an Ratings orientieren, verwiesen.[691]

Weiterhin werden viele Vermögensverwaltungsgesellschaften nach ihrer Leistung (Performance) relativ zu bestimmten Indices beurteilt. Diese Indices können auf Basis der Ratings von Moody's oder S&P berechnet werden, aber auch aus Börsenindices wie dem Dow Jones bestehen. So gerne die meisten Gesellschaften bzw. ihre Portfoliomanager die Referenzindices überträfen, so wenig gibt es hierfür sichere Vorgehensweisen. Sie sind deshalb besser beraten, wenigstens nicht hinter die relevanten Indices zurückzufallen.[692] Die beste Strategie, nicht schlechter als der relevante Index abzuschneiden, ist, diesen genau abzubilden, indem man sich unter anderem auch an den Ausfallwahrscheinlichkeiten orientiert. Dieser Grundsatz gilt sowohl für die einzelnen Gesellschaften als auch für die individuellen Berater. Denn wenn verschiedene Gesellschaften oder Portfoliomanager auf demselben Niveau Leistung bringen, besteht selbst bei einem niedrigen Niveau kein mit der Leistung begründbarer Grund, sich einer anderen Vermögensverwaltungsgesellschaft zuzuwenden oder einen Manager zu entlassen. Wollen Portfoliomanager jedoch andere Wettbewerber übertreffen, müssen sie Risiken eingehen, die über dem Niveau liegen, welches die Mehrheit im Markt einzugehen bereit ist. Zwar besteht die Möglichkeit, sich im Erfolgsfalle aus der Masse herauszuheben, jedoch droht auch die Gefahr, schlechter als die Masse abzuschneiden. Dies wiederum erhöht das Risiko, vermögende Kunden an Konkurrenzunternehmen zu verlieren oder den Arbeitsplatz einzubüßen.[693]

Darüber hinaus tragen selbst Parteien, welche Finanzmittel ohne Renditeabsicht lediglich vorübergehend verwalten, zum Beispiel Treuhänder, unter Umständen zu einer Verfestigung des Zwei-Ratings-Standards bei. Denn

---

691   Vgl. Glennie v. Abitibi-Price Corp., 912 F. Supp. 993, 1002 (W.D. Mich. 1996): „Auch wenn die Ratings von Standard & Poor's und Moody's [für den Investor] nicht per se den Standard der erforderlichen Sorgfalt bestimmen, so sind sie doch signifikante Faktoren bei der Entscheidung, ob eine Investition sinnvoll ist. Dies bedeutet, dass Ratings eine wichtige Information darstellen, welche der Vermögensverwalter bei seiner Entscheidung ... heranziehen sollte. Dies gilt insbesondere für niedrige Ratings ... unter der Schwelle zum Investment Grade. Konstant hohe Ratings von Ratingagenturen sind [jedoch] ebenfalls von Gewicht." (Übersetzung durch Verfasser); Partnoy, Ratings 65, 78 et seq. (Levich et al. eds., 2002) mit weiteren Gerichtsurteilen.

692   Hill, 82 Wash. U. L.Q. 43, 61 (2004).

693   Grundlegend zum vorstehenden Phänomen des Herdenverhaltens Chevalier/Ellison, 114 Q. J. Econ. 389 (1999); vgl. auch Adams et al., International Capital Markets 211 et seq. (IMF Survey, 1999); Hill, 22 Del. J. Corp. L. 141, 176 et seq. (1997).

nicht selten sehen interne Richtlinien, allgemeine Übungen oder Dokumentationsvorschriften vor, die treuhänderisch verwalteten Mittel in Wertpapiere anzulegen, welche hohe Ratings von Moody's und S&P besitzen.[694]

Schließlich haben nicht nur die Investoren kein Interesse daran, sich gegen den Zwei-Ratings-Standard zu stellen. Dasselbe gilt auch für die Geschäftsführung der Emittenten von Schuldverschreibungen. Obwohl die von den Agenturen für ihre Bewertung in Rechnung gestellten Gebühren unter Umständen über den in einem vollkommenen Wettbewerb zu erzielenden Preisen liegen,[695] sind sie doch im Vergleich zu dem Volumen der meisten Emissionen eher vernachlässigbar gering. Die Geschäftsführung läuft daher Gefahr, negative Schlussfolgerungen zu provozieren, wenn sie auf ein zweites Rating verzichtet, da der Markt in der Regel ein solches erwartet. Verläuft die Emission später enttäuschend, ist ihre Position noch schlechter, da die Übernahme durch enttäuschte Investoren und ein darauf folgender Verlust des Arbeitsplatzes drohen.[696] Die Nachteile des Verzichts auf ein zweites Rating dürften daher wesentlich größer sein als sein kurzfristiger finanzieller Vorteile.

cc) Sicherung des Zwei-Ratings-Standards durch die Ratingagenturen

Sollte der Markt Anzeichen erkennen lassen, auf das zweite Rating zu verzichten, besitzen Moody's und S&P aufgrund ihrer Marktmacht die Möglichkeit, dem Zwei-Ratings-Standard durch Drohung mit unbeauftragten Ratings Nachdruck zu verleihen. Das Problem eines unaufgeforderten Ratings liegt für den Emittenten darin, dass die Ratingagenturen ohne dessen aktive Mitarbeit nur auf öffentlich zugängliche Informationen zurückgreifen können. Als Konsequenz besteht für den Emittenten die Gefahr, dass das Rating auf unvollständigen Informationen basiert und dass er keine Gelegenheit erhält, negative öffentliche Informationen gegenüber den Agenturen widerlegen zu können.[697] Allerdings sind unaufgeforderte Ratings als Druckmittel zur Aufrechterhaltung des Zwei-Ratings-Standards auch für die Agenturen mit Risiken verbunden, da im Falle eines fehlerhaften Ratings ihre Reputation leiden kann.[698] Dabei dürften die negativen Folgen am unteren Ende des Qualitätsspektrums jedoch geringer sein, da hier Ratings allein aufgrund öffentlich zu-

---

694 Cantor, 28 J. Banking & Fin. 2565, 2568 (2004); Hill, 82 Wash. U. L.Q. 43, 61 (2004).

695 So jedenfalls Hill, 82 Wash. U. L.Q. 43, 61 (2004); a.A. Schwarcz, 2002 U. Ill. L. Rev. 1, 12 (2002).

696 Hierzu Fox, 70 Va. L. Rev. 1005, 1019 (1984).

697 Hill, 82 Wash. U. L.Q. 43, 61 (2004).

698 Monro-Davies, The Treasurer (February) 30 et seq. (1994).

gänglicher Informationen regelmäßig schwieriger zu erstellen sind. An eben diesem unteren Ende des Qualitätsspektrums dürfte jedoch der Schwerpunkt unaufgeforderter Ratings liegen.[699]

dd) Diskussion

Betrachtet man die vorgenannten Gründe für die Entstehung und Selbster-haltung des Zwei-Ratings-Standards, beruhen diese allesamt auf Umständen, die mit der Anzahl der als NRSRO zugelassenen Agenturen in keinem un-mittelbaren Zusammenhang stehen. Vielmehr liegen die Gründe für die Entwicklung des Zwei-Ratings-Standards in der Ausgestaltung der gesetzli-chen Regelungen und gehen auf die Trägheit eingefahrener Strukturen zu-rück. Beides wird vom CRA Reform Act nicht adressiert. Zwar ist denkbar, dass bei einer größeren Auswahl an NRSROs vereinzelt auch andere Agentu-ren in den Genuss kommen werden, dort Ratings zu erstellen, wo vorher stets Moody's, S&P und Fitch zum Zuge kamen. Hierfür werden ihre Ratings aber bei vergleichbarer, wenn nicht besserer, Qualität langfristig preiswerter sein müssen, um die eingefahrenen Strukturen aufzubrechen. Ob dies so schnell gelingt, ist fraglich. An der fortdauernden Tendenz des Zwei-Ratings-Stan-dards zur Selbsterhaltung dürfte daher auch der CRA Reform Act nichts än-dern.

Hoffnung besteht allenfalls in Hinblick auf eine Verhinderung der vorge-nannten Möglichkeit der etablierten Ratingagenturen, den Zwei-Ratings-Standard über dessen eigene Selbsterhaltungstendenzen hinaus noch zusätz-lich durch unbeauftragte Ratings oder der Drohung mit solchen zu verteidi-gen. Es bleibt abzuwarten, inwieweit die von der SEC hierzu geschaffenen Regelungen und Verbote[700] Wirksamkeit entfalten.

2. Fehlende Korrespondenz der individuellen Bewertungsansätze

Weder der CRA Reform Act noch die SEC verlangen von den als NRSRO zugelassenen Agenturen einheitliche Ratingstandards. Einander entsprechen-de Ratingkategorien verschiedener Agenturen müssen daher nicht mit ent-sprechenden Ausfallraten einhergehen. Die Kritik relativiert sich jedoch bei einem Blick auf die Marktpraxis. So weisen die von den bisher als NRSRO zugelassenen Ratingagenturen verwendeten Kategorien und Definitionen eine weitestgehende Ähnlichkeit und Übereinstimmung auf. Gleichzeitig verwen-

---

699   Hill, 82 Wash. U. L.Q. 43, 61 n.95, 76 (2004).
700   Hierzu oben S. 124 f.

den die Agenturen, von geringfügigen Ausnahmen im unteren Speculative Grade-Bereich abgesehen, eine übereinstimmende Anzahl von Risikoklassen. Dies deutet auf einen relativ einheitlichen Standard hin, der vom Markt ohne Korrektur akzeptiert wird.[701] Hieran dürfte sich auch durch die Zulassung weiterer Agenturen als NRSRO nichts ändern. Eine mögliche Lösung zur Aufklärung der Marktteilnehmer könnte darin bestehen, die NRSROs zu verpflichten, in regelmäßigen Abständen die Definitionen und historischen Ausfallraten für jede einzelne Ratingklasse zu veröffentlichen.

3. Faktisch fehlende gerichtliche Überprüfbarkeit

Ein weiteres Problem besteht in der nur sehr begrenzten Aussicht, eine Entscheidung durch die SEC erfolgreich anzufechten. Zwar formuliert der CRA Reform Act für das Zulassungsverfahren feste Zeitvorgaben, jedoch haben sich die Rechtsschutzmöglichkeiten im Vergleich zum No-Action Letter-Verfahren nicht verbessert. So bleiben der um Anerkennung als NRSRO ersuchenden Agentur bei einer Ablehnung durch den Sachbearbeiter weiterhin zwei Möglichkeiten: Zum einen kann sie den Antrag nicht weiter verfolgen. Dies wäre aber gerade nicht in ihrem Interesse. Zwar hat die Ablehnung keine unmittelbaren Auswirkungen auf ihre laufenden Geschäfte, jedoch könnte der Markt auf die Ratings dieser Agentur insoweit nicht zurückgreifen, als die einschlägigen gesetzlichen Regelungen ein Bonitätsurteil durch eine NRSRO voraussetzen. Dies kann zu einer mangelnden Nachfrage nach Ratings der nicht als NRSRO anerkannten Agenturen führen.[702]

Zum anderen kann die Antragstellerin gegen die Entscheidung Widerspruch erheben. Hierbei sind die Chancen auf Erfolg jedoch äußerst gering. Zunächst besteht die Möglichkeit, eine erneute Entscheidung durch den Sachbearbeiter zu beantragen. Da diese jedoch durch die gleiche Person mit zumeist festgefahrenen Ansichten erfolgt, führt ein solcher Antrag in der Regel zu keinem anderen Ergebnis.[703] Ausnahmen sind allenfalls dann denkbar, wenn zuvor lediglich Missverständnisse hinsichtlich der für die Entscheidung relevanten Tatsachen vorlagen. Der nächste Schritt besteht in ei-

---

701 Aus diesem Grund hatte auch die SEC nie beabsichtigt, die Ratingsymbole der NRSROs zu standardisieren; vgl. SEC, Securities Act Release No. 8570, 70 Fed. Reg. 21306, 21317 (Apr. 25, 2005).

702 Lemke, 42 Bus. Law. 1019, 1036 (1987); Rhodes, 20 Seton Hall Legis. J. 293, 328 n.200 (1996).

703 Freeman, 28 Geo. Wash. L. Rev. 18, 25 (1959); Lemke, 42 Bus. Law. 1019, 1036 et seq. (1987); Rhodes, 20 Seton Hall Legis. J. 293, 328 (1996).

nem Antrag auf Überprüfung der Entscheidung des Sachbearbeiters durch
das Board of Commissioners (BoC). Es liegt jedoch im freien Ermessen des
BoC, sich mit der angefochtenen Entscheidung zu beschäftigen,[704] und in der
Regel lehnt es eine solche Überprüfung ab.[705] Damit bleibt nur noch die
Überprüfung durch das Gericht. Eine solche ist aber nur möglich, wenn sich
zuvor das BoC mit der Ausgangsentscheidung des Sachbearbeiters überhaupt
beschäftigt und dessen Entscheidung ausdrücklich bestätigt hat.[706] Soweit das
BoC eine Überprüfung gar nicht erst vornimmt, bleibt der Antragstellerin eine gerichtliche Überprüfung verwehrt. Angesichts der beschriebenen Voraussetzungen und der geringen Wahrscheinlichkeit für eine positive Neubeschei-
dung bleiben abgelehnte Anträge auf Zulassung als NRSRO faktisch nicht
gerichtlich überprüfbar. Auch wenn sich die Zulassungspolitik der SEC nach
Verabschiedung des CRA Reform Act im Vergleich zur vorherigen defensi-
ven Praxis ändern sollte, bleibt festzuhalten, dass ein effektiver Rechtsschutz
fehlt.

4. Gefahr der Überregulierung

Mit der NRSRO hat die SEC einen neuen Marktteilnehmer von besonderer
regulatorischer Bedeutung geschaffen. Gleichzeitig übt die SEC im Rahmen
des Wertpapierwesens die Aufsicht über die übrigen Teilnehmer im Kapitalmarkt aus. Damit besteht die Gefahr, dass die als NRSRO zugelassenen
Agenturen auch denselben regulatorischen Vorschriften unterworfen werden.
Ein solches Vorgehen wird im Einzelfall der tatsächlichen Rolle der Agenturen nicht gerecht und führt zu einer Überregulierung. Ein gutes Beispiel hierfür bilden die Registrierungsanforderungen nach dem Investment Advisers
Act of 1940.

---

704 17 C.F.R. § 202.1(d) (2007); Kixmiller v. SEC, 492 F.2d 641, 645 (D.C. Cir. 1974),
     wonach das BoC nur dann aktiv werden muss, wenn die Umstände dies gebieten.
705 Lemke, 42 Bus. Law. 1019, 1039 (1987); Lockhart, 1 Recom. & Rep. Admin. Conf.
     U.S. 440, 467-70 (1970).
706 Roosevelt v. E.I. Du Pont de Nemours & Co., 958 F.2d 416, 423 (D.C. Cir. 1992);
     Prevatte and Waco Financial, Inc. v. SEC, 812 F.2d 1408, 1408 et seq. (6th Cir.
     1987); SEC v. Tiffany Industries, Inc., 535 F. Supp. 1167, 1168 (E.D. Mo. 1982);
     Kixmiller v. SEC, 492 F.2d 641, 646 (D.C. Cir. 1974); Lemke, 42 Bus. Law. 1019,
     1039 et seq. (1987).

a) Zusätzliche Registrierung nach dem Investment Advisers Act of 1940

Über die Anerkennung als NRSRO hinaus verlangt die SEC von der betreffenden Agentur zusätzlich die Registrierung als Anlageberater (*investment advisor*) nach dem Investment Advisers Act of 1940 (Advisers Act).[707] Hierzu bedarf es der Einreichung eines Registrierungsformulars, welches weitestgehend Informationen abfragt, die bereits Gegenstand des NRSRO-Antragsprozesses sind. Durch die Registrierung als *investment advisor* erlangt die SEC die Kontrolle über den Eintritt in den Anlageberatungsmarkt und erhält Vollziehungsgewalt über diejenigen Anmelder, die willentlich irreführende Angaben machen, ihren Publizitätspflichten nicht nachkommen oder die Vorschriften des Wertpapierrechts vorsätzlich verletzen.[708] Zwar ist streitig, ob der Advisers Act der SEC überhaupt die Befugnis verleiht, die NRSROs zu einer Registrierung zu zwingen, da er dem U.S. Supreme Court zufolge nur eine Regulierung personalisierter Anlageberatung gestattet.[709] Dennoch registrieren sich die den Status anstrebenden Agenturen auf freiwilliger Basis, um ihre Chancen zu erhöhen.[710]

b) Problematik des Ansatzes und Kritik

Der Advisers Act regelt die personalisierte und individuelle Anlageberatung. So hat der U.S. Supreme Court gerade den persönlichen Charakter der Beziehung zwischen dem Investor und seinen Kunden als entscheidendes Merkmal herausgestellt.[711] Ein Anlageberater erteilt spezifische Anlagevorschläge, also Kauf- und Verkaufsempfehlungen.[712] NRSROs hingegen erteilen Bonitätsurteile, geben aber gerade keine spezifischen Anlageempfehlungen ab. Dies ma-

---

707 15 U.S.C. §§ 80b-1 et seq. (2007); vgl. auch Bottini, 30 San Diego L. Rev. 579, 611 (1993); SEC, Giving SEC Power over Rating Agencies, 24 Sec. Reg. & L. Rep. (BNA) 1268, 1268 (Aug. 14, 1992).

708 15 U.S.C. § 80b-3(c), (e) (2007); darüber hinaus drohen dem Anmelder auch straf- und zivilrechtliche Konsequenzen; vgl. 15 U.S.C. § 80b-9 (2007).

709 Lowe v. SEC, 472 U.S. 181, 208 et seq. (1985).

710 Rhodes, 20 Seton Hall Legis. J. 293, 330 (1996).

711 Lowe v. SEC, 472 U.S. 181, 208 (1985); zum Regulierungsziel des Advisers Act vgl. auch SEC, Investment Counsel and Investment Advisory Services, H.R. Doc. 477, 76th Cong., 2nd Sess. (1939).

712 SEC, Investment Advisers Act Release No. 1092, 52 Fed. Reg. 38400, 38402 (Oct. 16, 1987).

chen die Agenturen in ihren Haftungsausschlüssen immer wieder deutlich.[713] Der Advisers Act beabsichtigt daher die Regulierung einer anderen Zielgruppe.

Zu demselben Ergebnis kommt man, wenn man sich die haftungsrechtlichen Ungereimtheiten im Zusammenhang mit dem Advisers Act vor Augen führt. So lässt die persönliche Beziehung zwischen dem Anlageberater und dem Anleger individuelle Treuepflichten entstehen. Dies steht im Widerspruch zu den quasi-öffentlichen Leistungen der Agenturen, welche ihre Dienste als Finanzintermediäre sowohl Emittenten als auch Investoren gleichermaßen zur Verfügung stellen. Im Gegensatz zur individuellen Anlageberatung müssen Ratingagenturen ihre Ergebnisse gerade in großem Umfang zirkulieren, um ihrer Rolle als Intermediär gerecht zu werden. Die hieraus resultierende mangelnde Anwendbarkeit des Advisers Act hat auch die SEC implizit eingestanden, indem sie haftungsrechtliche Ausnahmen für die Agenturen zugelassen hat. So unterliegt nach Section 11 des Securities Act of 1933 (Securities Act)[714] grundsätzlich jeder nach dem Advisers Act registrierte *investment advisor* der Haftung für die von ihm erstellten oder bestätigten Registrierungsangaben. Section 11 gewährt jedem Käufer einen Schadensersatzanspruch im Falle unrichtiger, irreführender oder unterlassener, für die Anlageentscheidung jedoch wesentlicher Angaben.[715] Soweit jedoch Ratings von NRSROs in die Registrierungsangaben einbezogen werden, entfällt gemäß Rule 436 diesbezüglich eine Haftung.[716] Diese ungleichen Haftungsstandards bestätigen die mangelnde Konzeption des Advisers Act zur Regulierung von Ratingagenturen.

Weiterhin ermächtigt die Registrierung nach dem Advisers Act die SEC, von den angemeldeten Personen die gesetzlich vorausgesetzte Publizität einzufordern oder NRSROs von der Erteilung personalisierter Anlageberatung abzuhalten.[717] Trotzdem unterlassen es die als NRSRO registrierten Agenturen, die erforderlichen Aktualisierungen einzureichen. Mangels offensichtlichen Interesses der SEC an aktualisierten Informationen über die NRSROs sowie aufgrund seiner beschränkten Informationsanforderungen ist der Advi-

---

713 Vgl. Moody's, Global Ratings Guide, Impressum (1998); S&P, Corporate Ratings Criteria 3 (1998); dies., Debt Ratings Criteria 3 (1986); Vetter, WM 2004, S. 1701 (1702).

714 15 U.S.C. §§ 77a (2007).

715 15 U.S.C. § 77k(a) (2007); Johnson/McLaughlin, Securities Laws 308 (3d ed. 2004).

716 17 C.F.R. § 230.436(g)(1) (2007); SEC, Securities Act Release No. 6336, 46 Fed. Reg. 42024, 42025 (Aug. 18, 1981); Langevoort, 98 Harv. L. Rev. 747, 776 (1985).

717 Vgl. 15 U.S.C. § 80b-3, § 80b-9 (2007).

sers Act nicht geeignet, eine gesteigerte Publizität der Ratingagenturen zu gewährleisten.[718]

Zu guter Letzt untersagt Section 205 des Advisers Act den Anlageberatern, in ihren Beratungsverträgen die Vergütung von der Wertentwicklung der Kundendepots abhängig zu machen.[719] Der Advisers Act erteilt sonach einer erfolgsabhängigen Bezahlung eine Absage. Ratingagenturen werden zumeist direkt von den Emittenten bezahlt. Die Höhe der Gebühren hängt in der Regel vom Umfang der Emission ab, zum Teil kommen noch weitere Gebühren hinzu für jedes Jahr, in dem das Bonitätsurteil bestehen bleibt. Die Vergütung der Agenturen besitzt somit einen aufwands- und erfolgsabhängigen Charakter, ist also mit Section 205 des Advisers Act nicht vereinbar. Die deswegen gegen die Intention des Advisers Act erforderlichen Ausnahmen für Ratingagenturen zeigen seinen mangelnden Zuschnitt auf die Regulierung von NRSROs. Die Koppelung der Anerkennung einer Agentur als NRSRO an eine Registrierung nach dem Advisers Act ist verfehlt.

5. Gefahr des Verkaufs bloßer regulatorischer Bescheinigungen

Schließlich beinhaltet der Ansatz der SEC, nur den Bonitätsurteilen besonders zugelassener Agenturen eine Relevanz im Sinne der ratingbezogenen Vorschriften zukommen zu lassen, das Risiko, dass die Nachfrage nach Ratings nicht aufgrund ihrer Qualität erfolgt, sondern nur zur Erfüllung gesetzlicher Anforderungen.

a) Die Regulatory License-Ansicht

Zum Teil wird vertreten, die als NRSROs anerkannten Agenturen hätten ihre Bedeutung nicht aufgrund ihrer Leistungen und Reputation erlangt, sondern lediglich aufgrund der Tatsache, dass zahlreiche gesetzliche Regelungen auf ihre Ratings Bezug nehmen. Nur solange eine solche Verwendung des Ratings nicht zu regulatorischen Zwecken stattfände, verkauften die Ratingagenturen den Investoren tatsächlich Bonitätsinformationen und sei ihr Fortbestehen von der Qualität dieser Informationen abhängig. Sobald jedoch Ratings eine regulatorische Bedeutung zukomme, verkauften die Agenturen nicht mehr nur Informationen, sondern – ähnlich wie Wirtschaftsprüfer – auch die gesetzlich geforderte Bescheinigung (*regulatory license*), dass bestimmte gesetzliche Anforderungen (etwa ein Mindestrating) erfüllt sind. Dies führt nach Mei-

---

718   Zum Vorstehenden Rhodes, 20 Seton Hall Legis. J. 293, 331 (1996).
719   15 U.S.C. § 80b-5(a)(1) (2007).

nung der *regulatory license*-Ansicht dazu, dass Marktteilnehmer zur Erlangung eines besseren Ratings Handlungen vornehmen, die jedoch nicht notwendigerweise die Bonität verbessern. Wenn darüber hinaus nur bestimmte Agenturen aufgrund einer besonderen Zulassung als NRSRO zur Ausstellung dieser Bescheinigungen in der Lage seien, erlaube dies den zugelassenen Agenturen, ihre Marktstellung in einem ohnehin oligopolistischen Markt weiter zu vergrößern.[720]

Weiterhin kritisiert die *regulatory license*-Ansicht, ratingbezogene Regelungen würden eine ständige Nachfrage nach Ratings erzeugen. Das Erfordernis der Zulassung als NRSRO schütze die bereits anerkannten Agenturen zusätzlich in ihrer Rolle als Aussteller gesetzlich geforderter Bescheinigungen. Als Folge verlöre das Korrektiv der Reputation einen Großteil seiner Wirkung, da ein Markteintritt schwieriger werde. Dies werde durch die historische Entwicklung der Ratingagenturen bestätigt. So hätten diese immer dann an Einfluss gewonnen, wenn der Gesetzgeber die Anzahl ratingbezogener Regelungen in die Höhe geschraubt habe, also vor allem in den 1930er Jahren sowie Mitte der 1970er Jahre. Dies sei nicht mit einer plötzlich verbesserten Informationsqualität der Ratings zu erklären, sondern allein mit dem Umstand, dass die Ratings der bereits zugelassenen Agenturen regulatorische Vorteile für die Emittenten oder sonstige Marktteilnehmer mit sich brachten.[721]

b) Die Reputational Capital-Ansicht

Die Gegenmeinung vertritt die Ansicht, der Erfolg der Ratingagenturen beruhe allein auf dem Aufbau und der ständigen Verteidigung ihrer Reputation. Mit jedem Rating stehe das Reputationskapital (*reputational capital*) der Agentur auf dem Prüfstand. Dieses reduziere sich bei unglaubwürdigen oder falschen Bonitätsurteilen und führe zu Ertragsminderungen durch sinkende Marktanteile. Allein das hieraus resultierende wirtschaftliche Risiko und der damit einhergehende permanente Druck auf die Ratingagenturen sei die Ursache ihres Erfolges.[722]

---

720 Partnoy, Ratings 65, 80 (Levich et al. eds., 2002); ders., 77 Wash. U. L.Q. 619, 655, 681 et seq. (1999).
721 Partnoy, 77 Wash. U. L.Q. 619, 686 et seq. (1999).
722 Amihud et al., 51 Stan. L. Rev. 447, 481 (1999); Black, 48 UCLA L. Rev. 781, 802 (2001); Choi, 92 Nw. U. L. Rev. 916, 961 (1998); Gilson, 94 Yale L.J. 239, 290 (1984); Gilson/Kraakman, 70 Va. L. Rev. 549, 604 et seq., 619 (1984); Hill, 82 Wash. U. L.Q. 43, 50 (2004); Macey, 65 U. Chi. L. Rev. 1487, 1500 (1998); Rhodes, 20 Seton Hall Legis. J. 293, 296 (1996); Schwarcz, 2002 U. Ill. L. Rev. 1, 14 (2002); mit Einschränkungen auch Kerwer, Standardising as Governance 5 (2001).

Die *reputational capital*-Ansicht kann zusätzlich durch den Modellansatz der Standardsetzung oder Netzwerkbildung ergänzt werden. Dieser geht von der Annahme aus, dass sich in einer Gruppe von Marktteilnehmern mit gleichen oder weitestgehend gleichgerichteten Interessen oder Zielen, dem sogenannten Netzwerk, gemeinsame Standards zur Verwirklichung dieser Interessen oder Ziele herausbilden. Die einzelnen Netzwerkteilnehmer greifen dann bei der Verfolgung ihrer Ziele auf diese Standards zurück. Gleichzeitig steht und fällt die Herausbildung der gemeinsamen Standards mit ihrer allgemeinen Akzeptanz innerhalb der Mitglieder des Netzwerks.[723] Diese Wechselbeziehung zwischen den Standards und der Nutzerakzeptanz findet sich auch in der Argumentation der *reputational capital*-Ansicht wieder: Gebrauchen viele Investoren (also ein Netzwerk) die Ratings für verschiedene Zwecke (zum Beispiel durch interne Richtlinien zur Anlage in Papiere bestimmter Bonität oder zur Bestimmung der Risikostruktur eines Portfolios), so beeinflussen Ratings das Verhalten des gesamten Netzwerks. Gleichzeitig ist die Verwendung der Ratings durch das Netzwerk von der Nutzerakzeptanz, welche letztlich nichts anderes als der Ausfluss der Reputation ist, abhängig.[724]

c) Diskussion

Der *regulatory license*-Ansicht ist zuzugeben, dass die Verwendung des Ratings zu regulatorischen Zwecken einen wesentlichen Faktor für die zunehmende Bedeutung der Ratingagenturen darstellt. Sollte dies die alleinige Ursache sein, würde dies den inhaltlichen Wert eines Ratings erheblich mindern und dessen Verwendbarkeit als regulatorischen Bezugspunkt in Frage stellen. Doch so sehr die *regulatory license*-Ansicht auf den ersten Blick überzeugt, sprechen doch zahlreiche Argumente gegen die Annahme, dass allein die regulatorische Bedeutung des Ratings für den Erfolg der Agenturen ursächlich ist. So wurde bereits aufgezeigt, dass die meisten Emittenten routinemäßig zwei Ratings in Auftrag geben.[725] Beauftragt werden jedoch überwiegend Moody's und S&P, also die Agenturen, welche in der Regel die höchsten Gebühren verlangen.[726] Erwürben Unternehmen tatsächlich nur regulatorische Bescheinigungen, würden sie hierfür nicht mehr bezahlen als für den Erwerb des Ratings unbedingt erforderlich wäre. Konsequenterweise müssten die Unternehmen dann

---

723 Zu diesen Standardsetzungs- bzw. Netzwerkeffekten ausführlich Kerwer, Standardising as Governance (2001).

724 Vgl. hierzu Boot et al., Credit Ratings as Coordination Mechanisms (EFA Paper No. 2979, 2004).

725 Vgl. hierzu oben S. 127 ff.

726 Hill, 82 Wash. U. L.Q. 43, 66 (2004).

aber auf die billigere Agentur Fitch zurückgreifen. Die Existenz dieser Preis-prämien ist mit der Argumentation der *regulatory license*-Ansicht nur schwer zu vereinbaren.

Darüber hinaus beantragen Emittenten ein Rating auch dann, wenn zu erwarten ist, dass die Bonität im spekulativen Bereich liegen wird. Käme es, wie von der *regulatory license*-Ansicht vertreten, allein auf den Erhalt einer re-gulatorischen Bescheinigung an, wäre der Antrag auf ein solches Rating reine Geldverschwendung.

Weiterhin haben empirische Studien gezeigt, dass die Märkte auf zwei Ra-tings wohlwollender reagieren als auf nur ein Rating, dass sich für das Rating-objekt bei zwei Ratings diejenigen von Moody's und S&P günstiger auswirken als von Fitch und einer anderen Agentur und dass ein Rating von Moody's oder S&P vorteilhafter sein kann als ein Bonitätsurteil von Fitch.[727] Dies legt nahe, dass es nicht allein auf die Vergabe einer regulatorischen Bescheinigung ankommen kann, sondern dass Ratingagenturen darüber hinaus weitere – vom Markt verschieden bewertete – Informationen transportieren.

Andere Studien haben gezeigt, dass auch Ratings der drittgrößten Agentur Fitch und der damals viertgrößten Agentur DCR einen statistisch signifikan-ten Einfluss auf die am U.S.-Markt erzielten Anleiherenditen haben und bei Split Ratings der Agenturen Moody's und S&P den Ausschlag geben kön-nen.[728] Daraus lässt sich schließen, dass der Markt auch einem dritten oder vierten Rating einen Informationswert beimisst. Nähme man im Sinne der *re-gulatory license*-Ansicht an, dass die Ratings der beiden marktführenden Agen-turen bereits regulatorische Vorteile mit sich bringen, müsste der Markt Dritt- und Viertratings schlichtweg ignorieren. Ein derartiges Verhalten ist jedoch nicht festzustellen. So wiesen die vorgenannten Studien nach, dass Dritt- und Viertratings auch einen Einfluss auf die Anleiherenditen im Speculative Gra-de-Bereich ausüben, obwohl für solche Ratings keine regulatorischen Vorteile zu erwarten sind. Mit diesen Erkenntnissen ist das Argument der *regulatory li-cense*-Ansicht, die Ratingagenturen prosperierten allein aufgrund des (wirt-schaftlichen) Wertes der von ihnen ausgestellten Bescheinigungen, nicht ver-einbar.

Abschließend sei noch auf eine Korrelationsstudie vom französischen Kapitalmarkt Anfang der 1990er Jahre hingewiesen. Diese konnte für die Agentur S&P, die erst kürzlich durch den Erwerb der französischen Agence d'Evaluation Financière den Eintritt in den französischen Ratingmarkt gewagt

---

727 Hill, 82 Wash. U. L.Q. 43, 66 (2004) mit Beispielen in Fn. 117.
728 Vgl. die Studien von Jewell/Livingston, 10 J. Fixed Income 69 (2000); dies., 8 Fin. Markets Inst. & Instruments (No. 4) 1 (1999).

hatte, keine Effekte auf die *credit spreads* nachweisen, obwohl durch die Ratingvorschriften der Börse eine Nachfrage gesichert war.[729] Dies spricht dafür, dass auch eine Agentur wie S&P in einem jungen Ratingmarkt erst eine Reputation aufbauen muss, also das Recht zur Ausstellung regulatorischer Bescheinigungen für ein langfristiges Bestehen im Markt allein nicht ausreicht. Da insgesamt die besseren Argumente für die *reputational capital*-Ansicht sprechen, ist dieser gegenüber der *regulatory license*-Ansicht der Vorzug zu geben.

III. Ergebnis

Der Ansatz der SEC, die aufsichtsrechtliche Relevanz des Ratings einer Agentur von deren Zulassung als NRSRO abhängig zu machen, stellt eine Marktzugangsbarriere dar. Zwar hat der CRA Reform Act das Zulassungsverfahren gegenüber der früher praktizierten Anerkennung durch einen No-Action Letter transparenter gemacht und objektiviert, doch bestehen andere Marktzugangsbarrieren weiterhin fort. So erschweren zum einen marktimmanente Mechanismen wie der Zwei-Ratings-Standard den Marktzugang, da bereits etablierte Agenturen bevorzugt werden, zum anderen ist die Entscheidung der SEC über eine Zulassung als NRSRO faktisch nicht gerichtlich überprüfbar.

Darüber hinaus provoziert der Ansatz, bestimmte Agenturen als NRSRO und damit als spezifisch definierte Marktteilnehmer anzuerkennen, Tendenzen zur Überregulierung. So werden im Falle des Advisers Act bestehende regulatorische Ansätze einfach auf die Ratingagenturen „übergestülpt". Dies führt auf verschiedenen Ebenen wie der Haftung oder des Regelungszwecks zu systemwidrigen Verknüpfungen, die dann durch Ausnahmeregelungen wieder aufgebrochen werden müssen.

Zu guter Letzt geht mit der Zulassung als NRSRO die Berechtigung einher, regulatorische Bescheinigungen auszustellen. Während die *regulatory license*-Ansicht allein diesen Umstand für den Erfolg der Ratingagenturen verantwortlich macht, ist aufgrund guter Argumente der *reputational capital*-Ansicht zu folgen, der zufolge der Erfolg einer Agentur von ihrer Reputation abhängt. Aufgrund dieser Unabhängigkeit des Erfolges der Ratingagenturen vom NRSRO-Status stellt sich dann die Frage, ob eine besondere Zulassung der Agenturen als NRSRO überhaupt erforderlich ist oder ob nicht auch eine Kapitalmarktregulierung unter Bezugnahme auf Ratings jeglicher Agenturen denkbar wäre. Dem gegenüber ist jedoch zu bedenken, dass es sich bei der

---

729 Vgl. die Studie von Artus et al., 7 J. Int'l Sec. Markets 211 (1993).

Sicherstellung eines funktionsfähigen Kapitalmarkts um eine hoheitliche Aufgabe handelt.[730] Schon aus diesen Erwägungen sollte eine gewisse Form der Zertifizierung oder Zulassung gewahrt bleiben.[731] Nur so kann ein Mindestmaß an Ratingqualität bzw. Ratingvergleichbarkeit gewährleistet werden und bei Missbrauch eine regulatorische Indienstnahme des Ratings der betreffenden Agentur (zum Beispiel durch Entzug der Zulassung) verhindert werden. Andernfalls wäre eine Bezugnahme auf Ratings durch den Gesetzgeber zu Regulierungszwecken kaum vertretbar. Berechtigt ist jedoch die Frage, ob für das derzeit gültige Konzept der Zulassung als NRSRO zur Qualitätssicherung nicht bessere Alternativen bereitstehen. Diese Problematik wird noch im Rahmen der Überlegungen zu einer Einführung ratingbezogener Regulierung in Deutschland untersucht werden.[732]

§ 9 Kritische Untersuchung des Umfangs ratingbezogener Regulierung

Nachdem gezeigt wurde, dass die Indienstnahme des Ratings einen gangbaren Weg bei der Kapitalmarktregulierung darstellt, soll nun der Umfang einer solchen Regulierung untersucht werden. Denn in den U.S.A. verleitet die organisatorisch einfache Verwendung des Ratings bei der Kapitalmarktregulierung den Regulierer zuweilen zu einer ungeordneten und übertriebenen Nutzung. So verwenden zum Beispiel einige aufsichtsrechtliche Vorschriften den Begriff der NRSRO, ohne diesen zu definieren oder auf die Zuständigkeit der SEC zu einer Begriffsbestimmung Bezug zu nehmen.[733] Ebenso droht die Gefahr, dass sich die Aufsichtsbehörden auf Tätigkeiten der Agenturen verlassen, welche diese jedoch gar nicht richtig leisten können. Nachfolgend werden daher zentrale Regelungen aus dem U.S.-amerikanischen Recht zur Regulierung der Portfoliozusammensetzung, der Publizitätsanforderungen, des Wertpapierhandels, der Registrierungs- und Anmeldepflichten sowie der Information des Kapitalmarkts auf ihre Zweckmäßigkeit hin untersucht.

---

730 Kümpel/Veil, WpHG, 2. Teil Rn. 5.
731 Vgl. auch die staatliche „Akkreditierung" von privaten Zertifzierungsstellen, denen von staatlicher Seite präventive Kontrollaufgaben übertragen werden. Beispiele hierfür finden sich im Bereich der Produkt- und Gerätesicherheit (CE-Kennzeichnung), im Straßenverkehrsrecht (Ausbildung von Personen für den Straßenverkehr) und im Recht der elektronischen Signatur (Zertifizierung des Signaturverfahrens durch private Stellen); hierzu Pünder, ZHR 170 (2006), S. 567 (569, 591).
732 Siehe hierzu nachfolgend S. 205 ff.
733 So z.B. die Anforderungen an Housing Finance Agencies, 24 C.F.R. § 266.100(a) (2007).

I. Portfoliorestriktionen

Portfoliorestriktionen beabsichtigen, mit Hilfe des Ratings festzulegen, wann die Investition in ein bestimmtes Wertpapier für bestimmte Investoren ein zu großes Risiko darstellt[734] bzw. wollen das Investitionsverhalten auf andere Art steuern.[735] Dies zeigt sich vor allem bei Eigenkapitalvorschriften sowie Anlagebeschränkungen für Geldmarktfonds.

1. Eigenkapitalvorschriften

Mit Verabschiedung von Rule 15c3-1[736] zum Exchange Act griff die SEC erstmals zur Regulierung des Wertpapiermarktes auf den Begriff der NRSRO zurück und ersetzte die bis dahin auf Eigenkapitalkennzahlen und der Errechnung der Gesamtverbindlichkeiten beruhenden Konzepte durch ein neues Nettokapitalkonzept.[737] Aus diesem Grund wird Rule 15c3-1 auch Net-Capital-Rule genannt.

a) Rule 15c3-1

Gemäß Rule 15c3-1 dürfen die Gesamtverpflichtungen von *broker-dealers* gegenüber anderen Personen das 15-fache des Eigenkapitals nicht übersteigen.[738] Bei der Berechnung des Eigenkapitals sind bestimmte Sicherheitsab-

---

734 So z.B. 34 C.F.R. § 668.15(b)(7)(ii) (2007), wonach es bei der Beurteilung der finanziellen Sicherheit sog. Higher Education Act-Programme eine erhebliche Rolle spielt, ob die von dem Progamm emittierten Anleihen von einer NRSRO in ihren zwei höchsten Bonitätsstufen bewertet sind.

735 So dienen Portfoliorestriktionen auch anderen Steuerungszwecken wie z.B. der Förderung von Marktliquidität für Anleihen von notorisch schlechter Bonität. So soll die vom Kongress als Sekundärmarkt und Zwischenparkstation für Studentenkredite geschaffene Student Loan Marketing Association nicht weniger als 75% ihres Dollarbetrages in Anleihen investieren, die durch eine NRSRO mit einer Bonität von schlechter als der zweithöchsten Bonitätsstufe bewertet sind; 20 U.S.C. § 1087-2(d)(5) (2007).

736 17 C.F.R. § 240.15c3-1 (2007). Rule 15c3-1 ist die Fortentwicklung der Bestimmung des OCC von 1931, dass Banken Anleihen nur dann zu ihrem Buchwert in der Bilanz veranschlagen durften, wenn sie von wenigstens einer Ratingagentur mit Investment Grade bewertet wurden; Cantor/Packer, 19 FRBNY Q. Rev. 1, 6 (1994).

737 Rhodes, 20 Seton Hall Legis. J. 293, 334 et seq. (1996); vgl. auch Werner, 70 Va. L. Rev. 755, 773 (1984).

738 17 C.F.R. § 240.15c3-1(a)(1)(i) (2007); zur Berechnung der Gesamtverpflichtungen bzw. des Nettokapitals 17 C.F.R. § 240.15c3-1(c)(1), (2) (2007).

schläge (*haircuts*) auf den Marktwert der von den *broker-dealers* gehaltenen Wertpapiere vorzunehmen, um die Bilanzierung gegen schwankende Marktpreise abzusichern. Die Höhe der Abschläge richtet sich in erster Linie nach dem Emittenten des Wertpapiers sowie dessen Restlaufzeit.[739] Für die Bilanzierung von anderen Eigentumspositionen wie zum Beispiel Commercial Papers, Bankakzepte (*bankers acceptances*) oder festverzinsliche Wertpapiere (*certificates of deposit*) sieht Rule 15c3-1 einen Abschlag von 15% vom Marktwert des Papiers vor.[740] Jedoch reduzieren sich diese Sicherheitsabschläge in Abhängigkeit von ihrer Restlaufzeit erheblich, soweit die benannten Wertpapiere von wenigstens zwei NRSROs mit einer der drei höchsten Bonitätsstufen bewertet sind. So werden zum Beispiel derartige Papiere mit Restlaufzeiten von über einem Jahr den von der U.S.-Regierung begebenen Papieren gleichgestellt, so dass die Abschläge je nach Laufzeit nur noch 1,5% bis maximal 6% betragen.[741] Für nicht wandelbare (*nonconvertible*) und wandelbare (*convertible*) Wertpapiere sind ähnlich reduzierte Abschläge vorgesehen, soweit diese von wenigstens zwei NRSROs mit einer der vier höchsten Bonitätsstufen versehen wurden.[742] Damit wird deutlich, dass ein gutes Rating von zwei anerkannten Agenturen die Anforderungen an das vom *broker-dealer* zu haltende Eigenkapital erheblich senken kann.

b) Kritik

Der Vorteil einer auf Bonitätsurteile von NRSROs gestützten Regulierung wird im Allgemeinen in ihrer einfachen Handhabung gesehen. Ihr Ansatz basiert im Wesentlichen auf der Annahme, dass in den oberen Regionen der Bonitätsskala bewertete Wertpapiere geringere Ausfallwahrscheinlichkeiten aufweisen als Wertpapiere niederer Bonität.[743] Denn obwohl Ratings eigent-

---

739 Vgl. z.B. 17 C.F.R. § 240.15c3-1(c)(2)(vi)(A)(1) (2007), wonach bei von den U.S.A. begebenen Wertpapieren mit einer Restlaufzeit von unter drei Monaten der Abschlag 0%, bei drei bis sechs Monaten 0,5%, bei sechs bis neun Monaten 0,75% beträgt und deren Staffelung sich bis zu einem Abschlag von 6% bei einer Restlaufzeit von über 25 Jahren fortsetzt. Für Kommunalobligationen gelten andere Abschläge; 17 C.F.R. § 240.15c3-1(c)(2)(vi)(B)(1) (2007). Von der kanadischen Regierung begebene Papiere werden den U.S.-amerikanischen gleichgestellt; 17 C.F.R. § 240.15c3-1(c)(2)(vi)(C) (2007).
740 17 C.F.R. § 240.15c3-1(c)(2)(vi)(J) (2007).
741 17 C.F.R. § 240.15c3-1(c)(2)(vi)(E) (2007).
742 17 C.F.R. § 240.15c3-1(c)(2)(vi)(F)(1), (G) (2007).
743 Cantor/Packer, 19 FRBNY Q. Rev. 1, 7, 10 (1994); Rhodes, 20 Seton Hall Legis. J. 293, 335 (1996).

lich nur das Bonitätsrisiko beurteilen, nicht jedoch das Marktrisiko, haben empirische Studien für Anleihen gezeigt, dass höhere Ratings mit einer höheren Preisstabilität der Wertpapiere einhergehen als niedrigere Bonitätsbewertungen.[744] Zwar korrigieren Ratingagenturen ihre Bewertungen in der Regel nicht bei lediglich kurzfristigen Kursschwankungen, welche das langfristige Bonitätsrisiko nicht berühren,[745] doch geht die SEC davon aus, dass die Ratings das Marktrisiko für Regulierungszwecke ausreichend genau abbilden.[746]

Wollte die SEC bestimmte Sicherheitsabschläge festsetzen, ohne sich der Ratingurteile der NRSROs zur Bewertung von Wertveränderungen bei Wertpapieren zu bedienen, müssten diese Sicherheitsabschläge aus dem Durchschnitt der erheblichen Abschläge für volatile Verbindlichkeiten und der geringeren Abschläge für beständigere Verbindlichkeiten bestehen. Dies würde jedoch zu überproportional hohen *haircuts* bei weniger volatilen Wertpapieren führen und dadurch für deren Emittenten die Finanzierungskosten erhöhen.[747] Ebenso würden die Kosten der SEC zur Errechnung der *haircuts* steigen.[748] Dem gegenüber liegen die Vorteile der Net-Capital-Rule in ihrer Vereinfachung der Überwachung von Finanz- und Wertpapierhäusern.[749] Die Kritik, die Einräumung von regulativen Erleichterungen in Abhängigkeit von hohen Bonitätsbewertungen durch NRSROs führe zu einer erhöhten Nachfrage nach Ratings,[750] greift für die Net-Capital-Rule nicht. Zwar würden Anleihen, die über keine oder nur eine mittelmäßige Bonitätsbewertung verfügen, für die *broker-dealer* theoretisch in ihrer Haltung teurer. Auch könnte dieser Umstand Druck auf die Emittenten ausüben, hohe Ratings von NRSROs zu suchen, um ihre Finanzierungskosten zu senken. Jedoch ist dieser Kostendruck nicht auf die nur theoretisch höheren Kosten der Wertpapierhaltung seitens der *broker-dealer* zurückzuführen. Denn Rule 15c3-1 richtet sich an große Kursmaklerhäuser. Diese institutionellen Investoren hatten zum Zeitpunkt der Einführung von Rule 15c3-1 jedoch bereits die Praxis entwickelt, in ihre eigene Recherche und Analyse die Ratings der NRSROs ein-

---

744 Vgl. z.B. S&P, Credit Review 2 (1993), die ausdrücklich darauf hinweist, dass Auswirkungen auf die Bonitätsbewertungen durch vorhersehbare kurzfristige Schwankungen nicht zu erwarten seien.

745 Vgl. Altman/Rijken, 28 J. Banking & Fin. 2679, 2683 (2004) sowie ausführlich oben S. 99 ff.

746 Rhodes, 20 Seton Hall Legis. J. 293, 335 (1996).

747 Rhodes, 20 Seton Hall Legis. J. 293, 335 et seq. (1996).

748 McGuire, Brief an Commissioner Wallman (SEC) v. 06.10.1995, S. 6.

749 Cantor/Packer, 19 FRBNY Q. Rev. 1, 7 (1994).

750 So Partnoy, 77 Wash. U. L.Q. 619, 682 (1999).

fließen zu lassen. Daher ist kaum anzunehmen, dass Rule 15c3-1 unmittelbar die Nachfrage nach Ratings seitens der Kursmakler beeinflusst hat.[751]

Auf einen Gefahrenherd muss jedoch hingewiesen werden. Bei der Vornahme von Sicherheitsabschlägen bei ausländischen Wertpapieren besteht, vor allem soweit hierbei auf Länderratings der Ratingagenturen[752] Bezug genommen wird, unter Umständen ein wesentlich höheres Risiko. Wie bereits gezeigt, sind für die Agenturen mangels ausführlicher empirischer Erfahrungen bei der Beurteilung von Schwellen- sowie Entwicklungsländern sowohl die Datenlage dürftig als auch die Analysesituation teilweise schwierig.[753] Darüber hinaus sind bei Länderratings bestimmte Aspekte, wie zum Beispiel die politische Stabilität eines Staates, nur schwer zu beurteilen und stark vom subjektiven Politikverständnis des Ratinganalysten abhängig.[754] Hinzu kommt, dass die Agenturen bei der Beurteilung der politischen Stabilität ausländischer Staaten zum Teil nach unterschiedlichen Methoden vorgehen[755] und vereinzelt auf ungeeignete Kennzahlen zurückgreifen. So legen manche Agenturen zum Beispiel ein starkes Gewicht auf das Verhältnis der Schulden zum Export (*debt-to-export ratio*) – eine Kennzahl, die sich bisher als schlechtes Warnsignal für Finanzkrisen erwiesen hat.[756] Überdies gehen sie oft von einem reduzierten Risiko aus, wenn sie den Eindruck haben, der bewertete Staat könne im Falle einer Finanzkrise auf internationale Unterstützung zählen.[757] Zu guter Letzt ist die Personaldecke der Ratingagenturen im Bereich des Länderratings noch immer recht dünn. So waren selbst nach Verdopplung der Zahl der Ratinganalysten bei S&P Ende Juli 2002 gerade 20 Personen mit Länderratings beschäftigt. Damit erstellte ein Analyst im Durchschnitt für fünf Staaten ein

---

751   Rhodes, 20 Seton Hall Legis. J. 293, 336 (1996); Yamamoto, Brief an Secretary Katz (SEC) v. 01.12.1994.

752   Zur Unterscheidung zwischen den Länderratings der Ratingagenturen und den Länderratings einzelner Banken Schneck, Kredit & Rating Praxis 4/2004, S. 17 (17 f.).

753   Siehe hierzu ausführlich oben S. 111 ff.

754   Schneck, Kredit & Rating Praxis 4/2004, S. 17 (20); zu der politischen Dimension des Länderratings auch Hillebrand, in: Brühl u.a. (Hrsg.), Privatisierung der Weltpolitik, S. 150 (154 ff.).

755   Zu den verschiedenen Verfahren der einzelnen Ratingagenturen bei der Überprüfung bestehender Ratings Schneck, Kredit & Rating Praxis 4/2004, S. 17 (19 f.); zu den unterschiedlichen Ansätzen z.B. beim Rating von Verbriefungen Schmidtchen/Krämer-Eis, Kredit & Rating Praxis 6/2002, S. 9 (9 ff.).

756   Siehe hierzu Reinhart, Ratings 251, 261 (Levich et al. eds., 2002), welche die bedingte Geeignetheit von Länderratings für die Darstellung des tatsächlichen Finanzrisikos eines Landes aufzeigt.

757   Sy, 28 J. Banking & Fin. 2845, 2846 (2004); Goldstein et al., Financial Vulnerability 8 (2000).

Rating.[758] Der Internationale Währungsfonds vermutet daher, dass sich die Analysten auf die in anderen Quellen präsentierten Informationen verlassen und so die Genauigkeit des Ratings eingeschränkt wird.[759] Als Konsequenz dieser oft höchst unterschiedlichen Vertrautheit mit ausländischen Staaten seitens der Agenturen kommt es beim Länderrating daher häufiger zu Split Ratings.[760] Darüber hinaus sind Länderratings in der Regel nicht in der Lage, Finanz- und Währungskrisen vorherzusehen,[761] welche auf Bonitätskrisen einen großen Einfluss haben können. Jedoch sollten die vorgenannten Aspekte trotz des theoretisch höheren Risikos einer Verwendung von Ratings im Rahmen von Eigenkapitalvorschriften nicht im Wege stehen. Denn letztendlich berechnet sich das vom *broker-dealer* insgesamt vorzuhaltende Eigenkapital aufgrund einer Vielzahl von Einzelforderungen, von denen nur ein Teil auf ausländische Schuldner entfällt. Da von diesen ausländischen Schuldnern wiederum nur ein Teil Schwellen- oder Entwicklungsländern zuzuordnen sein wird, dürfte das Risiko einer zu geringen Eigenkapitaldeckung vernachlässigbar sein. Gegen eine Verwendung von Ratings zur Ermittlung der Mindesthöhe des Eigenkapitals der *broker-dealer* bestehen daher keine Bedenken.

2. Anlagebeschränkungen für Geldmarktfonds

Mit Rule 2a-7[762] zum Company Act bietet die SEC eine von Geldmarktfonds extensiv genutzte Ausnahmeregelung zur Bewertung des Fondsvermögens an. So bestimmen Mindestratings, in welche Wertpapiere Geldmarktfonds investieren müssen, um für sie günstigere Methoden zur Berechnung des Fondswertes verwenden zu können.

a) Rule 2a-7

Bei traditionellen Investmentfonds verändert sich der Nettoportfoliowert und damit der Wert eines Anteils am Fondsvermögen aufgrund von Marktfaktoren täglich. Da Geldmarktfonds hingegen meist mit Einlageprodukten von Banken konkurrieren, versuchen sie, diese täglichen Wertveränderungen zu

758   Schneck, Kredit & Rating Praxis 4/2004, S. 17 (20).
759   Hillebrand, in: Brühl u.a. (Hrsg.), Privatisierung der Weltpolitik, S. 150 (164).
760   Cantor/Packer, 19 FRBNY Q. Rev. 1, 13 (1994); zu der z.T. verschiedenen geographischen Ausrichtung und damit auch unterschiedlichen Erfahrung der Agenturen Smith/Walker, Rating Agencies 4 (INSEAD Working Paper, 2001); Rhodes, 20 Seton Hall Legis. J. 293, 337 (1996).
761   Siehe hierzu oben S. 111 ff.
762   17 C.F.R. § 270.2a-7 (2007).

vermeiden und den Nettoanteilswert stabil zu halten (zum Beispiel bei $ 1,00 pro Anteil). Wertzuwächse des Fonds aufgrund von Zinsen und Dividenden werden in Form von zusätzlich an den Anleger ausgeschütteten Anteilen berücksichtigt.[763]

Vor diesem Hintergrund gestattet Rule 2a-7 Geldmarktfonds bei der Berechnung des Nettowertes der Fondsanteile, die „amortisierte Kostenmethode" (*amortized cost method*) heranzuziehen. Bei dieser Methode werden die amortisierten Kosten der vom Fonds gehaltenen Wertpapiere berücksichtigt, indem die Berechnung des Nettowertes nicht zum täglichen Marktwert der Papiere erfolgt, sondern unter Heranziehung der Anschaffungskosten bei Berücksichtigung der Amortisierung des Agios bzw. des Wertzuwachses des Disagios.[764] Die Verwendung der amortisierten Kostenmethode ist jedoch nur für bestimmte Wertpapiere (*eligible securities*) möglich. Voraussetzung ist unter anderem, dass die gehaltenen Papiere von zwei NRSROs (oder nur einer, wenn nur eine Agentur das Wertpapier bewertet hat) in den zwei höchsten Bonitätsstufen für kurzläufige Wertpapiere bewertet wurden.[765] Das gleiche gilt, wenn die Papiere zum Zeitpunkt der Emission eine Laufzeit von über 397 Kalendertagen und ein langfristiges Rating von einer NRSRO innerhalb der drei höchsten Kategorien besaßen, ihre Restlaufzeit nunmehr aber unter 397 Tagen liegt.[766] Unter den vorgenannten Wertpapieren unterscheidet Rule 2a-7 zur Regulierung der Diversifikation des Geldmarktfondsportfolios in Abhängigkeit von der Bonitätseinstufung zwischen erst- und zweitklassigen Wertpapieren.[767] Unter erstklassige Papiere fallen neben Staatsanleihen unter anderem auch Titel, die von zwei NRSROs in deren höchster Bonitätsklasse für kurzläufige Wertpapiere eingestuft wurden.[768] Zu den zweitklassigen Papieren zählen alle Titel, die nicht erstklassig sind und die vorgenannten

---

Hierzu Lemke et al., Investment Companies, § 9.02[2], at 9-22.2 (2001 ed., Rel. 21/2007).

764 17 C.F.R. § 270.2a-7(a)(2) (2007); SEC, Release on Amendments Affecting Money Market Funds' Assets, 23 Sec. Reg. & L. Rep. (BNA) 322, 322 (Mar. 1, 1991).

765 17 C.F.R. § 270.2a-7(a)(10)(i) (2007) i.V.m. 17 C.F.R. § 270.2a-7(a)(21), (c)(3) (2007).

766 17 C.F.R. § 270.2a-7(a)(10)(ii)(A) (2007) i.V.m. 17 C.F.R. § 270.2a-7(a)(21), (c)(3) (2007). Unter denselben Bedingungen gestattet Rule 2a-7 auch die Anwendung der „Penny-Rundungsmethode" (*penny-rounding-method*), bei der zum Zwecke der Ausschüttung, Einlösung oder des Rückkaufs der aktuelle Nettovermögenswert pro Anteil auf das nächste volle Prozent gerundet wird; 17 C.F.R. § 270.2a-7(a)(18) (2007). Dies ermöglicht eine erleichterte Abrechnung.

767 Sog. *first tier-* und *second tier-securities*; 17 C.F.R. § 270.2a-7(a)(12), (22) (2007).

768 17 C.F.R. § 270.2a-7(a)(12)(i), (iv) (2007).

Voraussetzungen erfüllen. Ihr Anteil darf 5% des Gesamtkapitals des Geldmarktfonds nicht überschreiten.[769]

Die Anwendung der amortisierten Kostenmethode zur Berechnung des Nettoportfoliowertes ist für Geldmarktfonds billiger und effektiver als eine Berechnung auf Basis des täglichen Marktwertes der Wertpapiere,[770] da die amortisierte Kostenmethode Fluktuationen im Marktpreis der von Fonds gehaltenen Wertpapiere ignoriert und eine stetige Wertentwicklung bis zur Fälligkeit unterstellt.[771]

b) Kritik

Rule 2a-7 verlässt sich bei der Bestimmung der Wertpapiere, die als sicher genug für ein Investment durch Geldmarktfonds angesehen werden,[772] auf das Urteil der NRSROs. Ratings beschreiben jedoch nur die Wahrscheinlichkeit einer Zahlungsverzögerung bzw. eines Zahlungsausfalls und treffen keine Aussage über die – beim Geldmarktfonds so wichtigen – kurzfristigen Wertschwankungen. Im Gegenteil: Während Investoren mit kurzfristigem Anlagehorizont auf temporäre Veränderungen in der Bonität sensibel reagieren, ignorieren Ratingagenturen derartige Entwicklungen in der Regel ganz bewusst.[773] Soweit Rule 2a-7 auf die speziellen kurzfristigen Ratings der Agenturen Bezug nimmt, bleibt dies unschädlich, da dann dem kurzfristigen Anlagehorizont mit einem ebensolchen Bonitätsbewertungshorizont Rechnung getragen wird. Soweit aber eine Bezugnahme auf langfristige Ratings erfolgt, lässt dies Zweifel an der Zweckmäßigkeit von Rule 2a-7 aufkommen, da sich langfristige Ratings auf einen längeren Geschäftszyklus beziehen. Andererseits haben empirische Studien gezeigt, dass Anleihen, die in den drei höchsten (langfristigen) Kategorien bewertet wurden, mit einer Wahrscheinlichkeit von 87% dieses Rating auch noch nach einem Jahr besitzen.[774] Insoweit erscheint der Ansatz, die Wertermittlung des Geldmarktfonds von langfristigen Min-

769   17 C.F.R. § 270.2a-7(a)(22) (2007) sowie 17 C.F.R. § 270.2a-7(c)(3)(ii) (2007).
770   Bottini, 30 San Diego L. Rev. 579, 606 (1993); SEC, Release on Amendments Affecting Money Market Funds' Assets, 23 Sec. Reg. & L. Rep. (BNA) 322, 322 (Mar. 1, 1991).
771   Lemke et al., Investment Companies, § 9.02[2][a], at 9-22.3 (2001 ed., Rel. 21/2007).
772   SEC, Securities Act Release No. 7038, 58 Fed. Reg. 68585, 68586 (Dec. 28, 1993).
773   Altmann/Rijken, 28 J. Banking & Fin. 2679, 2705 (2004); vgl. auch Cantor, 28 J. Banking & Fin. 2565, 2567 (2004).
774   S&P, Corporate Default 15 (2005); mit vergleichbarem Ergebnis S&P, Credit Review 2 (1993).

destratings abhängig zu machen, als ausreichend, um für die Kunden ein si-
cheres Anlageverhalten des Fondsmanagements zu gewährleisten.
Problematisch könnte jedoch sein, dass sich das Fondsmanagement über
niedrigere Bonitätseinstufungen als die geforderten hinwegsetzen kann, wenn
ein Papier durch Herabstufung aus dem Kreis der *eligible securities* herausfällt.
Der Vorstand (*board of directors*) braucht dann oder in Fällen, in denen kein
Rating vorliegt oder ein bisher unbewertetes Wertpapier eine niedrigere als die
zwei höchstmöglichen Bewertungen erhält, lediglich die tatsächliche Feststellung treffen, dass das bestimmte Papier nicht mehr als ein „minimales Risiko"
für den Fonds bedeutet.[775] Damit ordnet Rule 2a-7 im Gegensatz zu anderen
Regelungen[776] keinen zwingenden Verkauf von herabgestuften Wertpapieren
an,[777] sondern verlangt vom Vorstand lediglich, die herabgestuften Papiere einer Risikoanalyse zu unterziehen.[778] Auf diese Weise bleibt es dem Management möglich, im Rahmen der Regelungen zur Diversifikation des Portfolios
risikoreichere Anlagestrategien zu fahren, um so höhere Renditen zu erzielen.[779] Dies kann den Anlegerschutz im Einzelfall erheblich schwächen. So
führt das Erfordernis, Wertpapiere im Falle einer Herabstufung sofort zu
verkaufen, zu niedrigeren Verlustraten als wenn der Verkauf erst nach sechs
bis zwölf Monaten erfolgt.[780] Dabei wäre es grundsätzlich möglich, einen tatsächlich zwingenden Verkauf herabgestufter Wertpapiere in Rule 2a-7 zu integrieren. Denn soweit der Verkauf innerhalb einer bestimmten Zeit zu erfolgen hätte, würde der Sinn der Regelung, eine günstigere Wertberechnung der
Anteile des Geldmarktfonds zu ermöglichen, nicht torpediert.
    Andererseits ist zu berücksichtigen, dass Geldmarktfonds in Papiere mit
maximal 397 Tagen Restlaufzeit investieren. Für diesen überschaubaren Zeitraum bieten NRSRO-Ratings durchaus ein großes Maß an Sicherheit – jeden-

---

775 17 C.F.R. § 270.2a-7(c)(3), (6)(A) (2007).
776 So kann im Rahmen der Regulierung von Kreditgenossenschaften durch die Natio-
     nal Credit Union Administration bei einer Herabstufung der von diesen gehaltenen
     Papiere unter bestimmte Schwellen (kurzfristig wenigstens „A-1", langfristig wenig-
     stens „AA-") der Verkauf der Wertpapiere behördlich angeordnet werden; 12 C.F.R.
     § 704.6(d)(2), (5) (2007) i.V.m. 12 C.F.R. § 704.10(c) (2007).
777 Rule 2a-7(c)(6) fordert zwar unter bestimmten Umständen einen Verkauf der ent-
     sprechenden Wertpapiere, ist jedoch durch zahlreiche Ausnahmeregelungen, welche
     die Entscheidung von der Art des Wertpapiers und von der Beurteilung durch den
     Vorstand abhängig machen, weitestgehend ausgehöhlt.
778 17 C.F.R. § 270.2a-7(c)(3) (2007); Rhodes, 20 Seton Hall Legis. J. 293, 339 (1996).
779 Rhodes, 20 Seton Hall Legis. J. 293, 339 (1996); vgl. auch 17 C.F.R. § 270.2a-
     7(c)(4)(i) (2007).
780 Vgl. Löffler, 28 J. Banking & Fin. 2715, 2728 (2004).

falls dann, wenn im Falle einer negativen Veränderung der Bonität eines Unternehmens auch eine zeitnahe Herabstufung durch die Ratingagenturen erfolgt.[781] Angesichts des ohnehin kurzfristigen Anlagehorizonts mag ein Zwang zum Verkauf herabgestufter Wertpapiere aus Anlegerschutzgesichtspunkten daher nicht so dringlich erscheinen wie in Situationen, in denen es um langfristige Anlagen geht.

3. Zwischenergebnis

Die Verwendung von Ratings zur Ermittlung des von *broker-dealers* zu haltenden Eigenkapitals stellt einen kostengünstigen und flexiblen Regulierungsansatz dar. Würde sich die SEC nicht auf externe Ratings stützen, müsste sie entweder eine eigene Risikobeurteilung vornehmen oder Regelungen erlassen, welche nicht zwischen verschiedenen Risikostufen unterscheiden. Im ersten Fall müsste die SEC erhebliche eigene Ressourcen aufwenden, im zweiten Fall müssten die Investoren aufgrund fehlender regulatorischer Schwellen im Zweifel sicherere Wertpapiere halten. Beide Ansätze verursachen zusätzliche Kosten.

Gegen die durch Rule 2a-7 erleichterte Berechnung des Nettowertes von Geldmarktfonds ist ebenfalls nichts einzuwenden. Allerdings trägt bei der hier kurzfristigen Anlageform eine Bezugnahme auf langfristige Ratings dem Anlagehorizont nur bedingt Rechnung. Überdies sollten in allen Fällen ratingabhängiger Anlagevoraussetzungen klare Regelungen existieren, die im Falle der Herabstufung gehaltener Wertpapiere gegebenenfalls einen umgehenden Verkauf anordnen. Ebenso muss sich der Gesetzgeber darüber klar sein, wie weit er tatsächlich Ratingschwellen durch Ausnahmeregelungen wieder entschärfen will, indem er der Geschäftsführung des institutionellen Investors eigene Entscheidungsspielräume einräumt. Während dies für kurzfristige Anlageformen wie zum Beispiel Geldmarktfonds noch tolerierbar sein dürfte, sollte man bei langfristigen Anlageformen hiervon Abstand nehmen.

II. Regulierung von Publizitätsanforderungen

Publizitätsvorschriften ermöglichen den investierenden Anteilseignern eines Unternehmens eine ansprechende Kontrolle und stellen sicher, dass relevante Informationen auch öffentlich gemacht werden.[782] Eine breite Streuung der

781 Bottini, 30 San Diego L. Rev. 579, 607 (1993).
782 Vgl. Rhodes, 20 Seton Hall Legis. J. 293, 340 (1996).

Stimmrechtsaktien garantiert daneben eine ausreichende Liquidität der Papiere, verschlechtert aber die Kontrollmöglichkeiten des einzelnen Anlegers, da eine diversifizierte Anlegerstruktur die Bündelung der Stimmen sowie die Koordinierung der gemeinsamen Ausübung von Kontroll- und Stimmrechten erschwert. Vor diesem Hintergrund erlaubt die SEC den Emittenten, bestimmte Mindeststreuungs- oder Publizitätserfordernisse durch Ratings zu ersetzen.

1. Publizitätspflichten bei nationaler Zulassung

Nach Section 5 des Securities Act sind zur ausreichenden Versorgung der Anleger mit Informationen über die im Markt tätigen Unternehmen die erstmalige Einführung und der Handel mit Wertpapieren unzulässig, wenn diese nicht zuvor bei der SEC registriert wurden. Ohne oder nur mit einem fehlerhaften Verkaufsprospekt ist der Handel mit den Papieren rechtswidrig.[783] Die SEC gestattet jedoch solchen Unternehmen, bei denen Grund zu der Annahme besteht, dass der Kapitalmarkt bereits über ausreichende Informationen verfügt, sowie Emittenten, deren Wertpapiere mit Investment Grade bewertet werden, erleichterte Publizitätspflichten (*integrated disclosure system*).[784] Diese „integrierte" Publizität erlaubt den Emittenten, in ihren Verkaufsprospekten auf frühere bei der SEC hinterlegte Rechenschaftsberichte durch Verweis Bezug zu nehmen (*incorporation by reference*) und so die Kosten der Emission zu senken.

a) Formular S-3

Während die Registrierung von Wertpapieren unter normalen Umständen mit Formular S-1 erfolgt, welches sämtliche Informationen einschließlich der Wirtschafts- und Finanzsituation des Emittenten oder die Vergütung des Vorstands verlangt, ermöglicht Formular S-3[785] unter bestimmten Voraussetzungen eine Verkürzung der Information durch die Bezugnahme auf frühere

---

783　Kulms, in: Hopt/Voigt (Hrsg.), Prospekthaftung, S. 1101 (1106); vgl. auch 15 U.S.C. § 77e (2007).

784　Das Konzept der integrierten Publizität wurde erstmalig durch Cohen, 79 Harv. L. Rev. 1340 (1966) angeregt. Zu seiner Entwicklung durch die SEC Coffee et al., Securities Regulation 136 et seq. (10th ed. 2007); Gordon/Kornhauser, 60 N.Y.U. L. Rev. 761, 810, 811 n.120 (1985).

785　17 C.F.R. § 239.13 (2007).

Rechenschaftsberichte.[786] Diese Möglichkeit, Erleichterungen hinsichtlich der Publizitätspflichten oder anderer Anforderungen in Anspruch nehmen zu können, hängt von der Art des Emittenten (*registrant requirements*) sowie der jeweiligen Transaktion (*transaction requirements*) ab. In Bezug auf den Emittenten muss es sich unter anderem um ein Unternehmen handeln, das nach U.S.-amerikanischem Recht organisiert ist, bereits früher Wertpapiere ausgegeben hat und regelmäßig Rechenschaft über seine finanziellen Verhältnisse ablegt.[787] Hinsichtlich der transaktionsbezogenen Anforderungen muss der Gesamtmarktwert der von nicht mit dem betreffenden Unternehmen verbundenen Anlegern (*non-affiliates*)[788] gehaltenen Stimmrechtsaktien und stimmrechtslosen Aktien $ 75 Millionen oder mehr betragen.[789] Soweit es sich um erstmalig angebotene, nicht wandelbare Wertpapiere handelt, welche zum Zeitpunkt des Verkaufs von wenigstens einer NRSRO mit Investment Grade bewertet wurden, ist eine Mindeststreuung nicht mehr erforderlich.[790]

b) Formular F-3

Für ausländische, nicht staatliche Emittenten (*foreign private issuers*)[791] bildet Formular F-3[792] die Entsprechung zu Formular S-3. Hiernach hängen die Erleichterungen hinsichtlich der Publizitätspflichten oder anderer Anforderungen ebenfalls von der Art des Emittenten sowie der jeweiligen Transaktion ab. Danach steht Formular F-3 Emittenten zur Verfügung, die unter anderem bereits früher Wertpapiere ausgegeben und während der mindestens letzten

---

786 Die daneben früher mögliche Registrierung mittels Formular S-2 wurde wegen ihrer seltenen Inanspruchnahme im Zuge der Securities Offering Reform mit Wirkung vom 01.12.2005 aufgehoben; SEC, Securities Act Release No. 8591, 70 Fed. Reg. 44722, 44782 (Aug. 3, 2005).

787 17 C.F.R. § 239.13(a)(1), (2), (3) (2007).

788 Ein *affiliate* wird definiert als „eine Person, welche direkt oder indirekt durch ein oder mehrere zwischengeschaltete Unternehmen eine andere Person kontrolliert oder von ... dieser kontrolliert wird." (Übersetzung durch Verfasser); 17 C.F.R. § 230.405 (2007).

789 17 C.F.R. § 239.13(b)(1) (2007).

790 17 C.F.R. § 239.13(b)(2) (2007).

791 Zusätzlich dürfen bei *foreign private issuers* weder die Mehrheit der Stimmrechtsaktien, der Geschäftsführung, der Geschäftstätigkeit oder der Vermögenswerte in U.S.-amerikanischer Hand liegen, U.S.-amerikanisch sein oder sich in den U.S.A befinden; 17 C.F.R. § 230.405 (2007).

792 17 C.F.R. § 239.33 (2007). Formular F-2 wurde ebenfalls mit Wirkung vom 01.12.2005 aufgehoben; SEC, Securites Act Release No. 8591, 70 Fed. Reg. 44722, 44782 (Aug. 3, 2005).

zwölf Monate Rechenschaftsberichte publiziert haben.[793] Hinsichtlich der transaktionsbezogenen Anforderungen muss weltweit ein Aktienkapital von wenigstens $ 75 Millionen von *non-affiliates* gehalten werden.[794] Soweit es sich um erstmalig angebotene, nicht wandelbare Wertpapiere handelt, welche zum Zeitpunkt des Verkaufs von wenigstens einer NRSRO mit Investment Grade bewertet wurden, ist eine Mindeststreuung nicht mehr erforderlich.[795]

c) Kritik

Formular S-3 gestattet U.S.-amerikanischen Emittenten Erleichterungen bezüglich der Publizitätspflichten und der Mindeststreuung der Wertpapiere, soweit diese ein Investment Grade besitzen. Dasselbe regelt Formular F-3 für *foreign private issuers*. Auf den ersten Blick lassen diese regulatorischen Ansätze vermuten, dass die Investment Grade-Bonität als Ersatz für Publizitätspflichten bei nicht wandelbaren Wertpapieren, für liquiditätssichernde Maßnahmen sowie für Kontrollmöglichkeiten von Aktionären, die außerhalb des betreffenden Unternehmens stehen (also gerade keine *affiliates* sind), dienen soll. Doch dies ist nur bedingt richtig. Denn die Publizitätserleichterungen beziehen sich allein auf Rechenschaftsberichte für die Vergangenheit. Der U.S.-Gesetzgeber geht offenbar davon aus, dass bei Unternehmen mit einer offenen Aktionärsstruktur bzw. mit bestimmter Bonität ausreichende Informationen erhältlich sowie eine gewisse Mindestliquidität gegeben sind. Denn die nach dem Exchange Act regelmäßig zu veröffentlichenden Informationen sind meist bereits durch die Presse verbreitet, öffentlich erhältlich und durch Finanzanalysten und andere erfahrene Marktteilnehmer genau analysiert. Ganz im Sinne der Theorie des vollkommenen Marktes (*efficient market hypothesis*) geht die SEC davon aus, dass derartige öffentliche Informationen im Preis der Wertpapiere schon eingespeist sind.[796] Als Konsequenz besteht dann auch kein Grund, diese Informationen in Registrierungsunterlagen oder einem Verkaufsprospekt an die Anleger zu wiederholen,[797] da die einzigen neuen, bisher noch nicht verarbeiteten Informationen die Spezifika der neuen Emission wären. In dem hier vorliegenden Zusammenhang fungieren daher In-

---

793   17 C.F.R. § 239.33(a)(1), (2) (2007).

794   17 C.F.R. § 239.33(b)(1) (2007).

795   17 C.F.R. § 239.33(b)(2) (2007).

796   Coffee et al., Securities Regulation 139 (10th ed. 2007); sehr kritisch zu diesem Ansatz Gordon/Kornhauser, 60 N.Y.U. L. Rev. 761, 810-18 (1985).

797   Vgl. Gordon/Kornhauser, 60 N.Y.U. L. Rev. 761, 811 et seq. (1985); SEC, Securities Act Release No. 6331, 46 Fed. Reg. 41902, 41904 et seq. (Aug. 18, 1981); SEC, Securities Act Release No. 6235, 45 Fed. Reg. 63693, 63694 (Sept. 25, 1980).

vestment Grade-Ratings nur scheinbar als Ersatz für eine fehlende Publizität, denn eine solche dürfte faktisch ohnehin gegeben sein. Tatsächlich treten sie lediglich an die Stelle von Mindeststreuungs- bzw. Liquiditätsanforderungen sowie des Ansatzes, eine gewisse Streuung der Stimmrechtsaktien unter *non-affiliates* sicherzustellen. Vor allem eine größere Streuung unterstützt das „öffentliche" Interesse am Emittenten, erschwert aber dessen Kontrolle. Bei Unternehmen mit einer guten Bonität erscheinen jedoch die regulatorischen Abstriche bei den Anforderungen an die Aktionärsstruktur unter dem Gesichtspunkt des Anlegerschutzes durchaus vertretbar. Zum einen dürfte eine gewisse Grundliquidität bei solchen Papieren gewährleistet sein, zum anderen erscheint bei guter Bonität eine geringere Streuung der Aktien unter nicht unternehmensverbundenen Anlegern weniger risikoreich für die Minderheitsaktionäre.

Auch unter dem Aspekt, dass die Urteile der Ratingagenturen selbst von einer ausreichenden Offenlegung unternehmensrelevanter Informationen abhängen, ist kein Nachteil für den Anleger zu befürchten. Die Agenturen sind im Besitz der vergangenheitsbezogenen Informationen über die Unternehmen. Sie beobachten die bewerteten Unternehmen ständig und aktualisieren ihre Ratingurteile regelmäßig. Einer Bezugnahme auf Ratings als Ersatz für eine im Grunde repetitive Publizität, für eine Mindeststreuung bzw. -liquidität sowie für eine bessere Kontrolle des entsprechenden Unternehmens durch nicht unternehmensverbundene Aktionäre steht daher nichts entgegen. Dies gilt umso mehr, da die Anmeldung der Wertpapiere für das Unternehmen ohnehin mit zukünftigen, regelmäßigen Publizitätspflichten einhergeht.[798]

2. Publizitätspflichten bei grenzüberschreitender Zulassung

Ratings finden darüber hinaus auch Anwendung bei der Frage, inwieweit kanadische Emittenten durch eine Antragstellung vor kanadischen Regulierungsbehörden[799] auch U.S.-amerikanische Publizitätspflichten erfüllen können (*multijurisdictional disclosure system*).

a) Formular F-9

Um den transnationalen Kapitalfluss nicht unnötig zu behindern, können kanadische Emittenten mit einer ordnungsgemäßen Anmeldung der Wertpapie-

---

798 Rhodes, 20 Seton Hall Legis. J. 293, 340 (1996).

799 In Kanada obliegt die Wertpapierregulierung den 13 regionalen Provinzen und Territorien, welche unter der Dachorganisation der Canadian Securities Administrators (CSA) zusammengeschlossen sind.

re bei den kanadischen Aufsichtsbehörden zugleich die Anforderungen der SEC erfüllen, sofern gewisse Voraussetzungen erfüllt sind. In Fällen, in denen in Kanada anlässlich der Wertpapierregistrierung eine Prospektpflicht besteht, können kanadische Emittenten ihre Registrierung für den U.S.-Markt unter den erleichterten Voraussetzungen des Formulars F-9[800] vornehmen. Voraussetzung ist, dass sie in den letzten zwölf Monaten bestimmten Publizitätsanforderungen nachgekommen sind, die Gesamtkapitalisierung der ausstehenden Stammaktien wenigstens $ 75 Millionen beträgt und die begebenen Wertpapiere zum Zeitpunkt des Verkaufs mit Investment Grade bewertet wurden und nicht vor einem Jahr wandelbar sind.[801] Die SEC verzichtet in diesen Fällen in der Regel auf eine eigene Prüfung der Registrierungsunterlagen.[802] Die Bewertung mit Investment Grade kann sowohl durch eine von der SEC zugelassene NRSRO als auch durch eine von den kanadischen Aufsichtsbehörden anerkannte Ratingagentur erfolgen.[803] Nach dem kanadischen National Instrument (NI) 71-101, welches von allen Provinzen und Territorien übernommen wurde,[804] sind dies der Canadian Bond Rating Service, der DBRS, Moody's, S&P sowie jedes weitere Unternehmen, das die SEC als NRSRO anerkennt.[805]

b) Kritik

Wenn man bei der Registrierung von Wertpapieren mit einer gewissen Mindestbonität auf bestimmte Informations- oder sonstige Erfordernisse verzichtet, ist es angesichts der globalen Kapitalmärkte nur konsequent, diese Erleichterungen auf Emittenten auszudehnen, welche bereits in anderen Staaten zugelassen sind. Dies gilt jedenfalls, soweit die dortigen Zulassungsvoraussetzungen eine ähnliche Anleger schützende Qualität aufweisen. Ähnli-

---

800   17 C.F.R. § 239.39 (2007).
801   17 C.F.R. § 239.39(b) (2007); SEC, Securities Act Release No. 6902, 56 Fed. Reg. 30036, 30040 (July 1, 1991); zum umgekehrt erleichterten Zugang von U.S.-Unternehmen zum kanadischen Wertpapiermarkt Wolff, 23 Denv. J. Int'l L. & Pol'y 347, 368 et seq. (1995).
802   Johnson/McLaughlin, Securities Laws 741 (3d ed. 2004).
803   17 C.F.R. § 239.39(a)(2) (2007).
804   Alberta, British Columbia, Manitoba, Ontario und Nova Scotia haben NI 71-101 in Form einer Rule übernommen, Northwest Territories, Neufundland, New Brunswick, Nunavut, Prince Edward Island, Quebec, Saskatchewan und Yukon Territory hingegen in Form einer Regulation oder eines Policy Statement; vgl. z.B. ASC, Rule 71-801 (Alberta); BCSC, Rule 71-801 (British Columbia); MSC, Rule 2004-8 (Manitoba); OSC, Rule 71-801 (Ontario); NSSC, Companion Policy, at 1.1.
805   Vgl. SFSC, National Instrument 71-101, at 1.1.

che – mit dieser Logik vergleichbare – Ansätze finden sich auch im deutschen Recht. So gestattet zum Beispiel § 50 Abs. 1 S. 2 Nr. 2 InvG[806] den Erwerb von ausländischen Investmentanteilen, wenn das (ausländische) Schutzniveau dem eines Anlegers in ein inländisches Sondervermögen entspricht. Die U.S.A. und Kanada verfügen in Teilen über ähnliche ratingbezogene Regelungen.[807] Gleichzeitig sind unternehmensrelevante Informationen inzwischen nahezu weltweit erhältlich. Aus diesem Grund ist für den Anleger durch das *multijurisdictional disclosure system* – nicht zuletzt aufgrund der geographischen und wirtschaftlichen Nähe Kanadas zu den U.S.A. – kein Informationsdefizit zu erwarten.

3. Zwischenergebnis

Einem Rückgriff auf bestimmte Mindestratings bei der Registrierung erstmalig angebotener Wertpapiere als Substitut für vergangenheitsbezogene Publizitätspflichten, Mindeststreuungsvorschriften oder eine nicht nur aus unternehmensverbundenen Anlegern bestehende Aktionärsstruktur stehen keine Bedenken entgegen, zumal die Emittenten für die Zukunft ohnehin Publizitätspflichten unterworfen sind.

Auch gegen den Ansatz, ausländischen Unternehmen, welche die Registrierungsvoraussetzungen im eigenen Land erfüllen und deren Wertpapiere über ein Investment Grade-Rating verfügen, Erleichterungen bei der Registrierung der Papiere in Wertpapiermärkten anderer Länder zu gewähren, ist aus Anlegerschutzgesichtspunkten nichts einzuwenden. Soweit daher die SEC Registrierungserleichterungen für kanadische Unternehmen gewährt, welche die kanadischen Zulassungsbedingungen erfüllen, könnte ein solcher Ansatz auch auf andere Länder ausgedehnt werden. Voraussetzung wäre allerdings zum einen, dass die kooperierenden Länder über ähnlich funktionierende Kapitalmärkte und qualitativ vergleichbare Anforderungen an die Registrierung von Wertpapieren sowie die Zulassung von Ratingagenturen verfügen. Zum anderen müssten die Länder grundsätzlich dem Ansatz einer ratingbezogenen Kapitalmarktregulierung folgen. Zwischen Deutschland und den U.S.A. wäre die vorgenannte Kooperation daher derzeit nur schwer vorstellbar.

---

806 Investmentgesetz v. 15.12.2003 (BGBl. I, S. 2676), zuletzt geändert durch Art. 7 des Gesetzes v. 5.01.2007 (BGBl. I, S. 10).

807 Vgl. Dale/Thomas, 5 J. Int'l Sec. Markets 9, 14 (1991); Rhodes, 20 Seton Hall Legis. J. 293, 342 (1996).

III. Regulierung des Wertpapierhandels

Weiterhin nimmt der U.S.-Gesetzgeber in seinen kapitalmarktrechtlichen Regelungen das Rating in Dienst, um Kurs- und Marktmanipulationen sowie Insiderhandel mit Wertpapieren zu verhindern.

1. Verhinderung von Kurs- und Marktmanipulationen

a) Regulation M

Regulation M[808] zum Exchange Act richtet sich an Personen, die ein eigenes Interesse am Erfolg einer Platzierung von Wertpapieren haben. Dies sind insbesondere die übernehmenden und platzierenden Institute (*distribution participants*), *broker-dealers*, Emittenten und die bei einer Sekundärplatzierung beteiligten Veräußerer (*selling security holders*), jeweils einschließlich der mit ihnen verbundenen oder in Abstimmung mit ihnen handelnden Unternehmen. Regulation M untersagt grundsätzlich, innerhalb bestimmter Sperrfristen vor einer Emission Gebote auf die emittierten Wertpapiere abzugeben, diese zu kaufen oder Dritte zum Kauf zu bewegen,[809] nimmt aber bestimmte Handelsaktivitäten und Wertpapiere von diesem Verbot aus.[810] So können an der Emission beteiligte Parteien unter anderem schon während des Zuteilungsprozesses mit den Wertpapieren Handel treiben, wenn die Papiere ein tägliches Handelsvolumen von wenigstens $ 1 Million besitzen und von Emittenten stammen, deren Stammaktien sich zu wenigstens $ 150 Millionen im Streubesitz befinden und der handelnde Akteur nicht an der Zuteilung beteiligt ist.[811] Gleiches gilt für Wertpapiere ohne Wandlungsrecht oder Asset-Backed Securities, soweit diese jeweils über ein Rating von einer NRSRO mit wenigstens Investment Grade verfügen.[812]

---

808 17 C.F.R. §§ 242.100 et seq. (2007); Regulation M ersetzte mit Wirkung v. 04.03.1997 die sog. *trading practices rules* 10b-6, 10b-6A, 10b-7, 10b-8 sowie 10b-21; Johnson/McLaughlin, Securities Laws 246 et seq. (3d ed. 2004).

809 17 C.F.R. § 242.101(a) (2007) sowie 17 C.F.R. § 242.102(a) (2007).

810 So sind z.B. der nicht über den Börsenhandel ausgeführte Ersterwerb der Papiere vom Emittenten durch ein Mitglied des Emissionskonsortiums oder freiwillige private Transaktionen ohne Beteiligung eines *broker-dealer* von dem Verbot befreit; 17 C.F.R. § 242.101(b)(8), (10) (2007). Ebenso regelt Regulation M Stabilisierungsmaßnahmen, Privatplatzierungen sowie Eigenhandels- und Kundenberatungsaktivitäten; hierzu Bosch, in: Hellner/Steuer (Hrsg.), BuB, Rn. 10/350 ff.

811 17 C.F.R. § 242.101(c)(1) (2007).

812 17 C.F.R. § 242.101(c)(2) (2007); Everling, ZKredW 1991, S. 349 (354).

b) Kritik

Das gesetzgeberische Ziel von Regulation M liegt darin, Kurs- und Marktmanipulationen durch die an der Emission beteiligten Personen zu verhindern.[813] Bei den vorgenannten Ausnahmen geht die SEC davon aus, dass die Kursbeeinflussung bei stark gehandelten Aktien mit großem Streubesitz zu kostspielig ist und dass Papiere mit Investment Grade-Bonität lediglich auf Basis ihrer Rendite und Bonität gehandelt werden, sie weitestgehend fungibel und Manipulationen daher sehr unwahrscheinlich sind.[814] Damit zieht die SEC Ratingurteile als Ersatz für die Beurteilung der Frage heran, inwieweit die Wahrscheinlichkeit und Wirkung einer Marktbeeinflussung durch die Vorteile einer solchen Transaktion ausgeglichen werden. Sie geht davon aus, dass die Märkte sich nach der Veröffentlichung eines Ratings dessen Aussage vor allem bei der Renditeerwartung zu Eigen machen. Da das Rating die Rendite des Wertpapiers bestimmt, wären nach Auffassung der SEC die an der Emission beteiligten Parteien nicht mehr in der Lage, den Preis des Wertpapiers künstlich anzuheben.[815]

Selbst wenn eine breite Streuung der Papiere die Kursbeeinflussung erschwert, leuchtet diese Schlussfolgerung nicht ein. Ebenso kann der Umstand, dass die Bonitätsurteile der Agenturen die Preise von Anleihen signifikant beeinflussen, keine Gewähr dafür bieten, dass die Preise nicht dennoch durch Marktteilnehmer – unter Umständen nur geringfügig – manipuliert sind. Denn angesichts der bei liquiden Wertpapieren oft hohen Transaktionsvolumina versprechen bereits unbedeutende Preismanipulationen Gewinne. Ob ein Wertpapier mit Investment Grade oder Speculative Grade bewertet wird, steht überdies in keinem nachweisbaren Zusammenhang mit der Wahrscheinlichkeit einer möglichen Manipulation durch die beteiligten Parteien.[816] Ratings mögen den Preis eines Papiers und seine Rendite beeinflussen, sie sind jedoch nicht in der Lage, das Wertpapier von Kursmanipulationen zu isolieren.

---

813   SEC, Securities Act Release No. 7375, 62 Fed. Reg. 520, 520 (Jan. 3, 1997).
814   Vgl. SEC, Securities Act Release No. 7375, 62 Fed. Reg. 520, 527 (Jan. 3, 1997);
        Dale/Thomas, 5 J. Int'l Sec. Markets 9, 11 (1991).
815   So auch die Interpretation von Rhodes, 20 Seton Hall Legis. J. 293, 343 (1996).
816   Rhodes, 20 Seton Hall Legis. J. 293, 343 (1996).

2. Verhinderung von Insiderhandel

a) Rule 10f-3

Rule 10f-3[817] zum Company Act verbietet einer Investmentgesellschaft (*investment company*) grundsätzlich, während der Zeichnungsphase wissentlich Wertpapiere zu erwerben, bei der ein mit ihr verbundenes Unternehmen (einschließlich leitende Angestellte, Direktoren, Mitglieder des Aufsichtsrats, Anlageberater oder sonstige Angestellte der Anlagegesellschaft selbst) ein führendes Mitglied des Emissionskonsortiums ist.[818] Allerdings hebt Rule 10f-3 das Verbot auf, wenn es sich bei den Wertpapieren um bestimmte Wertpapiere von Gebietskörperschaften (*eligible municipal securities*) handelt. Dies sind zumeist Kommunalobligationen, die von U.S.-Bundesstaaten oder sonstigen Gebietskörperschaften begeben werden und schließt auch Papiere ein, bei denen eine Gebietskörperschaft Kapital und Zinsen garantiert oder die von einer privatrechtlich organisierten, jedoch von einer Gebietskörperschaft kontrollierten Einrichtung (*government-sponsored enterprise*), emittiert wurden.[819] Voraussetzung für die Ausnahme ist jedoch, dass die emittierten Wertpapiere von wenigstens einer NRSRO mit Investment Grade bewertet wurden. War der Emittent erst weniger als drei Jahre ohne Unterbrechung operativ tätig, müssen die Papiere mit einem der drei höchstmöglichen Bonitätsstufen bewertet sein.[820]

b) Kritik

Rule 10f-3 erlaubt die Investition in kommunale Schuldverschreibungen auch dann, wenn die Investoren möglicherweise befangen sind. Dieser Ansatz ist problematisch. Der gesetzgeberische Hintergrund von Rule 10f-3 besteht in erster Linie darin, das bei Investmentfonds verbreitete Insiderhandeln zu verhindern.[821] Häufig besteht nämlich die Gefahr, dass nicht absetzbare Titel im Eigentum eines Konsortialmitgliedes in das Portfolio des Investmentfonds abgeschoben werden (sogenanntes *dumping the trash*).[822] Es ist anzunehmen,

---

817   17 C.F.R. § 270.10f-3 (2007).
818   17 C.F.R. § 270.10f-3(c)(8) (2007).
819   17 C.F.R. § 270.10f-3(c)(1)(iii) (2007) i.V.m. § 270.10f-3(a)(3) (2007).
820   17 C.F.R. § 270.10f-3(a)(3) (2007) i.V.m. 15 U.S.C. § 78c(a)(29) (2007).
821   Vgl. 15 U.S.C. § 80a-1(b) (2007); Rogers/Benedict, 57 N.Y.U. L. Rev. 1059, 1069 (1982).
822   Vgl. v. Randow, ZBB 1995, S. 145 (152 Fn. 103); zu den Praktiken im Investmentgeschäft zur Zeit der Einführung von Rule 10f-3 siehe U.S. Senate, Hearings on

dass die SEC wie bei Regulation M davon ausgeht, dass die betreffenden Wertpapiere aufgrund ihrer guten Bonität lediglich auf Basis ihrer Rendite und Bonität gehandelt werden. Ob jedoch die Mindestbonität von Kommunalobligationen tatsächlich in einem Zusammenhang mit Insidergeschäften steht, ist zweifelhaft. So verpflichtet Rule 10f-3 zwar die Unternehmen, für derartige Handelsaktivitäten gesetzeskonforme Regelungen aufzustellen[823] und die entsprechenden Transaktionen bekanntzugeben.[824] Jedoch bieten diese Umstände allein keine Gewähr dafür, dass Investmentfirmen oder deren Angestellte nicht doch zum eigenen Vorteil und zu Lasten der übrigen Anleger mit einem personell verbundenen Konsortialmitglied Insidergeschäfte vornehmen.[825] So sieht Rule 10f-3 im Gegensatz zu den ratingbezogenen Regelungen bezüglich der integrierten Publizitätspflichten, welche immerhin eine Publizität in Bezug auf die Zukunft gewährleisten, eine derartige Informationsverschaffung nicht vor. Stattdessen existiert nur eine rückwirkende, transaktionsbezogene Publizität, indem Rule 10f-3 verlangt, dass eventuelle Transaktionen wenigstens vierteljährlich rückwirkend angezeigt werden.[826] Zu den Motiven für die Transaktion erfährt der Anleger nichts.

Überdies ist auch die leichte Erhöhung der Anforderungen an die Mindestbonität bei kommunalen Emittenten, die erst seit weniger als drei Jahren bestehen, kaum nachzuvollziehen. Hier tritt eine höhere Bonität an die Stelle einer verkürzten öffentlichen Beobachtbarkeit. Zwar könnten die bei diesen Emittenten reduzierten Erfahrungswerte eine erhöhte Anforderung an deren Bonität zum Schutze des Investors rechtfertigen. Jedoch ist schon der Ansatz einer Unterscheidung zwischen den vier höchsten Stufen (älter als drei Jahre) und den drei höchsten Stufen (jüngere Gebietskörperschaften) problematisch. Zum einen bereitet zuweilen die Bewertung von Gebietskörperschaften auch den Ratingagenturen Probleme.[827] Zum anderen liegt die Intention der Rule 10f-3 in der Verhinderung von Insider- und anderen Geschäften zum eigenen Vorteil. Warum ein Insiderhandeln bei Emittenten, die seit weniger als drei Jahren bestehen, wahrscheinlicher sein soll als bei älteren Emittenten, leuchtet

---

S. 3580 Before the Subcomm. of the S. Comm. on Banking and Currency, 76th Cong. 207-14 (1940) (Statement of L.M.C. Smith, SEC Investment Trust Study); vgl. auch Haas/Howard, 51 Emory L.J. 153, 191 et seq. (2002).
823 17 C.F.R. § 270.10f-3(c)(10) (2007).
824 17 C.F.R. § 270.10f-3(c)(9) (2007).
825 Siehe auch die vergleichbare Argumentation hinsichtlich möglicher Kursmanipulationen durch *broker-dealers* bei Rhodes, 20 Seton Hall Legis. J. 293, 343 (1996).
826 17 C.F.R. § 270.10f-3(c)(9), (10)(iii) (2007).
827 Amling/Droms, Investment Fundamentals 219 et seq. (1994).

nicht ein. Nur in einem solchen Fall jedoch würde eine Erhöhung der Bonitätsanforderungen Sinn machen.

Zu guter Letzt stehen die durch das Rating verkörperten Informationen in keinem Zusammenhang mit dem von Rule 10f-3 beabsichtigten Ziel, bestimmte, die Investmentgesellschaften begünstigende Transaktionen zu verhindern. Denn zum einen sind Ratings nicht in der Lage, die zu der beabsichtigten Regulierung tatsächlich erforderlichen Informationen (zum Beispiel die Motive für einen Wertpapiererwerb) schon während der Zeichnungsphase aufzudecken. Zum anderen ist auch kein Zusammenhang zu erkennen zwischen der Bonitätsstufe eines Wertpapiers und der Wahrscheinlichkeit missbräuchlicher Transaktionen. Schließlich ist das Abschieben von Wertpapieren in das Portfolio des Investmentfonds im Falle gerade zufällig günstiger Kurswerte auch für Papiere denkbar, die sich im oberen Investment Grade-Bereich befinden.

3. Zwischenergebnis

Am Beispiel von Regulation M zeigt sich, dass durch den Rückgriff auf Mindestratings zur Verhinderung von Kursmanipulationen für den Anleger im konkreten Fall noch nichts gewonnen ist. Bonitätsurteile bieten keine Gewähr dafür, dass *broker-dealers* die Wertpapiere auch tatsächlich zu fairen Bedingungen verkaufen. Hierfür stellen Ratings weder relevante Informationen zur Verfügung noch tragen sie zu dem aufsichtlich gewünschten Verhalten der betroffenen Marktteilnehmer bei.

Die Bezugnahme auf Ratings in Rule 10f-3 zur Verhinderung von Insider- und anderen begünstigenden Transaktionen setzt ebenfalls an der falschen Stelle an. Auch ein hohes Rating kann nicht zu dem von der Aufsichtsbehörde gewünschten redlichen Verhalten der betroffenen Marktteilnehmer beitragen. Es bietet keine Gewähr dafür, dass Investmentfirmen oder deren Angestellte nicht doch zu ihrem eigenen Vorteil und zu Lasten der übrigen Anleger mit einem angegliederten Konsortialmitglied Insidergeschäfte vornehmen.

IV. Zulassungserleichterungen für Wertpapiere

Eine weitere Indienstnahme des Ratings erfolgt bei den Regelungen zur Zulassung und zum Weiterverkauf von Wertpapieren. So sind für Emittenten von ABS- und MBS-Finanzierungen sowie für institutionelle Investoren bei einer Weiterveräußerung bestimmter Wertpapiere auf dem Sekundärmarkt Erleichterungen bei der Registrierung möglich.

1. Asset-Backed Securities und Mortgage-Backed Securities

Bei der Regulierung von strukturierten Finanzierungen[828] mittels Asset- und Mortgage-Backed Securities greift der U.S.-Gesetzgeber unter anderem auf Bonitätsurteile von Ratingagenturen zurück.[829] Beispiele hierfür sind Rule 3a-7 sowie Rule 415.

a) Rule 3a-7

aa) Regelungsgehalt

Vor Einführung von Rule 3a-7[830] zum Company Act verließen sich Emittenten aus dem Kundenkredit- und Hypothekenkreditwesen bei strukturierten Finanzierungen entweder auf bestimmte Ausnahmeregelungen, welche sie von den Registrierungspflichten befreien,[831] oder beantragten bei der SEC einen individuellen Erlass speziell für die jeweilige Transaktion.[832] Rule 3a-7 nimmt nunmehr Emittenten (bei einer verbrieften Forderung meistens eine speziell gegründete Zweckgesellschaft)[833] von festverzinslichen oder auf dem Cashflow aus Vermögenswerten basierenden Asset-Backed Securities vom Begriff der *investment company* aus, sofern die angebotenen Papiere zum Zeitpunkt des Erstverkaufs von wenigstens einer, mit dem Emittenten wirtschaftlich nicht verbundenen NRSRO mit Investment Grade bewertet wurden.[834] Damit kann der Emittent seine Wertpapiere in den U.S.A. öffentlich zum Verkauf anbieten, ohne die zahlreichen aufsichtsrechtlichen Bestimmungen

---

828 Bei diesen Finanzierungen werden Finanzaktiva wie Hypotheken-, Kreditkarten- oder Flugzeugleasingforderungen in einem Pool gesammelt, in Form von Wertpapieren „verbrieft" und dann emittiert; hierzu und zur Bedeutung strukturierter Finanzierungen SEC, New Exemption for Structured Financings From '40 Act, 24 Sec. Reg. & L. Rep. (BNA) 1799, 1799 et seq. (Dec. 4, 1992); zu weiteren Kategorien verbriefter Forderungen Gaugausch/Wainig, in: Stadler (Hrsg.), Unternehmensfinanzierung, S. 80 (94).

829 An diesem Ansatz hat die SEC auch im Rahmen der Anfang 2005 verabschiedeten Änderungen zur Registrierung und Publizität bei Asset-Backed Securities ausdrücklich festgehalten; SEC, Securities Act Release No. 8518, 70 Fed. Reg. 1506, 1524 (Jan. 7, 2005).

830 17 C.F.R. § 270.3a-7 (2007).

831 So z.B. 15 U.S.C. § 80a-3(c)(5) (2007); Johnson/McLaughlin, Securities Laws 1026 (3d ed. 2004).

832 SEC, Company Act Release No. 19105, 57 Fed. Reg. 56248, 56256 (Nov. 27, 1992).

833 Hierzu ausführlich Gehring, Asset-Backed Securities, S. 18 ff.

834 17 C.F.R. § 270.3a-7(a)(1), (2) (2007).

des Company Act erfüllen zu müssen. Zu diesen gehören unter anderem Vorschriften zur Kapitalstruktur,[835] zur Werbetätigkeit[836] sowie zu anlegerschützenden Bilanzierungs- und Veröffentlichungspflichten.[837] Rule 3a-7 beseitigt damit eine unbeabsichtigte Hürde für strukturierte Finanzierungen in allen Wirtschaftsbereichen, einschließlich des Mittelstands.[838]

bb) Kritik

Der Rückgriff auf Ratings durch Rule 3a-7 bei der Regulierung von strukturierten Finanzierungen ist problematisch. Risiken ergeben sich zum einen aus der Ersetzung von Publizitätspflichten durch Ratings sowie aus der besonderen Wechselwirkung zwischen der Strukturierung der Transaktion und dem Ratingurteil.

(1) Wechselwirkung von Transaktionsstruktur und Rating

Zunächst ergibt sich ein Problem aus der Abhängigkeit von Ratingerfordernis und Struktur der Finanzierung. Da der Erfolg einer strukturierten ABS- oder MBS-Finanzierung nicht zuletzt von einem Investment Grade-Rating abhängt, stimmen sich die Banken und Investmentfirmen bei der Strukturierung der Transaktion direkt mit den Agenturen ab, um höhere Ratings erhalten zu können.[839] Das Rating folgt damit nicht der Transaktionsstruktur, sondern die Strukturierung der Transaktion folgt der Vorgabe durch das benötigte Rating. Gleichzeitig verlassen sich die Investoren auf die Fähigkeit der Agenturen, die Strukturierung der Transaktion und ihre konkreten Folgen genau zu durchschauen.[840] Dies birgt Risiken. So können zwar Ratings durch Garantien oder andere externe Bonitätssteigerungen (*credit enhancements*)[841] erhöht werden, jedoch hat dies lediglich Auswirkungen auf die Rechte der Anleger im Falle ei-

---

835 15 U.S.C. § 80a-18 (2007).
836 15 U.S.C. § 80a-24 (2007).
837 15 U.S.C. § 80a-29 (2007).
838 SEC, Company Act Release No. 19105, 57 Fed. Reg. 56248, 56256 (Nov. 27, 1992).
839 Cantor/Packer, 19 FRBNY Q. Rev. 1, 19 (1994); Partnoy, 77 Wash. U. L.Q. 619, 652, 665 et seq. (1999); zur Rolle der Agenturen bei der Ausgestaltung von MBS-Transaktionen Moody's, Kredit & Rating Praxis 4/2004, S. 6 (6 ff.); Uzzi, 70 St. John's L. Rev. 779, 784 et seq. (1996); zur Bewertung verschiedener Asset-Backed Securities Marsland-Shaw/Selzer, Securitisation 131, 131 et seq. (Bonsall ed., 1990).
840 Schwarcz et al., Securitization 201 (2004).
841 Hierzu Schwarcz, 1 Stan. J.L. Bus. & Fin. 133, 139 (1994).

nes Zahlungsausfalls. Den Eintritt eines Zahlungsausfalls können sie nicht verhindern.[842]

Weiter verlangt Rule 3a-7 (im Gegensatz zu den bereits angesprochenen Rule 15c3-1 sowie Rule 2a-7, welche weitestgehend ein Bonitätsurteil in den zwei höchsten Stufen fordern) lediglich eine Bonitätseinstufung im Investment Grade, also einer der vier höchsten Bonitätsklassen. Solange daher nur ein Pflichtrating erforderlich ist, kann selbst ein unbeauftragtes zweites Rating kaum zu einem zusätzlichen Anlegerschutz verhelfen. Denn solange ein zweites (schlechteres) Rating das Investment Grade nicht unterschreitet, bleiben die finanziellen Folgen für den Emittenten überschaubar. Es wäre aus Anlegerschutzgesichtspunkten durchaus angemessen, in Rule 3a-7 höhere Anforderungen festzusetzen und ein Rating in den zwei (und nicht vier) höchsten Ratingstufen zu verlangen. In der ursprünglichen Fassung von Rule 3a-7 war dies auch vorgesehen, jedoch hatte sich dieser Vorschlag nicht durchgesetzt.[843] Gegen ihn wurde hauptsächlich eingewandt, zu enge Anforderungen würden eine zu starke Abhängigkeit von unregulierten Ratingagenturen zur Folge haben.[844] Ebenso wurde geltend gemacht, die Anforderungen an das Vorhandensein liquider Mittel zwischen den ersten beiden und der dritten bzw. vierten Bonitätsstufe unterschieden sich nur unwesentlich.[845] Allerdings scheint dieses Argument eher darauf gerichtet gewesen zu sein, Emissionen zu schützen, die in zwei Tranchen (nämlich eine hoch bewertete A-Tranche, gefolgt von einer weniger gut, jedoch immer noch mit Investment Grade bewerteten B-Tranche) erfolgen. Denn eine Limitierung von Rule 3a-7 auf die zwei höchsten Bonitätsstufen würde derartige Zwei-Tranchen-Emissionen nahezu unmöglich machen und hierdurch die Emissionskosten hochtreiben.[846] Dem anderen Gegenargument, nämlich der drohenden starken Abhängigkeit von unregulierten Ratingagenturen, fehlt es schon vor dem Hintergrund, dass andere Regelungen wie Rule 15c3-1 oder Rule 2a-7 aus Anlegerschutzgesichtspunkten sogar auf die zwei höchsten Ratingkategorien abstellen, an Überzeugung. Auch dürfte sich die Kritik an einer zu starken Abhängigkeit von unregulierten Ratingagenturen mit der Verabschiedung des

---

842   Rhodes, 20 Seton Hall Legis. J. 293, 346 (1996).

843   Bottini, 30 San Diego L. Rev. 579, 602 et seq. (1993); SEC, Excluding Structured Financings From '40 Act, 24 Sec. Reg. & L. Rep. (BNA) 797, 797 et seq. (June 5, 1992).

844   Zur Darstellung der Kritk SEC, ICI Blasts Structured Financing Draft, 24 Sec. Reg. & L. Rep. (BNA) 1414, 1415 (Aug. 28, 1992).

845   Cleary, Gottlieb, Steen & Hamilton (Attorneys), Brief an Secretary Katz (SEC) v. 06.08.1992.

846   Rhodes, 20 Seton Hall Legis. J. 293, 347 (1996).

CRA Reform Act, der die Agenturen einer stärkeren Kontrolle unterwirft, erübrigt haben.

(2) Begrenzter Schutz durch Erfordernis nur eines Ratings

Darüber hinaus verlangt Rule 3a-7 ein Rating von nur einer NRSRO. Die SEC ist der Ansicht, ein zweites Rating durch eine weitere NRSRO treibe lediglich die Kosten für die strukturierte Finanzierung hoch, ohne dem Investor zusätzlichen Schutz zu bieten.[847] Dies mag einleuchten, wenn man allein darauf abstellt, dass ein zweites Rating nur zu einer Verdopplung des Aufwands führt, da die zusätzliche Agentur im Zweifel die gleiche Analysetätigkeit vornähme. Jedoch bestand vor Einführung von Rule 3a-7 das übliche Vorgehen der Emittenten darin, hohe Ratings von wenigstens zwei NRSROs zu suchen.[848] Das Erfordernis lediglich eines Ratings erhöht die Wahrscheinlichkeit, dass die Emittenten sich derjenigen Ratingagentur zuwenden, deren methodischer Ansatz das höchstmögliche Bonitätsurteil für die Emission verspricht. Mittel- bis langfristig kann man diesem Argument mit dem Schutzmechanismus der Reputation begegnen. Und auch kurzfristig scheint das Vertrauen des Marktes nicht getrübt zu werden, denn bisher gibt es keine Anzeichen, dass Investoren von denjenigen Emittenten, welche zu Agenturen mit niedrigeren Ansprüchen an externe Bonitätssteigerungen wechseln, Renditeaufschläge verlangen.[849] Auch besitzen Ratings in strukturierten Finanzierungen einen eher konservativen Charakter, da die Agenturen aufgrund der nur ungenauen Bewertungsmöglichkeit des (meist zukünftigen) Cashflows gezwungen sind, einen hohen Grad an Übersicherung zu verlangen.[850]

Trotz der vorgenannten Argumente würde nach hier vertretener Ansicht ein zweites Pflichtrating durchaus zusätzliche Informationen bieten. Als Argument lässt sich zunächst das grundsätzliche Problem der Ratingagenturen anführen, bei ABS-Transaktionen hinreichend genaue Prognosen über drei Jahre hinaus erstellen zu können.[851] Darüber hinaus würde aber auch die Möglichkeit von Split Ratings aufgrund verschiedener Methoden der Ratingerstellung[852] sowie unterschiedliche finanzielle Stress- und Cashflow-Tests

---

847 SEC, Company Act Release No. 19105, 57 Fed. Reg. 56248, 56252 (Nov. 27, 1992).

848 Rhodes, 20 Seton Hall Legis. J. 293, 348 (1996); siehe hierzu ausführlich oben S. 127 ff.

849 Cantor/Packer, 19 FRBNY Q. Rev. 1, 20 (1994).

850 Cadwalader, Wickersham & Taft (Attorneys), Brief an Secretary Katz (SEC) v. 03.08.1992.

851 Vgl. Klüwer, Asset-Backed Securitisation, S. 21 f.

852 Hierzu Serfling u.a., in: Büschgen/Everling (Hrsg.), Rating, S. 629 (640 f.).

zwischen den Agenturen[853] einen erheblichen Mehrwert eines zweiten Pflichtratings für die Anleger erwarten lassen. Eine solche doppelte Kontrolle gewinnt überdies durch die Tatsache an Bedeutung, dass Rule 3a-7 die Befreiung von den Vorschriften des Company Act nicht von einer Aufrechterhaltung des hierfür erforderlichen Investment Grade-Ratings abhängig macht, sondern allein auf den Zeitpunkt des erstmaligen Verkaufs abstellt.[854] Dies gibt dem Emittenten und der NRSRO einen Anreiz, die Emission am Anfang überzubewerten, um in den Genuss von Rule 3a-7 zu gelangen. Ein zweites Rating würde daher – schon allein aufgrund der Manipulierbarkeit des Ratings durch Änderungen der Transaktionsstruktur – zusätzlichen Schutz versprechen.

(3) Ersetzung von Publizitätspflichten durch Ratings

Doch selbst wenn man engere Anforderungen an die Mindestratings stellte und ein zweites Rating forderte, kann nicht außer Acht gelassen werden, dass der Company Act eigentlich Belange des Anlegerschutzes, der Corporate Governance und Treuepflichten von Fondsmanagern gegenüber den Anlegern verfolgt.[855] Rule 3a-7 steht mit diesem Ziel jedoch in keinem sichtbaren Zusammenhang. Die Urteile der Ratingagenturen können nicht die Publizität oder den Anlegerschutz gewährleisten, den die Registrierung nach dem Company Act aus rechtlicher Sicht fordert. Zwar sind die Agenturen durchaus in der Lage, eine ausreichende Beurteilung der strukturellen Integrität einer ABS-Transaktion abzugeben. So gehen in die Beurteilung auch Aspekte wie rechtliche Gesichtspunkte der Strukturierung, Schutzmechanismen gegen Selbstkontrahierung, Vermengung finanzieller Mittel, Übervorteilung durch Insider sowie der Qualität des Managements ein.[856] Jedoch werden letztendlich sämtliche Informationen, inklusive der Finanzdaten, in ein Gesamtrating gepresst, ohne dass hierdurch gleichzeitig eine vergleichbare Publizität oder dezidierte Erklärung der Hintergründe des Ratings in Bezug auf die vom Company Act eigentlich regulierten Fragen erfolgt.[857] Insoweit ist fraglich, ob die Ratings, die an die Stelle der Registrierungs- und Publizitätspflichten des Company Act treten, tatsächlich einen vergleichbaren Anlegerschutz gewähr-

---

853 Rhodes, 20 Seton Hall Legis. J. 293, 349 (1996).
854 17 C.F.R. § 270.3a-7(a)(2) (2007).
855 Klüver, Asset-Backed Securitisation, S. 100; Rhodes, 20 Seton Hall Legis. J. 293, 346 (1996).
856 Rhodes, 20 Seton Hall Legis. J. 293, 346 (1996); SEC, Company Act Release No. 19105, 57 Fed. Reg. 56248, 56252 (Nov. 27, 1992).
857 Hierzu vor allem Partnoy, 77 Wash. U. L.Q. 619, 651 (1999).

leisten. Es besteht die Gefahr, dass die Anleger das von den Agenturen allein beurteilte Bonitäts- oder Ausfallrisiko mit dem wesentlich umfassenderen Anlage- oder Marktrisiko verwechseln.[858] Faktisch ersetzt Rule 3a-7 nämlich die Veröffentlichung von Informationen, die zur Beurteilung des (umfassenderen) Anlagerisikos dienen, durch Informationen, die allein Rückschlüsse auf das Bonitätsrisiko zulassen. Insgesamt stellt sie damit eine abzulehnende Schwächung des Anlegerschutzes dar.

b) Rule 415

aa) Regelungsgehalt

Rule 415[859] zum Securities Act wurde im Rahmen der Securities Offering Reform mit Wirkung vom 1. Dezember 2005 erheblich novelliert.[860] Die Auswirkungen auf ratingbezogene Aspekte dieser Regelung halten sich jedoch in Grenzen. Unter anderem gestattet Rule 415 bei Asset- und Mortgage-Backed Securities, bei Papieren aus Emissionsprogrammen sowie bei nach Formularen S-3 oder F-3 registrierten Wertpapieren eine verzögerte oder kontinuierliche Emission (*shelf registration*).[861] Hierbei lässt das Unternehmen eine bestimmte Anzahl von Papieren im Voraus registrieren. Diese Anmeldung wird auch ohne eine unmittelbar bevorstehende Emission sofort wirksam, so dass die Wertpapiere bis zu drei Jahre nach Erstanmeldung ohne eine Erneuerung der Registrierung begeben werden können.[862] Diese bevorzugte Behandlung geht im wesentlichen auf den Secondary Mortgage Market Enhancement Act of 1984 zurück, welcher den Mittelzufluss in den privaten MBS-Markt durch die Beseitigung überflüssiger regulatorischer Hürden fördern sollte, und welche die SEC 1992 aufgrund der mit Mortgage-Backed Securities vergleichba-

---

858 Hierauf weist auch die SEC ausdrücklich hin; SEC, Company Act Release No. 19105, 57 Fed. Reg. 56248, 56252 (Nov. 27, 1992).

859 17 C.F.R. § 230.415 (2007).

860 Zu den Änderungen von Rule 415 und der Kommentierung durch die Marktteilnehmer SEC, Securities Act Release No. 8591, 70 Fed. Reg. 44722, 44774 et seq. (Aug. 3, 2005).

861 17 C.F.R. § 230.415(a)(1)(vii), (ix), (x) (2007).

862 17 C.F.R. § 230.415(a)(5) (2007); zur alten Rechtslage mit nur zwei Jahren Gültigkeit der Erstanmeldung noch Gambro/Leichtner, 1 N.C. Banking Inst. 131, 140 et seq. (1997); Simms, Asset Securitization, in: Asset-Based Financing 335, 367 (PLI/Com. No. 754, 1997). Die zeitliche Begrenzung der *shelf registration* ist der Kompromiss zwischen einer möglichst flexiblen Wertpapieremission und den Informationspflichten der *blue sky securities laws* der einzelnen U.S.-Bundesstaaten; Bodie et al., Investments 105 (6th ed. 2005).

ren Qualität auch auf Asset-Backed Securities erweiterte.[863] Sofern die emittierten Wertpapiere über ein Investment Grade-Rating von wenigstens einer NRSRO verfügen, kann die Registrierung darüber hinaus über Formular S-3 erfolgen,[864] welche eine *incorporation by reference* gestattet und damit die Publizitätsanforderungen reduziert. Nebenfolgen sind unter anderem Kosteneinsparungen bei der Wertpapieremission sowie sinkende Eigenkapitalkosten für die Unternehmen.[865]

bb) Kritik

Es drängt sich erneut der Gedanke auf, dass das Rating als Ersatz für anlegerschützende Publizitätspflichten eingesetzt wird. So können Emittenten, welche die Voraussetzungen von Formular S-3 erfüllen, im Voraus registrierte Papiere bis zu drei Jahre nach Erstanmeldung innerhalb von 48 Stunden nach Einreichung von Formular S-3 begeben. Dies erlaubt es, die Wertpapiere auf Basis der Erstanmeldung zu emittieren, selbst wenn sich seitdem die wirtschaftliche Situation des Unternehmens erheblich verändert hat.[866] So muss der Emittent in seinem Verkaufsprospekt zwar jede fundamentale Veränderung (*fundamental change*) bezüglich der in der Erstregistrierung der Papiere enthaltenen Informationen anzeigen,[867] nicht jedoch bereits jede erhebliche Veränderung (*material change*).[868]. Da die SEC erhebliche Veränderungen als geringer einstuft als fundamentale Veränderungen,[869] würde bereits die Veröffentlichung erheblicher Veränderungen dem Investor einen größeren Schutz gewähren. Dem gegenüber hat die SEC in diesem Zusammenhang jedoch mehrfach klargestellt, dass zum Beispiel Veränderungen des Betriebsergebnisses, des Mobiliar- oder Immobiliareigentums, der laufenden Geschäfte, in der Produktentwicklung, in den Auftragsbeständen oder im Management sowie

---

863   SEC, Securities Act Release No. 6964, 57 Fed. Reg. 48970, 48972 (Oct. 29, 1992); SEC, Securities Act Release No. 6943, 57 Fed. Reg. 32461, 32465 (July 22, 1992); Rhodes, 20 Seton Hall Legis. J. 293, 350 (1996); zur Einführung von Rule 415 Banoff, 70 Va. L. Rev. 135, 139 et seq. (1984).

864   17 C.F.R. § 239.13(b)(5) (2007); Simms, Asset Securitization, in: Asset-Based Financing 335, 367 (PLI/Com. No. 754, 1997).

865   Vgl. für MBS-Transaktionen Banoff, 70 Va. L. Rev. 135, 145 et seq. (1984).

866   Bottini, 30 San Diego L. Rev. 579, 606 (1993).

867   17 C.F.R. § 230.415(a)(3) (2007) i.V.m. Regulation S-K, 17 C.F.R. § 229.512(a)(1)(ii) (2007); Bottini, 30 San Diego L. Rev. 579, 606 n.170 (1993).

868   Erhebliche Veränderungen sind lediglich in Bezug auf die geplante Verteilung der Wertpapiere zu berichten; 17 C.F.R. § 229.512(a)(iii) (2007).

869   Johnson/McLaughlin, Securities Laws 603 (3d ed. 2004).

laufende Gerichtsverfahren in der Regel keinen fundamentalen Charakter besitzen. Ausnahmen sollen sich allein für größeren Entwicklungen im operationellen Geschäft wie zum Beispiel signifikante Zu- oder Verkäufe ergeben.[870] Damit bleiben dem Investor für eine Anlageentscheidung relevante Entwicklungen und Informationen unter Umständen verborgen. Führt man sich den rapiden wirtschaftlichen Verfall von Unternehmen wie Enron oder WorldCom vor Augen, stellt sich die Frage, inwieweit die vorgenannten Regelungen den Anleger tatsächlich schützen.

Allerdings ist hinsichtlich der verringerten Publizität durch die mit Formular S-3 gestattete Bezugnahme auf vergangene Publizitätsmitteilungen zu berücksichtigen, dass bei ABS- und MBS-Transaktionen die Emissionen der Wertpapiere für gewöhnlich durch verschiedene, erst kurz zuvor gegründete Zweckgesellschaften erfolgen und sich auf individuelle, meist einmalige, Pools von Forderungen, anderen Finanzaktiva oder Immobilieneigentum stützen. Daher wäre eine ausführliche finanzielle Berichterstattung über die Vergangenheit des Emittenten für den Anleger kaum von Nutzen.[871] Überdies ist das emittierende Unternehmen für die Zukunft zur regelmäßigen Abgabe von Rechenschaftsberichten, zum Beispiel in Formularen 10-Q oder 8-K, verpflichtet.[872] Neuere wirtschaftliche Entwicklungen bleiben daher dem Markt zugänglich. Zu guter Letzt verlangt im Rahmen der Registrierung der Asset-Backed Securities die im Zuge der Kapitalmarktrechtsreform von 2005 speziell hierfür geschaffene Regulation AB[873] ausführliche Informationen zu der jeweiligen Transaktion. Hierzu gehören neben detaillierten Informationen über den jeweiligen Forderungspool[874] und dessen Hauptschuldner[875] unter anderem auch Angaben zu bisherigen Zahlungsversäumnissen oder kumulierten Verlusten[876] sowie zu möglichen Risikofaktoren und Ereignissen, die eine Auflösung oder Amortisierung des Forderungspools und damit eine Än-

---

870 Johnson/McLaughlin, Securities Laws 603 (3d ed. 2004); SEC, Securities Act Release No. 6383, 47 Fed. Reg. 11380, 11395 (Mar. 16, 1982); SEC, Securities Act Release No. 6334, 46 Fed. Reg. 42001, 42007 (Aug. 18, 1981).

871 Vgl. Gehring, Asset-Backed Securities, S. 168; Rhodes, 20 Seton Hall Legis. J. 293, 350 (1996); SEC, Securities Act Release No. 6943, 57 Fed. Reg. 32461, 32465 (July 22, 1992).

872 Vgl. hierzu SEC, Securities Act Release No. 8518, 72 Fed. Reg. 1506, 1561 (Jan. 7, 2005).

873 17 C.F.R. §§ 229.1100 et seq. (2007).

874 17 C.F.R. § 229.1111 (2007).

875 17 C.F.R. § 229.1112 (2007).

876 Hierzu und zu weiteren Pflichtangaben 17 C.F.R. § 229.1105 (2007).

derung der Transaktionsstruktur oder der Mittelzuflüsse zur Folge haben könnten.[877] Damit versucht die SEC sicherzustellen, dass der Anleger selbst unter den erleichterten Voraussetzungen von Formular S-3 mit aussagekräftigen Informationen versorgt wird. Da überdies nach Rule 415 emittierte Wertpapiere zumeist an erfahrene institutionelle Investoren auf Basis des Ratings, der Emittentenreputation sowie der Rendite verkauft werden,[878] ist gegen Registrierungserleichterungen bei strukturierten Transaktionen mit einer Mindestbonität der emittierten Wertpapiere insgesamt nichts einzuwenden.

2. Institutionelle Investoren

Im Jahre 1990 verabschiedete die SEC Rule 144A mit dem Ziel, die internationale Wettbewerbsfähigkeit des U.S.-Kapitalmarkts zu stärken.[879] Dies sollte vor allem durch Ausnahmeregelungen von den Registrierungserfordernissen bei der Weiterveräußerung von Wertpapieren an bestimmte Großanleger erfolgen.[880] Zur Bestimmung der Nutznießer dieser Ausnahmeregelungen greift die SEC unter anderem auch auf Ratingagenturen zurück.

a) Rule 144A

Rule 144A[881] zum Securities Act nimmt bestimmte Wertpapiertransaktionen auf dem Sekundärmarkt von den Anmelde- und Publizitätserfordernissen des Securities Act aus. Danach sind die Weiterveräußerung bzw. das erneute Anbieten von bestimmten Papieren[882] in- und ausländischer Emittenten von einer Registrierungspflicht befreit, wenn es sich bei dem Käufer um einen „qualifizierten institutionellen Investor" (*qualified institutional buyer*, *QIB*) han-

---

877   Hierzu und zu weiteren Pflichtangaben 17 C.F.R. § 229.1103 (2007).

878   McLaughlin, 28 Wake Forest L. Rev. 61, 67 (1993).

879   Vgl. Trevino, 16 Hous. J. Int'l L. 159, 174-82 (1993); Kokkalenios, 60 Fordham L. Rev. 179, 180 (1992); zur Zunahme von Wertpapierplatzierungen als Folge der Einführung von Rule 144A siehe Hicks, 7B Exempted Transactions § 10A:50 et seq., at 10A-70 et seq. (2d ed. 2001, Rel. 22/2007).

880   Vgl. SEC, Securities Act Release No. 6862, 55 Fed. Reg. 17933, 17948 (Apr. 30, 1990).

881   17 C.F.R. 230.144A (2007).

882   Im Regelfall platziert der Emittent eine Wertpapiertranche bei einer Investmentbank, die selbst wiederum die Wertpapiere an qualifizierte Investoren veräußert; vgl. Cox, 75 Wash. U. L.Q. 857, 860 (1997).

delt oder der Verkäufer dies vernünftigerweise annehmen durfte.[883] Als *QIBs* gelten unter anderem solche juristischen Personen, die freiwillig Wertpapiere im Wert von wenigstens $ 100 Millionen von nicht wirtschaftlich verbundenen Unternehmen halten oder in solche investieren.[884] Wertpapierhändler (*dealer*) besitzen *QIB*-Status, wenn sie Wertpapiere im Wert von wenigstens $ 10 Millionen von nicht wirtschaftlich verbundenen Unternehmen besitzen oder verwalten.[885] Zur Hilfestellung für den Verkäufer führt Rule 144A einen nicht abschließenden Katalog von Methoden auf, derer er sich zur Feststellung bedienen kann.[886] So kann der Verkäufer auf jüngere Bilanzdaten, Bestätigungen der Geschäftsführung oder andere, bei den Aufsichtsbehörden hinterlegte, Informationen zurückgreifen. Er kann sich jedoch ebenso auf die jüngsten erhältlichen Informationen eines anerkannten Wertpapierhandbuchs (*recognized securities manual*) stützen, sofern dessen Informationen zum Zeitpunkt des Wertpapierverkaufs nicht älter als 16 Monate sind.[887] Als ein solches Handbuch hat die SEC auch eine von der Ratingagentur S&P regelmäßig veröffentlichte Liste von *QIBs* anerkannt.[888]

b) Kritik

Der Regelung von Rule 144A liegt die Annahme zugrunde, dass die von ihr erfassten individuellen Transaktionen eine geringere Gefahr für den Anleger darstellen als eine öffentliche Emission und dass *QIBs* aufgrund ihrer Erfahrung im Markt ohne zusätzlichen Schutz auskommen.[889] Eines der Hindernisse einer effektiven Umsetzung ist die Feststellung durch den Verkäufer, wer als *QIB* tatsächlich in Frage kommt. Indem die SEC dem Verkäufer zur Erleichterung dieser Feststellung den Rückgriff auf das Handbuch von S&P gestattet, verlässt sie sich bei der Bestimmung der *QIBs* auf das Urteil einer Ratingagentur.

---

883 17 C.F.R. § 230.144A(d)(1) (2007); hierzu auch Simms, Asset Securitization, in: Asset-Based Financing 335, 368 (PLI/Com. No. 754, 1997).

884 17 C.F.R. § 230.144A(a)(1)(i), (iv), (vi) (2007).

885 17 C.F.R. § 230.144A(a)(1)(ii) (2007).

886 17 C.F.R. § 230.144A(d)(1) (2007); Trevino, 16 Hous. J. Int'l L. 159, 177 (1993).

887 17 C.F.R. § 230.144A(d)(1)(iii) (2007).

888 SEC, Standard & Poor's Corporation (No-Action Letter), 1991 SEC No-Act. LEXIS 847, at *1 (July 8, 1991); SEC, Sellers May Rely on S&P List, 23 Sec. Reg. & L. Rep. (BNA) 1095 (July 12, 1991).

889 Bottini, 30 San Diego L. Rev. 579, 607 (1993); vgl. auch Bodie et al., Investments 68 (6th ed. 2005); Hicks, 7B Exempted Transactions § 10A:24, at 10A-41 (2d ed. 2001, Rel. 22/2007).

Gegen diesen Ansatz ist nichts einzuwenden. Die Agenturen verfügen über eine ausreichende Expertise, die Feststellungen nach Rule 144A zu treffen. Sie besitzen in der Regel auch die erforderlichen Informationen, da sie bei der Informationsbeschaffung unter anderem die Daten heranziehen werden, auf die sich der Verkäufer gemäß Rule 144A auch selbst stützen könnte (wie zum Beispiel neuere Bilanzen oder sonstige bei den Aufsichtsbehörden hinterlegte Angaben). Darüber hinaus dürfte das Risiko, dass die Ratingagentur bei der Erstellung des Handbuchs fehlerhaft arbeitet, sehr gering sein. Zum einen stellt die Zusammentragung der erforderlichen Informationen keine allzu komplizierte Angelegenheit dar. Zum anderen wäre im Falle fehlerhafter Angaben der Reputationsverlust für die Agentur enorm. Zu guter Letzt handelt es sich bei den Käufern der Wertpapiere aufgrund der hohen Investitionssumme zumeist um Investment- und Universalbanken, Versicherungen oder Pensionsfonds. Diese dürften aufgrund eigener Analyseabteilungen über genügend Erfahrung verfügen und in der Lage sein, eventuelle Risiken einer Transaktion selbst abschätzen zu können.

3. Zwischenergebnis

Soweit es bei Mindestratings für ABS-Strukturierungen um die Ersetzung von Publizitätspflichten geht, ist dieser Ansatz abzulehnen. So reduziert die große Spanne der vier höchsten Ratingkategorien, welche Rule 3a-7 mit der Mindestanforderung nach einem Investment Grade zulässt, eine zusätzliche Kontrolle durch unbeauftragte Ratings sehr stark. Darüber hinaus senkt das Erfordernis lediglich eines Ratings vor allem angesichts der Tatsache, dass dieses Rating nur beim erstmaligen Angebot bestehen muss, die Kontrollmöglichkeit durch den Markt. Zu guter Letzt geben die mit dem Ratingurteil bewerteten Risiken einer ABS-Emission keine Auskunft über das tatsächliche Anlagerisiko der Transaktion.

Soweit ein Investment Grade-Rating jedoch lediglich Erleichterungen bei der Zulassung von in ABS- oder MBS-Transaktionen emittierten Wertpapieren ermöglicht, ist gegen seine Verwendung für eine erleichterte Registrierung nach Rule 415 bzw. Formular S-3 nichts einzuwenden. Gerade bei den meist einmaligen strukturierten Finanzierungen hat der Anleger bei einem Verzicht auf frühere Publizität am wenigsten zu verlieren. Die durch Formular S-3 vorgesehenen Pflichtangaben sollten den Investor ausreichend vor Risiken schützen.

Gegen die Nutzung einfacher Rechercheleistungen der Ratingagenturen wie die listenartige Zusammenstellung der den Verkäufer privilegierenden Investoren im Sinne von Rule 144A bestehen keine Bedenken.

V. Veröffentlichung von Ratings

Schließlich verfolgt die SEC das Ziel, durch Regelungen über die Pflicht zur Veröffentlichung von NRSRO-Ratings eine bestimmte Informationsdichte des Kapitalmarkts zu gewährleisten. Inwieweit dieser Ansatz tatsächlich zu einer Verbesserung der Stellung der Anleger beiträgt, soll am Beispiel von Rule 134 sowie Regulation S-B untersucht werden. Beide Regelungen zielen darauf ab, die Emittenten von Wertpapieren zur Veröffentlichung von Bonitätsurteilen anzuhalten. Adressaten dieses gesetzgeberischen Ziels sind hierbei nicht nur große Emittenten, sondern auch kleinere Unternehmen (*small business issuers*).

1. Rule 134

Rule 134[890] zum Securities Act stellt eine sogenannte *safe harbor*-Regelung dar. Sie gestattet dem Emittenten, in der Phase zwischen dem Antrag auf Registrierung seiner Wertpapiere und ihrer endgültigen Zulassung bestimmte Einzelheiten der zukünftigen Emission in begrenzter Form öffentlich zu verbreiten, ohne dass dies bereits als prospektpflichtiges Angebot oder gar als Prospekt selbst gewertet wird. Dies ist von Bedeutung, da Angebote in anderen Kommunikationsformen als in vorläufigen oder endgültigen Prospekten ein rechtswidriges *gun-jumping*[891] darstellen können. So ist der Emittent dann auf der sicheren Seite, wenn lediglich Informationen wie sein Name, die Art der Wertpapiere, der Angebotspreis, die Rendite, die Namen der Konsortialführer sowie wenige andere Informationen kommuniziert werden.[892] Vor allem dürfen aber auch bereits erteilte oder vernünftigerweise zu erwartende Ratings von NRSROs aufgeführt werden.[893] Eine derartige Werbung erfolgt in der Regel in Form von Anzeigen in der Finanzpresse (*tombstone advertisements*), kann aber auch durch Presseerklärungen oder Emails geschehen.[894]

---

890 17 C.F.R. § 230.134 (2007).

891 Unter *gun-jumping* versteht man die Vornahme von Handlungen (z.B. Wertpapierhandel) vor Erfüllung hierfür erforderlicher behördlicher Pflichten (z.B. die Veröffentlichung bestimmter Informationen).

892 17 C.F.R. § 230.134(a) (2007). Die Liste der befreiten Informationen wurde 2005 im Zuge der Securities Offerings Reform erheblich erweitert; vgl. SEC, Securities Act Release No. 8591, 70 Fed. Reg. 44722, 44742 et seq. (Aug. 3, 2005).

893 17 C.F.R. § 230.134(a)(17) (2007).

894 Bodie et al., Investments 66 et seq. (6th ed. 2005); Johnson/McLaughlin, Securities Laws 37 et seq. (3d ed. 2004).

2. Regulation S-B

Regulation S-B[895] regelt die Publizitätspflichten von *small business issuers*. Dies sind U.S.-amerikanische oder kanadische Unternehmen, deren Erträge unter $ 25 Millionen liegen und die keine Investmentgesellschaften oder Emittenten von Asset-Backed Securities sind.[896] Regulation S-B betont ausdrücklich das Vertrauen des Marktes in Bonitätsurteile und gestattet daher kleineren Emittenten, bei der Wertpapierregistrierung, in *tombstone advertisements* oder in den periodischen Rechenschaftsberichten eventuell vorhandene Ratings zu veröffentlichen.[897] Sobald eine solche Veröffentlichung erfolgt, empfiehlt Regulation S-B auch die Veröffentlichung der Ratings anderer NRSROs, die vom ersten Rating erheblich abweichen. Darüber hinaus sollte der Emittent ausdrücklich darauf hinweisen, dass es sich bei einem Rating nicht um eine Kauf- oder Verkaufsempfehlung von Wertpapieren handelt.[898] Sollte es vor Gültigkeit des Registrierungsantrags, im Verlaufe der Zeichnungsfrist bzw. der Zuteilung oder auch danach zu erheblichen Änderungen im Rating kommen, wird dem Emittenten empfohlen, dies im Verkaufsprospekt oder durch einen Aufkleber auf dem Prospekt kenntlich zu machen oder durch das auch für die Anzeige nicht-öffentlicher Informationen verwendete Formular 8-K[899] anzuzeigen.[900]

3. Kritik

Damit es zwischen den Ratingagenturen und den Investoren zu einem Informationstransfer kommen kann und die Wertpapiermärkte für die Anleger tatsächlich effizient sind, müssen die Ratings nicht nur weithin öffentlich, ein-

---

895   17 C.F.R. §§ 228.10 et seq. (2007).

896   17 C.F.R. § 228.10(a)(1) (2007); eine eventuelle Konzernmutter müsste selbst unter die Definition des *small business issuer* fallen, und der Streubesitz (d.h. sämtliche Stimmrechts- und Vorzugsaktien, die von *non-affiliates* gehalten werden) muss unter $ 25 Mio. liegen.

897   17 C.F.R. § 228.10(e) (2007); für *tombstone advertisements* und bestimmte andere Veröffentlichungen müssen die Ratings jedoch von einer NRSRO stammen.

898   17 C.F.R. § 228.10(e)(1)(i) (2007) unter Verwendung des unverbindlichen Ausdrucks *should*.

899   17 C.F.R. § 249.308 (2007); Formular 8-K konkretisiert vor allem Ad-hoc- und sonstige Publizitätspflichten der Sections 13a-11 und 15d-11 zum Exchange Act; vgl. Donald, WM 2003, S. 705 (708 f.).

900   17 C.F.R. § 228.10(e)(1)(ii)(B), (C), (iii) (2007), ebenfalls unter Verwendung des Ausdrucks *should*.

fach und billig erhältlich sein, sondern von den Anlegern auch herangezogen werden.[901] NRSROs veröffentlichen ihre Bonitätsurteile in Publikationen, die an Abonnenten verkauft werden, in Bibliotheken erhältlich sind oder im Internet abgefragt werden können. Die zusätzliche Verbreitung des Ratings in Verkaufsprospekten und *tombstone advertisements* erhöht die Wahrscheinlichkeit, dass die Anleger diese Informationen als weiteren Aspekt in ihre Anlageentscheidung einbeziehen.[902] Aus Anlegerschutzgesichtspunkten ist der Ansatz, dem Emittenten die Veröffentlichung des Ratings zu Werbe- und Kommunikationszwecken zu gestatten, zu begrüßen. Gerade bei Erstemissionen können (objektive) Ratings angesichts der oft durch einen übermäßigen Unternehmeroptimismus geschürten hohen Erwartungen[903] eine entemotionalisierende und objektivierende Rolle einnehmen und so zum Anlegerschutz beitragen. Hinzu kommt, dass die Möglichkeit einer Werbung mit Ratings auf lediglich freiwilliger Basis einen fast schon zwingenden Anreiz bietet, von dieser Option auch Gebrauch zu machen.[904] Selbst wenn die emittierten Wertpapiere von geringerer Qualität sein sollten, wird der Emittent es vorziehen, ein Rating zu veröffentlichen, solange die Kapitalkosten für eine unbewertete Emission die Kosten einer Emission mit niedrigem Rating übersteigen. Dem gegenüber wird nur der Emittent äußerst risikobehafteter Wertpapiere auf ein Rating verzichten, damit aber in den meisten Fällen ein negatives Signal an den Markt aussenden.[905]

Zu kritisieren ist allerdings, dass die Mitteilung von Ratingänderungen und -abweichungen im Ermessen des Emittenten liegt, da dies eine Selektion geradezu provoziert. In diesem Zusammenhang hat das Erfordernis, dass das Rating bei bestimmten Kommunikationen gegenüber den Investoren von einer NRSRO stammen muss, sowohl Vor- als auch Nachteile. Auf der einen Seite könnte ein NRSRO-Rating für den Anleger wertvoller sein, da NRSROs der Aufsicht und der Zulassung durch die SEC unterliegen. Andererseits ist nicht einzusehen, warum nicht auch Ratings von bisher nicht als NRSRO anerkannten Agenturen für den Anleger von Bedeutung sein können. Solange jedoch die Veröffentlichung weiterer existierender Ratings nicht verpflichtend ist, sondern im Ermessen des Emittenten liegt, erscheint eine Begrenzung auf

---

901 Coffee, 70 Va. L. Rev. 717, 725 (1984); Rhodes, 20 Seton Hall Legis. J. 293, 352 et seq. (1996).

902 Vgl. Dykstra, 78 Det. C.L. Rev. 545, 557 et seq. (1978); General Accounting Office, Insurance Ratings 7 (1994); Rhodes, 20 Seton Hall Legis. J. 293, 353 (1996).

903 Fleischer, Gutachten F, S. F49; für die U.S.A. vgl. Langevoort, 49 Bus. Law. 481, 494 (1994).

904 Vgl. Fishel/Easterbrook, 70 Va. L. Rev. 669, 683 et seq. (1984).

905 Vgl. Dale/Thomas, 5 J. Int'l Sec. Markets 9, 10 (1991).

NRSRO-Ratings sinnvoll. Zum einen besteht sonst die Gefahr, dass Unternehmen in *tombstone advertisements* und anderen Veröffentlichungen mit den Ratings unbekannter, nicht etablierter Agenturen werben und so die Anleger eher verwirren, zum anderen unterliegen NRSROs der Aufsicht durch die SEC und versprechen daher ein Mindestmaß an Qualität.

4. Zwischenergebnis

Die Möglichkeit, Ratings von NRSROs zu Werbe- und Kommunikationszwecken zu verwenden, ist zu begrüßen. Eine Ausdehnung dieser Möglichkeit auch auf Ratings von nicht als NRSRO zugelassenen Agenturen erscheint prinzipiell sinnvoll. Solange jedoch die Veröffentlichung weiterer existierender Ratings lediglich im Ermessen des Emittenten liegt, erscheint eine Begrenzung auf NRSRO-Ratings sachgerecht, da dies aufgrund der Aufsicht über die NRSROs durch die SEC ein Mindestmaß an Qualität garantiert.

VI. Ergebnis

Die Verwendung von Ratings als Ersatz für Steuerungs-, Publizitäts- und sonstige, die Anleger schützende Vorschriften kann an vielen Stellen sinnvoll sein. Jedoch sollte ein Rückgriff auf Bonitätsurteile nur dort erfolgen, wo die in dem Rating enthaltenen Aussagen bzw. die aus dem Rating entspringenden Folgen für das jeweilige Regulierungsziel auch von Relevanz sind. So verspricht eine Indienstnahme des Ratings zur Berechnung der Eigenkapitalanforderungen für Kredit- oder Finanzdienstleistungsinstitute sowie als Anlagevoraussetzung für Geldmarktfonds bei richtiger Ausgestaltung Flexibilitätsvorteile sowie einen verbesserten Funktionsschutz des Kapitalmarkts, ohne hierdurch den Anlegerschutz zu beeinträchtigen.

Die Verwendung eines Mindestratings als Substitut für vergangenheitsbezogene Publizitätspflichten bei der Registrierung von Wertpapieren stellt einen sinnvollen Ansatz zur Vermeidung von Kosten und bürokratischem Aufwand dar. Gegen eine wechselseitige Erleichterung zwischen mehreren Staaten bei der Wertpapierregistrierung in den betreffenden Ländern ist bei einer vergleichbaren Kapitalmarktregulierung ebenfalls nichts einzuwenden.

Regelungen zum Handel mit Wertpapieren, welche die Verhinderung von Kurs- und Marktmanipulationen sowie von Insidertransaktionen zum Ziel haben, sollten im Rahmen möglicher Ausnahmetatbestände nicht auf Ratings zurückgreifen, da diese das aufsichtlich gewünschte Verhalten der betroffenen Marktteilnehmer nicht beeinflussen können.

Die Verwendung von Mindestratings bei ABS- oder MBS-Transaktionen als Voraussetzung von Publizitätserleichterungen ist problematisch, da ein Rating kein adäquates Surrogat für sämtliche für den Investor relevanten Informationen darstellt.

Gegen die Verwendung des Ratings als Voraussetzung von Registrierungserleichterungen bei *shelf registrations* ist nichts einzuwenden, solange Mindestpublizitätspflichten bestehen bleiben. Die Nutzung einfacher Rechercheleistungen der Ratingagenturen ist ebenfalls unproblematisch. Gleiches gilt für den Gebrauch von NRSRO-Ratings zu Werbe- und Kommunikationszwecken.

Vierter Teil – Die Regulierung des Kapitalmarkts durch Ratings in Deutschland

Der vorangegangene Teil hat die Stärken und Schwächen der ratingbezogenen Kapitalmarktregulierung in den U.S.A. aufgezeigt. Nunmehr wird untersucht, inwieweit ein ratingbezogener Regulierungsansatz auch im deutschen Recht Platz finden könnte. Hierzu werden zunächst die Folgen eines solchen Ansatzes aus regulatorischer und wirtschaftlicher Sicht abgeschätzt und dann der mögliche Umfang einer solchen Regulierung erörtert.

§ 10 Folgenabschätzung für die Einführung ratingbezogener Regulierung

Im Rahmen der Abschätzung möglicher Folgen der Einführung ratingbezogener Regelungen in Deutschland erfolgt zunächst eine kurze Bestandsaufnahme der derzeitigen Regulierungssituation. Anschließend wird die bereits erfolgte und gegebenenfalls zukünftig wünschenswerte Ausgestaltung des Zugangs zum Ratingmarkt nach der Umsetzung von Basel II dargestellt. Abschließend werden die Vorteile, Grenzen und Nachteile einer Einführung ratingbezogener Regelungen diskutiert sowie ihre wirtschaftlichen Folgen für die Marktteilnehmer erörtert.

I. Bestandsaufnahme der bonitätsbezogenen Regulierung in Deutschland

Bis zur Verabschiedung der Solvabilitätsverordnung[906], welche im Rahmen der Umsetzung von Basel II zur Berechnung der Risikogewichtung von Forderungen den Rückgriff auf Ratings gestattet, hatte Deutschland in seinen aufsichtsrechtlichen Vorschriften auf Rechtsnormen oder regulatorische Vorgaben zum Bonitätsrating sowie zur Tätigkeit von Ratingagenturen verzich-

---

906 Verordnung über die angemessene Eigenmittelausstattung von Instituten, Institutsgruppen und Finanzholding-Gruppen (Solvabilitätsverordnung) v. 14.12.2006 (BGBl. I, S. 2926).

tet.[907] Verantwortlich hierfür dürfte vor allem der im Vergleich zu den U.S.A. anders strukturierte Kapitalmarkt gewesen sein. So erfolgt in Deutschland die Aufnahme von Kapital noch immer überwiegend über den Bankensektor,[908] welcher zumeist eine eigene Bonitätseinschätzung vornimmt. Dies hat im Vergleich zu den U.S.A. zu einer unterdurchschnittlichen Entwicklung des Ratingmarktes geführt.

Sieht man von der durch die Solvabilitätsverordnung eingeräumten Möglichkeit eines Rückgriffs auf Ratings einmal ab, bedient sich der deutsche Gesetzgeber zur Privilegierung von bonitätsmäßig hervorragenden Titeln derzeit regelmäßig einer katalogartigen Aufzählung der betreffenden Emittenten oder Wertpapiere. Bevorzugt werden solche Schuldverschreibungen, die mündelsicher sind oder deren Emittenten zu den Mitgliedstaaten der EU, ihren Gebietskörperschaften oder zu bestimmten anderen Ländern gehören,[909] sowie solche, deren Schuldner in ein Sicherungssystem eingebunden sind.[910] Zur Bestimmung der Mündelsicherheit nimmt der Gesetzgeber zwar auf die bonitätsmäßige Qualität von Wertpapieren Bezug, doch greift er nicht auf Ratings zurück, sondern stellt auf die Art des Emittenten[911] ab. Diese Regelungstechnik wird vor allem am Beispiel des Katalogs in § 1807 Abs. 1 Nr. 1 bis 5 BGB deutlich. Hier legt das Gesetz ausdrücklich fest, bei welchen Forderungstiteln eine ausreichende Sicherheit für den Anleger unterstellt wird.[912] Weitere Beispiele für eine Bezugnahme auf mündelsichere Wertpapiere finden sich in

---

907   Vgl. Deipenbrock, WM 2005, S. 261 (261); Vetter, WM 2004, S. 1701 (1704); Witte/Hrubesch, ZIP 2004, S. 1346 (1354); Dale/Thomas, 5 J. Int'l Sec. Markets 9, 11 (1991).

908   Hierzu mit Statistiken Berblinger, in: Pfingsten (Hrsg.), Bankentage 2000, S. 63 (72).

909   So können z.B. nach § 20 Abs. 1 Nr. 1 lit. a) und lit. b) PfandBG Hypothekenbanken Forderungen, die sich unmittelbar gegen inländische Gebietskörperschaften, die EU, Schweiz, U.S.A., Kanada oder Japan richten, zur Deckung ihrer Pfandbriefe verwenden.

910   Hierzu v. Randow, in: Büschgen/Everling (Hrsg.), Rating, S. 543 (560); vgl. auch § 1807 BGB sowie den bis zur Einführung des Euro relevanten Katalog lombardfähiger Wertpapiere im „Lombardverzeichnis" der Deutschen Bundesbank nach § 19 Abs. 1 Nr. 3 lit. e) BBankG a.F.

911   Z.B. der Bund, ein Land oder private Kreditinstitute, soweit letztere einer „ausreichenden Sicherungseinrichtung" angehören; Palandt/Diederichsen, § 1807 Rn. 9; Staudinger/Engler, § 1807 Rn. 32 f.

912   § 1807 BGB i.V.m. der MündelsicherheitsVO v. 07.05.1940 (RGBl. I, S. 756 = BGBl. III, S. 404-12) sowie die VO über die Mündelsicherheit der Schiffspfandbriefe v. 18.03.1941 (RGBl. I, S. 156 = BGBl. III, S. 404-13) (beide abgedr. in: RGRK/Dickescheid, § 1807 Rn. 14 bzw. 17); Staudinger/Engler, § 1807 Rn. 4; MünchKommBGB/Wagenitz, § 1807 Rn. 9, 13 - 16, 25.

§§ 234 Abs. 1, 238 Abs. 1, 1079, 1083 Abs. 2, 1288 Abs. 1, 2119 BGB sowie in § 108 Abs. 1 ZPO. Allerdings ist zu beachten, dass auch die Mündelsicherheit keinen Schutz vor einem Währungsverfall oder einer Währungsreform bietet.[913] Ebenso ist festzustellen, dass sich der Gesetzgeber des Erfordernisses der Mündelsicherheit überwiegend dazu bedient, um die Stellung und Verwaltung von Sicherheitsleistungen und vorübergehenden Geldanlagen vorläufig zu regeln. Eine gezielte Regulierung von Transaktionen auf dem Kapitalmarkt findet hierdurch nicht statt. Für diese erfolgt ein Schutz der Anleger weitestgehend durch Vorschriften über Ausstellerrestriktionen[914] und Anlagegrenzen,[915] nicht jedoch über die Bonität der Papiere.[916] Inwieweit sich dieser Zustand durch die Umsetzung von Basel II ändern wird, bleibt abzuwarten.

II. Die Regulierung des Zugangs zum Ratingmarkt

Eine allgemeine Zulassungs- oder Registrierungspflicht für Ratingagenturen zur Aufnahme ihrer Tätigkeit besteht in Deutschland bisher nicht. Daran dürfte sich auch in naher Zukunft nichts ändern. Allerdings werden die Agenturen mit Inkrafttreten von Basel II signifikant an Bedeutung gewinnen, da ihre Bonitätsurteile im Rahmen des Standardansatzes für die von Kreditinstituten bei der Kreditvergabe zu beachtende Eigenkapitalunterlegung eine erhebliche Rolle spielen.[917] Die Regelungen von Basel II ermöglichen den Rückgriff auf Ratings externer Ratingagenturen allerdings nur dann, wenn diese durch die nationalen Aufsichtsbehörden anerkannt wurden.[918] Hinsichtlich der Anerkennungskriterien für eine Zulassung bleiben die Empfehlungen

---

913 Soergel/Zimmermann, § 1807 Rn. 2.
914 Z.B. § 60 Abs. 1 InvG, wonach eine Kapitalanlagegesellschaft in Wertpapiere und Geldmarktinstrumente desselben Ausstellers nur bis zu 5% des Wertes des Sondervermögens anlegen darf.
915 Z.B. § 85 InvG, wonach eine Kapitalanlagegesellschaft in Investmentanteile nur bis zu 10% des Wertes des Sondervermögens anlegen darf; ebenso § 88 Abs. 2 und 3 InvG, wonach für Altersvorsorgefonds die Höchstgrenze für Unternehmensbeteiligungen auf 75% und für Anteile an Grundstückssondervermögen auf 30% festgeschrieben ist.
916 Eine Ausnahme bildet § 80 Abs. 1 S. 1 Nr. 4a InvG, welcher im Rahmen der Liquiditätsanforderungen für Kapitalanlagegesellschaften für Immobiliensondervermögen auf die durch die EZB nach Art. 18.1 ESZB-Satzung zugelassenen Wertpapiere verweist; siehe hierzu bereits oben S. 36 ff.
917 Siehe hierzu oben S. 29 ff.
918 BCBS, Capital Standards ¶ 90 (2005).

von Basel II jedoch sehr vage. So wurde lediglich die Einhaltung bestimmter Mindestvoraussetzungen bei den Agenturen hinsichtlich Objektivität, Unabhängigkeit, Transparenz, Offenlegungspflichten, ausreichender Ressourcen und Marktakzeptanz (Glaubhaftigkeit) gefordert.[919] Aus diesem Grund hatte das Committee of European Banking Supervisors (CEBS)[920], also der Ausschuss der Europäischen Bankaufsichtsbehörden, nach einem vorherigen Konsultationsverfahren[921] bereits Anfang 2006 Leitlinien verabschiedet, welche detaillierte Empfehlungen zu formellen und materiellen Elementen des Anerkennungsverfahrens enthalten.[922].

In Deutschland ist die Zulassung der Ratingagenturen zum Zwecke der Verwendung ihrer Ratings im Sinne von Basel II im Rahmen der Solvabilitätsverordnung geregelt. Diese legt in §§ 52 und 53 SolvV fest, wie der von den Ratingagenturen einzureichende Anerkennungsantrag ausgestaltet sein muss. Hierbei fällt auf, dass sich die Ausgestaltung des Anerkennungsverfahrens von Ratingagenturen in Deutschland weitestgehend an den vorgenannten Leitlinien des CEBS orientiert. Dies dürfte in erster Linie auf die große personelle Nähe des CEBS zu den nationalen Aufsichtsbehörden zurückzuführen sein.[923] Nachfolgend werden daher die Voraussetzungen für die Anerkennung von Ratingagenturen für die Risikogewichtung nach der Solvabilitätsverordnung sowie die vergleichbaren Leitlinien des CEBS in ihren wichtigsten Punkten dargestellt und einer kritischen Untersuchung unterzogen.

1. Die Anerkennung von Ratingagenturen nach der Solvabilitätsverordnung

Gemäß § 52 Abs. 1 S. 1 SolvV wird eine Ratingagentur für Risikogewichtungszwecke von der BaFin nur dann anerkannt, wenn die Methodik zur Bo-

919 Vgl. BCBS, Capital Standards ¶ 91 (2005).
920 Der CEBS ist eine unabhängige Beratergruppe für die Bankenaufsicht der EU. Er kann zur Förderung und Überwachung der einheitlichen Umsetzung und Anwendung des Gemeinschaftsrechts Leitlinien, Empfehlungen und Standards entwickeln, welche die Aufsichtsbehörden dann auf freiwilliger Basis in ihre Aufsichtspraxis übernehmen können; hierzu Deipenbrock, WM 2006, S. 2237 (2237 f.).
921 Vgl. CEBS, Consultation Paper (2005).
922 CEBS, Guidelines (2006).
923 Der CEBS setzt sich aus hochrangigen Vertretern der Bankaufsichtsbehörden der Mitgliedstaaten, ferner Vertretern von mit besonderen Bankaufsichtsbefugnissen betrauten mitgliedstaatlichen Zentralbanken sowie Vertretern der nicht direkt mit der Bankenaufsicht betrauten Zentralbanken einschließlich der Europäischen Zentralbank zusammen; hierzu Deipenbrock, WM 2006, S. 2237 (2238 f.).

nitätsbeurteilung Objektivität, Unabhängigkeit, laufende Überprüfung und Transparenz gewährleistet sowie die mit der Methodik erstellten Bonitätsbeurteilungen Zuverlässigkeit und Transparenz gewährleisten. Für die Anerkennung ist gemäß § 53 Abs. 2 SolvV ein formaler Antrag erforderlich. Die zusammen mit dem Antrag einzureichenden Unterlagen sind in der Solvabilitätsverordnung jedoch nicht geregelt. Sie sollen sich aber nach dem Willen der BaFin aus Annex 1 der Leitlinien des CEBS zur Anerkennung von externen Ratingagenturen ergeben, auf den die BaFin in einem Merkblatt ausdrücklich verweist.[924] Das dort aufgeführte „Common Basis Application Pack" verlangt unter anderem detaillierte Informationen zur Sicherstellung der Objektivität bei der Ratingerstellung, zur Unabhängigkeit der Ratingagentur, zu möglichen Interessenskonflikten und zu den Ansätzen einer Vermeidung derselben, zur Transparenz der Ratingerstellung sowie nicht zuletzt zur Marktakzeptanz der die Anerkennung beantragenden Agentur.[925]

Weiterhin hat der Antrag gemäß § 52 Abs. 2 S. 5 SolvV die Angabe der Marktsegmente zu enthalten, auf die sich der Antrag erstreckt. Nach § 52 Abs. 2 S. 6 SolvV sind dies die Segmente „Forderungen an öffentliche Stellen", „strukturierte Finanzierungen" sowie „andere Forderungen". Auch hier sind Parallelen zu den Leitlinien des CEBS erkennbar, welche eine separate Anerkennung für die drei Bereiche „Public Finance", „Structured Finance" (einschließlich Verbriefung) sowie „Commercial Entities" (einschließlich Unternehmen und Finanzinstitute) vorschlagen.[926]

Soweit eine Ratingagentur von den zuständigen Behörden eines Staates des Europäischen Wirtschaftsraums für Risikogewichtungszwecke anerkannt wurde, kann die BaFin diese Agentur gemäß § 52 Abs. 1 S. 4 SolvV ohne ein eigenes Anerkennungsverfahren ebenfalls anerkennen, wenn das von der zuständigen Behörde durchgeführte Anerkennungsverfahren demjenigen der BaFin gleichwertig ist. Diese Möglichkeit zur wechselseitigen Anerkennung wurde auch in den CEBS-Leitlinien angeregt.[927]

Im Rahmen der konkreten Voraussetzungen für die Anerkennung von Ratingagenturen fordert § 53 S. 1 Nr. 1 bis Nr. 8 SolvV unter anderem, dass

---

924 BaFin, Merkblatt v. 22.01.2007, S. 1.
925 CEBS, Guidelines ¶ 54, Annex I (2006).
926 CEBS, Guidelines ¶ 23, Annex I (2006).
927 Vgl. CEBS, Guidelines ¶ 31 et seq. (2006), wonach bei einer *direct recognition* die zuständige Behörde selbst ein Anerkennungsverfahren durchführt, während bei einer *indirect recognition* die von einem anderen Mitgliedstaat nach Durchführung eines entsprechenden Verfahrens ausgesprochene Anerkennung übernommen wird. Eine von der zuständigen Behörde in einem Drittstaat, z.B. den U.S.A., ausgesprochene Anerkennung reicht jedoch auch hier nicht aus.

die Methodik zur Vergabe von Ratings sorgfältig, systematisch und stetig ist sowie einem Validierungsverfahren unterliegt, das auf historischen Erfahrungswerten beruht (Nr. 1). Die Methodik muss darüber hinaus frei von äußeren politischen Einflüssen oder Zwängen sein und darf keinerlei wirtschaftlichem Druck ausgesetzt sein, der die Bonitätsbeurteilung beeinflussen könnte (Nr. 2). Weiterhin muss die Unabhängigkeit der Methodik der Ratingagentur gewährleistet sein (Nr. 3). Auch muss die Agentur ihre Ratings laufend überprüfen und bei Veränderungen der finanziellen Situation des Ratingobjektes anpassen. Solche Überprüfungen müssen nach jedem Ereignis, das einen signifikanten Einfluss auf die Bonität des Beurteilten haben könnte, mindestens jedoch einmal im Jahr, stattfinden (Nr. 4). Weiterhin hat die Agentur vor einer Anerkennung nachzuweisen, dass für jedes Marktsegment eine Beurteilungsmethodik etabliert ist, welche unter anderem einen Rückvergleich seit mindestens einem Jahr vorsieht und den Nachweis eines regelmäßigen Überprüfungsprozesses durch die Agentur sicherstellt (Nr. 5). Darüber hinaus müssen die Grundsätze der Methodik, welche die Agentur bei der Erstellung ihrer Beurteilungen verwendet, in einer Art und Weise öffentlich zugänglich sein, dass alle potenziellen Nutzer deren Angemessenheit beurteilen können (Nr. 6). Von besonderer Bedeutung dürfte das Erfordernis sein, dass Bonitätsbeurteilungen der Ratingagentur am Markt als glaubwürdig und verlässlich angesehen und verbreitet sein müssen. Als Kriterien hierfür sind insbesondere der Marktanteil der Agentur, ihre Herkunft und der Umfang ihrer Einkünfte und Vermögensverhältnisse, der Einfluss der Ratings auf die Preisbildung im Markt sowie die Nutzung ihrer Ratings für die Ausgabe von Schuldverschreibungen und/oder die Bewertung von Kreditrisiken durch mindestens zwei Institute heranzuziehen (Nr. 7). Zu guter letzt müssen die Ratings allen in- und ausländischen Instituten, die ein berechtigtes Interesse daran haben, zu gleichen Bedingungen zugänglich sein (Nr. 8).

Die in § 53 S. 1 genannten Voraussetzungen für die Anerkennung von Ratingagenturen orientieren sich damit eng an den Vorschlägen des CEBS, denen zufolge die Ratings der anzuerkennenden Agenturen eine ausreichend hohe Qualität, Konsistenz und Belastbarkeit aufweisen sollen.[928] Dies soll nicht nur anhand der bisherigen Ratingergebnisse (*track record*) der Agenturen beurteilt werden, sondern auch anhand ihrer Marktakzeptanz (*market acceptance*).[929] Eine solche Marktakzeptanz kann sich zum einen aus der Länge des

---

928 CEBS, Guidelines ¶ 70 (2006).

929 Für die Anerkennung einer Eignung im besonderen Bereich der Verbriefung ist sogar eine hohe Marktakzeptanz (*strong market acceptance*) erforderlich, vgl. CEBS, Guidelines ¶ 73 (2006).

track record ergeben,[930] zum anderen aber auch aus der Inanspruchnahme der Agenturen durch die Marktteilnehmer.[931] Hinsichtlich der von den Agenturen angewandten Ratingmethoden ist die Objektivität der Ratings nachzuweisen.[932] Darüber hinaus muss die Unabhängigkeit der Ratingurteile deutlich gemacht werden. In diesem Zusammenhang zählen die CEBS-Leitlinien – ähnlich wie der CRA Reform Act und damit über die Solvabilitätsverordnung hinausgehend – zunächst mögliche Interessenskonflikte der Agenturen auf, welche den bereits im Rahmen dieser Untersuchung dargestellten Konflikten[933] entsprechen.[934] Im Anschluss fordern sie die Schaffung interner Verfahren und Maßnahmen durch die Ratingagenturen zum Umgang mit diesen Konflikten.[935] Zu guter letzt sehen die CEBS-Leitlinien vor, dass die Agenturen die zuständigen Aufsichtsbehörden über jedes Ereignis informieren, welches einen Einfluss auf die Ratingleistung der Agentur haben könnte. Hierunter fallen vor allem Änderungen in Bezug auf jene Kriterien, deren Erfüllung eine der Voraussetzungen für eine Anerkennung war.[936] Dieses Erfordernis fehlt erstaunlicherweise in der Solvabilitätsverordnung.

2. Diskussion

Deutschland hat sich hinsichtlich seiner nationalen Regelungen zur Anerkennung von Ratingagenturen stark an die CEBS-Leitlinien angelehnt. Dies ist schon deshalb zu begrüßen, weil damit aufgrund der großen sachlichen und persönlichen Nähe des CEBS zu den europäischen Bankaufsichtsbehörden europaweit auf weitgehend gleichlaufende Regelungen zur Zulassung von Ratingagenturen für die Risikogewichtung nach der Solvabilitätsverordnung gehofft werden darf.[937] Dies sollte eine gegenseitige Zulassung über nationale Grenzen hinaus erleichtern. Betrachtet man jedoch die Regelungen der Solvabilitätsverordnung bzw. der CEBS-Leitlinien im Lichte der Ergebnisse, welche die Untersuchung der Regulierung des Zugangs zum Ratingmarkt in den U.S.A. zu Tage gefördert hat, so sind einige Defizite erkennbar. Es ist zu be-

---

930 CEBS, Guidelines ¶ 75 (2006).
931 CEBS, Guidelines ¶ 112 et seq. (2006).
932 Dies soll (soweit möglich) statistisch durch einen erfolgreichen *track record* belegt werden, vgl. CEBS, Guidelines ¶ 88 et seq. (2006).
933 Siehe hierzu bereits oben S. 71 ff.
934 CEBS, Guidelines ¶ 94 et seq. (2006).
935 CEBS, Guidelines ¶ 97 et seq. (2006).
936 CEBS, Guidelines ¶ 107 (2006).
937 Vgl. auch Deipenbrock, WM 2006, S. 2237 (2239).

dauern, dass diese im Zuge der Schaffung der Solvabilitätsverordnung in Deutschland nicht vermieden wurden.

Zum einen äußern sich weder die Solvabilitätsverordnung noch die CEBS-Leitlinien zu dem Zeitrahmen, in dem der Antrag auf Anerkennung einer Ratingagentur seinen Abschluss gefunden haben sollte. Zwar enthalten die Leitlinien für den Fall einer Antragstellung in mehreren Mitgliedstaaten Empfehlungen, nach welchen Grundsätzen die betroffenen Aufsichtsbehörden innerhalb eines Monats eine Abstimmung über das Verfahren erreichen sollen,[938] weitere Empfehlungen, die einer Beschleunigung des Verfahrens dienen könnten, finden sich jedoch nicht. Zwar dürfte die jeweilige um Zulassung ersuchende Ratingagentur gegenüber der BaFin durch die Rechtsmittel des Verwaltungsverfahrens gegen eine übermäßig lange Bearbeitungsdauer geschützt sein. Jedoch würden feste Bearbeitungsfristen zur Rechts- und Planungssicherheit beitragen. Denkbar wäre hier zum einen, sich an den Fristen des CRA Reform Act zu orientieren, welcher einen Abschluss des Anerkennungsverfahrens als NRSRO innerhalb von 90 bzw. 120 Tagen nach Antragstellung vorsieht. Zum anderen wäre aber auch eine Regelung nach dem Vorbild des § 40 Abs. 1 oder 2 GWB denkbar, wonach eine positive Entscheidung der zuständigen Behörde nach unbeanstandetem Zeitablauf fingiert wird.

Weiterhin ist äußerst problematisch, dass sowohl § 53 S. 1 Nr. 7 SolvV als auch die CEBS-Leitlinien im Rahmen der Zulassung neben anderen Gesichtspunkten maßgeblich auch auf das Kriterium der Marktakzeptanz abstellen. Mit Hinblick auf eine Zulassung von Ratingagenturen für Verbriefungen führt § 235 S. 2 SolvV sogar nur lapidar aus, die BaFin erkenne nur solche Agenturen für Verbriefungen aufsichtlich an, die für am Kapitalmarkt platzierte Verbriefungstransaktionen von den Marktteilnehmern anerkannt werden. Wie bereits gezeigt ist dieser Ansatz nicht nur intransparent, sondern auch weitgehend subjektiv.[939] Die gleiche Kritik ist an den CEBS-Leitlinien zu üben. Diese fordern zwar, alle Ratingagenturen gleich zu behandeln, wollen den Aufsichtsbehörden jedoch erlauben, die Anerkennungskriterien, soweit diese erfüllt sind, im Einzelfall ausdrücklich unterschiedlich gewichten zu können, ohne das entsprechende Ermessen näher zu konkretisieren.[940]

Überdies hat die vorangegangene Untersuchung gezeigt, dass es für die Agenturen einerseits ohne besondere Anerkennung mangels Nachfrage nach ihren Ratings nicht möglich ist, sich im Markt eine breite Akzeptanz aufzu-

---

938 CEBS, Guidelines ¶ 38 et seq. (2006).
939 Vgl. hierzu oben S. 126 ff.
940 Vgl. CEBS, Guidelines ¶ 74 (2006).

bauen, wenn andererseits eine solche Akzeptanz aber gerade Voraussetzung für die Anerkennung ist.[941] Hier erscheint der Ansatz des CRA Reform Act, eine Mindestanzahl von *qualified institutional buyers* zu fordern, die sich in der Vergangenheit der Ratings der um Anerkennung ersuchenden Agentur bedient haben, sachgerechter.

Inwieweit zu den Ansätzen des CRA Reform Act, der Solvabilitätsverordnung sowie den Leitlinien des CEBS Alternativen bestehen, wird im Folgenden noch Gegenstand der Untersuchung sein.[942] Grundsätzlich wäre es aber zu begrüßen, wenn die Kriterien für die Anerkennung der Ratingagenturen konkreter formuliert und objektiver ausgestaltet würden. Dies gilt erst recht für eine mögliche zukünftige und weitergehende Verwendung von Ratings zur Regulierung des Kapitalmarktes über die Verwendung im Rahmen von Basel II hinaus.

III. Vorteile, Grenzen und Nachteile ratingbezogener Regulierung

In einer der Vertragsfreiheit verpflichteten Rechtsordnung muss sich ein regulierender Eingriff durch den Gesetzgeber daran messen lassen, ob dieser nach Inhalt und Gegenstand tatsächlich erforderlich ist.[943] So muss der Gesetzgeber nach dem Wirtschaftlichkeitsgebot die günstigste Relation zwischen dem verfolgten Zweck und den einzusetzenden Mitteln anstreben.[944] Daher wird er neben den Auswirkungen auf den Funktions- und Anlegerschutz auch die hierdurch entstehenden internen[945] und externen[946] Kosten berücksichtigen müssen. Die Frage der Zweckmäßigkeit ratingbezogener Regelungen ist somit danach zu beurteilen, ob sich die Regelungsziele des Funktions- und

---

941 Siehe hierzu die Untersuchungen zum U.S.-amerikanischen Regulierungsansatz oben S. 125 ff.

942 Siehe hierzu nachfolgend S. 194 ff.

943 Fleischer, Gutachten F, S. F22; vgl. Coffee et al., Securities Regulation 2 (10th ed. 2007).

944 Dies ergibt sich u.a. aus § 7 Nr. 1 VV-BHO i.V.m. § 7 BHO; Deckert, ZG 1995, S. 240 (246); v. Köckritz u.a., BHO, § 7, 2.4; Eibelshäuser/Nowack, in: Heuer, KHR, § 7 BHO Rn. 1 ff.

945 Interne Kosten sind diejeinigen, die bei der Verwaltung von Bund, Ländern oder Gemeinden entstehen und i.d.R. im Rahmen von Gesetzesentwürfen vorangestellt werden.

946 Dies sind hier die (Sozial-)Kosten, die außerhalb des staatlichen Sektors den Marktteilnehmern als Folge ratingbezogener Gesetzgebung entstehen; vgl. zu Sozialkosten und externen Effekten der Gesetzgebung auch den bahnbrechenden Aufsatz von Coase, 3 J.L. & Econ. 1 (1960).

Anlegerschutzes besser erreichen lassen oder ob – bei unverändertem Funktions- und Anlegerschutz – andere, zum Beispiel finanzielle, Vorteile entstehen. Nachfolgend werden daher die Vorteile sowie die Grenzen und Nachteile der Einführung ratingbezogener Regulierung untersucht.

1. Vorteile einer Einführung ratingbezogener Regulierung

a) Effizientere Allokation von Ressourcen

Der wesentliche Vorteil einer Verwendung des Ratings zu regulatorischen Zwecken liegt in der effizienteren Allokation von Ressourcen und Expertise. Grundsätzlich kann angenommen werden, dass die Rechtsordnung nicht umhinkommt, im Rahmen des Anlegerschutzes Finanzanlagen in irgendeiner Form nach ihrer Bonität zu unterscheiden. Soweit dies bereits geschieht, erscheinen angesichts der Ausdifferenzierung und Globalisierung der Finanzmärkte abschließende, katalogartige Aufzählungen zunehmend unflexibel und restriktiv. Hierdurch scheiden zum Nachteil der Anleger zahlreiche Anlageformen aus, was die Allokationseffizienz der Märkte beeinträchtigt. Eine regulatorische Indienstnahme des Ratings kann diese Ineffizienz beheben.

Weiterhin kommt über die bisherige Praxis hinaus eine eigene Bestimmung der Bonität von Finanzanlagen durch den Gesetzgeber bzw. eine Aufsichtsbehörde kaum in Betracht. Schon jetzt führt die Zulassungsstelle im Rahmen des Zulassungsverfahrens von Wertapieren keine eigenen Ermittlungen über die Bonität des Emittenten und die Absicherung der zuzulassenden Papiere durch.[947] Darüber hinaus sind Aufsichtsbehörden zur Analyse von Wertpapieremissionen weniger gut ausgerüstet als die hierauf spezialisierten Agenturen. Überdies wäre der Gesetzgeber kaum in der Lage, durch ständige Novellierungen bestehender Kataloge einem Markt zu folgen, der mit wachsender Geschwindigkeit immer neue Anlagetitel generiert.[948] Schließlich wird ein Staat, welcher die Bonitätsbestimmung von Vermögensanlagen an einen spezialisierten Markt delegiert und für den er allenfalls Rahmenbedingungen festlegen muss, entlastet.[949] Dies würde ihm ermöglichen, seine Ressourcen verstärkt anderen aufsichtlichen Tätigkeiten des Funktions- und An-

---

947   Bartz, in: Derleder u.a. (Hrsg.), Bankrecht, § 50 Rn. 71.

948   Vgl. Lederer, Regulation, S. 56; Oehler/Voit, ÖBA 1999, S. 968 (968); Rhodes, 20 Seton Hall Legis. J. 293, 297 (1996).

949   Die Überlegenheit dieses Ansatzes vertretend Kübler, in: Hadding u.a. (Hrsg.), Bankrechtstag 1996, S. 115 (126) sowie wohl auch Ebenroth/Daum, WM 1992, Sonderbeilage Nr. 5, S. 1 (23).

legerschutzes (zum Beispiel der Aufdeckung von Kursmanipulationen oder Insidertransaktionen) zuzuwenden.

b) Flexiblere Regulierung des Kapitalmarkts

Ratingbezogene Regelungen ermöglichen darüber hinaus eine wesentlich flexiblere und unter Umständen stetigere Kapitalmarktregulierung als eine katalogartige Erfassung privilegierter Wertpapiere oder Emittenten. Indem der Gesetzgeber auf flexible Mindestratings anstatt auf bestimmte Finanzprodukte oder Emittenten abstellt, erhöht er nicht nur die „Lebensdauer" seiner Rechtsnormen, sondern er ermöglicht den Aufsichtsbehörden auch, mit dem hohen Innovationstempo der Finanzmärkte Schritt zu halten. Überspitzt formuliert würde das Mindestrating als fester Bezugspunkt (*benchmark*) bestehen bleiben, während sich die Finanzprodukte ohne weitere Regulierung fortentwickeln könnten, ohne dass der Schutz der Marktteilnehmer tangiert würde.[950]

Soweit ein Mindestrating als notwendige Bedingung kapitalmarktrechtlicher Bevorzugung fungiert, wird bei einem Wandel der Bonität einer Verbindlichkeit zur Wahrung des gesetzgeberischen Zwecks – im Gegensatz zur Bonitätsverschlechterung einer katalogartig erfassten Verbindlichkeit – kein gesetzgeberisches Handeln erforderlich. Werden Mindestratings als hinreichende Bedingung kapitalmarktrechtlicher Privilegierung anerkannt, ist die Bonitätsbeurteilung der Wertpapiere an die Agenturen selbst delegiert und sichergestellt, dass grundsätzlich alle Emittenten Zugang zum Markt für kapitalmarktrechtlich bevorzugte Papiere haben. Dies beseitigt Wettbewerbsverzerrungen, die mit jedem abschließenden Katalog privilegierter Schuldtitel verbunden wären.[951]

Darüber hinaus erlaubt die Bezugnahme auf Ratings aufgrund der Vielzahl möglicher Bonitätsstufen eine flexible und fein abstimmbare Kapitalmarktsteuerung. Je nach Zweck der jeweiligen Norm kann der Gesetzgeber durch Anpassung eventueller Mindestratings an den Stellschrauben drehen. Ein gutes Beispiel für die negativen Folgen einer unflexiblen Regulierung stellen die Eigenkapitalvorschriften des BCBS dar. Basel I verlangte teure Kapitalreserven für die traditionelle Kreditgewährung, nicht aber für innovative Transaktionen, die außerhalb der Bilanz stattfanden. Für die Kreditinstitute schuf dies den Anreiz, ihre Geschäftätigkeit in genau diese Richtung zu

---

950 Bertschinger, in: Nobel (Hrsg.), Aktuelle Rechtsprobleme, S. 87 (126); Fleischer, Gutachten F, S. F137.
951 Zum Vorstehenden v. Randow, in: Büschgen/Everling (Hrsg.), Rating, S. 543 (563).

verlagern. In der Folgezeit nahmen sie die Gelegenheit zu dieser administrativen Arbitrage[952] zunehmend war, erhöhten aber auf diese Weise das Risiko ihrer Geschäftstätigkeit, da eine Eigenkapitalunterlegung nicht mehr stattfand. Regelungen, die auf Ratings abstellen, sind flexibler und erlauben bei entsprechender Ausgestaltung auch die Erfassung von Transaktionen außerhalb der Bilanz.[953] Ansätze für eine solche flexiblere Regulierung in Deutschland sind bereits erkennbar. So gestattet die BaFin seit Ende 2002 in Ergänzung zu § 54 Abs. 1 VAG[954] deutschen Versicherungsunternehmen und Pensionskassen, bei Kapitalanlagen im gebundenen Vermögen die Bewertungen von „anerkannten Ratingagenturen" zu berücksichtigen und lässt bei Ratings unterhalb des Investment Grade eine Vermögensanlage nur in Ausnahmefällen zu.[955] Desgleichen können seit Ende 2005 Bausparkassen verfügbares Geld auch dann in „anderen Schuldverschreibungen" im Sinne des § 4 Abs. 3 Nr. 5 BSpKG[956] anlegen, wenn die Papiere durch eine „anerkannte Ratingagentur" mit Investment Grade bewertet wurden.[957] Allerdings liefert die BaFin in beiden Fällen keine Definition der relevanten Agenturen, sondern nimmt lediglich beispielhaft auf die obersten vier Ratingstufen der Agenturen Moody's, S&P und Fitch Bezug.[958]

c) Glaubwürdigkeit des Gesetzgebers

Die regulatorische Indienstnahme des Ratings und damit die Delegierung von Entscheidungsprozessen steigert auch die Glaubwürdigkeit der Kapitalmarktaufsicht. Der Gesetzgeber bzw. seine Aufsichtsbehörden sind nicht in der Lage, den Markt zu überlisten oder vorherzusagen.[959] Als Konsequenz

---

952 Arbitrage bezeichnet die Ausnutzung von Preis- oder anderen Unterschieden für gleiche Handlungsalternativen in verschiedenen Märkten zum Zwecke der Gewinnerzielung. Bei der administrativen Arbitrage machen sich die Banken rechtliche Freiheiten aufgrund von Regulierungsgefällen zunutze.

953 Kerwer, Standardising as Governance 19 (2001).

954 Gesetz über die Beaufsichtigung der Versicherungsunternehmen in der Fassung der Bekanntmachung v. 17.12.1992 (BGBl. I, S. 2), zuletzt geändert durch Art. 1 und 6 des Gesetzes v. 28.05.2007 (BGBl. I, S. 923).

955 BaFin, Rundschreiben 15/2005 (VA) v. 20.08.2005, Teil A.II.1.c (unter Aufhebung des Rundschreibens 29/2002 (VA) v. 12.12.2002).

956 Gesetz über Bausparkassen in der Fassung der Bekanntmachung v. 15.02.1991 (BGBl. I, S. 454), zuletzt geändert durch Art. 13a des Gesetzes v. 19.07.2007 (BGBl. I, S. 1380).

957 BaFin, Schreiben an die Bausparkassenverbände v. 16.11.2005, lit. a).

958 Vgl. Asmussen, BFuB 2005, S. 246 (249).

959 In diesem Sinne auch Prentice, 91 Cornell L. Rev. 775, 838 (2006).

sollte der Staat bei der Bonitätsbestimmung keine eigenen, ermessensabhängigen Entscheidungen treffen, sondern diese an die Ratingagenturen delegieren. Zwar können auch die Agenturen den Markt nicht vorwegnehmen, jedoch bieten sie aufgrund ihrer Spezialisierung eine größere Glaubwürdigkeit.[960] Überdies laufen unabhängige Experten wie die Agenturen weniger Gefahr, sich in parteipolitische, lobbybezogene oder auf eine Wiederwahl bezogene Erwägungen zu verstricken.[961]

Schließlich bleibt es der Aufsichtsbehörde unbenommen, die Leistungen der Agenturen rückblickend einer Erfolgskontrolle zu unterziehen und so die prognostische Qualität der einzelnen Agenturen zu überprüfen.[962] Für den Fall einer besonderen staatlichen Zulassung der Ratingagenturen erhielte der Staat hiermit ein Druckmittel gegenüber den Agenturen und behielte die staatliche Letztaufsicht. Eventuelle Konsequenzen könnten von einer Anpassung der gesetzgeberischen Vorgaben durch Erhöhung der Mindestratings bis hin zum Entzug der Zulassung der betreffenden Agentur reichen.

2. Grenzen und Nachteile einer Einführung ratingbezogener Regulierung

Die Einführung einer ratingbezogenen Regulierung ist jedoch auch Grenzen und Nachteilen unterworfen. Als solche kommen die Sicherstellung staatlicher Letztaufsicht, die Gewährleistung der Schutzzwecke des Kapitalmarktrechts, neue Prinzipal-Agent-Probleme sowie ein zusätzlicher, kostenintensiver Normierungsbedarf in Betracht.

a) Sicherstellung staatlicher Letztaufsicht

Grundsätzlich muss gewährleistet sein, dass die Kapitalmarktregulierung, wie sie auch immer rechtlich ausgestaltet sein mag, einer staatlichen Letztaufsicht unterliegt. Zum einen ist die effektive Durchsetzung von Eigentumsrechten nur mit Hilfe des Staates möglich. Zum anderen kann im Falle eines eventuellen Zusammenbruchs des Kapitalmarkts nur der Staat überzeugend die Funktion eines „Kreditgebers letzter Instanz" übernehmen.[963] Diese staatliche Letztaufsicht bleibt jedoch bei der Regulierung des Kapitalmarkts mit Hilfe von Ratings gewahrt. Zum einen kann der Gesetzgeber die ratingbezogenen

---

960 Vgl. Lederer, Regulation, S. 56.
961 Hierzu auch Kroszner, 18 Cato J. 355, 359 (1999).
962 Siehe hierzu bereits oben S. 75 f.; zur Möglichkeit der Qualitätsbeurteilung eines Ratings durch eine Evidenzprüfung Everling/Gleißner, Kredit & Rating Praxis 4/2004, S. 22 (22 ff.).
963 Hierzu Pauly, 48 J. Int'l Aff. 369, 382 (1995).

Regelungen jederzeit neuen Entwicklungen anpassen. Zum anderen bleibt ihm die Möglichkeit, durch eine besondere Zulassung der Ratingagenturen, durch die Kontrolle des Ratingverfahrens sowie durch eine kontinuierliche Qualitätskontrolle die Regulierungsziele sicherzustellen.

b) Gewährleistung der Schutzzwecke des Kapitalmarktrechts

Weiterhin muss bei einer ratingbezogenen Regulierung sichergestellt sein, dass die Regelungsziele des Kapitalmarktrechts, nämlich der Funktions- und Anlegerschutz,[964] gewahrt bleiben. Die institutionelle Funktionsfähigkeit beruht unter anderem auf einem möglichst ungehinderten Marktzugang sowie dem Vertrauen in die Stabilität und Integrität des Marktes. Sie könnte betroffen sein, wenn die Einführung ratingbezogener Regulierung für die Marktteilnehmer mit derart hohen Kosten verbunden ist, dass ihnen der grundsätzliche Marktzugang erschwert wird.

Die operationale Funktionsfähigkeit hängt vor allem von den Kosten ab, die den Marktteilnehmern bei ihren Transaktionen entstehen. Sie könnte berührt sein, wenn die regulatorische Indienstnahme des Ratings unmittelbare Auswirkungen auf ihre geschäftliche Tätigkeit besitzt. Dies könnte zum Beispiel bei höheren Zulassungs- oder Handelsgebühren sowie bei Mehrkosten für Pflichtveröffentlichungen oder für die Informationsbeschaffung der Fall sein.

Die allokative Funktionsfähigkeit hängt von einer optimalen Umschichtung der Ersparnisse in Investitionen ab, was weitestgehend von der Dichte und Transparenz der im Markt erhältlichen Informationen abhängt. Sie könnte betroffen sein, wenn die Einführung ratingbezogener Regulierung die Informationsbeschaffung und das Informationsangebot negativ beeinflusst.

Hinsichtlich des Anlegerschutzes ist ebenfalls zu fragen, wie sich die Einführung einer ratingbezogenen Regulierung auswirken würde. Hier können verschiedene Normen unterschiedliche Auswirkungen haben. Eine abschließende Antwort wird sich daher nur anhand einer Gesamtbewertung des Anlegerschutzes nach Einführung ratingbezogener Normen geben lassen. Dies wird später noch Gegenstand der Untersuchung sein.[965]

---

964 Siehe hierzu ausführlich oben S. 11 ff.
965 Siehe hierzu nachfolgend S. 218 ff.

c) Prinzipal-Agent-Probleme

Die Verwendung des Ratings zu regulatorischen Zwecken schafft sowohl für Emittenten als auch Anleger zusätzliche Prinzipal-Agent-Beziehungen. Die bisherige Untersuchung hat jedoch gezeigt, dass die hiermit verbundenen Risiken ausreichend kontrollierbar sind. Insoweit wird auf die an entsprechender Stelle gemachten Ausführungen verwiesen.[966]

d) Zusätzlicher Normierungsbedarf

Mit Einführung einer ratingbezogenen Regulierung würde der Gesetzgeber an ein Rating Rechtsfolgen knüpfen, deren Vorteile nicht mehr allein marktlich vermittelt würden, sondern sich dann kraft Gesetzes ergäben.[967] Dann wird jedoch eine Einbettung in ein aufsichtliches Gesamtkonzept erforderlich. Dieses muss festlegen, inwieweit eine Kontrolle der Qualität der Agenturen und ihrer Ratings sowie die Sicherstellung bestimmter Standards des Ratingverfahrens erfolgt.[968] Denkbar sind eine besondere staatliche Zulassung der Ratingagenturen sowie eine Standardisierung des Ratingverfahrens.

aa) Besondere staatliche Zulassung und Beaufsichtigung der Ratingagenturen

Eine speziell auf Ratingagenturen zugeschnittene staatliche Regulierung könnte sich an dem U.S.-amerikanischen Modell der besonderen Zulassung der Agenturen als NRSRO orientieren.[969] Jedoch wären hierbei die beim U.S.-amerikanischen Ansatz festgestellten Ungereimtheiten und Defizite zu vermeiden. Eine solche staatliche Regulierung könnte auf der bereits im Rahmen der Solvabilitätsverordnung geregelten Anerkennung von Ratingagenturen aufbauen.[970]

(1) BaFin als Aufsichtsbehörde

Die Kontrolle der Qualität der Agenturen und ihrer Ratings sowie die Sicherstellung bestimmter Standards des Ratingverfahrens ließe sich am besten

---

966   Siehe hierzu ausführlich oben S. 70 ff.
967   So auch v. Randow, in: Büschgen/Everling (Hrsg.), Rating, S. 543 (563 f.).
968   Ähnlich Fleischer, Gutachten F, S. F137, der eine Mindestregulierung für unausweichlich hält, sollte die regulatorische Indienstnahme des Ratings zunehmen.
969   In diesem Sinne auch Strunz-Happe, WM 2004, S. 115 (120); Mülbert, JZ 2002, S. 826 (837).
970   Siehe hierzu oben S. 182 ff.

durch die Einrichtung einer besonderen Ratingaufsicht erreichen. Dies böte die Möglichkeit einer raschen und flexiblen Reaktion gegenüber neuen Entwicklungen oder auftretenden Missständen.

Als geeignete Aufsichtsbehörde bietet sich, wie im Rahmen der Solvabilitätsverordnung bereits erfolgt, die BaFin an. Zum einen würde die Einrichtung einer separaten Behörde zusätzlichen bürokratischen Aufwand bedeuten. Zum anderen besitzt die BaFin durch ihre Funktion als Kapitalmarktaufsicht die erforderlichen Informationen über kapitalmarktrechtliche Entwicklungen und Zusammenhänge und verfügt durch die Regulierung anderer Marktteilnehmer wie Investmentbanken oder Kreditinstitute über ausreichend Erfahrung. Darüber hinaus würde die Ansiedlung der Aufsicht bei der BaFin auch dem inzwischen bewährten Konzept der Allfinanzaufsicht Rechnung tragen. Hinsichtlich ihrer Kompetenzen sollte die BaFin die Möglichkeit besitzen, die aus eventuellen gesetzlichen Vorschriften für die Agenturen folgenden Pflichten durch das Aufstellen von Richtlinien bzw. Rechtsverordnungen konkretisieren zu können und zur Durchsetzung ihrer Verfügungen zur Not Zwangsmittel anwenden zu dürfen.[971]

(2) Anerkennungsverfahren für Ratingagenturen

Als Konsequenz einer regulatorischen Indienstnahme des Ratings muss der Gesetzgeber klarstellen, von welchen Agenturen die Bonitätsurteile als Ratings im Sinne der jeweiligen gesetzlichen Vorschrift anerkannt werden und unter welchen Voraussetzungen der Status als offiziell anerkannte Agentur erteilt wird.[972] Hierbei ist zu unterscheiden zwischen einer grundsätzlichen – in Deutschland bisher nicht existierenden – Zulassungspflicht von Ratingagenturen vor Aufnahme ihrer Tätigkeit und der hier untersuchten Frage ihrer besonderen Anerkennung als relevante Agentur im Sinne ratingbezogener Regelungen.[973] Soweit bestimmte Agenturen bereits in anderen Ländern, etwa in den U.S.A., zugelassen sind, sollte dies für eine Zulassung in Deutschland keine Rolle spielen. Zum einen verzichten manche Agenturen auf eine Tätigkeit in den U.S.A. und vermeiden deren Zulassungsanforderungen. Zum anderen ist denkbar, dass europäische oder deutsche Zulassungsanforderungen

---

971 So auch Peters, Ratingagenturen, S. 167.

972 Vgl. Kübler, in: Hadding u.a. (Hrsg.), Bankrechtstag 1996, S. 115 (124).

973 Nachfolgend wird die besondere Anerkennungspflicht von Ratingagenturen für die regulatorische Indienstnahme ihrer Ratings diskutiert. Auch eine allgemeine Zulassungspflicht der Agenturen vor Aufnahme ihrer Tätigkeit wäre denkbar, jedoch müssten dann die für die besondere Anerkennung empfohlenen Voraussetzungen analog gelten, um eine Mindestqualität der Ratings sicherzustellen.

andere Schwerpunkte setzen.[974] Ausnahmen von diesem Postulat könnten sich jedoch, wie bei der Solvabilitätsverordnung, im Falle europaweit einheitlicher oder vergleichbarerer Zulassungsregelungen ergeben.

Beim Anerkennungsverfahren könnte sich der deutsche Gesetzgeber neben den im Rahmen der Solvabilitätsverordnung aufgestellten Kriterien auch an den Anforderungen des CRA Reform Act an die Zulassung einer Agentur als NRSRO sowie der SEC orientieren und von der antragstellenden Agentur die Bereitstellung von Informationen zu möglichen Interessenkonflikten, zu Trägerstatus und gesellschaftsrechtlichen Verflechtungen, zur finanziellen und personalen Ausstattung sowie der Art der Vergütung, aber auch Stellungnahmen zu fehlerhaften Ratings in der Vergangenheit und zum Umgang mit vertraulichen Informationen verlangen.[975] Auch das Konzept der durch den CRA Reform Act eingeführten Pflicht zur Beibringung von Bestätigungen von *qualified institutional buyers* zur Darlegung einer Marktakzeptanz könnte grundsätzlich übernommen werden, da das deutsche Recht mit dem „qualifizierten Anleger" nach § 2 Nr. 6 WpPG über eine ähnliche Qualifikation verfügt. Da jedoch das Ratingwesen in Deutschland aufgrund der bisher fehlender regulatorischer Indienstnahme wesentlich geringer ausgeprägt ist, könnten vor allem in Hinblick auf die erforderliche Anzahl der Bestätigungen sowie den zu bestätigenden Zeitraum Anpassungen nach unten nötig werden.

Eine denkbare Alternative könnte auch die Erteilung einer vorläufigen, zeitlich begrenzten Zulassung von neuen oder auf bestimmte Regionen oder Industriezweige spezialisierten Ratingagenturen sein,[976] soweit diese eine ausreichende Unabhängigkeit, finanzielle Ausstattung sowie ein systematisches und verlässliches System der Ratingerstellung nachweisen. Dies würde vor allem kleineren und zeitlich erst seit kurzem bestehenden Agenturen den Markteintritt erleichtern und so den Wettbewerb fördern. Zwar baut die Einführung staatlicher Regulierung und Anforderungsprofile in der Regel Marktzugangsbarrieren auf und bremst Innovationen.[977] Daher wird häufig argumentiert, eine besondere Zulassung von Ratingagenturen verschlechtere

974 CESR, Technical Advice ¶ 225 et seq. (2005).
975 Vgl. CEBS, Guidelines, Annex I (2006), 15 U.S.C. § 78o-7(a)(1) (2007) sowie die ursprünglich von der SEC vorgeschlagenen Pflichtinformationen; hierzu auch SEC, Securities Act Release No. 7085, 59 Fed. Reg. 46314, 46316 (Sept. 7, 1994).
976 So der Vorschlag der Fraktionen der SPD, CDU/CSU, Bündnis90/Die Grünen und FDP zur Verbesserung der Integrität, Unabhängigkeit und Transparenz von Rating-Agenturen durch einen Verhaltenskodex, BT-Drucks. 15/2815, S. 4; Rhodes, 20 Seton Hall Legis. J. 293, 326 (1996).
977 CESR, Technical Advice ¶ 194 (2005).

die Möglichkeit eines Marktzugangs und solle deshalb unterbleiben.[978] Jedoch greift im vorliegenden Fall diese Kritik nicht. Sie bezog sich nämlich auf den Sachverhalt, dass die SEC bis zur Verabschiedung des CRA Reform Act eine Zulassung als NRSRO von der Marktakzeptanz abhängig machte, deren Erarbeitung selbst wiederum entscheidend von der Anerkennung als NRSRO abhing. Genau dieses Problem würde aber durch eine vorläufige Zulassung, die von einer Marktakzeptanz unabhängig wäre, umgangen. Angesichts des Zwei-Ratings-Standards und der Schwierigkeiten kleinerer Agenturen, in einem von drei mit hoher und langjähriger Reputation ausgestatteten Agenturen dominierten Markt eine eigene Ratingbilanz aufzubauen, könnte im vorliegenden Fall paradoxerweise gerade die vorläufige Zulassung junger Agenturen den Wettbewerb stärken. So würden deren Ratings sogleich regulatorische Relevanz erhalten und dürften als Folge erheblich stärker nachgefragt werden. Dies wiederum würde die Entwicklung einer im Markt erarbeiteten und vom Markt anerkannten Expertise und Ratingbilanz ermöglichen. Zwar ist denkbar, dass die kleineren Agenturen eine vorläufige Zulassung nur bedingt begrüßen, da dies als Status zweiter Klasse verstanden werden könnte,[979] doch sollte der im Gegenzug erleichterte Markteintritt diese nicht ganz unberechtigten Bedenken aufwiegen.

Das Anerkennungsverfahren sollte, soweit die erforderlichen Informationen erbracht wurden, innerhalb einer bestimmten Frist, etwa von drei Monaten,[980] abgeschlossen sein und möglichst zügig erfolgen. Fälle wie in den U.S.A., in denen die SEC einen 1992 gestellten Antrag der LACE Financial Corp. auf Anerkennung als NRSRO erst nach acht Jahren ohne Begründung ablehnte,[981] sind zu vermeiden. Nach Ablauf eines vorher bestimmten Zeitraums, beispielsweise von zwei Jahren, könnten die Leistungen der betreffenden Agentur überprüft werden. Mögliches Ergebnis dieser Kontrolle könnte der Entzug der vorläufigen Zulassung, ihre zeitlich befristete Verlängerung sowie die endgültige Anerkennung sein. Zur Sicherheit könnte man auch zur Voraussetzung machen, dass das Rating einer vorläufig zugelassenen Agentur von dem einer endgültig zugelassenen Agentur begleitet sein muss.

---

978 Vgl. Partnoy, 77 Wash. U. L.Q. 619, 682 (1999); v. Randow, ZBB 1995, S. 140 (155).

979 Wiggins, FT, 9 Dec. 2002, IT, p. 10.

980 So schlug die Mehrheit der U.S.-amerikanischen Marktteilnehmer einen Zeitraum von 90 bis 120 Tagen vor; SEC, Securities Act Release No. 8570, 70 Fed. Reg. 21306, 21319 (Apr. 25, 2005). Der CRA Reform Act hat diesen Wunsch aufgegriffen und sieht für das Zulassungsverfahren einen Regelzeitraum von 90 bzw. maximal 120 Tagen vor; vgl. 15 U.S.C. § 78o-7(a)(2)(A), (B)(i)(II) (2007).

981 U.S. H.R., Hearing Before the Subcomm. on Capital Markets, 108th Cong. 7 (2004) (Statement of Barron H. Putnam, LACE).

Darüber hinaus sollte sich eine Kompetenz der BaFin für die Durchführung des Zulassungsverfahrens auch auf das Recht zur kontinuierlichen Überprüfung erstrecken, ob die materiellen Voraussetzungen für eine Zulassung weiterhin erfüllt sind.[982] Dies könnte dann bedeutsam werden, wenn die Agentur gesetzliche Bestimmungen missachtet, ihre Unabhängigkeit verliert oder es versäumt, die Objektivität ihrer Urteile sicherzustellen. So könnte die BaFin die zugelassenen Agenturen dazu verpflichten, jährliche Bestätigungen einzureichen, auch in Zukunft die gesetzlichen Regelungen zu befolgen. Als externe Kontrollmaßnahme könnte sie jedoch auch die Marktteilnehmer in regelmäßigen Abständen um eine Stellungnahme bezüglich der qualitativen Glaubwürdigkeit und Verlässlichkeit der Agenturen bitten.[983]

(3) Rechtsschutz

Die Entscheidung über die vorläufige oder endgültige Zulassung einer Ratingagentur muss gerichtlich überprüfbar sein. Insoweit sind die Lehren aus der Situation in den U.S.A. zu ziehen, wo eine gerichtliche Überprüfung faktisch ausscheidet.[984] So könnte die Zulassung – wie bereits bei einer Anerkennung im Rahmen der Solvabilitätsverordnung – aufgrund einer noch zu schaffenden gesetzlichen Ermächtigungsgrundlage in Form eines Verwaltungsaktes erfolgen. Als Vorbild könnte § 32 Abs. 1 S. 1 KWG dienen, welcher die schriftliche Erlaubnis der BaFin zum Betrieb eines Bank- oder Finanzdienstleistungsinstituts durch einen begünstigenden Verwaltungsakt vorsieht.[985] Unabdingbar sind dann jedoch ausreichend bestimmte Zulassungskriterien auf der Tatbestandsseite bzw. hinreichend konkretisierte Anforderungen an eventuelle Ermessensspielräume der Aufsichtsbehörde auf der Rechtsfolgenseite einer solchen Ermächtigungsgrundlage. Durch die Möglichkeiten des Widerspruchverfahrens und des weiteren Verwaltungsrechtswegs wäre ein umfassender gerichtlicher Rechtsschutz gewährleistet.

---

982 So erwog vor Verabschiedung des CRA Reform Act auch die SEC eine kontinuierliche Überwachung der Agenturen; SEC, Securities Act Release No. 8236, 68 Fed. Reg. 35258, 35261 (June 12, 2003); ähnlich auch ZKA, Stellungnahme, S. 12.

983 Vgl. SEC, Securities Act Release No. 8236, 68 Fed. Reg. 35258, 35261 (June 12, 2003).

984 Siehe hierzu oben S. 133 f.

985 Brocker, in: Derleder u.a. (Hrsg.), Bankrecht, § 56 Rn. 14.

(4) Haftung der Agenturen

Bei einer ratingbezogenen Kapitalmarktregulierung erlangen die Bonitätsurteile der Agenturen eine erhebliche Bedeutung. Dies wirft die Frage nach einer Verschärfung der Haftung der Agenturen auf, um die qualitative Verlässlichkeit der Bonitätsurteile zu stärken.

In den U.S.A. sind Ratings von NRSROs gemäß Rule 436 unter bestimmten Umständen von der Haftung nach Section 11 des Securities Act ausgenommen.[986] Auch aus deutscher Sicht ist eine Verschärfung der Haftung durch den Gesetzgeber nicht erforderlich, da die hiesigen haftungsbegründenden Regelungen genügen und eventuelle Haftungsdefizite durch marktimmanente Disziplinierungsmechanismen[987] ausreichend kompensiert werden.[988] Außerdem bestünde die Gefahr, dass die Agenturen aus Angst vor einer drohenden Haftung wesentlich defensiver bewerten als nötig oder in Teilmärkten gar auf eine Ratingtätigkeit verzichten. So weigerten sich 2002 die führenden Agenturen nach Verabschiedung extrem hoher Haftungsvorschriften für die Finanzierung von Hypothekenpfandrechten im Sekundärmarkt durch den U.S.-amerikanischen Bundesstaat Georgia, Hypothekenfinanzierungen dortigen Ursprungs zu bewerten.[989] Darüber hinaus könnte der Bewertungsprozess durch eine Haftungsverschärfung derart aufwendig werden, dass die hierdurch bedingten höheren Kosten der Agenturen nach Umwälzung auf die Emittenten zu einer Erhöhung derer Kapitalkosten führen. Überdies ist es zu einfach, ein Rating im Nachhinein als falsch anzusehen. Eine stärkere gerichtliche Überprüfung würde die Wahrscheinlichkeit allzu leichtfertig angestrengter Prozesse erhöhen. Ratings stellen jedoch – von betrügerischem Verhalten abgesehen – auf die Zukunft bezogene Aussagen und keine Versicherung gegen allgemeine Lebensrisiken dar. Zu guter Letzt sollte vor allem die Gefahr eines möglichen Verlusts der Zulassung aufgrund wiederholt schlechter Ratingleistungen ein ausreichendes Drohpotential bilden,

---

986 Siehe hierzu oben S. 136.

987 Siehe hierzu ausführlich oben S. 70 ff.

988 So nach ausführlicher Analyse haftungsbegründender Regelungen im deutschen Recht Lemke, Fragen des Ratingwesens, S. 131; Thiele, Zivilrechtliche Einordnung des Rating, S. 122 f., S. 151; wohl auch Reidenbach, Aktienanalysten, S. 274; kritisch hingegen Witte/Hrubesch, ZIP 2004, S. 1346 (1351).

989 Azmy, 57 Fla. L. Rev. 295, 316 (2005); vgl. auch Seibt, ZGR 2006, S. 501 (536), der darauf hinweist, dass die zunehmende Regulierung von Finanzanalysten in den USA seit 2002 zu einer signifikanten Abnahme der von den Analysten untersuchten Wertpapiere börsennotierter Unternehmen geführt hat.

da eine solche Maßnahme für die Agenturen erhebliche wirtschaftliche Folgen[990] bis hin zum Marktaustritt haben kann. Darüber hinaus birgt eine Haftungsverschärfung auch weitere Gefahren. Die Wahrscheinlichkeit einer gerichtlichen Auseinandersetzung mit einem Emittenten dürfte nach der Herabstufung seines Ratings am größten sein.[991] Ein Investor hingegen dürfte am ehesten klagen, wenn sich ein Rating im Nachhinein als zu gut herausstellt. Die Ratingagenturen werden es damit kaum allen recht machen können. Dies könnte dazu führen, dass die Agenturen von Anfang an übertrieben vorsichtig bewerten oder wesentlich höhere Ratinggebühren als Risikoprämien verlangen.[992] Zum einen würde dies für kleinere oder risikoreichere Unternehmen den Zugang zu Investitionskapital abseits der Beschaffung von Krediten durch die Hausbank erheblich erschweren, wenn nicht sogar unmöglich machen. Dies kann nicht im Sinne eines offenen, allen zugänglichen Kapitalmarkts sein. Zum anderen würde dies auch die Anzahl der bonitätsmäßig bevorzugten Papiere unnötig einschränken und somit die allokative Funktionsfähigkeit des Marktes beeinträchtigen.

bb) Standardisierung des Ratingverfahrens und gesetzliche Ausgestaltung der Durchsetzbarkeit

Die besondere Zulassung der Ratingagenturen und ihre Beaufsichtigung dient der Sicherung der Qualität der Bonitätsurteile. In diesem Zusammenhang stellt sich die Frage, inwieweit eine Standardisierung des Ratingverfahrens hierzu beitragen könnte und wie ihre Durchsetzbarkeit gesetzlich auszugestalten wäre.

(1) Standardisierung des Ratingverfahrens

Eine solche Standardisierung könnte aus verbindlichen Regeln bestehen und vor allem die Qualität und Integrität des Ratingprozesses im Auge haben. Weitere Bestimmungen sollten die Unabhängigkeit und die Vermeidung von Interessenkonflikten der Agenturen und ihrer Angestellten sichern helfen so-

---

990 Hierzu Smith/Walter, Rating Agencies 34 (INSEAD Working Paper, 2001); Norden/Weber, zfbf 2005, Sonderheft 52, S. 31 (45).

991 Gerke/Mager, BFuP 2005, S. 203 (204).

992 In diesem Sinne für andere Personen mit Kontrollfunktionen (*gatekeeper*) wie Buchprüfer, Rechtsanwälte oder Mitglieder des Emissionskonsortiums Kraakman, 93 Yale L.J. 857, 892 (1984).

wie den Zeitrahmen für Ratingveröffentlichungen und die Behandlung von vertraulichen Informationen regeln.[993]

In diesem Zusammenhang könnten auch die zur Analyse von Finanzinstrumenten nach § 34b WpHG entwickelten Grundsätze herangezogen werden. Zwar hat das Rating im Gegensatz zur Finanzanalyse nach § 34b Abs. 1 S. 1 WpHG gerade keine Anlageempfehlung zum Gegenstand,[994] doch dürften hinsichtlich der Anforderungen an die für die Erstellung des Ratings bzw. der Analyse erforderliche Sachkenntnis, Sorgfalt und Gewissenhaftigkeit keine Unterschiede bestehen. Auch hinsichtlich der Organisations- und Kontrollpflichten nach § 34b Abs. 5 WpHG gibt es Parallelen: Wie bei den Ratingagenturen besteht auch bei der Finanzanalyse die Gefahr von Interessenskonflikten, die nicht nur in Kapitalverflechtungen mit den analysierten Unternehmen,[995] sondern auch im Entlohnungssystem des Analysten begründet sein können.[996]

An weiteren Vorschlägen für Ratingstandards mangelt es nicht. So kann auf die eher allgemeinen, inzwischen durch die CEBS-Leitlinien konkretisierten Empfehlungen von Basel II für bestimmte Mindestvoraussetzungen bei den Agenturen hinsichtlich Objektivität, Unabhängigkeit, Transparenz, Offenlegungspflichten, ausreichender Ressourcen und Marktakzeptanz (Glaubhaftigkeit)[997] verwiesen werden. In Deutschland existieren unter anderem Empfehlungen der Deutschen Vereinigung für Finanzanalyse und Asset Management (DVFA) sowie des Rating Cert e.V.[998] Den daneben international umfassendsten Vorschlag bilden die von der IOSCO mit dem IOSCO-Kodex aufgestellten Verhaltensregeln, auf die auch die CEBS-Leitlinien verweisen.[999] Nach dem IOSCO-Kodex sollen die Agenturen über ausreichend Mittel und Personal zur Wahrnehmung ihrer Ratingverpflichtungen verfügen.[1000] Dies

---

993 Ähnlich bereits Fleischer, Gutachten F, S. F136; Peters, Ratingagenturen, S. 169 ff.

994 Vgl. Moody's, Global Ratings Guide, Impressum (1998); S&P, Corporate Ratings Criteria 3 (1998); dies., Debt Ratings Criteria 3 (1986); Vetter, WM 2004, S. 1701 (1702); zu dieser Frage aus europarechtlicher Sicht Deipenbrock, BB 2005, S. 2085 (2088 f.).

995 Vgl. hierzu oben S. 80 f. sowie Koller, in: Assmann/Schneider, WpHG, § 34b Rn. 25.

996 Vgl. hierzu oben S. 76 sowie Koller, in: Assmann/Schneider, WpHG, § 34b Rn. 111.

997 Vgl. BCBS, Capital Standards ¶ 91 (2005).

998 Hierzu ausführlich Everling, in: Suyter (Hrsg.), Risikomanagement, S. 245 (248 ff.); Kley/Everling, Finanz Betrieb 2001, S. 172 (175 ff.), S. 247 (247 ff.).

999 Vgl. CEBS, Guidelines ¶ 77 (2006).

1000 IOSCO, Code of Conduct Fundamentals 4, at 1.7 (2004).

dürfte vor allem bei kleineren, im Aufstreben befindlichen Agenturen eine wichtige Rolle spielen. Darüber hinaus sollen die Agenturen nach Erstellung eines Ratings zu dessen regelmäßiger Überprüfung und Information des Marktes bei Veränderungen verpflichtet sein, soweit sie nicht ausdrücklich die Einstellung ihrer Überwachung publik machen.[1001] Hier wäre von Seiten des Gesetzgebers denkbar, bei einer fehlenden kontinuierlichen Überprüfung die Gültigkeit eines Ratings im regulatorischen Sinne nach einer bestimmten Frist, zum Beispiel eineinhalb Jahren, enden zu lassen. Dadurch würde der Emittent gezwungen, entweder ein neues Rating zu beantragen oder bewusst auf die Vorzüge eines (guten) Ratings zu verzichten. Schließlich sind neben Regelungen zur Integrität des Ratingverfahrens durch rechtmäßiges und faires Verhalten der Agentur sowie ihrer Analysten[1002] sowie zur Unabhängigkeit und Vermeidung von Interessenkonflikten[1003] besonders die Vorschriften zur Information der Anleger von Bedeutung. Danach sollen die Agenturen ihre Ratings vor allem mit ausreichenden Informationen zu den von ihnen angewandten Verfahren, Grundannahmen und Definitionen der verwendeten Ratingkategorien unterlegen, eine eventuelle Mitwirkung des Emittenten bei der Bonitätserstellung anzeigen, Informationen zu historischen Ausfallraten zusammenstellen sowie jede Veränderung der Ratingmethoden und -verfahren öffentlich machen.[1004]

Auffällig ist, dass sich der IOSCO-Kodex in prozessualen Sorgfaltsstandards und institutionellen Vorkehrungen erschöpft, jedoch keine bestimmte Ratingmethodik oder Definitionen vorschreibt.[1005] Er legt der Agentur lediglich nahe, eine strenge und systematische Methodik zu verwenden, um eine weitestgehende objektive Überprüfbarkeit ex post zu ermöglichen.[1006] Auch die im CRA Reform Act getroffene Definition der NRSRO hilft in Hinblick auf eine mögliche materielle Regulierung der Ratingmethodik nicht weiter, denn sie definiert eine NRSRO neben anderen Voraussetzungen lediglich als eine Agentur, die sich zur Ratingerstellung quantitativer, qualitativer oder beider Methoden bedient.[1007] Aussagekräftiger sind eher die Stellungnahmen zu der von der SEC einmal an die Marktteilnehmer gestellte Frage, ob Ratingagenturen, deren Ratings ausschließlich auf statistisch-quantitativen Modellen

---

1001 IOSCO, Code of Conduct Fundamentals 5, at 1.9, 1.10 (2004).
1002 IOSCO, Code of Conduct Fundamentals 5 et seq., at 1.11 - 1.16 (2004).
1003 IOSCO, Code of Conduct Fundamentals 6 et seq., at 2.1 - 2.16 (2004).
1004 IOSCO, Code of Conduct Fundamentals 9, at 3.5, 3.8 - 3.10 (2004).
1005 Gleiches gilt im Übrigen auch für die CEBS-Leitlinien.
1006 IOSCO, Code of Conduct Fundamentals 4, at 1.2 (2004).
1007 Vgl. 15 U.S.C. § 78c(a)(B) (61) (2007).

beruhen, für eine Zulassung als NRSRO in Frage kommen.[1008] Hier bestand ein genereller Konsens, dass trotz des Nutzens quantitativer Analysen für die Ratingmethodik eine vollständige und adäquate Feststellung der Bonität ohne die Berücksichtigung auch qualitativer Aspekte nicht möglich ist.[1009] Unterstellt man eine vergleichbare Haltung für den deutschen Markt, ließe sich daraus ableiten, dass qualitative Faktoren zwingende Bestandteile einer Ratingmethodik sein müssen, quantitative Faktoren jedoch lediglich sein können.

Bei näherer Betrachtung erscheint es sogar sinnvoll, von einer Standardisierung der Ratingmethodik abzusehen. Denn zum einen wäre es seitens des Gesetzgebers kaum möglich, die eine „richtige" Methodik herauszufinden und zum gesetzlichen Standard zu machen. Zum anderen würde bei der Festschreibung einer bestimmten Methodik auch die Motivation der Agenturen schwinden, mit der Qualität ihrer Ratingmethoden in den Wettbewerb zu treten. Die Abnahme des Drucks auf die Agenturen, ihre Methoden ständig auf ihre Tauglichkeit hin zu überprüfen und eventuell neue Analyseverfahren einzuführen, hätte einen kontinuierlichen Verfall der analytischen Innovationskraft der Agenturen zur Folge, da Verbesserungen nicht mehr honoriert würden.[1010] Darüber hinaus könnte die wünschenswerte Verschärfung des Wettbewerbs nicht erreicht werden, wenn bei zunehmender Anzahl im Markt zugelassener Agenturen gleichzeitig die Vielfalt der Bonitätsurteile verlorenginge. Um einen informationseffizienten Kapitalmarkt zu fördern, sollten die Agenturen gerade in dem Bereich der Verlässlichkeit und Aussagekraft ihrer Ratings miteinander konkurrieren. So lässt sich eine größere Glaubwürdigkeit vor allem in den Fällen erzielen, in denen die Ratings verschiedener Agenturen übereinstimmen. Jede andere Lösung würde dem Leitmotiv des Anlegerschutzes zuwiderlaufen.

(2) Gesetzliche Ausgestaltung der Durchsetzbarkeit

Da dem IOSCO-Kodex ein bindender Charakter fehlt, erwartet die IOSCO von den Agenturen, dass diese die Grundsätze in ihre agenturinternen Verhaltensregeln integrieren.[1011] Dieser auf dem Prinzip der Selbstbindung beruhende Ansatz liefert jedoch keine Gewähr für eine ausreichende Aufsicht. Um eine Verbindlichkeit des IOSCO-Kodex herbeizuführen, wird er auf nationa-

---

1008 Zu quantitativen und qualitativen Faktoren bei der Ratingerstellung siehe oben S. 56 f.
1009 SEC, Securities Act Release No. 8570, 70 Fed. Reg. 21306, 21317 (Apr. 25, 2005).
1010 Fitch, Brief an Secretary Katz (SEC) v. 28.07.2003; Moody's, Brief an Secretary Katz (SEC) v. 28.07.2003; S&P, Brief an Secretary Katz (SEC) v. 28.07.2003.
1011 IOSCO, Code of Conduct Fundamentals 4 (2004).

ler Ebene durch staatlich durchsetzbare Ge- und Verbote zu ergänzen sein.[1012] Dies könnte am einfachsten dadurch geschehen, dass man die Selbstverpflichtung der Agenturen, den IOSCO-Kodex zu befolgen, zur Voraussetzung einer Zulassung macht. Ein solcher Ansatz wäre mit der in § 161 S. 1 AktG geforderten jährlichen Entsprechungserklärung von Vorstand und Aufsichtsrat börsennotierter Gesellschaften, den Empfehlungen der „Regierungskommission Deutscher Corporate Governance Kodex" zu folgen,[1013] vergleichbar.

Darüber hinaus erscheint es angebracht, den IOSCO-Kodex bei seiner Übernahme ins nationale Recht weiter zu konkretisieren. So dürfte die bloße Verpflichtung der Agenturen, Interessenkonflikte zu identifizieren und offenzulegen, aus Anlegerschutzgesichtspunkten nicht ausreichen. Zur Lösung könnten „absolute" Ausschlussgründe nach dem Vorbild der den Abschlussprüfer betreffenden Vorschriften der §§ 319 Abs. 3, 319a HGB geschaffen werden.[1014]

Denkbar ist auch eine Regelung auf europäischer Ebene. So spricht sich das Committee of European Securities Regulators (CESR),[1015] also der Ausschuss der Europäischen Wertpapierregulierungsbehörden, dafür aus, dass sich eine mögliche Regulierung der Ratingagenturen an dem Umfang des IOSCO-Kodexes orientieren solle.[1016] Vor diesem Hintergrund identifiziert es vier mögliche Vorgehensweisen: (1) Ein Abwarten der zukünftigen Entwicklung unter freiwilliger Übernahme des IOSCO-Kodexes durch die Agenturen, (2) die Überwachung der Einhaltung und Durchsetzung des IOSCO-Kodexes durch einen privaten oder öffentlich-rechtlichen Dritten, (3) die Einführung europäischer Regelungen hinsichtlich einer Zulassung und Regulierung der Agenturen auf Basis des IOSCO-Kodexes sowie (4) die Einbeziehung des IOSCO-Kodexes bei der Anerkennung von Ratingagenturen im Rahmen einer überarbeiteten Kapitaladäquanzrichtlinie.[1017] Mehrheitlich kommt das

---

1012 Vgl. auch Habersack, ZHR 169 (2005), S. 185 (210); Witte/Hrubesch, ZIP 2004, S. 1346 (1353); anders hingegen Krimphove, Finanz Betrieb 2005, S. 333 (341), der selbstbindende Regelungen wie den IOSCO-Kodex durch ein spezielles, systematisches Haftungsregime für Ratingagenturen ersetzen will.

1013 Vgl. MünchKommAktG/Semler, § 161 Rn. 187 ff.; zu den Konsequenzen einer Nichtbefolgung Hüffer, AktG, § 161 Rn. 25 ff.

1014 Hierzu Fleischer, Gutachten F, S. F136; Habersack, ZHR 169 (2005), S. 185 (196 f.).

1015 Hierzu und zur Beteiligung des Europäischen Parlaments Strunz-Happe, BFuP 2005, S. 231 (241 f.).

1016 CESR, Technical Advice ¶ 253 (2005).

1017 CESR, Technical Advice ¶ 91 et seq., ¶ 205 et seq., ¶ 214 et seq., ¶ 235 et seq. (2005).

CESR zu dem Schluss, dass ein Abwarten der zukünftigen Entwicklung der Auswirkungen des IOSCO-Kodexes ausreicht und gesetzliche Regelungen erst bei einem Versagen einer Selbstregulierung in Frage kommen.[1018] Für die augenblickliche Situation mag diese Haltung genügen. Im Falle eines zukünftigen Rückgriffs auf Ratings durch das deutsche Kapitalmarktrecht dürften jedoch nur staatlich durchsetzbare, und nicht lediglich auf Selbstbindungsmechanismen beruhende Regelungen einen ausreichenden Schutz versprechen.[1019]

cc) Rating als Obligatorium

Teilweise wird vorgeschlagen, für die grundsätzliche Kapitalmarktfähigkeit eines Emittenten die Existenz eines Ratings zu verlangen. Aus Sicht des Anlegerschutzes könnte hierfür sprechen, dass Ratings eine bessere Risikobeurteilung der Wertpapiere ermöglichen und – anders als Prospektinformationen – hochverdichtet und leicht verständlich sind.[1020] Dem ist jedoch entgegenzuhalten, dass die entwickelten Kapitalmärkte bisher keinen Anlass zur Einführung einer Ratingpflicht gesehen haben. Die einzige Ausnahme bildet wohl Art. 76 Abs. 2 S. 1 des chilenischen Ley de Mercado de Valores. Dieser verpflichtet Emittenten, wenigstens zwei unabhängige Ratingagenturen zu beauftragen.[1021] Darüber hinaus fehlt ein Bedürfnis nach einem Pflichtrating wohl schon deshalb, weil die meisten Emittenten in der Hoffnung auf eine Senkung ihrer Finanzierungskosten bereits von sich aus ein Rating in Auftrag geben. Ebenso dürften sich ohne ein Rating nur schwerlich Käufer für eine Emission finden lassen. Schließlich sorgen bei Neuemissionen zahlreiche Finanz- und Informationsintermediäre wie Investmentbanken oder Pressemedien für eine ausreichende Informationsdichte, so dass auf die kapitalmarktrechtliche „Pflichtübung" eines Ratingobligatoriums verzichtet werden kann.[1022]

1018 CESR, Technical Advice ¶ 265 (2005).

1019 Siehe hierzu noch ausführlich nachfolgend S. 205 ff.

1020 Für ein Ratingobligatorium daher Ebenroth/Daum, WM 1992, Sonderbeilage Nr. 5, S. 1 (23); ebenso für das schweizerische Recht Baudenbacher-Tandler, Anlegerrisiken, S. 170 f.

1021 Peters, Ratingagenturen, S. 147.

1022 Fleischer, Gutachten F, S. F138 f.; für das schweizerische Recht Bertschinger, in: Nobel (Hrsg.), Aktuelle Rechtsprobleme, S. 87 (117); a.A. Grünbichler, ÖBA 1999, S. 692 (696).

e) Alternativen zur zusätzlichen staatlichen Normierung

Der Staat könnte jedoch auch auf die vorgenannte gesetzliche Normierung einer Zulassung und Beaufsichtigung der Ratingagenturen sowie eine Regelung des Ratingverfahrens und seiner Durchsetzung verzichten. Als mögliche Alternativen kämen dann die Schaffung einer staatlichen, nicht gewinnorientierten Agentur, ein auf Selbstregulierung basierender Ansatz oder ein völliger Verzicht auf jedwede Form der Regulierung in Betracht.

aa) Schaffung einer staatlichen, nicht gewinnorientierten Ratingagentur

Durch die Schaffung einer staatlichen, nicht auf die Erzielung von Gewinn ausgerichteten, Ratingagentur könnten die bei marktwirtschaftlich orientierten Agenturen drohenden Prinzipal-Agent-Probleme weitestgehend ausgeschaltet werden. Andererseits besitzt dieser Regulierungsansatz den Nachteil, dass er mangels Gewinnstreben unabhängig von den Kräften des Marktes erfolgt.[1023] Ob diese Unabhängigkeit aber Qualität garantieren kann, ist fraglich. So sind Innovations- und Qualitätsdruck weitestgehend Folgen des Wettbewerbs. Diesem marktwirtschaftlichen Druck wäre eine staatliche Ratingagentur nicht ausgesetzt, worunter langfristig die Qualität der Ratings leiden würde.[1024] Überdies ist zu berücksichtigen, dass die etablierten Agenturen über mehrere Jahrzehnte an Expertise, Know-how und Datenmaterial verfügen. Dies müsste sich eine staatliche Agentur erst mühsam erarbeiten, so dass hohe Anlaufkosten wahrscheinlich wären. Zu guter Letzt wurde bereits gezeigt, dass die angesprochenen Prinzipal-Agent-Probleme der gewinnorientierten Agenturen kontrollierbar sind.[1025] Somit würde die Schaffung einer staatlichen Ratingagentur hohe Kosten verursachen, während gleichzeitig die konstante Qualität ihrer Ratings, das Vertrauen des Marktes in dieselben und damit ihr Nutzen insgesamt fraglich blieben.

bb) Selbstregulierung

Denkbar erscheint auch, auf eine aufsichtsrechtliche Vorgabe von Ratingkriterien oder eine behördliche Zulassung der Ratingagenturen zu verzichten

---

1023 Vgl. Lederer, Regulation, S. 47.
1024 Vgl. Kroszner, 18 Cato J. 355, 359 (1999); abstrakt hierzu Spindler, JNPÖ 15 (1996), S. 205 (223), dem zufolge bei staatlicher Aufgabenwahrnehmung ein Innovationsdruck kaum aufkommen kann.
1025 Siehe oben S. 70 ff.

und allein auf eine Selbstregulierung[1026] des Marktes zu vertrauen. Während im Rahmen der Solvabilitätsverordnung inzwischen zumindest Voraussetzungen zur Anerkennung von Ratingagenturen geschaffen wurden, werden darüber hinausgehende Aspekte der Regulierung der Ratingagenturen bisher lediglich im Rahmen unverbindlicher Empfehlungen behandelt. Ein Beispiel für einen solchen selbstregulatorischen Ansatz sind die Ratingstandards des IOSCO-Kodexes. Nachfolgend werden die Vor- und Nachteile einer solchen Regulierungsform diskutiert.

(1) Vorteile der Selbstregulierung

Die Vorteile privater Regulierung[1027] sind vielfältig. Eine ihrer größten Stärken liegt in ihrer besonderen Flexibilität, da selbstregulierende Instanzen über eine höhere Reaktionsfähigkeit verfügen als eine staatliche Gesetzgebung. Sie schaffen eine Infrastruktur zu niedrigeren Kosten als staatliche Regulierung und führen zu sinnvollen und pragmatischen Regelungen. Darüber hinaus zeichnet sie aus, dass die betroffenen Verkehrskreise selbst die Regelung eigener Angelegenheiten vornehmen. Dies führt tendenziell zu einer höheren Unterstützung der Regelwerke und bietet die Möglichkeit, die Sachkenntnis der Selbstregulierer zu nutzen. Überdies führt eine Selbstregulierung meist zu einer Kostenabwälzung vom Staat auf die privaten Regulierungsorganisationen und somit zu einer Entlastung der öffentlichen Haushalte.[1028] Zu guter Letzt macht die Möglichkeit einer internationalen Ausrichtung der privaten Regulierung, zum Beispiel beim International Accounting Standards Committee oder bei der IOSCO, Ländergrenzen obsolet und eine weltweite Harmonisierung von Normen möglich.[1029]

1026 Zur Definition Nobel, in: Margelisch (Hrsg.), FS Chapuis, S. 119 (122); zur Abgrenzung von staatlicher Regulierung sowie zu ihren verschiedenen Ausgestaltungen Damrau, Selbstregulierung, S. 59 ff.

1027 Zu verfassungs- und europarechtlichen Grenzen privater Regulierung Damrau, Selbstregulierung, S. 232 ff.

1028 Zur Pflicht des Gesetzgebers, die Funktionsfähigkeit und Effizienz des Kapitalmarkts zu möglichst geringen volkswirtschaftlichen Kosten zu sichern, Seibt, ZGR 2006, S. 501 (507 f.).

1029 Dehlinger, Marktsegmentregulierung, S. 58 ff.; Dombalagian, 39 U. Rich. L. Rev. 1069, 1096 (2005); Donnan, 10 Austl. J. Corp. L. 1, 22 et seq. (1999); Goodhart et al., Financial Regulation 3 (1998); IOSCO, Effective Self-Regulation 12 (2000); Langhart, Selbstregulierung, S. 114; Marti, SchZStV 101 (2000), S. 516 (578 f.); Michael, 47 Admin. L. Rev. 171, 183 et seq. (1995).

(2) Nachteile der Selbstregulierung

Die Selbstregulierung besitzt jedoch auch Nachteile. Oft treten – bewusst oder unbewusst – öffentliche Interessen hinter diejenigen der regulierenden Mitglieder der Privatwirtschaft zurück. So versuchen letztere oft, neue Teilnehmer auszuschließen, was zu oligopolistischen Strukturen führen kann. Ebenso droht durch die beschränkte Perspektive der privaten Regulierungsorganisationen die Koordinationslosigkeit der Regulierung in verschiedenen Rechtsbereichen oder Wirtschaftszweigen. Darüber hinaus können die Verbraucher die Sicherheit von Selbstregulierungsregeln nicht so gut abschätzen wie die von staatlichen Normen. Überdies mangelt es privaten Regulierungsverfahren zuweilen an fundamentalen verfahrensrechtlichen Sicherungen oder an einer Bindung an den Bestimmtheitsgrundsatz.[1030] Zu guter Letzt droht bei privater Regulierung ein erhebliches Durchsetzbarkeitsdefizit. Empirische Untersuchungen auf dem Kapitalmarkt legen jedoch nahe, dass gerade die Möglichkeit zur Durchsetzung der Normen für deren Effektivität von erheblicher Bedeutung ist.[1031] Im konkreten Fall bestünde daher das Risiko, dass einige Ratingagenturen aufgrund fehlender Durchsetzungsmechanismen Standards wie den IOSCO-Kodex nicht wirksam umsetzen und so seinen Wert untergraben. Die möglichen Auswirkungen werden eindrucksvoll am Beispiel des Neuen Marktes deutlich, welcher nach zahlreichen Insiderskandalen zum 1. Januar 2003 geschlossen wurde. Als Grund für das Auftreten dieser Skandale wurde vor allem die mangelnde Abschreckung aufgrund fehlender Durchsetzungsmechanismen ausgemacht.[1032]

(3) Diskussion

Grundsätzlich kann auf dem Gebiet der Kapitalmarktregulierung eine hohe Dichte staatlicher Vorgaben vorteilhaft sein – vor allem im Interesse der Rechtssicherheit, der Kontinuität der Rechtsanwendung oder einheitlicher

---

1030 Black, 59 Mod. L. Rev. 24, 25 (1996); Fishman, Deregulation 51 et seq. (1993); Goodhart et al., Financial Regulation 4 et seq. (1998); Langhart, Selbstregulierung, S. 102; Lederer, Regulation, S. 50 f.; Marti, SchZStV 101 (2000), S. 516 (580 ff.); Ogus, 15 Ox. J. Legal Stud. 97, 99 (1995).

1031 Vgl. Erhardt/Nowak, AG 2002, S. 336 (338 f.); Modigliani/Perotti, 1 Int'l Rev. Fin. 81, 81 et seq. (2000); La Porta et al., 58 J. Fin. Econ. 3, 22 (2000).

1032 Coffee, 102 Colum. L. Rev. 1757, 1805 (2002); Kueppers, Wall St. J., 6 Aug. 2001, p. C11; Stamm, 32 Ga. J. Int'l & Comp. L. 813, 853 (2004); zur fehlenden Anerkennung von Insidervorschriften und des Übernahmekodex siehe Börsensachverständigenkommission, Unternehmensübernahmen, S. 9 f.

Marktverhältnisse. Andererseits muss auch eine geringe gesetzliche Regelungsdichte nicht nachteilig sein, soweit den betroffenen Interessen und Bedürfnissen Rechnung getragen wird und der Anleger- und Funktionsschutz beachtet wird.[1033]

Solange Ratings nicht gesetzlich zur Kapitalmarktregulierung herangezogen werden, könnte ein selbstregulierender Ansatz trotz der vorgenannten Nachteile ausreichend sein. So zeigt zum einen das Beispiel der Standardsetzung von dritter, nichtstaatlicher Seite auf dem Gebiet der Wirtschaftsprüfung, dass eine wirksame Selbstregulierung und Überwachung möglich ist.[1034] Darüber hinaus kann dort, wo die Unternehmen der Bewertung durch einen Markt ausgesetzt sind, durch die drohenden Konsequenzen aus dem Bekanntwerden eines Regelverstoßes ein nicht zu unterschätzender Normbefolgungsdruck aufgebaut werden.[1035] Der Marktmechanismus der Reputation übt schon jetzt einen signifikanten Druck auf die Agenturen aus, höchstmögliche Qualität sicherzustellen. Der Eindruck, selbst fundamentale Standards wie den IOSCO-Kodex nicht einzuhalten, könnte ebenfalls zu wirtschaftlich nachteiligen Sanktionen durch den Markt führen.[1036] Hierzu dürfte auch der Umstand beitragen, dass der IOSCO-Kodex von den weltweit führenden Wertpapieraufsichtsbehörden erarbeitet wurde. Überdies würde ein selbstregulierender Ansatz dem Gesetzgeber ermöglichen, zunächst die Auswirkungen von Basel II, des IOSCO-Kodexes, der CEBS-Leitlinien sowie des CRA Reform Act abzuwarten, um dann auf dieser Basis sachgerecht über die Notwendigkeit weiterer regulatorischer Schritte entscheiden zu können.

Angesichts der mit der Umsetzung von Basel II begonnenen Einführung ratingakzessorischer Regulierung in das deutsche Kapitalmarktrecht wird eine reine Selbstregulierung jedoch nicht mehr ausreichen. So muss nämlich zumindest gesetzlich klargestellt werden, welchen Ratings welcher Agenturen und aufgrund welcher Voraussetzungen regulatorische Relevanz zukommt. Andernfalls würden die Ratings jeder Agentur sofort regulatorisch verwendbar. Damit wäre dem Anlegerschutz – zumindest kurzfristig – nicht geholfen, da qualitativ schwache Ratings durch den Markt erst mittelfristig erkannt und sanktioniert werden können. Darüber hinaus können die Marktteilnehmer aufgrund der nunmehr staatlichen Bezugnahme auf Ratings einen erhöhten Standard der Durchsetzbarkeit erwarten. Noch beruht die Umsetzung selbstregulierender Ansätze wie dem des IOSCO-Kodexes auf Freiwilligkeit. Dass

---

1033 Dehlinger, Marktsegmentregulierung, S. 61.
1034 Kerwer, Standardising as Governance 26 et seq. (2001).
1035 Damrau, Selbstregulierung, S. 82.
1036 CESR, Technical Advice ¶ 192 (2005).

der Markt dessen Durchsetzung auch ohne staatliche Hilfe erzwingen könnte, ist aufgrund des bereits erwähnten Reputationsdrucks zwar denkbar, kann aber angesichts der oligopolistischen Struktur des Ratingmarktes und des Zwei-Ratings-Standards nicht ohne weiteres angenommen werden. Als Folge könnte eine mangelnde Umsetzung des IOSCO-Kodexes zu einer Machtverschiebung von den Emittenten und Investoren zu den Agenturen führen.[1037] Bestehen bleiben dürfte damit auch die derzeitige oligopolistische Marktstruktur. Aus diesem Grund kann der Staat bei einer regulatorischen Indienstnahme des Ratings auf eine Überwachung der privaten Regulierung nicht verzichten. Zwar fallen hierdurch zusätzliche Kosten an, dennoch ließe sich ein noch kostspieligeres Nebeneinander von privater und staatlicher Regulierung vermeiden. So könnte der Staat die Aufstellung regulierender Normen internationalen Organisationen wie der IOSCO überlassen und sich lediglich auf die Durchsetzung der Standards durch Inkorporation in sein Kapitalmarktrecht beschränken. Diese „kombinierte" Lösung hätte zum einen den Charme, die Vorzüge der privaten Normenaufstellung mit den Vorzügen einer staatlich gesicherten Durchsetzbarkeit zu verbinden, zum anderen dürfte sie Kosteneffizienz und Normeneffizienz am besten in Einklang bringen.

cc) Verzicht auf jegliche Form der Regulierung

Abschließend wäre auch ein Verzicht auf jegliche Form der Regulierung denkbar. Hiergegen sprechen aber die bereits gesetzgeberisch angestoßenen Maßnahmen sowie die intensive Beschäftigung mit der Entwicklung bestimmter Mindeststandards durch die EU, das CESR, die IOSCO und den CEBS. Daneben haben die Ratingagenturen Moody's und Fitch ihre Verhaltenskodices bereits auf dem IOSCO-Kodex aufgebaut.[1038] Auch der Kodex von S&P reflektiert weitestgehend die IOSCO-Prinzipien.[1039] Darüber hinaus haben der deutsche Gesetzgeber[1040] sowie die übrigen Marktteilnehmer[1041] den IOSCO-Kodex positiv aufgenommen. Überdies dürfte der Druck zur Sicher-

---

1037 CESR, Technical Advice ¶ 203 (2005).
1038 Moody's, Code of Professional Conduct 1 n.3 (2005); Fitch, Code of Conduct 12 et seq. (2005).
1039 Vgl. S&P, Code of Practices and Procedures 2 et seq. (2004).
1040 Vgl. den Vorschlag der Fraktionen der SPD, CDU/CSU, Bündnis90/Die Grünen und FDP zur Verbesserung der Integrität, Unabhängigkeit und Transparenz von Ratingagenturen durch einen Verhaltenskodex, BT-Drucks. 15/2815, S. 1.
1041 Hierzu BDI, Stellungnahme, S. 2 ff.; Krämer, zitiert nach: Balzer, ZBB 2004, S. 329 (330); Siebel/Schoendorf, Comment File No. S7-04-05 (June 28, 2005) für BVI.

stellung bestimmter Mindeststandards vor allem angesichts der allgemein zunehmenden Bedeutung des Ratings in Europa sowie der Umsetzung von Basel II in nationales Recht zu groß sein. Ein Verzicht auf jedwede Form der Regulierung wird daher kaum mehr durchzuhalten sein.

f) Zwischenergebnis

Nach der mit der Umsetzung von Basel II begonnenen Einführung ratingbezogener Regulierung in das deutsche Kapitalmarktrecht stellt neben der noch zu untersuchenden Gewährleistung des Funktions- und Anlegerschutzes die Schaffung staatlich durchsetzbarer Mechanismen der Zulassung und Qualitätskontrolle der Ratingagenturen ein Hauptanliegen dar. Eine allein auf freiwilliger Teilnahme basierende Selbstregulierung in der Ausgestaltung des IOSCO-Kodexes dürfte aufgrund der nunmehr staatlichen Bezugnahme auf Ratings und des damit erhöhten Erfordernis der Durchsetzbarkeit nicht mehr ausreichen. Als Lösung könnte eine Kombination von privater Normgebung und staatlicher Durchsetzbarkeitskontrolle in Betracht kommen („Kombinationsansatz"). Andere Möglichkeiten wie die Schaffung einer staatlichen Ratingagentur oder der vollständige Verzicht auf eine Regulierung versprechen entweder keine ausreichende Qualität oder sind mittel- bis langfristig unrealistisch.

IV. Wirtschaftliche Folgen einer Einführung ratingbezogener Regulierung

Die Frage einer ökonomischen Legitimation der Einführung ratingbezogener Regelungen entscheidet sich vor allem daran, ob für die Marktteilnehmer aufgrund der hierdurch entstehenden Kosten und Vorteile ein positiver oder negativer Nettoeffekt entsteht. Hierbei ist eine genaue zahlenmäßige Erfassung und Abgrenzung der entstehenden Kosteneffekte jedoch nicht möglich, da sich die unmittelbaren und mittelbaren Auswirkungen quantitativ nur schwer messen lassen. Eine solche ökonomische Untersuchung und Verrechnung sämtlicher Kosteneffekte würde den Rahmen dieser Arbeit sprengen und wäre eine separate Untersuchung wert. An dieser Stelle können die wirtschaftlichen Auswirkungen für die einzelnen Marktteilnehmer daher nur unabhängig von einander betrachtet werden.

1. Folgen für die Emittenten

Für die Emittenten könnte die Einführung ratingbezogener Regulierung mit erhöhten Kosten verbunden sein, da sie, um in den Anwendungsbereich der Regelungen zu gelangen, erst einmal über ein Rating verfügen müssten. Als Konsequenz könnten sie zum Erwerb eines Ratings gezwungen sein, was die Finanzierungskosten steigen ließe. Hiergegen lässt sich jedoch einwenden, dass für die größeren, international tätigen Unternehmen eine Finanzierung ohne Bonitätsurteil faktisch kaum denkbar ist[1042] und sie daher bereits über ein Rating verfügen. Überdies dient der Rückgriff auf Ratings in den meisten Fällen lediglich dazu, bonitätsstarke Unternehmen zusätzlich zu begünstigen. Für bonitätsschwache Unternehmen ändert sich im Prinzip nichts. Sie können entweder die Kosten für ein Rating sparen oder aber in ein solches investieren, wenn die damit verbundenen Privilegien einen positiven wirtschaftlichen Nettoeffekt erwarten lassen.

Weiterhin könnte der durch den Zwei-Ratings-Standard ausgeübte Druck die Emittenten dazu verleiten, zwei oder mehr Ratings und damit mehr Bonitätsurteile zu erwerben als gesetzlich gefordert oder ökonomisch gerechtfertigt wäre.[1043] Dem ist jedoch entgegenzuhalten, dass der Zwei-Ratings-Standard seine Wirkung auch dort zu entfalten scheint, wo der Gesetzgeber für eine Privilegierung nur ein Rating verlangt.[1044] Viele Emittenten erwerben auch in nicht gesetzlich geforderten Fällen mehrere Ratings, weil sie sich davon eine bessere Signalwirkung für die Anleger und geringere Finanzierungskosten erhoffen. Damit entstünden den Emittenten ihre Kosten letztlich nicht wegen der regulatorischen Indienstnahme des Ratings, sondern vielmehr aufgrund allgemeiner Marktzwänge bzw. aufgrund ihres Eigeninteresses.

Schließlich sind für Emittenten mit mäßiger Bonität Auswirkungen auf die Liquidität ihrer Wertpapiere denkbar, wenn institutionelle Investoren in diese Papiere nicht mehr investieren dürfen, weil sie gesetzlich vorgeschriebene Mindestbonitäten nicht erfüllen. Die geringere Liquidität dürfte im Regelfall zu einer geringeren Nachfrage und somit zu sinkenden Wertpapierkursen führen. Am Primärmarkt würde dieser Effekt für den Emittenten unmittelbar spürbar, da er mit einem geringeren Emissionserlös rechnen müsste. Soweit die geringere Liquidität den Sekundärmarkt betrifft, ist das Unternehmen zwar nur indirekt betroffen, da es am Sekundärmarkt seiner eigenen Aktien in

---

1042 Habersack, ZHR 169 (2005), S. 185 (186); Deipenbrock, WM 2005, S. 261 (261).
1043 Diese Frage ebenfalls aufwerfend Hill, 82 Wash. U. L.Q. 43, 82 (2004).
1044 Siehe hierzu oben S. 129 ff.

der Regel nicht teilnimmt.[1045] Jedoch verringert ein sinkender Aktienkurs die Marktkapitalisierung und damit den Unternehmenswert. Dies hat zumeist auch Auswirkungen auf Kreditverhandlungen; eine zusätzliche Verteuerung der Kreditaufnahme ist nicht auszuschließen. Die vorgenannten nachteiligen Auswirkungen dürften jedoch in beiden Fällen hinzunehmen sein. So werden sie in der Regel auf Normen zurückgehen, die aus Gründen des Anlegerschutzes eine bestimmte Mindestbonität verlangen. Darüber hinaus wird die grundsätzliche Möglichkeit, im Markt tätig zu sein, durch eine eventuelle Privilegierung von Emittenten besserer Bonität nicht tangiert. Zu guter Letzt wären die Finanzierungskosten des betroffenen Emittenten aufgrund seiner niedrigeren Bonität auch ohne ratingbezogene Regulierung höher. Ein zusätzlicher, spürbar negativer Effekt ist daher allenfalls in den Fällen zu erwarten, in denen das erteilte Rating gerade unter der gesetzlich verlangten Mindestbonität liegt.

2. Folgen für die Investoren

Für institutionelle Investoren könnten Kosten dadurch entstehen, dass die an Mindestratings anknüpfenden Portfoliorestriktionen die Zahl der für eine Anlage in Frage kommenden Wertpapiere verringern. Soweit dieser Effekt auf internen Anlagerichtlinien der Investoren beruht, steht es diesen frei, ihre Richtlinien zugunsten risikoreicherer Papiere zu ändern. Die Kosten hierfür dürften vernachlässigbar sein. Soweit dem Investor dieser Ausweg jedoch aufgrund seiner besonderen Eigenschaft, zum Beispiel als Pensionsfonds, oder aus anderen Gründen, wie zum Beispiel im Falle von Eigenkapitalvorschriften, nicht möglich ist, dürften die Portfoliorestriktionen dem Anlegerschutz dienen und daher hinzunehmen sein.

Ebenso könnten für die Anleger die Transaktionskosten steigen, wenn sie Positionen verkaufen müssen, deren Rating unter die gesetzlich vorgeschriebene Bonitätsschwelle fällt. Diese Kosten dürften sich jedoch ebenfalls in Grenzen halten. Zum einen finden Herauf- oder Herabstufungen nicht ständig statt, zum anderen sind die Transaktionskosten aufgrund des computerisierten und massenhaften Handels relativ gering.

Weitere zusätzliche Kosten könnten bei der Aufrüstung von Computersystemen mit Mechanismen zur Portfolioüberwachung entstehen. Soweit nicht die meisten institutionellen Investoren bereits über Systeme verfügen,

---

1045 Ausnahmen bilden aber z.B. der Rückerwerb eigener Aktien durch das Unternehmen sowie die Vergütung von Mitarbeitern durch Belegschaftsaktien oder durch Optionen auf unternehmenseigene Aktien.

die das Rating der Wertpapiere in ihren Portfolios berücksichtigt, dürfte auch deren Einführung aufgrund der technisch leicht zu verarbeitenden Charakters des Ratings als einfaches Symbol keine besonderen Kosten verursachen.

Den vorgenannten möglichen Kostensteigerungen stehen jedoch auch Kostensenkungspotenziale gegenüber. Ein positiver Effekt könnte sich durch die vorläufige Zulassung kleinerer Agenturen ergeben. Die Folge des erleichterten Markteintritts könnten eine steigende Anzahl von Wettbewerbern, sinkende Ratinggebühren und eine höhere Produktqualität sein. Allerdings sprechen auch Gründe dafür, dass ein solcher Effekt nicht eintritt. So ist es möglich, dass der Markt nur eine begrenzte Anzahl von Agenturen aufnehmen kann, die sämtliche Ratingleistungen anbieten und sich nicht auf bestimmte Emittentengruppen wie Versicherungen, mittelständische Betriebe, et cetera spezialisieren. Hierfür spricht vor allem die Entwicklung und Anzahl der Ratingagenturen vor Einführung des NRSRO-Status, als auch nicht mehr als eine handvoll Agenturen im Markt tätig waren.[1046] Überdies haben Studien gezeigt, dass monopolistische oder oligopolistische Marktstrukturen nicht zwangsläufig zu einer niedrigeren Produktqualität führen,[1047] so dass unter Umständen das Potenzial für Qualitätssteigerungen geringer ist als angenommen. Nichtsdestotrotz dürfte schon die bloße Möglichkeit eines größeren Wettbewerbs Innovationen bei den Ratingmethodiken stimulieren.[1048] Die dann qualitativ verbesserten Ratings würden zu einer besseren Allokation der Informationen im Markt führen. Dies käme in erster Linie den Investoren zugute, jedoch könnten von der besseren Informationsqualität und der damit bedingten Reduzierung der Misstrauensaufschläge auch die Emittenten profitieren.

3. Folgen für die Ratingagenturen

Für die Ratingagenturen könnten zusätzliche Kosten durch eine mögliche Ausdehnung ihrer Geschäftstätigkeiten entstehen, um eine eventuelle Zulassung durch die Aufsichtsbehörde zu erhalten. Für die bereits etablierten Agenturen dürften sich keine oder jedenfalls vernachlässigbare Kosten ergeben, da sie die möglichen Zulassungskriterien bereits weitestgehend erfüllen dürften. Setzt man den grundsätzlichen Willen einer Agentur zur Erweiterung ihres „Emittentenstamms" voraus, würden auch kleineren Agenturen im

---

1046 Hill, 82 Wash. U. L.Q. 43, 62 (2004).
1047 Spence, 6 Bell J. Econ. 417, 420 (1975); v. Ungern-Sternberg/v. Weizsäcker, 33 J. Indus. Econ. 531, 538 (1985).
1048 SEC, Securities Act Release No. 8570, 70 Fed. Reg. 21306, 21320 (Apr. 25, 2005).

Rahmen einer für die Zulassung eventuell erforderlichen Expansion der Geschäftstätigkeit nur Aufwendungen entstehen, die sie für eine Ausdehnung ihres Geschäftsbetriebes ohnehin getätigt hätten.[1049] Hinsichtlich möglicher Kosten aufgrund einer Verpflichtung, ihre Ratings kostenlos öffentlich zugänglich zu machen und zu erläutern,[1050] kann auf die minimalen Kosten der Nutzung des Internets verwiesen werden.

Finanziell positiv könnte sich für die noch nicht etablierten Ratingagenturen vor allem eine (auch nur) vorläufige Zulassung als relevante Agentur im Sinne ratingbezogener Regelungen auswirken, da eine solche die Chance auf einen erleichterten Markteintritt sowie auf mehr Ratingaufträge verspricht.[1051] Die bereits etablierten Agenturen dürften über einen gesteigerten Wettbewerb weniger erfreut sein, drohen ihnen doch nicht nur eine stärkere Konkurrenz, sondern möglicherweise auch sinkende Ratinggebühren. Mangels Rechtsanspruch auf eine Beibehaltung ihrer augenblicklichen oligopolistischen Stellung bestehen hiergegen aus regulatorischer Sicht jedoch keine Bedenken.

4. Folgen für den Gesetzgeber

Für den Gesetzgeber bzw. seine Aufsichtsbehörde wären Initialkosten nicht zu vermeiden. Diese lägen in dem mit der Indienstnahme des Ratings verbundenen zusätzlichen Normierungsbedarf bezüglich einer besonderen Aufsicht, einer teilweise Standardisierung des Ratingverfahrens sowie seiner Durchsetzbarkeit. Hauptkostenpunkt dürfte die Einrichtung einer besonderen Ratingaufsicht bei der BaFin und der damit verbundene Personalaufwand sein. Da die BaFin aber ohnehin mit der Überwachung des Kapitalmarkts und ihrer Marktteilnehmer betraut ist, dürfte dieser Aufwand durch beachtliche Synergieeffekte gemindert werden. Überdies sprechen gute Argumente dafür, dass Teile der anfallenden Kosten an anderer Stelle eingespart werden können. So würde eine ratingbezogene Regulierung zu einer besseren Allokation der Ressourcen und Expertise der Marktteilnehmer führen. Die damit mögliche Delegierung der Bonitätsbestimmung trüge zur Entlastung der Aufsichtsbehörde bei. Schließlich dürfte die Formulierung von Zulassungskriterien für die Agenturen ebenfalls keine übermäßigen Kosten verursachen, da hier auf erhebliche Vorarbeiten aus dem U.S.-amerikanischen Recht zurückgegriffen

---

1049 SEC, Securities Act Release No. 8570, 70 Fed. Reg. 21306, 21320 (Apr. 25, 2005).

1050 So der Vorschlag der IOSCO, Code of Conduct Fundamentals 8 et seq., at 3.1 et seq. (2004).

1051 Hierzu und zu dem zurückgewiesenen Argument, eine besondere Zulassung von Ratingagenturen behindere den Wettbewerb, ausführlich bereits oben S. 194 ff.

werden könnte. Gleiches würde für die Standardisierung des Ratingverfahrens gelten, wo man sich nahezu vollständig des IOSCO-Kodexes sowie der Analysen des CESR bedienen könnte.

5. Gesamtwürdigung

Die vorstehende Untersuchung hat hinsichtlich der ökonomischen Auswirkungen zusätzliche Kostenpunkte für Emittenten, Investoren, Ratingagenturen und den Gesetzgeber identifiziert. Allerdings entstehen diese Kosten in den meisten Fällen unabhängig von der Einführung einer ratingbezogenen Regulierung, sind relativ gering oder aus Anlegerschutzgesichtspunkten zu dulden. Den noch nicht etablierten Agenturen eröffnen sich überdies mögliche Vorteile wie ein erleichterter Marktzugang und die damit verbundene Aussicht auf bessere Geschäfte. Die Emittenten besitzen die Chance auf sinkende Ratinggebühren durch einen verschärften Wettbewerb. Von dem mit dem Wettbewerb verbundenen Innovationsdruck könnten sowohl die Emittenten als auch die Investoren profitieren. Beiden käme die mögliche verbesserte Qualität der Ratings zugute, da qualitativ bessere Ratings Informationsasymmetrien nachhaltiger reduzieren und Misstrauensaufschläge stärker senken. Dies würde nicht nur die Finanzierungskosten der Emittenten verringern, sondern die Funktionsfähigkeit des Marktes allgemein steigern.

Für den Gesetzgeber wären zwar zusätzliche Kosten durch den erforderlichen Normierungsbedarf unvermeidlich. Andererseits würde ein Rückgriff auf Ratings zu regulatorischen Zwecken die Marktaufsicht derart flexibilisieren, dass sie mit dem Innovationstempo des Marktes Schritt halten könnte. Darüber hinaus würden Ratings eine feinere Risikozuordnung erlauben und so die allokative Funktionsfähigkeit des Marktes verbessern. Dies sind aus Sicht des Regulierers immense, quantitativ jedoch kaum zu beziffernde Vorteile. Schließlich spricht für eine Übernahme ratingbezogener Regulierung in das deutsche Recht auch ihre lange und umfassende Verwendung in den U.S.A. Dort ist die SEC vor Einführung neuer Regelungen stets zu einer Kosten-Nutzen-Analyse verpflichtet.[1052] Sie hat neben den Auswirkungen auf den Wettbewerb[1053] auch diejenigen auf die Wirtschaft insgesamt[1054] zu be-

---

1052 15 U.S.C. § 78c(f) (2007), der die SEC verpflichtet, bei ihren Regelungen deren Notwendigkeit für das öffentliche Interesse sowie die Auswirkungen auf Effizienz und Kapitaleinsatz zu berücksichtigen.

1053 15 U.S.C. § 78w(a)(2) (2007).

1054 Vgl. Small Business Regulatory Enforcement Fairness Act of 1996, Pub. L. No. 104-121, 110 Stat. 847, 869, 873 (1996). Danach treten Regelungen der SEC, die (1) einen jährlichen Effekt auf die Wirtschaft in Höhe von $ 100 Mio., (2) eine Steigerung

rücksichtigen. Diese Abwägung ist anscheinend bisher positiv ausgefallen. Insgesamt verhieße damit die Einführung ratingbezogener Regulierung auch für die Aufsichtsbehörden Effizienzgewinne, weil sie diese entlasten und die Anpassungsfähigkeit des Systems fördern würde. Sollte für den Gesetzgeber dennoch ein negativer Nettokosteneffekt bleiben, dürfte dieser im Einzelfall durch mögliche Verbesserungen beim Anleger- und Funktionsschutz gerechtfertigt sein. Aus quantitativ-ökonomischer Sicht sprechen somit gute Gründe für die Einführung ratingbezogener Regelungen.

V. Ergebnis

Von der Solvabilitätsverordnung und vereinzelten Ausnahmen abgesehen[1055] hat Deutschland in seinen aufsichtsrechtlichen Vorschriften bisher auf Regelungen bezüglich Ratingagenturen und ihrer Bonitätsurteile verzichtet. Vielmehr erfolgt eine Privilegierung bonitätsmäßig guter Papiere in katalogartigen Aufzählungen. Eine ratingbezogene Regulierung von Transaktionen auf dem Kapitalmarkt erfolgt bislang nicht.

Zum Zwecke der Risikogewichtung im Sinne von Basel II wurden die Voraussetzungen für eine Zulassung der Ratingagenturen durch die Solvabilitätsverordnung geregelt. Diese orientiert sich weitestgehend an den Leitlinien des CEBS. Problematisch ist jedoch, dass sich weder die Solvabilitätsverordnung noch die Leitlinien zu dem Zeitrahmen äußern, in dem der Antrag auf Anerkennung einer Ratingagentur seinen Abschluss gefunden haben sollte. Hier könnten feste Bearbeitungsfristen, etwa in Anlehnung an die Fristen des CRA Reform Act oder an § 40 Abs. 1 oder 2 GWB zur Rechts- und Planungssicherheit beitragen. Äußerst bedauerlich ist auch, dass sowohl § 53 S. 1 Nr. 7 SolvV als auch die CEBS-Leitlinien im Rahmen der Zulassung maßgeblich auch auf das Kriterium der Marktakzeptanz abstellen. Dieser Ansatz ist nicht nur intransparent, sondern auch weitgehend subjektiv. Hier erscheint der Ansatz des CRA Reform Act, eine Mindestanzahl von *qualified institutional buyers* zu fordern, die sich in der Vergangenheit der Ratings der um Anerkennung ersuchenden Agentur bedient haben, sachgerechter.

---

der Kosten für Konsumer, Betriebe, Behörden oder Regionen oder (3) signifikante negative Auswirkungen auf Wettbewerb, Investitionsverhalten, Beschäftigung, Produktivität, Innovation sowie die internationale Wettbewerbsfähigkeit erwarten lassen, erst 60 Tage nach ihrer Verabschiedung in Kraft, um eine Überprüfung durch den Kongress zu ermöglichen.

1055 So z.B. im Versicherungsaufsichtsrecht, siehe oben S. 190.

Die Vorteile ratingbezogener Regulierung liegen in der Verbesserung der Allokationseffizienz der Märkte, der Förderung der Anpassungsfähigkeit des Aufsichtssystems, der Entlastung der Aufsichtsbehörde, der Flexibilisierung und Verfeinerung der Kapitalmarktregulierung sowie in der Steigerung der Glaubwürdigkeit des Gesetzgebers. Ihre Grenzen und Nachteile liegen in der Sicherstellung staatlicher Letztaufsicht, der fortdauernden Gewährleistung des Funktions- und Anlegerschutzes des Kapitalmarkts, neu entstehenden Prinzipal-Agent-Problemen sowie in einem zusätzlichen Normierungsbedarf. Letzterer erfordert die besondere staatliche Zulassung und Beaufsichtigung der Agenturen. Als Aufsichtsbehörde bietet sich, wie im Rahmen der Solvabilitätsverordnung bereits erfolgt, die BaFin an. Bei den Zulassungskriterien kann, über die bereits im Rahmen der Solvabilitätsverordnung aufgestellten Kriterien hinaus, auf die Anforderungen des CRA Reform Act an die Zulassung einer Agentur als NRSRO zurückgegriffen werden. Darüber hinaus wird eine Standardisierung des Ratingverfahrens sowie die Sicherung seiner Durchsetzbarkeit nötig. Hier können die Empfehlungen des IOSCO-Kodexes fruchtbar gemacht werden. Die Standardisierung einer bestimmten qualitativen oder quantitativen Ratingmethodik sollte jedoch unterbleiben, damit ein Anreiz für Innovationen bestehen bleibt. Um die Durchsetzbarkeit der Ratingstandards zu sichern, sollte der IOSCO-Kodex mit einzelfallbezogenen, inhaltlichen Konkretisierungen in das deutsche Recht übernommen werden.

Eine Erweiterung der Haftung der Ratingagenturen über das bestehende Haftungsregime hinaus erscheint ebenso wenig erforderlich wie die Einführung eines obligatorischen Ratings als Vorraussetzung für die grundsätzliche Kapitalmarktfähigkeit eines Emittenten.

Die Einführung einer regulatorischen Indienstnahme des Ratings sollte durch einen positiven ökonomischen Nettoeffekt legitimiert sein. Eine abschließende quantitative Erfassung der Kosten und Chancen einer Einführung ratingbezogener Regulierung für die Marktteilnehmer ist jedoch nicht möglich. Allerdings stellen die entstehenden Kosten vielfach Sowieso-Kosten dar, sind vernachlässigbar oder können durch finanzielle und andere Vorteile oder Verbesserungen vor allem im Funktionsschutz kompensiert werden. Aus regulatorisch-ökonomischer Sicht sprechen somit gute Gründe für die Einführung ratingbezogener Regelungen.

Nach der mit der Umsetzung von Basel II begonnenen Einführung ratingbezogener Regulierung in das deutsche Kapitalmarktrecht wird die Schaffung staatlich durchsetzbarer Mechanismen der Zulassung und Qualitätskontrolle der Ratingagenturen zum Hauptanliegen. Zwar bestehen Marktmechanismen, die ein Handeln der Agenturen gegen das Interesse der Marktteilnehmer zumindest mittel- bis langfristig sanktionieren. Ebenso konnte diese

Untersuchung die gegen einen unregulierten Ratingmarkt vorgebrachten Bedenken in Bezug auf mögliche Interessenkonflikte der Ratingagenturen, mangelnde Qualität der Ratings oder ihre fehlende Eignung zur Bonitätsbestimmung weitgehend entschärfen.[1056] Doch dürfte, da die Bedeutung des Ratings nun nicht mehr allein marktlich, sondern auch staatlich vermittelt wird, eine allein auf freiwilliger Teilnahme basierende Selbstregulierung in der Ausgestaltung des IOSCO-Kodexes nicht mehr ausreichen. Als Lösung könnte dann eine Kombination von privater Normgebung und staatlicher Durchsetzbarkeitskontrolle in Betracht kommen („Kombinationsansatz").

§ 11 Möglicher Umfang einer Übernahme ratingbezogener Regulierung

Vorstehend wurde aufgezeigt, dass die Einführung ratingbezogener Regulierung aus regulatorisch-ökonomischen Gesichtspunkten zweckmäßig sein kann. Daneben sind jedoch auch die qualitativen Auswirkungen eines derartigen Vorgehens auf den Funktions- und Anlegerschutz zu berücksichtigen. Nachfolgend sollen diese anhand eines Vergleiches der deutschen Regelungen mit den bereits untersuchten U.S.-amerikanischen Vorschriften zu Portfoliorestriktionen, der Regulierung von Publizitätsanforderungen und des Wertpapierhandels, Zulassungserleichterungen für Wertpapiere sowie der Pflicht zur Veröffentlichung überprüft werden. So soll geklärt werden, in welchem Umfang die Einführung vergleichbarer ratingbezogener Regelungen in das deutsche Kapitalmarktrecht Sinn machen könnte.

I. Portfoliorestriktionen

1. Eigenkapitalvorschriften

Um eine mögliche Übertragung des U.S.-amerikanischen Regelungsansatzes auf das deutsche Recht sinnvoll beurteilen zu können, muss zunächst das deutsche Pendant für den mit Rule 15c3-1 adressierten *broker-dealer* herausgearbeitet werden. Im Anschluss werden die für dieses Pendant bestehenden Eigenkapitalvorschriften kursorisch dargestellt und die Möglichkeit der Einführung des ratingbezogenen Regulierungsansatzes diskutiert.

1056 Siehe hierzu oben S. 70 ff. sowie S. 107 ff.

a) Das Pendant zum Broker-Dealer im deutschen Recht

Traditionell bestimmte in den U.S.A. das Trennbankensystem die Banken-landschaft. Hiernach durften Finanzintermediäre jeweils nur eine Teilmenge der möglichen Bankleistungen – entweder Commercial Banking oder Invest-ment Banking – anbieten. Erst mit Verabschiedung des Gramm-Leach-Bliley Act im Jahre 1999 wurde Finanzdienstleistern erlaubt, unter dem Dach einer *financial holding company* gleichzeitig Bank-, Wertpapier- und Versicherungsge-schäfte zu betreiben.[1057] Deutschland hingegen besaß seit jeher ein Universal-bankensystem. Diese unterschiedlichen Bankenlandschaften führten in beiden Ländern zur Herausbildung verschiedener Marktteilnehmer mit unterschiedli-chen Aufgaben. Die eindeutige Zuordnung eines deutschen Gegenstücks zum U.S.-amerikanischen *broker-dealer* wird hierdurch erschwert.[1058]

Ein *broker* im Sinne des Exchange Act ist „jede Person, die mit der Aus-führung von Wertpapiertransaktionen auf fremde Rechnung befasst ist".[1059] Er führt Depots für seine Kunden, nimmt deren Kauf- und Verkaufsaufträge entgegen und sorgt für ihre Ausführung.[1060] Ein *dealer* ist „jede Person, welche gewerblich mit dem Verkauf und Kauf von Wertpapieren auf eigene Rech-nung durch einen *broker* oder auf andere Art befasst ist".[1061] *Broker-dealers* sind *broker*, die gleichzeitig als sogenannte *market-maker* tätig sind[1062] und damit Personen oder Gesellschaften, die sowohl als Kursmakler als auch als Wert-papierhändler auftreten.

Führt man sich die Tätigkeit eines *broker-dealer* vor Augen, kommen einem die vergleichbaren Aktivitäten der Kredit- und Finanzdienstleistungsinstitute nach dem Kreditwesengesetz (Institute) in den Sinn. Kreditinstitute sind nach § 1 Abs. 1 S. 1, S. 2 Nr. 4 KWG unter anderem Unternehmen, die gewerbs-mäßig im Umfang eines kaufmännisch eingerichteten Geschäftsbetriebs Fi-nanzkommissionsgeschäfte[1063] vornehmen. Finanzdienstleistungsinstitute be-treiben unter anderem gemäß § 1 Abs. 1a S. 1, S. 2 Nr. 1, 1a, 2 und 4 KWG für andere gewerbsmäßig oder im Umfang eines kaufmännisch eingerichteten

---

1057 König, Zertifizierung, S. 43.
1058 Zu dem häufigen Problem in der Rechtsvergleichung, innerhalb verschiedener Rechtsordnungen einander entsprechende Rechtsinstitute zu finden, Kischel, ZVglRWiss 104 (2005), S. 10 (15 f.).
1059 15 U.S.C. § 78c(a)(4)(A) (2007) (Übersetzung durch Verfasser).
1060 Theissen, Internalisierung, S. 9 Fn. 8.
1061 15 U.S.C. § 78c(a)(5)(A) (2007) (Übersetzung durch Verfasser).
1062 Theissen, Internalisierung, S. 9 Fn. 8.
1063 Hierunter ist der Handel mit Finanzinstrumenten im eigenen Namen für fremde Rechnung zu verstehen; Fülbier, in: Boos u.a. (Hrsg.), KWG, § 1 Rn. 57 ff.

Geschäftsbetriebs die Anlagevermittlung,[1064] Anlageberatung,[1065] Abschlussvermittlung[1066] oder den Eigenhandel[1067] von Finanzinstrumenten.[1068] Hierbei
erfasst die Anlagevermittlung auch die Tätigkeiten der Börsen- und Freimakler,[1069] die Abschlussvermittlung des Maklers im Sinne des § 34c Abs. 1
Nr. 1 lit. b) GewO[1070] sowie den Eigenhandel für andere, das sogenannte *mar-
ket-making*.[1071] Eine Gegenüberstellung der Tätigkeiten des *broker-dealer* mit denen der Institute zeigt, dass diese weitestgehend vergleichbar sind. Eine Abgrenzung zwischen der aufsichtlichen Einstufung als Kreditinstitut oder als
hierzu subsidiäres Finanzdienstleistungsinstitut ist an dieser Stelle nicht erforderlich, da beide Institute in Bezug auf die Eigenkapitalanforderungen gleich
behandelt werden.

b) Das Pendant zu Rule 15c3-1 im deutschen Recht

In den U.S.A. erfolgt die Berechnung des erforderlichen Eigenkapitals der
broker-dealers durch Sicherheitsabschläge auf den Marktwert der von ihnen gehaltenen Wertpapiere, die sich im Falle bestimmter Mindestratings der Papiere
verringern. In Deutschland waren vor Basel II die Anforderungen an die Eigenkapitalausstattung der Institute in den §§ 10 ff. KWG a.F. bzw. im Grundsatz I über die Eigenmittel und die Liquidität der Kreditinstitute (Grundsatz I)[1072] geregelt. Danach mussten die Institute gemäß § 10 Abs. 1 S. 1
KWG a.F. im Interesse der Erfüllung ihrer Verpflichtungen gegenüber ihren
Gläubigern angemessene Eigenmittel bereithalten. § 10 Abs. 2 ff. KWG a.F.

1064 Dies ist die Entgegennahme und Übermittlung von Aufträgen über den Handel mit
    Finanzinstrumenten (§ 1 Abs. 1a S. 2 Nr. 1 KWG).
1065 Dies ist Abgabe von persönlichen Empfehlungen an Kunden oder deren Vertreter,
    die sich auf Geschäfte mit bestimmten Finanzinstrumenten beziehen, sofern die
    Empfehlung auf eine Prüfung der persönlichen Umstände des Anlegers gestützt
    oder als für ihn geeignet dargestellt wird und nicht ausschließlich über Informati-
    onsverbreitungskanäle oder für die Öffentlichkeit bekannt gegeben wird (§ 1 Abs. 1a
    S. 2 Nr. 1a KWG).
1066 Dies ist der Handel mit Finanzinstrumenten im fremden Namen für fremde Rech-
    nung (§ 1 Abs. 1a S. 2 Nr. 2 KWG).
1067 Dies ist der Handel mit Finanzinstrumenten im Wege des Eigenhandels für andere
    (§ 1 Abs. 1a S. 2 Nr. 4 KWG).
1068 Zur Abgrenzung dieser Merkmale untereinander Zerwas/Hanten, ZBB 2000, S. 44
    (47 f.).
1069 Hammen, WM 2001, 929 (932); Jung, BB 1998, S. 649 (651).
1070 Fülbier, in: Boos u.a. (Hrsg.), KWG, § 1 Rn. 124.
1071 Jung, BB 1998, S. 649 (651); Zerwas/Hanten, ZBB 2000, S. 44 (48 ff.).
1072 Der Grundsatz I ist abgedruckt in Boos u.a. (Hrsg.), KWG, Grds. I, S. 1533 ff.

bestimmte detailliert, welche Bestandteile als bankaufsichtliche Eigenmittel anzusehen sind. Die Frage der Angemessenheit dieser Mittel ergab sich aus den „rechtsnormkomplettierenden"[1073] Verwaltungsvorschriften des Grundsatzes I.[1074] So schrieb § 2 des Grundsatzes I in Umsetzung der Vorschriften von Basel I eine Mindesteigenkapitalquote von 8% bezogen auf die gewichteten Risikoaktiva vor.[1075] Bei der Frage der Gewichtung der einzelnen Forderungspositionen griff § 13 des Grundsatzes I im Gegensatz zu Rule 15c3-1 nicht auf individuelle Bonitätsbewertungen der Schuldner und nur in wenigen Einzelfällen auf Restlaufzeiten der Wertpapiere zurück, sondern ordnete die Risikoaktiva abstrakten Schuldnerklassen mit sechs Bonitätsgewichtungsfaktoren zwischen 0% und 100% zu. So wurden beispielsweise Forderungen gegen die öffentliche Hand, Länder der EU, die OECD sowie gegen andere, zur sogenannten Zone A[1076] gehörende Länder mit 0%, grundpfandrechtlich gesicherte Mortgage-Backed Securities mit 50% oder bestimmte andere Forderungen sogar mit 100% gewichtet.[1077] Im Rahmen der Umsetzung von Basel II wurde neben einer Anpassung des Kreditwesengesetzes der Grundsatz I durch die Solvabilitätsverordnung[1078] ersetzt. Hierbei wurde der bereits im Grundsatz I praktizierte Ansatz einer Zuordnung der Forderungen zu verschiedenen Schuldner- und Risikoklassen im Grunde beibehalten.[1079] Neu ist jedoch hinzugekommen, dass im Rahmen des Standardansatzes bei Vorliegen eines externen Ratings die Risikogewichtung nicht mehr aufgrund einer Zuordnung zu einer bestimmten Schuldnerklasse vorgenommen werden muss, sondern auch aufgrund des Ratings erfolgen darf.[1080] Vergleichbares gilt im

---

1073 So die Begr. RegE zum 4. FMFG, BT-Drucks. 14/8017, S. 116 zu Nr. 9 lit. a).

1074 Boos, in: Boos u.a. (Hrsg.), KWG, § 10 Rn. 1.

1075 An diesem Erfordernis hält auch Basel II fest; vgl. BCBS, Capital Standards ¶ 40 (2005).

1076 Bei der Einstufung verschiedener Länder in Zone A handelt es sich um eine pauschale Bonitätsbeurteilung; für einen Überblick Reischauer/Kleinhans, KWG, Kz. 115, § 1 Rn. 315.

1077 Ausführlich zum Vorstehenden Schulte-Mattler, in: Boos u.a. (Hrsg.), KWG, Grds. I § 13 Rn. 3 ff.

1078 Verordnung über die angemessene Eigenmittelausstattung von Instituten, Institutsgruppen und Finanzholding-Gruppen (Solvabilitätsverordnung) v. 14.12.2006 (BGBl. I, S. 2926).

1079 Siehe hierzu §§ 25 ff. SolvV.

1080 Vgl. hierzu zum Beispiel §§ 26, 29, 31, 33, 38 SolvV i.V.m. den entsprechenden Tabellen 3 bis 6 und 8 bis 11 in Anlage I zur Solvabilitätsverordnung.

Rahmen des IRB-Ansatzes, wenn die Kredit gebende Bank das Rating selbst vornimmt.[1081]

c) Diskussion

Mit der Umsetzung von Basel II hat die (mögliche) Verwendung externer Ratings bei der Berechnung einer Mindesteigenkapitalausstattung der Kredit- und Finanzdienstleistungsinstitute auch in das deutsche Recht Einzug gehalten. Dieser Schritt ist grundsätzlich zu begrüßen. Schon die Untersuchung von Rule 15c3-1 hat gezeigt, dass der Rückgriff auf Ratings zur Berechnung des erforderlichen Eigenkapitals einen sinnvollen Ansatz darstellt. Er ermöglicht eine flexiblere Kapitalmarktregulierung, indem das Rating als fester Bezugspunkt genutzt wird und dadurch Veränderungen in der Bonität der Emittenten sowie neue Finanzprodukte bei gleichbleibendem Schutz für die Marktteilnehmer in das bestehende System integriert werden können. Zudem sind ratingbezogene Regelungen einfach in der gesetzgeberischen Handhabung und senken die Finanzierungskosten.[1082] Eine Beeinträchtigung des Anlegerschutzes ist von der Übernahme dieses Ansatzes nicht zu erwarten, eine Verbesserung der Funktionsfähigkeit des Kapitalmarkts jedoch möglich.

2. Anlagebeschränkungen für Geldmarktfonds

a) Derzeitige Regelung in Deutschland

Geldmarktsondervermögen oder Geldmarktfonds sind Investmentfonds, die ausschließlich oder überwiegend in Geldmarkttitel und liquide Papiere mit sehr kurzen Laufzeiten und guter Bonität investieren.[1083] Zu den Geldmarktinstrumenten zählen neben Termingeldern, Schuldscheindarlehen und Anleihen mit kurzer Restlaufzeit auch Commercial Papers und Bankguthaben.[1084] Der Vorteil gegenüber Termingeldern oder Spareinlagen besteht darin, dass man nicht an bestimmte Fristen von 30, 60 oder 90 Tagen gebunden ist, sondern – bei attraktiver Verzinsung – jederzeit über das Geld verfügen kann. Gemäß § 48 Abs. 1 InvG dürfen die festverzinslichen Wertpapiere im Zeitpunkt ihres Erwerbs eine Restlaufzeit von höchstens zwölf Monaten besitzen.

1081 Vgl. zum Beispiel die Regelungen zum IRB-Ansatz in §§ 97 und 104 SolvV i.V.m. den entsprechenden Tabellen 14 und 15 in Anlage I zur Solvabilitätsverordnung.

1082 Siehe hierzu und zu weiteren Argumenten oben S. 144 ff. sowie S. 188 ff.

1083 SEC, Securities Act Release No. 7038, 58 Fed. Reg. 68585, 68587 (Dec. 28, 1993).

1084 Hierzu Baur, in: Hellner/Steuer (Hrsg.), BuB, Rn. 9/195 ff.; Lenenbach, Kapitalmarktrecht, Rn. 1.24 ff.

Bei Papieren, deren Verzinsung regelmäßig angepasst wird (Floater) sowie bei Schuldscheindarlehen muss diese Zinsanpassung mindestens alle zwölf Monate marktgerecht erfolgen. Hinsichtlich der Wertpapiere, in welche der Geldmarktfonds investieren darf, enthält § 48 Abs. 1 InvG einen enumerativen, nach Emittenten geordneten Katalog. Hierzu zählen nach § 48 Abs. 1 Nr. 6 InvG auch Unternehmen, deren Wertpapiere an in- oder ausländischen Börsen zum amtlichen oder organisierten Markt zugelassen sind. Papiere, die diese Anforderungen nicht erfüllen, dürfen nach § 52 Nr. 2 InvG nur bis zu 10% des gesamten Sondervermögens ausmachen. Während die Vorteile des Geldmarktfonds für private Anleger in einem kostengünstigen indirekten Zugang zum Geldmarkt sowie in der täglichen Veräußerungsmöglichkeit der Anteile zu sehen sind, liegen sie für institutionelle Investoren vor allem in der billigen Anlagenstreuung. Nachteile liegen darin, dass unter Umständen keine Einlagensicherung besteht und keine feste Verzinsung garantiert wird.[1085]

Die Bewertung der Fondsanteile ergibt sich aus § 36 Abs. 1 S. 1 und 2 InvG. Danach errechnet sich der Wert eines Anteils, indem man den Wert des Sondervermögens durch die Zahl der in Verkehr gebrachten Anteile dividiert. Hierbei ist der Wert des Sondervermögens anhand der jeweiligen Kurswerte der Papiere der zu ihm gehörenden Vermögensgegenstände abzüglich aufgenommener Kredite und sonstiger Verbindlichkeiten börsentäglich zu bestimmen. Besondere Vorschriften für Geldmarktfonds bestehen nicht.[1086]

b) Diskussion

Vergleicht man die Regulierung der Geldmarktfonds in den U.S.A. und Deutschland, so zeigen sich Gemeinsamkeiten und Unterschiede. Beide Länder beschränken die für Geldmarktfonds zulässigen Wertpapiere auf solche mit einer kurzen Restlaufzeit. Zwar gestatten die U.S.A. mit 397 Tagen gegenüber den zwölf Monaten im deutschen Recht etwas längere Restlaufzeiten, jedoch dürfte dies in der Sache keinen Unterschied machen.

Gegensätze ergeben sich jedoch in der Bestimmung der für eine Anlage zulässigen Wertpapiere. Das deutsche Recht nimmt in § 48 Abs. 1 InvG eine enumerative Aufzählung möglicher Emittenten vor, wobei der Schwerpunkt auf deutschen und europäischen Gebietskörperschaften, Zentralbanken sowie auf Kreditinstituten liegt, deren Aufsichtsbestimmungen mit europäischem Recht vergleichbar sind. Soweit das deutsche Recht auch Wertpapiere von Unternehmen zulässt, müssen diese an einem amtlichen Markt zugelassen

---

1085 Krumnow u.a. (Hrsg.), Bank Lexikon, Stichwort: „Geldmarktfonds", S. 570.
1086 Baur, in: Hellner/Steuer (Hrsg.), BuB, Rn. 9/179.

oder in einen organisierten Markt einbezogen sein, ansonsten ist ihr Anteil am Fondsvermögen auf 10% begrenzt. Hintergrund dieses Erfordernisses dürfte die Erwartung sein, dass bei börsennotierten Unternehmen eine Prüfung der Zulassungsunterlagen durch die jeweilige Zulassungsstelle erfolgt und daher eine gewisse Markttransparenz gewährleistet ist.[1087] Ähnliches dürfte für organisierte Märkte[1088] gelten, welche nach der Legaldefinition in § 2 Abs. 5 WpHG unter anderem von staatlichen Stellen geregelt und überwacht werden. In den U.S.A. hingegen erfolgt die Bonitätsbestimmung nicht durch eine Aufzählung der möglichen Emittenten, sondern durch den Rückgriff auf Ratings. Die hierdurch bedingte weitestgehende Beschränkung für Geldmarktfonds auf Wertpapiere mit einem Rating von wenigstens zweitbester Bonität erscheint jedoch insoweit sinnvoll, da Rule 2a-7 ansonsten keine Einschränkungen in Bezug auf erwerbbare Wertpapiere macht und ihr Anwendungsbereich in dieser Hinsicht weiter ist als das Investmentgesetz.

Auch für die Anlagebeschränkungen kann zunächst festgestellt werden, dass der Ansatz enumerativer Aufzählungen im deutschen System – soweit ersichtlich – gut funktioniert hat und kein unmittelbarer Zwang besteht, dies zu ändern. Die Bonitätsrisiken für die Anleger sind begrenzt, da die Fonds zumeist nur bonitätsmäßig gute Papiere erwerben.[1089] Andererseits wäre die Ersetzung der enumerativen Aufzählungen durch ratingbezogene Normen grundsätzlich denkbar und einfach durchzuführen, ohne dass es zu einem Systembruch käme oder der Anlegerschutz hierunter leiden müsste. Hierfür spricht vor allem, dass auch das deutsche Recht von einer zunehmend besseren Informationsdichte im Markt ausgeht. Erlaubte § 7b Abs. 1 S. 1 Nr. 1 lit. c) KAGG a.F.[1090] allein den Erwerb von Geldmarktinstrumenten von Unternehmen, die zum amtlichen Handel zugelassen waren,[1091] so gestattet § 48 Abs. 1 Nr. 6 InvG nunmehr auch den Erwerb von zum organisierten Markt zugelassenen Wertpapieren. Hier scheint der Gesetzgeber davon auszugehen, dass durch eine solche Erweiterung der Anlegerschutz nicht beeinträchtigt wird. Eine weitere Aufhebung der Beschränkung erwerbbarer Wertpapiere bei gleichzeitiger Einführung einer ratingbezogenen Mindestbonitätsgrenze würde sich in diese Entwicklung einfügen und sie fortsetzen. Ihr Vorteil läge vor allem in einer Erhöhung der Auswahl an Wertpapieren für die

---

1087 Vgl. v. Schenck, in: Brinkhaus/Scherer, KAGG § 7b Rn. 6.
1088 Für eine Auflistung Scherer, in: Brinkhaus/Scherer, KAGG § 8 Rn. 17.
1089 Krumnow u.a. (Hrsg.), Bank Lexikon, Stichwort: „Geldmarktfonds", S. 570.
1090 Das Gesetz über Kapitalanlagegesellschaften wurde mit Wirkung vom 01.01.2004 durch das Investmentgesetz abgelöst.
1091 Vgl. v. Schenck, in: Brinkhaus/Scherer, KAGG, § 7b Rn. 6.

Geldmarktfonds und der damit verbundenen Möglichkeit, bei vergleichbarem Bonitätsrisiko höhere Renditen zu erzielen.

Ob die Berechnung der Anteile des Geldmarktsondervermögens wie in den U.S.A. nach der *amortized cost method* oder nach der für Fonds vom Investmentgesetz geforderten Methode zum Kurswert der Papiere sinnvoller ist, soll hier dahingestellt bleiben. Der U.S.-Ansatz mit seiner Möglichkeit zur Amortisierung von Anschaffungskosten mag für die Fonds günstiger sein als das deutsche Recht. Allerdings hat das deutsche System bisher, soweit ersichtlich, gut funktioniert, so dass in diesem Punkt kein unmittelbarer Anlass für eine Änderung besteht.

3. Exkurs: Mündelsichere Papiere

Denkbar wäre eine ratingabhängige Portfoliorestriktion auch im Bereich der mündelsicheren Papiere. Schon jetzt kann das Vormundschaftsgericht gemäß § 1811 BGB eine andere als die in § 1807 BGB vorgeschriebene Anlage gestatten und hat dies für in- und ausländische Investmentanteile wiederholt getan.[1092] Darüber hinaus ermöglicht § 1807 Abs. 1 Nr. 4 BGB auch der Bundesregierung, mit Zustimmung des Bundesrates Wertpapiere für mündelsicher zu erklären. Dies ist durch die MündelsicherheitsVO[1093] zwar geschehen, allerdings beschränkt sich diese weitestgehend auf Schuldverschreibungen von Hypothekenbanken, von öffentlich-rechtlichen Kreditanstalten sowie von bestimmten Genossenschaften. Die Bundesregierung könnte jedoch über § 1807 Abs. 1 Nr. 4 BGB i.V.m. der MündelsicherheitsVO auch deutsche oder ausländische Aktien sowie andere an der Börse gehandelten Wertpapiere und Investmentanteile für mündelsicher erklären.[1094] So wäre denkbar, in der Verordnung die Anlage in Aktien und andere Wertpapiere mit einem bestimmten Mindestrating zu ermöglichen und so die Bestimmung einer ausreichenden Bonität an die Ratingagenturen zu delegieren. Zwar ließe sich argumentieren, dass eine solche Öffnung des bisher sehr engen Katalogs die vom Gesetzgeber angestrebte Sicherheit der Anlage gefährden könnte. Jedoch ist diesem Argument entgegenzuhalten, dass der Vormund nicht nur auf die Sicherheit, sondern auch auf die Wirtschaftlichkeit der Anlage zu achten hat.[1095]

1092 Baur, in: Hellner/Steuer (Hrsg.), BuB, Rn. 9/430; vgl. Palandt/Diederichsen, § 1811 Rn. 3.

1093 Verordnung über die Mündelsicherheit der Pfandbriefe und verwandten Schuldverschreibungen v. 07.05.1940 (RGBl. I, S. 756 = BGBl. III, S. 404-12; abgedr. in: RGRK/Dickescheid, § 1807 Rn. 14).

1094 RGRK/Dickescheid, § 1807 Rn. 13; Palandt/Diederichsen, § 1807 Rn. 7.

1095 Palandt/Diederichsen, § 1806 Rn. 1, 5; Staudinger/Engler, § 1807 Rn. 4.

Eine Erweiterung der Auswahl mündelsicherer Wertpapiere würde die Chance einer höheren Rendite bei unter Umständen vergleichbarer Sicherheit erhöhen. Darüber hinaus sind die von allen Bundesländern für mündelsicher erklärten Landesbanken und kommunalen Sparkassen[1096] oft schlechter bewertet als private börsennotierte Unternehmen. Denn der Wegfall der staatlichen Garantien in Form von Anstaltslast und Gewährträgerhaftung für nach dem 19. Juli 2005 begebene Anleihen von Landesbanken und Sparkassen hat zu einer Herabstufung der Bonität dieser Kreditinstitute durch die Ratingagenturen um bis zu fünf Stufen auf zum Teil nur noch „BBB+" geführt.[1097] Daher dürfte das Mündel nach hier vertretener Ansicht bei einer Anlage in Wertpapiere, die mit einem Rating in den obersten drei Ratingkategorien bewertet sind, kaum Sicherheitseinbußen erleiden, zumindest dann nicht, wenn zusätzlich der oben bereits dargelegten Problematik für ausländische Wertpapiere Rechnung getragen wird. Zu guter Letzt besäße die vorgeschlagene Erweiterung des Katalogs mündelsicherer Wertpapiere auch den Vorteil, dass die ansonsten für eine Anlage in solche Papiere erforderliche Einholung einer gerichtlichen Erlaubnis obsolet würde.

II. Regulierung von Publizitätsanforderungen

1. Publizitätspflichten bei nationaler Zulassung

a) Derzeitige Regelung in Deutschland

Auch in Deutschland müssen öffentlich angebotene oder zum Handel an einem regulierten Markt beabsichtigte Wertpapiere zugelassen werden.[1098] Dies setzt voraus, dass sie strengen Publizitätsregeln genügen.[1099] Zur Sicherung dieser Publizität hat der deutsche Gesetzgeber mit dem am 1. Juli 2005 in Kraft getretenen Wertpapierprospektgesetz die EU-Richtlinie 2003/71/EG

1096 Palandt/Diederichsen, § 1807 Rn. 8.
1097 Hierzu Mußler, Herabgestuft, FAZ v. 18.07.2005, S. 16; ders., Ratings, FAZ v. 18.07.2005, S. 16.
1098 Vgl. nur Schanz, Börseneinführung, § 12 Rn. 1 ff.
1099 Lenenbach, Kapitalmarktrecht, Rn. 1.16; für die Zulassungspflicht siehe z.B. § 32 Abs. 1 BörsG.

(Prospektrichtlinie)[1100] umgesetzt.[1101] Das Wertpapierprospektgesetz regelt insbesondere die Frage, wann die Veröffentlichung eines Prospektes erforderlich ist. Sein Anwendungsbereich erstreckt sich gemäß § 1 Abs. 1 WpPG auf öffentliche Angebote von Wertpapieren sowie deren Zulassung zu einem organisierten Markt. Vorbehaltlich einiger Ausnahmen löst § 3 Abs. 1 S. 1 WpPG eine generelle Prospektpflicht aus. Die Frage, welche Mindestangaben ein solcher Prospekt enthalten muss, wird durch die Verordnung (EG) Nr. 809/2004 (ProspektVO)[1102] konkretisiert.[1103]

Ähnlich der *incorporation by reference* in den U.S.A. besteht gemäß § 11 WpPG nunmehr[1104] auch in Deutschland die Möglichkeit, bestimmte Informationen im Wege eines Verweises in den Prospekt aufzunehmen. So können nach § 7 WpPG i.V.m. Art. 28 Abs. 1 ProspektVO beispielsweise jährlich und unterjährig vorzulegende Finanzinformationen, Prüfungsberichte der Abschlussprüfer und Jahresabschlüsse, Rundschreiben an Wertpapierinhaber sowie andere Dokumente und vorgeschriebene Informationen zum Gegenstand des Prospekts gemacht werden. Voraussetzung ist nach § 11 Abs. 1 WpPG allerdings, dass diese Dokumente nach dem WpPG oder dem BörsG zuvor oder gleichzeitig von der zuständigen Behörde prospektrechtlich gebilligt oder bei ihr hinterlegt wurden. Zu Recht wird der geringe Anwendungsbereich des § 11 Abs. 1 WpPG kritisiert, da die in Art. 28 ProspektVO genannten Dokumente, soweit sie nicht Bestandteil des jährlichen Dokuments nach § 10 WpPG sind, weder von der BaFin zu billigen noch dort zwingend zu hinterlegen sind und eine freiwillige Hinterlegung nach Auffassung der

---

1100 Richtlinie 2003/71/EG des Europäischen Parlaments und des Rates v. 04.11.2003 betreffend den Prospekt, der beim öffentlichen Angebot von Wertpapieren oder bei deren Zulassung zum Handel zu veröffentlichen ist, und zur Änderung der Richtlinie 2001/34/EG, ABl. EU Nr. L 345/64 v. 31.12.2003.

1101 Zu Inhalt und Auswirkungen der Prospektrichtlinie Kunold/Schlitt, BB 2004, S. 501 (501 ff.).

1102 VO (EG) Nr. 809/2004 der Kommission v. 29.04.2004 zur Umsetzung der Richtlinie 2003/71/EG des Europäischen Parlaments und des Rates betreffend die in Prospekten enthaltenen Angaben sowie die Aufmachung, die Aufnahme von Angaben in Form eines Verweises und die Veröffentlichung solcher Prospekte sowie die Verbreitung von Werbung, ABl. EU Nr. L 215/3 v. 16.06.2004 (Berichtigung der ursprünglichen Fassung aus ABl. EU Nr. L 149/1 v. 30.04.2004; die stark kritisierte deutsche Übersetzung wurde korrigiert und in ABl. L 186/3 v. 18.07.2005 erneut veröffentlicht).

1103 Zu Inhalt und Auswirkungen der ProspektVO Schlitt/Schäfer, AG 2005, S. 498 (498 ff.).

1104 Zu früheren Versuchen einer Einführung im Rahmen des 3. FMFG Crüwell, AG 2003, S. 243 (248).

BaFin ausscheidet.[1105] Legt man § 11 Abs. 1 WpPG daher richtlinienkonform aus, so können alle Dokumente, die im Sinne der Prospektrichtlinie gebilligt wurden, einbezogen werden.[1106] Hierbei ist die Möglichkeit einer Publizität durch Verweis auf andere bereits veröffentlichte Dokumente im Gegensatz zu den U.S.A. nicht von der Bonität oder der Mindeststreuung des Aktienkapitals abhängig, sondern die Regel. Daneben sind nach § 3 Abs. 2 S. 1 WpPG und § 4 Abs. 2 WpPG bestimmte Arten von Angeboten bzw. bestimmte Wertpapiere komplett von einer Prospektpflicht befreit. Hierunter fallen hauptsächlich Angebotsformen und transaktionsbedingte Angebotssituationen, die sich ausschließlich an einen qualifizierten Anlegerkreis richten, bestimmte Mindeststückelungen oder -anlagebeträge besitzen oder unter Bagatellgrenzen fallen.

b) Diskussion

Die Untersuchung der U.S.-amerikanischen Formulare S-3 und F-3 hat gezeigt, dass die dortigen Prospekterleichterungen für Wertpapiere mit Investment Grade weniger als Ersatz für Publizitätsvorschriften dienen, sondern vielmehr an die Stelle der von Minderheitsaktionären gehaltenen – also breit gestreuten – Stimmrechtsaktien treten. Dieser Ansatz wurde für billigenswert befunden.[1107]

Das Wertpapierprospektgesetz greift in seinen Regelungen hinsichtlich einer Erleichterung der Prospektpflicht nicht auf Vorschriften zur Mindeststreuung der ausgegebenen Stimmrechtsaktien zurück. Vielmehr sieht es die Möglichkeit einer Publizität durch Verweis auf zuvor oder gleichzeitig veröffentlichte Dokumente als Regel an und macht sie nicht von ratingorientierten Ausnahmeregelungen abhängig. Insofern ist das deutsche bzw. europäische Recht hier liberaler als das U.S.-amerikanische. Zwar hat die Untersuchung zum U.S.-Recht gezeigt, dass einem Rückgriff auf bestimmte Mindestratings bei der Registrierung neuer Wertpapiere als Substitut für vergangenheitsbezogene Publizitätspflichten oder für eine diversifizierte Aktionärsstruktur keine Bedenken entgegenstehen. Allerdings würden derartige Erleichterungen angesichts der ohnehin liberaleren Konzeption des deutschen Rechts kaum Sinn machen, da dieses eine Publizität durch Verweis stets gestattet. Für eine

---

1105 Crüwell, AG 2003, S. 243 (248); Schlitt/Schäfer, AG 2005, S. 498 (502 f.).
1106 Kullmann/Sester, ZBB 2005, S. 209 (214 f.); Holzborn/Israel, ZIP 2005, S. 1668 (1674).
1107 Siehe hierzu mit den entsprechenden Argumenten oben S. 154 f.

Übertragung der Regelungen der Formulare S-3 und F-3 in das deutsche Recht besteht daher kein Bedarf.

2. Publizitätspflichten bei grenzüberschreitender Zulassung

a) Derzeitige Regelung in Deutschland

Sucht man nach einem deutschen Pendant zur grenzüberschreitenden Registrierung von Wertpapieren durch das U.S.-amerikanische Formular F-9, so scheint der mit Umsetzung der Prospektrichtlinie eingeführte „Europäische Pass" für Wertpapierprospekte deutscher Emittenten diesem Ansatz konzeptionell am nächsten zu kommen. So ermöglicht § 17 Abs. 1 WpPG i.V.m. § 18 Abs. 1 WpPG, einen von der BaFin gebilligten Prospekt allein aufgrund der Übermittlung der Bescheinigung über die Billigung an die zuständige Behörde eines anderen Staates des Europäischen Wirtschaftsraumes (EWR) sowohl für ein öffentliches Angebot als auch für eine Börsenzulassung zu verwenden.[1108] Soweit der nationale Gesetzgeber dies fordert, ist zusätzlich eine Übersetzung der Zusammenfassung des Prospekts erforderlich. Dies ist zum Beispiel nach § 19 Abs. 4 WpPG dann der Fall, wenn der Herkunftsstaat des Emittenten nicht die Bundesrepublik ist und der Prospekt nicht in deutscher Sprache erstellt ist. Auf diese Weise wird eine zeitgleiche Zulassung bzw. ein grenzüberschreitendes Angebot erheblich vereinfacht.[1109]

b) Diskussion

Formular F-9 gestattet kanadischen Unternehmen, welche die Registrierungsvoraussetzungen in ihrem eigenen Land erfüllen und deren Papiere Investment Grade besitzen, die Registrierung auch im U.S.-amerikanischen Wertpapiermarkt. Dieser Ansatz wurde bereits untersucht und für sinnvoll befunden.[1110]

1108 Zum Konzept des Europäischen Passes ausführlich Kullmann/Sester, WM 2005, S. 1068 (1069 f.).

1109 Schlitt/Schäfer, AG 2005, S. 498 (508). Das bisher gültige Verfahren gegenseitiger Anerkennung nach §§ 14, 15 VerkProspG a.F., §§ 34, 35 BörsG a.F. bei grenzüberschreitenden Emissionen hatte sich wegen der unterschiedlichen nationalen Befreiungs- und Ausnahmetatbestände sowie der Übersetzungserfordernisse in der Praxis nicht bewährt; Fürhoff/Ritz, WM 2001, S. 2280 (2281 f.); v. Ilberg/Neises, WM 2002, S. 635 (638 f.); Kunold/Schlitt, BB 2004, S. 501 (502).

1110 Siehe hierzu mit den entsprechenden Argumenten oben S. 156 f.

Dem gegenüber stellen die Prospektrichtlinie bzw. das Wertpapierprospektgesetz weder auf eine Mindestbonität noch eine Mindestkapitalisierung ab, sondern verlassen sich bei der vereinfachten gegenseitigen Zulassung von Wertpapieren auf die fortgeschrittene Harmonisierung des europäischen Kapitalmarktrechts. Sowohl die U.S.-amerikanischen als auch deutschen Regelungen basieren auf der Vorstellung, dass die kooperierenden Länder ähnlich funktionierende Kapitalmärkte und qualitativ vergleichbare Anforderungen an die Zulassung von Wertpapieren bzw. deren Verkaufsprospekte besitzen. Der deutsche bzw. europäische Ansatz trägt demnach den Vereinheitlichungstendenzen der Kapitalmärkte auf europäischer Ebene sowie der Tatsache Rechnung, dass Wertpapiere oft nicht mehr nur an einer Börse gehandelt werden, sondern die Kapitalaufnahme durch die Emittenten zunehmend in mehreren Ländern erfolgt.

Die mit § 17 WpPG vereinfachte grenzüberschreitende Zulassung von Wertpapierprospekten innerhalb der Staaten des EWR ist grundsätzlich zu begrüßen. Zu beachten ist jedoch, dass hierdurch die Zulassung von Wertpapieren aus anderen Mitgliedstaaten lediglich erleichtert wird, nicht jedoch eine gegenseitige Anerkennung der Zulassung selbst erfolgt.[1111] Zwar wäre alternativ auch die Einführung einer dem U.S.-Ansatz vergleichbaren, ratingbezogenen (Kreuz-)Zulassung denkbar, da ein Investment Grade-Rating für eine gewisse Qualität des Papiers spricht. Dem sind jedoch mehrere Argumente entgegenzuhalten: Zum einen führt es in die Irre, wenn Finanzinstrumenten mit höherem Risiko die Zulassung zum Handel erschwert wird. Der Anleger muss selbst wissen, welches Produkt er kauft. Im Börsenbereich sollte es daher weniger auf die Bonität als auf die Publizität ankommen.[1112] Überdies würde eine solche ratingabhängige, gegenseitige Zulassung nicht in das System der europäischen Kapitalmarktregulierung passen, solange nicht auch die grundsätzliche Zulassung zum Kapitalmarkt auf nationaler Ebene ratingabhängig ist. Bisher macht jedoch kein europäischer Staat die nationale Zulassung zum Kapitalmarkt von einem Rating abhängig.[1113] Es besteht daher kein unmittelbarer Grund, auf europäischer Ebene auf Ratings zurückzugreifen. Da die Zulassungs- und Prospektvoraussetzungen der Staaten des EWR im Wesentlichen vergleichbar sind, würde die Verknüpfung einer vereinfachten gegenseitigen Zulassung an Mindestratings in dem bestehenden System der Zulassung gekünstelt und willkürlich wirken und wäre nur schwer zu rechtfertigen.

1111 Hierzu ausführlich MünchKommBGB/Schnyder, IntKapMarktR, Rn. 57.

1112 Vgl. auch Bertschinger, in: Nobel (Hrsg.), Aktuelle Rechtsprobleme, S. 87 (116).

1113 Fleischer, Gutachten F, S. F138.

Eine Zulassung von in den U.S.A. zugelassenen Wertpapieren könnte jedoch auf andere Art erfolgen. Aus deutscher Sicht wäre es zwar unter den Bedingungen des § 20 WpPG grundsätzlich denkbar, die U.S.-amerikanischen Wertpapiere und Verkaufsprospekte unter denselben Bedingungen in der Bundesrepublik zu billigen wie europäische Papiere und Prospekte. Voraussetzung wäre, dass der Prospekt internationalen Standards, zum Beispiel den Offenlegungsstandards der IOSCO, entspricht und die ausländischen Informationspflichten den Anforderungen des Wertpapierprospektgesetzes gleichwertig sind. Jedoch hat die Bundesregierung bisher noch keine für die Feststellung der Gleichwertigkeit erforderliche Verordnung nach § 20 Abs. 3 WpPG erlassen.

Umgekehrt erscheint eine vereinfachte Zulassung deutscher bzw. europäischer Papiere durch die SEC erheblich schwieriger. Zwar wäre denkbar, die Erleichterungen von Formular F-9 für kanadische Emittenten auch auf solche aus anderen (europäischen) Industrienationen zu übertragen. Allerdings dürfte hierfür aus U.S.-amerikanischer Sicht eine Mindestvoraussetzung sein, dass die Zulassungserfordernisse in den betreffenden Ländern eine ähnliche Qualität bezüglich des Anlegerschutzes besitzen und dass die Zulassung von Ratingagenturen in diesen Ländern qualitativ vergleichbaren Anforderungen unterliegt. Ein mit dieser Logik vergleichbarer Ansatz des deutschen Gesetzgebers findet sich zum Beispiel in § 50 Abs. 1 S. 2 Nr. 2 InvG, der den Erwerb von ausländischen Investmentanteilen gestattet, wenn das (ausländische) Schutzniveau dem eines in ein inländisches Sondervermögen investierenden Anlegers entspricht. Eine derartige Vergleichbarkeit des Schutzniveaus dürfte jedoch fraglich sein. So ist im deutschen bzw. europäischen Recht die Möglichkeit zur *incorporation by reference* die Regel, während sie in den U.S.A. eine ratingabhängige Ausnahme darstellt. Überdies sind die in der Solvabilitätsverordnung enthaltenen Vorschriften zur Anerkennung von Ratingagenturen gegenüber dem CRA Reform Act sehr rudimentär und wenig ausgeformt. Zu guter Letzt ist dem deutschen Kapitalmarktrecht eine übergreifende ratingbezogene Regulierung insgesamt noch fremd. Eine Kooperation zwischen Deutschland und den U.S.A. in Form einer ratingabhängigen, gegenseitigen Zulassung von Wertpapieren ist daher derzeit nur schwer vorstellbar und solange die unterschiedliche Einstellung beider Länder zu Ratings und ihrer Verwendung bei der Kapitalmarktregulierung andauert, aufgrund der damit verbundenen rechtlichen Asymmetrien wohl auch nicht erstrebenswert.

III. Regulierung des Wertpapierhandels

1. Verhinderung von Kurs- und Marktmanipulationen

a) Derzeitige Regelung in Deutschland

Während Regulation M zur Verhinderung von Markt- und Kursmanipulationen für Personen, die ein Interesse am Erfolg einer Wertpapieremission besitzen, das Recht zur Abgabe von vorherigen Geboten innerhalb bestimmter Sperrfristen detailliert normiert, existiert im deutschen Kapitalmarktrecht keine konzeptionell vergleichbare Regelung. Allerdings dürfte das vorgenannte Verhalten im deutschen Recht vom Verbot zur Marktmanipulation nach § 20a WpHG erfasst sein, da die Norm nicht nur für bereits zugelassene Finanzinstrumente gilt, sondern gemäß § 20a Abs. 1 S. 3 WpHG auch solche erfasst, für die erst ein Antrag auf Zulassung gestellt wurde. So könnte das von Regulation M erfasste Verhalten im Einzelfall nach § 20a Abs. 1 S. 1 Nr. 2 WpHG geeignet sein, falsche oder irreführende Signale für das Angebot, die Nachfrage oder den Börsen- oder Marktpreis von Finanzinstrumenten zu geben oder ein künstliches Preisniveau herbeizuführen. Denn hierfür reicht schon jedwede Einwirkung auf die Orderlage aus.[1114] Denkbar wäre aber auch, dass derartige Tätigkeiten „sonstige Täuschungshandlungen" nach § 20a Abs. 1 S. 1 Nr. 3 WpHG darstellen, soweit sie geeignet sind, auf den Börsen- oder Marktpreis eines Finanzinstruments einzuwirken.[1115] Ob ein bestimmtes Verhalten einer am Erfolg einer Wertpapieremission interessierten Person tatsächlich kurs- oder marktmanipulativen Charakter hat, kann nur am Einzelfall entschieden werden. Grundsätzlich aber besitzen die spezielle Regulation M und der auf einen allgemeineren Personenkreis zugeschnittene § 20a WpHG ein vergleichbares Regulierungsziel.

b) Diskussion

Regulation M sieht für Wertpapiere mit täglichen Handelsvolumina von mindestens $ 1 Million und mit einem Streubesitz von wenigstens $ 150 Millionen sowie bei bestimmten Papieren, die über ein Rating von einer NRSRO mit wenigstens Investment Grade verfügen, Ausnahmeregelungen vom Handels-

---

1114 Vogel, in: Assmann/Schneider, WpHG, § 20a Rn. 130.

1115 Zu einzelnen Fallgruppen dieser vom Gesetzgeber bewusst weit gefassten Vorschrift Schwark, in: Schwark (Hrsg.), KMRK, § 20a WpHG Rn. 24 ff.; Vogel, in: Assmann/Schneider, WpHG, § 20a Rn. 173 ff.

und Angebotsabgabeverbot vor.[1116] § 20a Abs. 1 WpHG sieht derartige handels-, streubesitz-, oder ratingabhängige Ausnahmen nicht vor.

Bereits die Diskussion von Regulation M hat gezeigt, dass der Ansatz der SEC, Ratingurteile als Ersatz für die Beurteilung der Frage der Wahrscheinlichkeit und Wirkung einer Marktbeeinflussung heranzuziehen, abzulehnen ist, da Ratings in keinem ersichtlichen Zusammenhang mit einer möglichen Manipulationswahrscheinlichkeit stehen.[1117] Als Konsequenz ist von einer Übernahme des U.S.-amerikanischen Konzepts abzuraten. Bei der hier vorliegenden Verwendung verschlechtern ratingbezogene Ausnahmeregelungen den Anlegerschutz, da mit ihnen sachfremde Erwägungen in den Schutz vor Kurs- und Marktpreismanipulationen Eingang finden. Im Gegenzug sind keine positiven Effekte für die Markteffizienz ersichtlich, die einen verminderten Anlegerschutz rechtfertigen würden.

2. Verhinderung von Insiderhandel

a) Derzeitige Regelung in Deutschland

Rule 10f-3 verbietet Investmentgesellschaften, während der Zeichnungsphase Wertpapiere von ihr verbundenen Mitgliedern des Emissionskonsortiums zu erwerben, um das Abschieben nicht absetzbarer Titel in das Portfolio des Investmentfonds zu verhindern. Das deutsche Recht verfügt über keine konzeptionell vergleichbare Regelung. Allerdings enthält das Wertpapierhandelsgesetz verschiedene Normen, die im Einzelfall in der Lage sein dürften, das durch Rule 10f-3 sanktionierte Verhalten zu erfassen. So dürften die von personell verbundenen Mitgliedern des Emissionskonsortiums veräußerten Papiere Insiderpapiere im Sinne des § 12 WpHG darstellen, da sie in aller Regel an einer inländischen Börse zum Handel zugelassen oder in den regulierten Markt oder den Freiverkehr einbezogen sind oder werden sollen. Weiterhin könnte das Wissen um die Transaktion zwischen dem Konsortialmitglied und der Investmentgesellschaft bzw. das Wissen um die mangelnde Absetzbarkeit der Titel eine Insiderinformation darstellen. Gemäß § 13 Abs. 1 S. 4 Nr. 1 WpHG sind dies insbesondere auch nicht öffentlich bekannte Umstände, die sich auf Kauf- oder Verkaufsaufträge von Finanzinstrumenten beziehen. Voraussetzung ist nach § 13 Abs. 1 S. 1 WpHG unter anderem, dass die Umstände geeignet sind, den Börsen- oder Marktpreis erheblich zu beeinflussen. Nach § 13 Abs. 1 S. 2 WpHG ist dies der Fall, wenn ein verständiger Anleger

---

die Information bei seiner Anlageentscheidung berücksichtigen würde. Für den hier thematisierten Vorgang eines Wertpapiergeschäfts zwischen einem Investmentfonds mit verbundenen Mitgliedern des Emissionskonsortiums während der Zeichnungsphase kann dies durchaus vertreten werden. So werden Aktienverkäufe der eigenen Gesellschaft durch Organmitglieder (*directors' dealings*) vom Kapitalmarkt im Allgemeinen als negatives Zeichen gewertet und führen überwiegend zu Kursverlusten.[1118] Konsequenterweise hat der Gesetzgeber die Publizität derartiger Transaktionen in § 15a WpHG detailliert geregelt. Nicht viel anders stellt sich die Situation dar, wenn ein Mitglied des Emissionskonsortiums während der Zeichnungsphase Wertpapiere an einen verbundenen Investmentfonds verkauft und die Gefahr besteht, dass es sich hierbei um das Abschieben schwer absetzbarer Titel handelt. Ein verständiger Anleger würde eine solche Information in seiner Anlageentscheidung berücksichtigen. Im Einzelfall könnte daher aus § 14 Abs. 1 Nr. 1 WpHG ein Verbot zur Vornahme des Geschäfts folgen. Insoweit verfügt das Wertpapierhandelsgesetz über eine mit Rule 10f-3 vergleichbare Regelungswirkung.

b) Diskussion

Anders als § 14 Abs. 2 WpHG, der Ausnahmetatbestände auf hier nicht einschlägige Rückkaufprogramme und Preisstabilisierungsmaßnahmen beschränkt, sieht Rule 10f-3 Ausnahmen vom Handelsverbot für den Handel mit bonitätsmäßig guten Kommunalobligationen vor. Dieser Ansatz wurde für problematisch befunden und abgelehnt.[1119]

Aus der Ablehnung des U.S.-amerikanischen Ansatzes folgt auch, dass von einer Übertragung ratingbezogener Ausnahmeregelungen auf die entsprechenden deutschen Vorschriften abzuraten ist. Marktmanipulationen und Insiderhandel sollten inhaltlich einer Kontrolle unterliegen, die sich am Maßstab der Chancengleichheit, des Anlegervertrauens, der Funktionsfähigkeit des Marktes sowie der Erwartungen ausländischer institutioneller Investoren und den damit verbundenen Folgen für den Finanzplatz Deutschland orientieren sollte.[1120] Einzelne ratingbezogene, auf Papiere bestimmter Emittenten bezogene Ausnahmeregelungen würden diesen Prüfungsrahmen jedoch verschieben, da Maßstab der Frage eines Insidergeschäftes nicht mehr die vorge-

---

1118 Sethe, in: Assmann/Schneider (Hrsg.), WpHG, § 15a Rn. 12; Weiler/Tollkün, DB 2002, S. 1923 (1925); Zimmer, in: Schwark (Hrsg.), § 15a WpHG Rn. 8.

1119 Siehe hierzu mit den entsprechenden Argumenten oben S. 160 ff.

1120 Zu diesen Gesichtspunkten Schwark, in: Schwark (Hrsg.), KMRK, vor § 12 WpHG Rn. 7; Begr. RegE zum 2. FMFG, BT-Drucks. 12/6679, S. 33 f.

nannten Aspekte, sondern allein die Bonität des gehandelten Papiers wäre. Der von Rule 10f-3 verfolgte Zweck, Insiderhandeln bei Investmentfonds zu verhindern, ist durch das abstrakter formulierte Wertpapierhandelsgesetz besser erfüllt.

IV. Zulassungserleichterungen für Wertpapiere

1. Asset-Backed Securities und Mortgage-Backed Securities

Nachfolgend wird nach Normen im deutschen Recht gesucht, die einen der Rule 3a-7 oder Rule 415 vergleichbaren Regelungsgehalt aufweisen. Lassen sich vergleichbare Vorschriften nicht finden, ist zu prüfen, inwieweit allgemeine Grundsätze greifen.

a) Das Pendant zu Rule 3a-7 im deutschen Recht

aa) Derzeitige Regelung in Deutschland

Besondere Regelungen im Sinne von Rule 3a-7 zur Emission von Asset- oder Mortgage-Backed Securities existieren im deutschen Recht nicht. Daher sind für diese Finanzierungsformen die allgemeinen Regeln zum Angebot und zur Platzierung von Wertpapieren anzuwenden. Danach unterliegen die verbrieften Wertpapiere bei einem öffentlichen Angebot im Inland gemäß § 3 Abs. 1 S. 1 WpPG der Prospektpflicht.[1121] Soweit sich das Angebot ausschließlich an qualifizierte Anleger richtet oder eine der sonstigen Ausnahmen nach § 3 Abs. 2 WpPG oder § 4 Abs. 2 WpPG einschlägig ist, entfällt diese Pflicht jedoch. Wertpapiere, die zunächst im Rahmen einer Privatplatzierung prospektfrei emittiert wurden, unterliegen der Prospektpflicht, wenn sie später in den Freiverkehr emittiert werden.[1122]

bb) Diskussion

Die Untersuchung von Rule 3a-7 hat gezeigt, dass der dort praktizierte Ansatz, für mit Investment Grade bewertete Asset- oder Mortgage-Backed Secu-

---

1121 Noch zur alten Rechtslage nach dem nunmehr durch das Wertpapierprospektgesetz ersetzten Verkaufsprospektgesetz Gehring, Asset-Backed Securities, S. 166; Küppers/Brause, AG 1998, S. 413 (420).
1122 Gehring, Asset-Backed Securities, S. 166.

rities Publizitätserleichterungen zu gewähren, aus verschiedenen Anleger-schutzgesichtspunkten abzulehnen ist.[1123]

Vor diesem Hintergrund ist auch von einer Übertragung dieses Konzepts auf das deutsche Recht abzuraten. So ist die in Rule 3a-7 festgeschriebene Befreiung von den Registrierungs- und Informationspflichten des Company Act der wenig abstrakten, sondern vielmehr auf Einzelfälle bezogenen Wertpapierregulierung in den U.S.A. geschuldet.[1124] Das deutsche Recht macht Ausnahmen von Publizitätspflichten weitgehend allein von der Qualifikation der Anleger (§ 3 Abs. 2 WpPG) bzw. verschiedenen Transaktionstypen (§ 4 Abs. 1 WpPG) abhängig, nicht jedoch von der Bonität der Papiere.[1125] Es besteht kein Anlass, dieses System aufzubrechen. Soweit sich ein Wertpapierangebot an qualifizierte Anleger richtet, ist dieses aufgrund des verminderten Schutzbedürfnisses erfahrener Anleger nach § 3 Abs. 2 Nr. 1 WpPG ohnehin von der Prospektpflicht befreit und genießt damit verringerte Publizitätsanforderungen. Es gibt auch keinen Grund, bei einem Angebot an nicht qualifizierte Anleger zwischen Asset- bzw. Mortgage-Backed Securities und anderen Wertpapieren zu unterscheiden. Die faktische Ersetzung von Informationen zur Beurteilung des Anlagerisikos durch Informationen, die allein Rückschlüsse auf das Bonitätsrisiko gestatten, riskiert lediglich, den Anleger in einer Sicherheit zu wiegen, die er unter Umständen nicht besitzt.

b) Das Pendant zu Rule 415 im deutschen Recht

aa) Derzeitige Regelung in Deutschland

Die der U.S.-amerikanischen *shelf registration* im deutschen Recht konzeptionell am nächsten kommende Regelung dürfte die Möglichkeit zur Veröffentlichung eines Basisprospekts nach § 6 Abs. 1 WpPG sein. Diese Angebotsdokumentation erlaubt für bestimmte Angebotsprogramme und kontinuierliche Emissionen von Nichtdividendenwerten ein vorweggenommenes Prüfungsverfahren. Nichtdividendenwerte sind nach § 2 Nr. 3 WpPG alle Wertpapiere,

---

1123 Siehe hierzu mit den entsprechenden Argumenten oben S. 163 ff.

1124 Vgl. nur SEC, Company Act Release No. 19105, 57 Fed. Reg. 56248, 56248 n.2 (Nov. 27, 1992), wonach bestimmte strukturierte Transaktionen vom Company Act erfasst werden, jedoch an anderer Stelle mit diesem kollidieren, da der Company Act andere gesetzgeberische Ziele verfolgt.

1125 Papiere, die von bestimmten Emittenten wie z.B. Staaten des EWR begeben werden, fallen erst gar nicht in den Anwendungsbereich des Wertpapierprospektgesetzes (§ 1 Abs. 2 WpPG).

die keine Dividendenwerte[1126] sind. Zu den Nichtdividendenwerten zählen daher in der Regel Schuldverschreibungen[1127] sowie alle Wertpapiere, die keine Aktien oder nicht mit Aktien vergleichbar sind. Soweit der Basisprospekt für ein oder mehrere Wertpapierprodukte aufsichtlich gebilligt und hinterlegt wurde, können auf dieser Grundlage einzelne Angebotsbedingungen tagesaktuell ohne weitere Prüfung und Verzögerung kurz vor dem öffentlichen Angebot festgesetzt und veröffentlicht werden.[1128] Nach § 9 WpPG ist der Basisprospekt, soweit es sich nicht um dauernd oder wiederholt ausgegebene Wertpapiere handelt, nur für zwölf Monate gültig. Darüber hinaus können nach § 11 Abs. 1 WpPG im Basisprospekt veröffentlichungspflichtige Angaben – vergleichbar dem Zusammenspiel von Rule 415 und Formular S-3 – ebenfalls in Form von Verweisen auf ein oder mehrere zuvor oder gleichzeitig veröffentlichte Dokumente erfolgen.

Problematisch könnte sein, dass § 6 Abs. 1 WpPG die Möglichkeit zur Erstellung eines Basisprospekts auf Nichtdividendenwerte beschränkt, die im Rahmen eines Angebotsprogramms oder dauernd oder wiederholt von Einlagenkreditinstituten begeben werden. Zwar ist die Beschränkung auf Nichtdividendenwerte schadlos, da Asset- und Mortgage-Backed Securities in aller Regel in Form von Schuldverschreibungen ausgegeben werden[1129] und Art. 22 Abs. 6 Nr. 1 ProspektVO Asset-Backed Securities ausdrücklich als mögliches Thema eines Basisprospekts nennt. Jedoch könnte in Fällen einer auf eine einmalige Ausgabe von Wertpapieren ausgerichteten ABS- oder MBS-Transaktion das Erfordernis eines Angebotsprogramms problematisch sein.[1130] Allerdings genügt es, wenn lediglich die Möglichkeit zur wiederholten Begebung ähnlicher Nichtdividendenwerte besteht; nicht erforderlich ist, dass entspre-

---

1126 Dividendenwerte sind nach § 2 Nr. 2 WpPG Aktien und andere Wertpapiere, die Aktien vergleichbar sind, sowie jede andere Art übertragbarer Wertpapiere, die das Recht verbriefen, unter näher bestimmten Umständen bei Umwandlung dieses Wertpapiers oder Ausübung des verbrieften Rechts die erstgenannten Wertpapiere zu erwerben.

1127 Hierzu ausführlich sowie zur Einordnung besonderer Anleihetypen wie Umtausch-, Wandel- und Optionsanleihen Seitz, AG 2005, S. 678 (680).

1128 Kullmann/Sester, WM 2005, S. 1068 (1072); Kunold/Schlitt, BB 2004, S. 501 (505 f.).

1129 Gehring, Asset-Backed Securities; S. 33; S. 36; Klüwer, Asset-Backed Securitisaton, S. 21.

1130 Kritisch zu dieser Beschränkung Kunold/Schlitt, BB 2004, S. 501 (506).

chende Papiere tatsächlich mehrfach begeben werden.[1131] Bei entsprechender Strukturierung sollte daher auch für ABS- und MBS-Transaktionen der Rückgriff auf die Erstellung eines Basisprospekts möglich sein.

bb) Diskussion

Hinter der U.S.-amerikanischen Rule 415 und den Vorschriften des Wertpapierprospektgesetzes stecken ähnliche gedankliche Ansätze. So sind sowohl die *shelf registration* als auch die Zulassung der Wertpapiere auf Vorrat in einem Basisprospekt den zunehmend volatilen Märkten und wirtschaftlichen Realitäten (etwa einem Zulassungstourismus ins Ausland) geschuldet. Beide Rechtsordnungen wollen vor diesem Hintergrund eine flexible und tagesaktuelle Emission von Wertpapieren ermöglichen.[1132] Auch bezüglich der grundsätzlichen Publizitätserleichterung in Form von Verweisen auf zuvor oder gleichzeitig veröffentlichte Dokumente liegt das gleiche Verständnis zugrunde. Da die bei ABS- oder MBS-Transaktionen emittierende Zweckgesellschaft meist erst vor kurzer Zeit gegründet wurde und die Bonität der Wertpapiere eher von der Strukturierung der Transaktion als von der Solvenz des Emittenten abhängt, sind Informationen über die finanzielle Vergangenheit des Emittenten für Anleger in den U.S.A. oder in der Bundesrepublik gleichermaßen wenig hilfreich.[1133] Eine bloße Bezugnahme auf diese Informationen durch Verweis erscheint daher aus Anlegerschutzgesichtspunkten ausreichend.

Unterschiede ergeben sich jedoch in Hinblick auf die Möglichkeit, bei einer Zulassung der Wertpapiere auf Vorrat auch auf eine *incorporation by reference* zurückzugreifen. Während Rule 415 i.V.m. Formular S-3 dies an ein Investment Grade der Wertpapiere knüpft, lässt § 11 Abs. 1 WpPG Prospektangaben in Form von Verweisen grundsätzlich und bonitätsunabhängig zu und geht damit über das U.S.-Recht hinaus. Auch wenn einem Rückgriff auf bestimmte Mindestratings bei der Registrierung von Asset- oder Mortgage-Backed Securities als Substitut für vergangenheitsbezogene Publizitätspflichten keine Bedenken entgegenstehen,[1134] würde eine entsprechende Einführung in das deutsche Recht eine Beschränkung der augenblicklichen, bo-

---

1131 Vgl. die Definition des Angebotsprogramms in Art. 2 Abs. 1 lit. k) der Prospektrichtlinie, ABl. EU Nr. L 345/64 (70) v. 31.12.2003.

1132 Johnson/McLaughlin, Securities Laws 586 (3d ed. 2004); zum unvollständigen (Verkaufs-)Prospekt als Vorgänger des Basisprospekts Heidelbach, in: Schwark (Hrsg.), KMRK, § 44 BörsZulV Rn. 2.

1133 Vgl. Gehring, Asset-Backed Securities, S. 168.

1134 Siehe hierzu mit den entsprechenden Argumenten oben S. 168 ff.

nitätsunabhängigen Rechtslage bedeuten. Für eine solche besteht jedoch kein Anlass. Zum einen ist die Gültigkeit des Basisprospekts mit zwölf Monaten im Vergleich zur dreijährigen Frist von Rule 415 wesentlich kürzer. Zum anderen besteht nach § 16 Abs. 1 S. 1 WpPG die Pflicht, jeden wichtigen neuen Umstand, der die Beurteilung der Wertpapiere beeinflussen könnte, in einem Nachtrag zum Prospekt zu nennen.[1135] Dies sollte potentielle Anleger ausreichend schützen.

2. Institutionelle Investoren

a) Derzeitige Regelung in Deutschland

Ähnlich dem *qualified institutional buyer* (*QIB*) in Rule 144A kennt das deutsche Recht den Begriff des „qualifizierten Anlegers". Nach seiner Legaldefinition in § 2 Nr. 6 WpPG umfasst er neben den „klassischen" professionellen Investoren wie juristische Personen des öffentlichen Rechts, Kreditinstitute, Wertpapierdienstleister und Versicherungsunternehmen auch kleine und mittlere Unternehmen sowie natürliche Personen, die bei der BaFin als qualifizierte Anleger registriert sind. Rechtliche Bedeutung erlangt der Begriff mit § 3 Abs. 2 S. 1 Nr. 1 und 2 WpPG. Hiernach sind Angebote, die sich ausschließlich an qualifizierte Anleger oder in jedem Staat des EWR an weniger als hundert nicht qualifizierte Anleger richten, von der Prospektpflicht ausgenommen. Während jedoch Rule 144A die Anerkennung als *QIB* von Mindestverwaltungs- und Investitionsvolumina abhängig macht,[1136] hat der deutsche Gesetzgeber auf derartige Beschränkungen verzichtet. Lediglich für die Registrierung einer natürlichen Person als qualifizierten Anleger setzt § 27 Abs. 2 S. 1 WpPG voraus, dass diese sowohl in großem Umfang Geschäfte an Wertpapiermärkten durchgeführt und dabei in den letzten vier Quartalen durchschnittlich mindestens zehn Transaktionen pro Quartal getätigt hat als auch der Wert ihres Portfolios € 500.000 übersteigt. Eine dieser beiden Voraussetzungen kann jedoch dadurch ersetzt werden, dass die betreffende Person mindestens ein Jahr lang im Finanzsektor in einer beruflichen Position tätig war, die Kenntnis auf dem Gebiet der Wertpapieranlage voraussetzt. Sieht man von § 27 Abs. 2 S. 1 WpPG einmal ab, ist der deutsche Begriff

---

1135 Zum Umfang der Nachtragspflicht und zu ihrem Verhältnis zur Ad-hoc-Veröffentlichungspflicht des § 15 WpHG Kullmann/Sester, WM 2005, S. 1068 (1075).
1136 Siehe hierzu oben S. 171 f.

des qualifizierten Anlegers weiter als der des *QIB* im U.S.-amerikanischen Recht.[1137]

b) Diskussion

Für das U.S.-amerikanische Recht wurde die Möglichkeit, zur Feststellung des *QIB*-Status auf anerkannte Wertpapierhandbücher (wie das von S&P) zurückgreifen zu können, für sinnvoll angesehen.[1138] Zum einen bereiten dort die komplizierten und wenig stringenten[1139] Qualifikationsanforderungen an *QIBs* Probleme, zum anderen erfordern auch die Mindestanforderungen an das verwaltete oder investierte Vermögen zusätzliche Nachforschungen.[1140] Im deutschen Recht hingegen ist § 2 Nr. 6 WpPG mit seiner katalogartigen Aufzählung qualifizierter Anleger übersichtlich und der entsprechende Status für den Verkäufer entweder offensichtlich oder leicht zu überprüfen. Soweit es sich um kleine oder mittlere Unternehmen oder natürliche Personen handelt, ist ohnehin die Registereintragung nach § 27 WpPG entscheidend, die ebenfalls schnell abzufragen ist. Die einfachere Konzeption des deutschen Gesetzes lässt daher eine Zusammenstellung qualifizierter Anleger durch Ratingagenturen derzeit nicht erforderlich erscheinen. Allerdings ist das Wertpapierprospektgesetz erst seit kurzem in Kraft. Es bleibt daher abzuwarten, ob am Ende nicht doch Klarstellungen, zum Beispiel durch Rundschreiben der BaFin oder Handbücher, nötig werden.

V. Veröffentlichung von Ratings

1. Das Pendant zu Rule 134

Auch das deutsche Recht knüpft mit § 3 Abs. 1 und 3 WpPG das öffentliche Anbieten von Wertpapieren im Inland oder deren Zulassung zum Handel an einem organisierten Markt im Inland an eine Prospektpflicht. Hierbei legt der Gesetzgeber aus Anlegerschutzgründen einen von § 145 BGB abweichenden Angebotsbegriff zugrunde. So stellt bereits eine invitatio ad offerendum ein

---

1137 Ohne Begründung auch Fischer-Appelt/Werlen, Euredia 2004, S. 379 (390).

1138 Siehe hierzu mit den entsprechenden Argumenten oben S. 172 f.

1139 Johnson/McLaughlin, Securities Laws 504 (3d ed. 2004); Trevino, 16 Hous. J. Int'l L. 159, 177 (1993).

1140 Vgl. Rule 144A(d)(1) (2007) mit einem nicht abschließenden Katalog von Methoden, derer sich der Verkäufer zur Feststellung des *QIB*-Status des Käufers bedienen kann.

Angebot im Sinne des Wertpapierprospektgesetzes dar. Eine Prospektpflicht wird sonach bereits dann ausgelöst, wenn die wesentlichen Vertragsbestandteile soweit konkretisiert oder in so konkreter Form veröffentlicht sind, dass ein Kaufvertrag durch eine im Übrigen inhaltslose Annahmeerklärung zustande kommen kann.[1141] Keine Angebote sind in diesem Zusammenhang *tombstone advertisements*, also Anzeigen mit den Eckdaten einer Emission nach öffentlicher Platzierung[1142] sowie Werbung,[1143] Ankündigungen[1144] und Unternehmenspräsentationen[1145] in Form von Roadshows,[1146] bei denen die Wertpapiermerkmale bzw. Vertragsessentialia nicht bekannt gemacht werden.

2. Das Pendant zu Regulation S-B

Das deutsche Kapitalmarktrecht enthält in seinen Vorschriften zur Prospektpflicht keine der Regulation S-B unmittelbar entsprechenden Vorschriften für kleinere Unternehmen mit Erträgen bzw. einem Streubesitz von jeweils unter $ 25 Millionen. Insoweit sind die vorstehend als Pendant zu Rule 134 entwickelten allgemeinen Grundsätze des § 3 WpPG anzuwenden. Damit sind auch für diese Unternehmen *tombstone advertisements* und andere Werbemaßnahmen mit Nennung von Ratings schadlos.

Soweit jedoch im U.S.-Recht die kleineren Unternehmen eventuell vorhandene Ratings auch in ihren periodischen Rechenschaftsberichten veröffentlichen dürfen, nicht aber müssen, könnten sich Unterschiede zur deutschen Rechtslage ergeben. Denn bei der Veröffentlichung eines Ratings einer NRSRO bleibt Item 10 der Regulation S-B hinsichtlich einer Pflicht, dann auch andere, vom ersten Rating erheblich abweichende NRSRO-Ratings zu veröffentlichen, unverbindlich und spricht lediglich eine entsprechende Empfehlung aus. Selbst bei erheblichen Änderungen im Rating vor Wirksamwerden einer Registrierung, im Verlaufe der Zeichnungsfrist oder auch nach der Zuteilung wird dem Emittenten lediglich nahegelegt, eine Kennt-

---

1141 So jedenfalls für das inzwischen durch das Wertpapierprospektgesetz ersetzte Verkaufsprospektgesetz Heidelbach, in: Schwark (Hrsg.), KMRK, § 1 VerkProspG Rn. 8.

1142 Heidelbach, in: Schwark (Hrsg.), KMRK, § 1 VerkProspG Rn. 15; Hüffer, Prospektpflicht, S. 13; Ritz, in: Assmann u.a. (Hrsg.), VerkaufsProspG-Kommentar, § 1 Rn. 63.

1143 Hüffer, Prospektpflicht, S. 17; Schaefer, MMR 2001, S. 491 (492); Weber, NJW 2000, S. 2061 (2067).

1144 Heidelbach, in: Schwark (Hrsg.), KMRK, § 12 VerkProspG Rn. 4.

1145 Ritz, in: Assmann u.a. (Hrsg.), VerkaufsProspG-Kommentar, § 1 Rn. 62.

1146 Hierzu Dittrich, Privatplazierung, S. 125 f.

lichmachung dieser Entwicklung durch einen neuen Verkaufsprospekt, einen Aufkleber auf dem Prospekt, eine Ad-hoc-Mitteilung oder in den regelmäßigen Unternehmensmitteilungen in Erwägung zu ziehen.[1147] Fraglich ist, ob im Gegensatz hierzu im deutschen Recht der Emittent eine Änderung seines Ratings als ihn unmittelbar betreffende Insiderinformation nach § 15 Abs. 1 S. 1 und 2 WpHG ad-hoc veröffentlichen muss. Eine veränderte Betrachtungsweise könnte sich aufgrund der Neufassung des § 15 WpHG durch das Anlegerschutzverbesserungsgesetz ergeben.

a) Rechtslage nach § 15 WpHG a.F.

Nach § 15 Abs. 1 S. 1 WpHG a.F. mussten neue, ad-hoc zu veröffentliche Tatsachen im Tätigkeitsbereich des Emittenten eingetreten sein. Für Ratingänderungen wurde dies vereinzelt unter extensiver Auslegung des Tatbestandsmerkmals „Tätigkeitsbereich" mit der Begründung bejaht, jede individuelle, kapitalmarktbezogene Beziehung zu einem Emittenten sei ausreichend.[1148]

Die Gegenmeinung lehnte diese Zuordnung der Ratingänderung zum Tätigkeitsbereich des Emittenten jedoch mit dem Argument ab, die Entscheidung einer Agentur über eine Ratingänderung richte sich nicht an den Emittenten, sondern diene der Information der Kapitalmarktteilnehmer. Sie träfe den Emittenten daher nur reflexartig. Als potentiell ad-hoc-publizitätspflichtige, unternehmensexterne Tatsachen kämen daher nur solche in Betracht, die sich entweder unmittelbar auf die Betriebsmittel des Emittenten auswirken (etwa die erdbebenbedingte Zerstörung einer Produktionsstätte) oder bei denen es sich um eine Willensbetätigung Dritter handelt, die gegenüber dem Emittenten erfolgen (zum Beispiel die Entscheidung einer Kartellbehörde). Damit unterlägen kapitalmarktbezogene Entscheidungen Dritter wie die Aufnahme des Emittenten in einen Index oder die Herabstufung eines Ratings nicht der Ad-hoc-Publizitätspflicht des § 15 Abs. 1 WpHG a.F.[1149]

1147 17 C.F.R. § 228.10(e)(1)(ii)(B), (C) (2007) sowie 17 C.F.R. § 228.10(e)(1)(iii) (2007).
1148 So Gehrt, Ad-hoc-Publizität, S. 139; mit ähnlicher Begründung Fürhoff, Ad-hoc-Publizität, S. 168 f.
1149 So v. Klitzing, Ad-hoc-Publizität, S. 157; Kümpel/Assmann, in: Assmann/Schneider (Hrsg.), WpHG, 3. Aufl., § 15 Rn. 49; Schäfer, in: Dreyling/Schäfer, Ad-hoc-Publizität, S. 386 f.; Waldhausen, Die ad-hoc-publizitätspflichtige Tatsache, S. 190 ff.; Zimmer, in: Schwark (Hrsg.), KMRK, § 15 WpHG Rn. 49.

b) Rechtslage nach § 15 WpHG

Nach dem neuen § 15 Abs. 1 S. 1 WpHG reicht es aus, wenn die Insiderinformationen den Emittenten unmittelbar betreffen. Mit einem Umkehrschluss aus § 15 Abs. 1 S. 2 WpHG kann zudem gefolgert werden, dass im Unterschied zur alten Rechtslage nunmehr auch von außen kommende Umstände, die dem Unmittelbarkeitserfordernis genügen, ad-hoc-pflichtig sein können.[1150] Nach der Gesetzesbegründung zählt hierzu auch die Herabstufung durch eine externe Ratingagentur.[1151] Vereinzelt hat sich die Literatur dieser neuen Sichtweise angeschlossen.[1152] In der Praxis werden Ratingänderungen jedoch auch weiterhin keiner Pflicht zur Ad-hoc-Publizität nach § 15 WpHG unterliegen.[1153] So könnte man bereits das Vorliegen einer Insiderinformation in Frage stellen, da die Agenturen ihre Ratingänderungen in aller Regel der Öffentlichkeit zugänglich machen.[1154] Entscheidend ist jedoch ein anderes Argument. So vertritt die BaFin in Absprache mit dem Bundesfinanzministerium und entgegen der vorgenannten Gesetzesbegründung die Ansicht, dass zukünftig zu veröffentlichende Ratingergebnisse oder Research-Studien zwar Insiderinformationen darstellen, den Emittenten jedoch nur mittelbar betreffen und daher von § 15 Abs. 1 S. 1 WpHG nicht erfasst werden.[1155] Diese Haltung entspricht auch gleichlautenden Empfehlungen des CESR.[1156]

1150 Bürgers, BKR 2004, S. 424 (426).
1151 Begr. RegE zum Gesetz zur Verbesserung des Anlegerschutzes, BT-Drucks. 15/3174, S. 35.
1152 So Blaurock, ZGR 2007, S. 603 (625); Habersack, ZHR 169 (2005), S. 185 (196); Reidenbach, Aktienanalysten, S. 311 f.; inzwischen auch Assmann, in: Assmann/ Schneider (Hrsg.), WpHG, § 15 Rn. 68.
1153 Mit der Ad-hoc-Publizität nicht zu verwechseln ist die Frage, ob eine Ratingherabstufung in den Prospekt aufzunehmen ist. Instanzgerichtlich wurde dies vereinzelt bejaht; vgl. LG Frankfurt a.M., WM 1992, S. 1768 (1772); offen gelassen in OLG Frankfurt a.M., WM 1994, S. 291 (297). Die herrschende Meinung im Schrifttum hngegen lehnt eine Offenlegungspflicht ab; Fleischer, Gutachten F, S. F50 f. sowie Gebauer, in: Kümpel u.a. (Hrsg.), KMR-Handbuch, Kz. 100, S. 34, jeweils mit umfangreichen Literaturangaben.
1154 Bürgers, BKR 2004, S. 424 (426 Fn. 35); vgl. auch Reidenbach, Aktienanalysten, S. 310.
1155 BaFin, Emittentenleitfaden, S. 41; Wadewitz, Börsen-Zeitung v. 23.04.2005, S. 6. Das Insiderhandelsverbot des § 14 WpHG bleibt hiervon unberührt.
1156 CESR, Advice on Market Abuse Directive ¶ 36 (2002).

3. Diskussion

Anders als Rule 134 gestattet das deutsche Wertpapierprospektgesetz das Recht zur Einbeziehung von Ratings in *tombstone advertisements* oder andere Werbemaßnahmen nicht ausdrücklich. Allerdings stehen derartigen Veröffentlichungen auch in der Bundesrepublik keine Bedenken entgegen. Bereits ohne die ausdrückliche Erwähnung von Ratings stellen die Veröffentlichung von *tombstone advertisements* oder andere Werbeformen im Vorfeld einer Emission keine Angebote dar. Das Hinzufügen von Ratings ändert hieran nichts, da Ratings keine Vertragsessentialia darstellen. Insoweit sind die U.S.-amerikanische und die deutsche Regelung vergleichbar.

Nach hier vertretener Ansicht bestehen gegen die fehlende Pflicht zur Ad-hoc-Veröffentlichung von Ratingänderungen nach § 15 WpHG keine Bedenken. Dies ist schon aus dogmatischer Sicht folgerichtig. Letztlich stellt nämlich die fehlende Publizitätspflicht nichts anderes dar als die Kehrseite der ebenfalls auf Freiwilligkeit beruhenden Entscheidung über eine Verwendung des Ratings zu Werbezwecken vor der Emission. Wenn der Gesetzgeber schon eine Ratingänderung nicht der Ad-hoc-Publizität unterwirft, würde auch eine Pflicht zur Nennung existierender Ratings im Vorfeld der Emission kaum Sinn machen. Wenn der Gesetzgeber umgekehrt bei *tombstone advertisements* und anderen Werbetätigkeiten im Vorfeld der Wertpapierausgabe keine Veröffentlichung eines Ratings fordert, ist es ebenso konsequent, diese Information auch später nicht der Ad-hoc-Publizität zu unterwerfen.

Problematisch erscheint allerdings der Umstand, dass sowohl in den U.S.A. als auch der Bundesrepublik die Auswahl der veröffentlichten Ratings in das Ermessen des Emittenten gestellt ist. So droht die Gefahr, dass in Fällen von Split Ratings nur das beste Rating genannt wird. Damit würde jedoch die durch die Bonitätsangabe eigentlich zur Verfügung gestellte Zusatzinformation zu einer Verfälschung des Gesamtbildes führen. Diese Problematik kann allerdings umgangen werden: Grundsätzlich sollte die Entscheidung über die werbemäßige Verwendung von Ratings dem Emittenten weiterhin freigestellt sein. Falls sich ein Unternehmen aber für die Nutzung des Ratings zu Werbezwecken entschließt, sollte die Verpflichtung bestehen, sämtliche existierenden Bonitätsurteile zu veröffentlichen („wennschon-dennschon"-Ansatz). Für diesen Fall könnte man, soweit auch das deutsche Recht einmal ein Regime zur staatlichen Zulassung und Beaufsichtigung von Ratingagenturen aufweisen sollte, in Anlehnung an Rule 134 (welche die Ratings in *tombstone advertisements* und anderen Werbemaßnahmen auf solche von NRSROs beschränkt) die für die Werbemaßnahme zulässigen Ratings auf solche von durch die BaFin anerkannten Agenturen begrenzen. Dies würde ein Mindestmaß an Qualität und Vergleichbarkeit der aufgeführten Ratings sicherstellen.

VI. Ergebnis

Zur Berechnung der Eigenkapitalanforderungen stellt der Rückgriff auf Ratings einen sinnvollen Ansatz dar. Er ermöglicht eine flexiblere Kapitalmarktregulierung, ohne den Schutz für die Marktteilnehmer zu verringern.

Für Anlagebeschränkungen von Geldmarktfonds hat der Ansatz des deutschen Gesetzgebers, die für eine Anlage in Frage kommenden Emittenten enumerativ aufzuzählen, bisher gut funktioniert. Allerdings wäre die Einführung ratingbezogener Regelungen durch Ersetzung der enumerativen Aufzählungen grundsätzlich denkbar und einfach durchzuführen, ohne dass es zu einem Systembruch käme oder der Anlegerschutz hierunter leiden müsste. Der Vorteil läge vor allem in einer Erweiterung der von den Geldmarktfonds auswählbaren Papiere und damit der Chance, bei vergleichbarem Risiko höhere Renditen zu erzielen. Die gleiche Erwägung kommt für eine Einführung ratingbezogener Regulierung als Ersatz für die statische Aufzählung mündelsicherer Papiere in Betracht. Allerdings sollten sich in diesem Fall die Mindestanforderungen auf die höchsten drei Bonitätsstufen beschränken.

Hinsichtlich der Regulierung von Publizitätspflichten bei der Zulassung von Wertpapieren zum Handel ist eine Übernahme U.S.-amerikanischer ratingakzessorischer Ausnahmeregelungen nicht erforderlich. So geht das deutsche Recht mit seiner grundsätzlichen und bonitätsunabhängigen Möglichkeit einer Publizität durch Verweis bereits über das U.S.-amerikanische hinaus. Zu einer Änderung dieser liberalen Haltung besteht kein Anlass. Gleiches gilt für die durch § 17 WpPG ermöglichte grenzüberschreitende Zulassung von Wertpapieren innerhalb des EWR. Die alternative Einführung einer dem U.S.-Ansatz vergleichbaren, ratingbezogenen (Kreuz-)Zulassung wäre zwar denkbar, erscheint jedoch angesichts der ohnehin weitgehend vergleichbaren Zulassungs- und Prospektvoraussetzungen der Staaten des EWR nicht erforderlich.

In Hinblick auf die Verhinderung von Kurs- und Marktmanipulationen ist eine Übernahme ratingbezogener Regulierung abzulehnen. Ratings mögen zwar die Preise von Anleihen signifikant beeinflussen, stehen aber mit der Wahrscheinlichkeit und Wirkung einer Marktbeeinflussung in keinem ersichtlichen Zusammenhang. Gleiches gilt für die Verhinderung des Insiderhandels. Derartige Transaktionen sollten am Maßstab der Chancengleichheit, des Anlegervertrauens, der Funktionsfähigkeit des Marktes sowie der Erwartungen ausländischer institutioneller Investoren und den Folgen für den Finanzplatz Deutschland gemessen werden und nicht an sachfremden Erwägungen wie der Bonität.

Die Einführung von Publizitätserleichterungen für Asset- oder Mortgage-Backed Securities mit Investment Grade in das deutsche Recht ist ebenfalls abzulehnen. Der Ansatz des Wertpapierprospektgesetzes, Erleichterungen allein von der Erfahrung der Anleger bzw. verschiedenen Transaktionstypen abhängig zu machen, ist aus Anlegerschutzgesichtspunkten konsequenter. Die Substitution von Informationspflichten zur Beurteilung des (umfassenderen) Anlagerisikos durch Informationen, die allein Rückschlüsse auf das Bonitätsrisiko gestatten, riskiert lediglich eine unzureichende Information des Anlegers.

Für eine Übernahme des Ansatzes, in Basisprospekten erst ab einer bestimmten Mindestbonität der Wertpapiere Prospektangaben in Form von Verweisen zuzulassen, besteht im deutschen Recht kein Bedarf, da § 11 WpPG dies bereits generell und bonitätsunabhängig gestattet. Für eine Beschränkung dieser Freizügigkeit aus Anlegerschutzgesichtspunkten besteht schon aufgrund der mit zwölf Monaten überschaubaren Gültigkeit eines Basisprospekts und der Nachtragspflicht des § 16 WpPG keine Veranlassung.

§ 2 Nr. 6 WpPG regelt ausreichend detailliert, wer als qualifizierter Anleger mangels Prospektpflicht des Emittenten einen geringeren Schutz genießt. Ein Rückgriff auf externe Handbücher von Ratingagenturen zur Erläuterung scheint aus derzeitiger Sicht nicht erforderlich, zumal gerade für kleinere und mittlere Unternehmen oder natürliche Personen eine Registereintragung nach § 27 WpPG die Überprüfung erleichtert.

Gegen die bisher nicht ausdrücklich geregelte Einbeziehung von Ratings in *tombstone advertisements* oder anderen Werbemaßnahmen bestehen keine Bedenken. Grundsätzlich sollte die Entscheidung, ob ein Rating zu derartigen Zwecken herangezogen wird, im Ermessen des Emittenten liegen. Sobald dieser sich jedoch für ein solches Vorgehen entscheidet, sollte er zur Vermeidung einer Irreführung der Anleger verpflichtet sein, sämtliche existierenden Bonitätsurteile zu veröffentlichen („wennschon-dennschon"-Ansatz). Zur Sicherung der Qualität und Vergleichbarkeit der betreffenden Ratings sollte eine derartige gesetzliche Regelung jedoch in ein System der Anerkennung der Ratingagenturen durch die BaFin eingebettet sein. Eine Pflicht zur (Ad-hoc-)Veröffentlichung von Ratingänderungen ist nicht erforderlich.

Fünfter Teil – Zusammenfassung in Thesen und Schlussbetrachtung

§ 12 Zusammenfassung in Thesen

Nachfolgend werden die wichtigsten Erkenntnisse der vorangegangenen Untersuchung noch einmal thesenartig zusammengestellt:

1. Ratings werden aufgrund kapitalmarktimmanenter Faktoren, ihrer zunehmenden Verwendung zu regulatorischen Zwecken sowie anderer internationaler und nationaler Initiativen weiterhin an Bedeutung zunehmen.

2. Zu einer finanztheoretischen Erklärung der Existenz von Ratingagenturen ist allein die neoinstitutionalistische Finanzierungstheorie in der Lage, da sie im Gegensatz zur neoklassischen Theorie die in Prinzipal-Agent-Beziehungen strukturell verankerten Informationsasymmetrien und die durch fehlende Kontrollmöglichkeiten der Marktteilnehmer bestehenden Moral Hazard-Gefahren berücksichtigt.

3. Ratings erfüllen wichtige Kapitalmarktfunktionen, indem sie die Informationsasymmetrie zwischen Kapitalnehmer und Kapitalgeber und damit Prinzipal-Agent-Probleme reduzieren. Gleichzeitig üben Ratings eine Disziplinierungs- und Überwachungsfunktion in Bezug auf die Emittenten aus und mindern so deren Anreize zu einem für die Investoren nachteiligen Moral Hazard.

4. Durch die Zwischenschaltung der Ratingagenturen als Informationsintermediäre entstehen neue Prinzipal-Agent-Probleme und Moral Hazard-Gefahren zwischen den Emittenten bzw. Investoren auf der einen und den Agenturen auf der anderen Seite. Diese sind jedoch sowohl durch marktimmanente als auch in dem Verhalten der Agenturen liegende Gründe kontrollierbar. Wichtigstes Element ist hierbei das Interesse der Agenturen am Erhalt ihrer Reputation.

5. Ratings ermöglichen dem Emittenten ein besseres Finanzmarketing und reduzieren damit seine Finanzierungskosten. Für die Investoren übernehmen die Ratingagenturen die Analyse und Aufbereitung der zahllosen Anlageoptionen. Einheitliche Notensysteme sorgen dabei für eine weitgehende Vergleichbarkeit der Emittenten und Anlageformen. Damit tragen Ratings zur institutionellen und allokativen Funktionsfähigkeit der Kapitalmärkte bei.

6. Ratings finden ihre funktionale Grenze in dem Umstand, dass sie lediglich eine Aussage über das relative Bonitätsrisiko des Ratingobjektes treffen. Sie stellen daher nur einen der vielen bei einer Anlageentscheidung zu berücksichtigenden Aspekte dar.

7. Den staatlichen Aufsichtsbehörden bietet die regulatorische Indienstnahme des Ratings die Möglichkeit, bei der Kapitalmarktregulierung auf eine unmittelbare, eigenhändige und teure Regulierung zu verzichten und stattdessen bei der Bonitätsbestimmung von Finanzanlagen auf die Expertise der hierauf spezialisierten Agenturen zurückzugreifen und somit Ressourcen zu schonen.

8. Die teilweise geäußerte Kritik an der fehlenden Effizienz des Ratings als Regulierungsmedium ist unberechtigt. Im Gegensatz zu den erhobenen Vorwürfen liefern Ratings zusätzliche Informationen für den Markt, vor allem bei Herabstufungen. Der von den Kritikern eingebrachte Vorschlag eines Rückgriffs auf *credit spreads* an Stelle von Ratings zu Regulierungszwecken ist vor allem aufgrund der größeren zeitlichen Stabilität und emotionalen Unabhängigkeit der Ratingurteile abzulehnen.

9. Ratingagenturen sind in der Lage, Unternehmenskrisen zu erkennen. Jedoch sind sie gegen betrügerische Aktivitäten nur in dem Maße gefeit wie eine Kontrolle und Aufdeckung möglich ist. Ihre Prognosefähigkeit ist insgesamt nicht schlechter als die des Marktes; meistens ist sie besser. Zur Vorhersage von Finanz- und Währungskrisen sind Länderratings nur bedingt geeignet. Eine entsprechende Kritik hieran geht jedoch fehl, da trotz des häufig gleichzeitigen Auftretens von Finanz-, Währungs- und Bonitätskrisen Ratings allein letztere vorhersagen.

10. Der U.S.-amerikanische Ansatz, die aufsichtsrechtliche Relevanz einer Ratingagentur von ihrer Zulassung als NRSRO abhängig zu machen, stellt eine Marktzugangsbarriere dar. Zwar hat der CRA Reform Act das Zulassungsverfahren gegenüber der früher von der SEC praktizierten Anerkennung mittels No-Action Letter vereinfacht, transparenter gemacht und objektiviert, jedoch erschweren andere marktimmanente Mechanismen wie der Zwei-Ratings-Standard sowie die faktisch fehlende gerichtliche Überprüfbarkeit der Zulassungsentscheidung den Marktzugang weiterhin. Überdies provoziert der Ansatz einer besonderen Zulassung Tendenzen zur Überregulierung.

11. Während die *regulatory license*-Ansicht den bisherigen Erfolg der Ratingagenturen allein auf die mit der Zulassung erteilte Berechtigung zurückführt, regulatorische Bescheinigungen ausstellen zu dürfen, ist richtigerweise der *reputational capital*-Ansicht zu folgen, welche für das Bestehen der Agenturen das Marktkorrektiv der Reputation verantwortlich macht.

12. Aus regulatorisch-ökonomischer Sicht kann die Einführung ratingbezogener Regelungen zur Kapitalmarktregulierung die Allokationseffizienz der Märkte verbessern, die Anpassungsfähigkeit des Aufsichtssystems fördern, die Aufsichtsbehörde entlasten sowie eine flexiblere und feinere Regulierung ermöglichen. Aufgrund der dann staatlich vermittelten Bedeutung des Ratings würde eine sonst grundsätzlich denkbare Selbstregulierung nicht mehr ausreichen. Als Folge würde die besondere staatliche Zulassung und Beaufsichtigung der Agenturen sowie eine Mindeststandardisierung des Ratingverfahrens erforderlich. Zu empfehlen wäre eine Kombination aus privater Normgebung und staatlich durchsetzbarer Zulassungs- und Qualitätskontrolle („Kombinationsansatz").

13. Die Solvabilitätsverordnung enthält keine Regelungen zu dem Zeitrahmen, in dem der Antrag einer Ratingagentur auf Anerkennung für die Risikogewichtung im Rahmen von Basel II abgeschlossen sein muss. Hier könnten feste Bearbeitunsgfristen, etwa in Anlehnung an die Fristen des CRA Reform Act oder an § 40 Abs. 1 oder 2 GWB zur Rechts- und Planungssicherheit beitragen. Äußerst problematisch ist, dass die Solvabilitätsverordnung für eine Anerkennung maßgeblich auch auf das wenig konkrete, intransparente und subjektive Kriterium der Marktakzeptanz abstellt. Hier erscheint der Ansatz des CRA Reform Act, eine Mindestanzahl von *qualified institutional buyers* zu fordern, die sich bereits in der Vergangenheit der Ratings der um Anerkennung ersuchenden Agentur bedient haben, sachgerechter.

14. Die bei einer verstärkten regulatorischen Indienstnahme von Ratings über das im Rahmen der Solvabilitätsverordnung bestehende Maß hinaus unweigerlich erforderliche Überwachung der Ratingagenturen könnte die BaFin übernehmen. Bei den Zulassungskriterien könnte sie sich neben den in der Solvabilitätsverordnung festgelegten Kriterien auch an den Anforderungen des CRA Reform Act sowie der SEC hinsichtlich der Anerkennung als NRSRO orientieren. Jedoch sollte eine vorläufige Zulassung möglich sowie ein voller gerichtlicher Rechtsschutz gegeben sein. Bezüglich der Standardisierung des Ratingverfahrens kann auf die Empfehlungen des IOSCO-Kodexes zurückgegriffen werden. Die Standardisierung einer bestimmten qualitativen oder quantitativen Ratingmethodik muss aus Gründen der Qualitätssicherung jedoch unterbleiben.

15. Auch unter dem Gesichtspunkt des Anlegerschutzes sind Ratings als Anknüpfungspunkt zur Kapitalmarktregulierung geeignet. Zu begrüßen ist daher die Einführung ratingbezogener Regelungen für die Regulierung des erforderlichen Eigenkapitals der Kredit- und Finanzdienstleistungsinstitute durch Basel II. Zu empfehlen wäre darüber hinaus die Einführung

ratingbezogener Regelungen zur Regulierung der Kapitalanlage in Geldmarktfonds oder mündelsichere Papiere. Ebenso bestehen gegen die Einbeziehung von Ratings in *tombstone advertisements* oder anderen Werbemaßnahmen keine Bedenken. Jedoch sollte der Emittent bei Verwendung
eines Ratings zu Werbezwecken verpflichtet werden, sämtliche existierenden Bonitätsurteile zu veröffentlichen („wennschon-dennschon"-Ansatz).
Eine Pflicht, Ratingänderungen ad-hoc zu veröffentlichen, ist nicht erforderlich.

16. Kein Erfordernis besteht für die Einführung ratingbezogener Regelungen
    hinsichtlich der Regulierung oder Erleichterung von Publizitätspflichten
    bei der Zulassung von Wertpapieren zum Handel, da das deutsche Recht
    bereits über den U.S.-amerikanischen Ansatz hinausgeht und zu einer
    Korrektur kein Anlass besteht. Dies gilt insbesondere für die Regelungen
    zur grenzüberschreitenden Zulassung von Wertpapieren innerhalb des
    EWR, für die Vorschriften zum Basisprospekt, den Regelungen zur Mög-
    lichkeit, Prospektangaben in Form von Verweisen vorzunehmen, sowie
    für die Frage, wer als qualifizierter Anleger in Betracht kommt.

17. Abzulehnen ist die Indienstnahme des Ratings zur Verhinderung von
    Kurs- und Marktmanipulationen sowie des Insiderhandels, da es insofern
    an einem Sachzusammenhang fehlt. Ebenso ist aus Anlegerschutzgesichts-
    punkten auf Publizitätserleichterungen für Asset- oder Mortgage-Backed
    Securities mit einer bestimmten Mindestbonität zu verzichten. Derartige
    Erleichterungen sollten vielmehr von der Erfahrung der Anleger oder be-
    stimmten Transaktionstypen abhängig gemacht werden.

§ 13 Schlussbetrachtung

Die vorangegangene Untersuchung hat gezeigt, dass die von den Ratingagenturen erstellten Bonitätsbewertungen nicht nur einen enormen wirtschaftlichen Einfluss auf die Finanzierungs- und Investitionsprozesse der Emittenten und Investoren ausüben, sondern auch einen erheblichen Beitrag für die
Funktionsfähigkeit der Kapitalmärkte allgemein leisten. Bei einer sinnvollen
regulatorischen Indienstnahme durch den Gesetzgeber ermöglichen Ratings
eine flexiblere und feinere Regulierung des Kapitalmarkts und damit die Frei-
setzung von ansonsten gebundenem Kapital. Allerdings ist in diesem Zusammenhang auch deutlich geworden, dass einer Übernahme angloamerikani-
scher Blaupausen nicht zu schnell und unreflektiert das Wort geredet werden

sollte,[1157] sondern stattdessen bei der Verwendung ratingbezogener Regelungen sehr genau auf die Aussage und den Nutzen des Ratings im konkreten Fall abgestellt werden muss.

Grundsätzlich wird für die Zukunft von einer weiter steigenden Bedeutung des Ratingwesens vor allem in Europa und Asien auszugehen sein. Die Rahmenbedingungen für die unterschiedlichen Anbieter von Ratingdienstleistungen sind insgesamt günstig.[1158] So können die Ratingagenturen darauf setzen, dass immer mehr deutsche Unternehmen den internationalen Kapitalmarkt in Anspruch nehmen und zu diesem Zweck ein weltweit anerkanntes und vergleichbares Gütesiegel benötigen werden. In diesem Zusammenhang sind die jüngsten gesetzgeberischen Ergebnisse als Schritt in die richtige Richtung zu begrüßen. Wieder einmal haben hier der U.S.-amerikanische Gesetzgeber mit der Verabschiedung des CRA Reform Act und die SEC mit den in diesem Zusammenhang verabschiedeten weiteren Regelungen hinsichtlich der Festschreibung eines Zulassungsverfahrens für Ratingagenturen eine Vorreiterrolle übernommen. Wie die vorangegangene Untersuchung jedoch gezeigt hat, weist das Verfahren noch Defizite auf, welche der deutsche Gesetzgeber bei der Ausgestaltung des Anerkennungsverfahrens von Ratingagenturen im Rahmen der Solvabilitätsverordnung leider zum Teil übernommen hat. In Einzelfragen, wie zum Beispiel des Rückgriffs auf die Marktakzeptanz einer Agentur, hat er mit einer nach subjektiven Kriterien bestimmten Marktakzeptanz sogar auf Kriterien abgestellt, von denen sich der U.S.-amerikanische Gesetzgeber bereits bewusst gelöst hatte. Es bleibt zu hoffen, dass dies korrigiert wird.

Ob über die Umsetzung der Empfehlungen von Basel II hinaus zukünftig auch eine stärkere Verwendung des Ratings zu regulatorischen Zwecken erwartet werden darf, ist derzeit noch nicht abzusehen. So erwähnt die Kommission in ihrem im Dezember 2005 vorgelegten Weißbuch zur Finanzdienstleistungspolitik für die Jahre 2005 - 2010 die Ratingagenturen lediglich in dem Abschnitt „Bereiche, in denen derzeit keine neuen Rechtsvorschriften geplant sind".[1159] Zur Begründung hatte sie bereits in ihrem im Mai 2005 vorgelegten Grünbuch zur Finanzdienstleistungspolitik (2005 - 2010) ausgeführt, nur dann tätig werden zu müssen, wenn hiermit ein klarer wirtschaftlicher Nutzen für die Branche, die Märkte und die Verbraucher verbunden sei.[1160]

1157 So der Vorwurf von Müller, Die Bank 2001, S. 836 (837).
1158 So auch die Einschätzung der LZB Hessen, Finanzmarkt-Bericht (Nr. 40) 2001, S. 10.
1159 Europäische Kommission, Weißbuch, S. 16.
1160 Europäische Kommission, Grünbuch, COM (2005) 177, S. 11.

Offensichtlich sah die Kommission keinen Handlungsbedarf und wollte erst einmal die Erfahrungen mit der Umsetzung der Eigenkapitalvorschriften von Basel II sowie mit sonstigen (selbst-)regulativen Initiativen wie dem IOSCO-Kodex oder den CEBS-Leitlinien abwarten. Ob sich angesichts der Kritik an der Rolle der Ratingagenturen bei der Krise auf dem U.S.-amerikanischen Markt für zweitklassige Hypothekendarlehen im Sommer 2007 an dieser abwartenden Haltung etwas ändert, bleibt abzuwarten. So prüft die SEC derzeit, ob die Agenturen einem unlauteren Einfluss seitens der von dem jeweiligen Rating profitierenden Emittenten ausgesetzt waren.[1161] Ebenso hat die Europäische Kommission das CESR damit beauftragt, die Art und Weise der Geschäftsführung durch die Ratingagenturen umfassend zu untersuchen. Auch die IOSCO hat die Prüfung aufgenommen, ob der von ihr verabschiedete IOSCO-Kodex einer Überarbeitung bedarf.[1162] Mit ersten Ergebnissen dürfte nicht vor Frühjahr 2008 zu rechnen sein.

Festzuhalten bleibt, dass eine Überwachung der Ratingagenturen sowie die Verwendung ihrer Bonitätsurteile zur Regulierung des Kapitalmarkts nur mit einer sinnvollen regulatorischen Einbettung in das Aufsichtssystem Erfolg haben wird. Wie diese Arbeit unter anderem aufgezeigt hat, ist eine Standardisierung bestimmter Mindestanforderungen an die Agenturen eine wichtige und vertrauensbildende Voraussetzung für eine erfolgversprechende Verwendung von Ratings für regulatorische Zwecke. Daher ist ein Gelingen der vorgenannten Initiativen zur Regulierung der Ratingagenturen von entscheidender Bedeutung. Nur dann wird eine Verwendung des Ratings zur Regulierung des Kapitalmarkts den größtmöglichen Nutzen für alle Marktteilnehmer entfalten können.

1161 Cox, Testimony (Sept. 26, 2007); Westlake, 5 GRR (Issue 9) 1, 1 (2007).
1162 Westlake, 5 GRR (Issue 9) 1, 7 et seq. (2007).

Literaturverzeichnis

Achleitner, Ann-Kristin/Bassen, Alexander (Hrsg.), Investor Relations am Neuen Markt, Stuttgart 2001.

Achleitner, Ann-Kristin/Everling, Oliver (Hrsg.), Fondsrating, Wiesbaden 2003.

Achleitner, Ann-Kristin/Everling, Oliver (Hrsg.), Handbuch Ratingpraxis, Wiesbaden 2004.

Achleitner, Ann-Kristin/Everling, Oliver (Hrsg.), Versicherungsrating, Wiesbaden 2005.

Achleitner, Ann-Kristin/Thoma, Georg F. (Hrsg.), Handbuch Corporate Finance, Loseblatt, Stand: 20. Erg.-Lfg. (November 2005), 2. Aufl., Köln 2001.

Ackermann, Ulrich/Jäckle, Joachim, Ratingverfahren aus Emittentensicht, BB 2006, S. 878.

Adams, Charles/Mathieson, Donald J./Schinasi, Garry, International Capital Markets Developments, Prospects, and Key Policy Issues, International Monetary Fund Survey, Washington, D.C. 1999.

Ahmad, Massita, Need for Common Rating in Asian Bond Market, Malaysia Economic News, 30 March 2004, LEXIS, ohne Seitenangabe.

Akerlof, George A., The Market for "Lemons": Quality Uncertainty and the Market Mechanism, 84 Q. J. Econ. 488 (1970).

Alberta Securities Commission, Rule 71-801, Implementing the Multijurisdictional Disclosure System under NI 71-101 *(http://www.albertasecurities.com/dms/1144/1211/1339_rule71-801.pdf)* (zuletzt besucht: 11.11.2007).

Altman, Edward I. (Ed.), Handbook of Financial Markets and Institutions, 6th ed., New York, NY 1987.

Altman, Edward I., Measuring Corporate Bond Mortality and Performance, 44 J. Fin. 909 (1989).

Altman, Edward I./Nammacher, Scott, A., The Default Rate Experience on High-Yield Corporate Debt, 41 Fin. Analysts J. 25 (1985).

Altman, Edward I./Rijken, Herbert A., How Rating Agencies Achieve Rating Stability, 28 J. Banking & Fin. 2679 (2004).

Altman, Edward I./Rijken, Herbert A., The Impact of the Rating Agencies' Through-the-cycle Methodology on Rating Dynamics, 34 Econ. Notes 127 (2005).

Altman, Edward I./Saunders, Anthony, The Role of Credit Ratings in Bank Capital, in: Levich et al. (Eds.), Ratings, Rating Agencies and the Global Financial System, p. 99.

Amato, Jeffery D./Furfine, Craig H., Are Credit Ratings Procyclical?, 28 J. Banking & Fin. 2641 (2004).

Amihud, Yakov/Garbade, Kenneth/Kahan, Marcel, A New Governance Structure for Corporate Bonds, 51 Stan. L. Rev. 447 (1999).

Amling, Frederick/Droms, William G., Investment Fundamentals, Orlando, FL 1994.

Ammer, John/Clinton, Nathanael, Good News Is No News? The Impact of Credit Rating Changes on the Pricing of Asset-Backed Securities, Int'l Fin. Disc. Papers No. 809, Board of Governors of the Federal Reserve System, Washington, D.C. 2004.

Ammer, John/Packer, Frank, How Consistent are Credit Ratings? A Geographic and Sectoral Analysis of Default Risk, Int'l Fin. Disc. Papers No. 668, Board of Governors of the Federal Reserve System, Washington, D.C. 2000.

Ang, James S./Patel, Kiritkumar A., Bond Rating Methods: Comparison and Validation, 30 J. Fin. 631 (1975).

Antle, Rick, Auditor Independence, 22 J. Acct. Res. 1 (1984).

Arendts, Martin, Die Nachforschungspflichten des Anlageberaters über die von ihm empfohlene Kapitalanlage, DStR 1997, S. 1649.

Arnold, Wolfgang, Die neuen Baseler Regelungen werden nicht per se zu einer Verteuerung der Kreditvergabe führen, ZKredW 2001, S. 168.

Arnold, Wolfgang/Boos, Karl-Heinz, Basel II – Einzel- und gesamtwirtschaftliche Aspekte, Die Bank 2001, S. 712.

Artus, Patrick/Garrigues, Jean/Sassenou, Mohamed, Interest Rate Costs and Issuer Ratings: The Case of French CP and Bonds, 7 J. Int'l Sec. Markets 211 (1993).

Asia Pulse (o.V.), ASEAN Rating Bodies Meet to Discuss Standardisation, 10 July 1997, Nationwide Financial News, LEXIS, ohne Seitenangabe.

Asia Pulse (o.V.), Malaysian Expert Calls for All-Asia Credit Rating System, 4 December 1997, Nationwide Financial News, LEXIS, ohne Seitenangabe.

Asian Development Bank, ADB to Host ASEAN Rating Agencies Conference, News Release No. 119/95 (October 27, 1995) *(http://www.adb.org/documents/news/1995/nr1995119.asp)* (zuletzt besucht: 11.11.2007).

Asian Development Bank (Ed.), Harmonization of Bond Market Rules and Regulation in Selected APEC Economies, Manila 2003.

Asian Development Bank, 2003 Annual Report, Manila 2004.

Asian Development Bank (Ed.), Development of Regional Standards for Asian Credit Rating Agencies, Manila 2004.

Asian Development Bank (Ed.), Technical Assistance for Capacity Building of Selected Credit Rating Agencies in Asia – Phase III, Manila 2004.

Asmussen, Jörg, Rating-Agenturen und Finanzaufsicht, BFuB 2005, S. 246.

Assmann, Heinz-Dieter, Die Regelung der Primärmärkte für Kapitalanlagen mittels Publizität im Recht der Europäischen Gemeinschaft, AG 1993, S. 549.

Assmann, Heinz-Dieter, Das neue deutsche Insiderrecht, ZGR 1994, S. 494.

Assmann, Heinz-Dieter/ Buck, Petra, Europäisches Kapitalmarktrecht, EWS 1990, S. 110, S. 190 und S. 220.

Assmann, Heinz-Dieter/ Lenz, Jürgen/ Ritz, Corinna, Verkaufsprospektgesetz-Kommentar, Köln 2001.

Assmann, Heinz-Dieter/ Schneider, Uwe H. (Hrsg.), Wertpapierhandelsgesetz, 3. Aufl., Köln 2003.

Assmann, Heinz-Dieter/ Schneider, Uwe H. (Hrsg.), Wertpapierhandelsgesetz, 4. Aufl., Köln 2006.

Assmann, Heinz-Dieter/ Schütze, Rolf A. (Hrsg.), Handbuch des Kapitalanlagerechts, 2. Aufl., Stand: 2. Erg.-Lfg. (Januar 2001), München 1997.

Azmy, Baher, Squaring the Predatory Lending Circle: A Case for States as Laboratories of Experimentation, 57 Fla. L. Rev. 295 (2005).

Baas, Volker, Die FSA – eine neue Aufsichtsbehörde für neue Herausforderungen, Die Bank 2001, S. 828.

Baird, Douglas G./ Gertner, Robert H./ Picker, Randal C., Game Theory and the Law, 2nd prtg., Cambridge 1995.

Baker, H. Kent/ Mansi, Sattar A., Assessing Credit Rating Agencies by Bond Issuers and Investors, 29 J. Bus. Fin. & Acct. 1367 (2002).

Balzer, Arno/ Ehren, Harald, Prüfer auf der Watchlist, managermagazin 1998, Heft Nr. 3, S. 64.

Balzer, Peter, Bankrechtstag 2004 der Bankrechtlichen Vereinigung e.V. am 25. Juni 2004 in Berlin, ZBB 2004, S. 329.

Banoff, Barbara Ann, Regulatory Subsidies, Efficient Markets, and Shelf Registration: An Analysis of Rule 415, 70 Va. L. Rev. 135 (1984).

Bär, Hans Peter, Asset Securitisation, 3. Aufl., Bern 2000.

Barnard, Jayne W., Rule 10b-5 and the "Unfitness" Question, 47 Ariz. L. Rev. 9 (2005).

Barnea, Amir/ Haugen, Robert A./ Senbet, Lemma W., Agency Problems and Financial Contracting, Englewood Cliffs, NJ 1985.

Baron, Neil D./Murch, Leah W., Statutory and Regulatory Uses of Ratings in the United States and Other Jurisdictions, Fitch Investors Service, Ltd. (Ed.), New York, NY 1993.

Bartz, Ralf, Emissionsgeschäft, in: Derleder/Knops/Bamberger (Hrsg.), Handbuch zum deutschen und europäischen Bankrecht, Kapitel IV, § 50, S. 1265.

Basel Committee on Banking Supervision (Ed.), Credit Ratings and Complementary Sources of Credit Quality Information, Working Paper No. 3, Basel 2000 (http://www.bis.org/publ/bcbs_wp3.pdf) (zuletzt besucht: 11.11.2007).

Basel Committee on Banking Supervision, International Convergence of Capital Measurement and Capital Standards: a Revised Framework, Basel, June 2004 *(http://www.bis.org/publ/bcbs107.pdf)* (zuletzt besucht: 11.11.2007).

Basel Committee on Banking Supervision, International Convergence of Capital Measurement and Capital Standards: a Revised Framework, Basel, November 2005 (http://www.bis.org/publ/bcbs118.pdf) (zuletzt besucht: 11.11.2007).

Basel Committee on Banking Supervision, History of the Basel Committee and its Membership, Basel, October 2004 *(http://www.bis.org/bcbs/history.pdf)* (zuletzt besucht: 11.11.2007).

Batson, Neal (Court-Appointed Examiner), Second Interim Report, In re Enron Corp., No. 01-16034 (AJG) (Bankr. S.D.N.Y.; January 21, 2003).

Baudenbacher-Tandler, Doris, Schutz vor neuen Anlegerrisiken, St. Gallen 1988.

Baum, Harald/Breidenbach, Stephan, Die wachsende Verflechtung der Wertpapiermärkte und die Regelungspolitik der U.S. Securities and Exchange Commission, WM 1990, Sonderbeilage Nr. 6, S.1.

Baums, Theodor, Asset-Backed Finanzierungen im deutschen Wirtschaftsrecht, WM 1993, S. 1.

Beaver, William H./Shakespeare, Catherine/Soliman, Mark T., Differential Properties in the Rating of Certified Versus Non-certified Bond-rating Agencies, 42 J. Acct. & Econ. 303 (2006).

Becker, Axel/Gruber, Walter, MaK – wesentliche Eckpunkte der neuen Verlautbarung, ZKredW 2002, S. 862.

Becker, Gernot M., Herausforderungen an das Kreditgeschäft: MAK und Basel II, Kredit & Rating Praxis 5/2002, S. 17.

Behr, Patrick/Güttler, André, The Informational Content of Unsolicated Ratings, ebs Working Paper, Reichartshausen 2007, SSRN *(http://ssrn.com/abstract=724881)* (zuletzt besucht: 11.11.2007).

Behrens, Gary Alexander, Risikokapitalbeschaffung und Anlegerschutz im Aktienrecht und Kapitalmarktrecht, Hamburg 2003.

Behrenwaldt, Udo, Funktionen des Rating für Anleger, in: Büschgen/Everling (Hrsg.), Handbuch Rating, S. 291.

Beiker, Hartmut, Überrenditen und Risiken kleiner Aktiengesellschaften – Eine theoretische und empirische Analyse des deutschen Aktienmarktes von 1966 bis 1989, Köln 1993.

Benston, George J./Smith Jr., Clifford W., A Transaction Cost Approach to the Theory of Financial Intermediation, 31 J. Fin. 215 (1976).

Berblinger, Jürgen, Marktakzeptanz des Rating durch Qualität, in: Büschgen/ Everling (Hrsg.), Handbuch Rating, S. 21.

Berblinger, Jürgen, Investoren können einfach und schnell die Güte von Anleihen vergleichen, Handelsblatt vom 05.05.1997, S. 44.

Berblinger Jürgen, Die zukünftige Rolle der Rating-Agenturen, in: Pfingsten (Hrsg.), Strategien, Strukturen und Steuerungsansätze im Kreditwesen, Münsteraner Bankentage 2000, S. 63.

Bernstorff, Christoph Graf von, Entwicklungen des Auslandskreditgeschäfts, RIW 1990, S. 517.

Bertschinger, Urs, Rechtsprobleme rund um Ratings und Ratingagenturen, in: Nobel (Hrsg.), Aktuelle Rechtsprobleme des Finanz- und Börsenplatzes Schweiz, S. 87.

Beyer, Hans-Joachim, Überlegungen zur Abschaffung der §§ 795/808a BGB – Nachlese zur Anhörung im Bundesjustizministerium, Der langfristige Kredit 1989, S. 456.

Bhanot, Karan/Mello, Antonio S., Should Corporate Debt Include a Rating Trigger?, 79 J. Fin. Econ. 69 (2006).

Bierbaum, Detlef/Feinen, Klaus (Hrsg.), Festschrift für Hans E. Büschgen zum 65. Geburtstag, Wiesbaden 1997.

Billingsley, Randall S./Lamy, Robert E./Marr, M. Wayne, Split Ratings and Bond Reoffering Yields, 14 Fin. Mgmt. 59 (1985).

Binder, Jens-Hinrich, Die geplante deutsche Allfinanzaufsicht und der britische Prototyp – ein vergleichender Blick auf den deutschen Referentenentwurf, WM 2001, S. 2230.

Black, Bernard S., The Legal and Institutional Preconditions for Strong Securities Markets, 48 UCLA L. Rev. 781 (2001).

Black, Julia, Constitutionalising Self-Regulation, 59 Mod. L. Rev. 24 (1996).

Blaurock, Uwe, Verantwortlichkeit von Ratingagenturen – Steuerung durch Privat- oder Aufsichtsrecht?, ZGR 2007, S. 603.

Bodie, Zvi/Kane, Alex/Marcus, Alan J., Investments, 6th ed., New York, NY 2005.

Boehm-Bezing, Carl-Ludwig von, Auswirkungen des Baseler Akkords auf das Finanzierungsverhalten der deutschen Industrie aus Sicht der Banken, WM 2000, S. 1001.

Bofinger, Peter, Monetary Policy, Oxford 2001.

Böhlhoff, Klaus, Kriterien und Methoden einer Regulierung der internationalen Kapital- und Wertpapiermärkte, in: Kübler u.a. (Hrsg.), Festschrift für Theodor Heinsius zum 65. Geburtstag, S. 49.

Bonsall, David (Ed.), Securitisation, New York, NY 1990.

Boos, Karl-Heinz/Fischer, Reinfrid/Schulte-Mattler, Hermann (Hrsg.), Kommentar zu Kreditwesengesetz und Ausführungsvorschriften, 2. Aufl., München 2004.

Boos, Karl-Heinz/Schulte-Mattler, Hermann, Basel II: Externes und internes Rating, Die Bank 2001, S. 346.

Boot, Arnoud W.A./Milbourn, Todd T./Schmeits, Anjolein B., Credit Ratings as Coordination Mechanisms, European Finance Association, 2004 Maastricht Meetings Paper No. 2979, Maastricht 2004.

Borchert, Manfred, Geld und Kredit, 8. Aufl., München 2003.

Börsensachverständigenkommission beim Bundesministerium der Finanzen, Standpunkte zur künftigen Regelung von Unternehmensübernahmen, Bonn 1999.

Bottini, Francis A., An Examination of the Current Status of Rating Agencies and Proposals for Limited Oversight of such Agencies, 30 San Diego L. Rev. 579 (1993).

Breuer, Rolf-E., Zur Idee eines europäischen Rating, WM 1991, S. 1109.

Breuer, Rolf-E., Die Bedeutung des Rating am Kapitalmarkt, in: Engels (Hrsg.), Anlegerschutz und Vertrauensbildung an Finanzmärkten, S. 75.

Breuer, Rolf-E., Europäische Währungsunion und Kapitalmärkte, Die Bank 1998, S. 328.

Breuer, Wolfgang/Gürtler, Marc/Schumacher, Frank, Portfoliomanagement I, 2. Aufl., Wiesbaden 2004.

Brezski, Eberhard/Claussen, Carsten P./Korth, H.-Michael, Rating – Basel II und die Folgen, Stuttgart 2004.

Brezski, Eberhard/Kinne, Konstanze, Finanzmanagement und Rating kompakt, Stuttgart 2004.

Brink, Manfred ten, Ratingverfahren aus Sicht der beurteilten Bank, in: Büschgen/Everling (Hrsg.), Handbuch Rating, S. 273.

Brinkhaus, Josef/Scherer, Peter (Hrsg.), Gesetz über Kapitalanlagegesellschaften, Kommentar, München 2003.

British Columbia Securities Commission, Rule 71-801, Implementing the Multijurisdictional Disclosure System Under National Instrument 71-101 *(http://www.bcsc.bc.ca/policy.asp?id=1351)* (zuletzt besucht: 11.11.2007).

Brocker, Lars, Bankenaufsicht, in: Derleder/Knops/Bamberger (Hrsg.), Handbuch zum deutschen und europäischen Bankrecht, Kapitel V, § 56, S. 1419.

Brödermann, Eckart/Dietze, Philipp von/Stroomann, Dirk J. (Hrsg.), Fit für 2006, Hamburg 2003.

Broich, Christoph, Asia-Pacific Economic Cooperation, Berlin 2005.

Brown, Charles D., Comments on Securities Act Release No. 8570, Comment File No. S7-04-05 (June 9, 2005) *(http://www.sec.gov/rules/proposed/s70405/fitch060905.pdf)* (zuletzt besucht: 11.11.2007).

Brühl, Tanja/Debiel, Tobias/Hamm, Brigitte/Hummel, Hartwig/Martens, Jens (Hrsg.), Die Privatisierung der Weltpolitik – Entstaatlichung und Kommerzialisierung im Globalisierungsprozess, Bonn 2001.

Buchholz, Angelika, In amerikanischer Hand, Wirtschaftswoche Nr. 22 vom 26.05.1989, S. 106.

Budäus, Dietrich/Gerum, Elmar/Zimmermann, Gebhard (Hrsg.), Betriebswirtschaftslehre und Theorie der Verfügungsrechte, Wiesbaden 1988.

Bürgers, Tobias, Das Anlegerschutzverbesserungsgesetz, BKR 2004, S. 424.

Büschgen, Hans E., Finanzinnovationen, ZfB 1986, S. 301.

Büschgen, Hans E., Entwicklungsphasen des internationalen Bankgeschäfts, in: Büschgen/Richolt (Hrsg.), Handbuch des internationalen Bankgeschäfts, S. 1.

Büschgen, Hans E./Börner, Christoph J., Bankbetriebslehre, 4. Aufl., Stuttgart 2003.

Büschgen, Hans E./Everling, Oliver (Hrsg.), Handbuch Rating, Wiesbaden 1996.

Büschgen, Hans E./Everling, Oliver (Hrsg.), Handbuch Rating, 2. Aufl., Wiesbaden, 2007.

Büschgen, Hans E./Richolt, Kurt (Hrsg.), Handbuch des internationalen Bankgeschäfts, Wiesbaden 1989.

Bundesanstalt für Finanzdienstleistungsaufsicht, Hinweise zur Anlage des gebundenen Vermögens von Versicherungsunternehmen (§ 54 VAG, §§ 1 ff. Anlageverordnung), Rundschreiben 29/2002 (VA) vom 12.12.2002, Bonn 2002.

Bundesanstalt für Finanzdienstleistungsaufsicht, Mindestanforderungen an das Kreditgeschäft (MaK), Rundschreiben 34/2002 (BA) vom 20.12.2002, Bonn 2002.

Bundesanstalt für Finanzdienstleistungsaufsicht, Jahresbericht der Bundesanstalt für Finanzdienstleistungsaufsicht 2003, Teil A, Frankfurt a.M. 2004.

Bundesanstalt für Finanzdienstleistungsaufsicht, Umfrage zur Umsetzung der Basler Ansätze, zitiert nach: Everling, Rating News, Kredit & Rating Praxis 2/2004, S. 4.

Bundesanstalt für Finanzdienstleistungsaufsicht, Emittentenleitfaden der BaFin, Stand: 15. Juli 2005, Frankfurt a.M. 2005.

Bundesanstalt für Finanzdienstleistungsaufsicht, Hinweise zur Anlage des gebundenen Vermögens von Versicherungsunternehmen (§ 54 VAG, §§ 1 ff. Anlageverordnung), Rundschreiben 15/2005 (VA) vom 20.08.2005, Bonn 2005.

Bundesanstalt für Finanzdienstleistungsaufsicht, Für die Geldanlage von Bausparkassen geeignete „andere Schuldverschreibungen" im Sinne des § 4 Abs. 3 Nr. 5 BSpKG, Schreiben an die Bausparkassenverbände vom 16.11.2005, Bonn 2005.

Bundesanstalt für Finanzdienstleistungsaufsicht, Merkblatt v. 22.01.2007 zur Anerkennung von Ratingagenturen für die Risikogewichtung nach der Solvabilitätsverordnung (SolvV), Frankfurt/Bonn 2007.

Bundesministerium der Finanzen, Pressemitteilung Nr. 35/2003 vom 06.03.2003: Stärkung des Finanzplatzes Deutschland durch den Finanzmarktförderplan 2006, Berlin 2003.

Bundesministerium der Justiz, Pressemitteilung Nr. 10/2003 vom 25.02.2003: Bundesregierung stärkt Anlegerschutz und Unternehmensintegrität, Berlin 2003.

Bundesverband der deutschen Industrie e.V., Stellungnahme des BDI zum CESR-Konsultationspapier zu einer möglichen Regulierung von Ratingagenturen, Brief an Ingrid Bonde, Director General of the Swedish Finansinspektionen vom 18.01.2005, Berlin 2005.

Bundesverband deutscher Banken e.V., Banken 2004 – Fakten, Meinungen, Perspektiven, Berlin 2004.

Bunemann, Michael L., Ist das Rating internationaler Anleiheemissionen auf den deutschen Markt übertragbar?, in: Krümmel/Rudolph (Hrsg.), Finanzintermediation und Risikomanagement, S. 199.

Bushee, Brian J./Leuz, Christian, Economic Consequences of SEC Disclosure Regulation, Wharton Working Paper No. 02-24-B, Philadelphia 2003 *(http://fic.wharton.upenn.edu/fic/papers/02/0224.pdf)* (zuletzt besucht: 11.11. 2007).

Business Times Malysia (o.V.), RAM to Hold Workshop, 9 March 1996, Companies/Markets, p. 7.

Cadwalader, Wickersham & Taft LLP (Attorneys), Brief an Jonathan G. Katz (Secretary, Securities and Exchange Commission) vom 03.08.1992, Comment File No. S7-12-92, zitiert nach: Rhodes, 20 Seton Hall Legis. J. 293, 348 n.316 (1996).

Campbell, Dennis (Ed.), Globalization of Capital Markets, London 1996.

Cannan, Edwin (Ed.), Lectures on Justice, Police, Revenue, and Arms by Adam Smith, reported by a student in 1763, edited 1896, reprinted New York, NY 1964.

Cantor, Richard, Editorial – An Introduction to Recent Research on Credit Ratings, 28 J. Banking & Fin. 2565 (2004).

Cantor, Richard/Mann, Christopher, Are Corporate Bond Ratings Procyclical?, Moody's Investors Service (Ed.), Special Comment, New York, NY 2003.

Cantor, Richard/Packer, Frank, The Credit Rating Industry, 19 FRBNY Q. Rev. 1 (Summer-Fall 1994).

Cantor, Richard/Packer, Frank, Multiple Ratings and Credit Standards: Differences of Opinion in the Credit Rating Industry, 12 FRBNY Staff Rep. 1 (April 1996).

Cantwell, Joseph, Managing Credit Ratings and Rating Agency Relationships, Treasury Mgmt. Assn. J. 14 (November/December 1998).

Caspari, Karl-Burkhard, Die geplante Insiderregelung in der Praxis, ZGR 1994, S. 530.

Caspari, Karl-Burkhard, Allfinanzaufsicht in Europa, Zentrum für Europäisches Wirtschaftsrecht, Vorträge und Berichte, Nr. 137, Bonn 2003.

Chambers, A./Penman, S., Timeliness of Reporting and the Stock Price Reaction to Earnings Announcements, 22 J. Acct. Res. 21 (1984).

Chevalier, Judith/Ellison, Glenn, Career Concerns of Mutual Fund Managers, 114 Q. J. Econ. 389 (1999).

Choi, Stephen, Market Lessons for Gatekeepers, 92 Nw. U. L. Rev. 916 (1998).

Christians, F. Wilhelm (Hrsg.), Finanzierungshandbuch, 2. Aufl., Wiesbaden 1988.

Claussen, Carsten P., Das neue Börsenaufsichtsrecht, DB 1994, S. 969.

Claussen, Carsten P., Bank- und Börsenrecht, 3. Aufl., München 2003.

Cleary, Gottlieb, Steen & Hamilton LLP (Attorneys), Brief an Jonathan G. Katz (Secretary, Securities and Exchange Commission) vom 06.08.1992, Comment File No. S7-12-92, zitiert nach: Rhodes, 20 Seton Hall Legis. J. 293, 347 n.307 (1996).

Coase, Ronald H., The Problem of Social Cost, 3 J.L. & Econ. 1 (1960).

Coffee Jr., John C., Market Failure and the Economic Case for a Mandatory Disclosure System, 70 Va. L. Rev. 717 (1984).

Coffee Jr., John C., Privatization and Corporate Governance: The Lessons from Securities Market Failure, 25 Iowa J. Corp. L. 1 (1999).

Coffee Jr., John C., Racing Towards the Top?: The Impact of Cross-Listings and Stock Market Competition on International Corporate Governance, 102 Colum. L. Rev. 1757 (2002).

Coffee Jr., John C., What Caused Enron?: A Capsule Social and Economic History of the 1990s, 89 Cornell L. Rev. 269 (2004).

Coffee Jr., John C./Seligman, Joel/Sale, Hillary A., Securities Regulation, 10th ed., New York, NY 2007.

Cohen, Milton H., "Truth in Securities" Revisited, 79 Harv. L. Rev. 1340 (1966).

Committee of European Banking Supervisors, Consultation Paper on the Recognition of External Credit Assessment Institutions, CP07, 29 June 2005, London 2005.

Committee of European Banking Supervisors, CEBS Guidelines on the Recognition of External Credit Assessment Institutions, GL07, 20 January 2006, London 2006.

Committee of European Securities Regulators, CESR's Advice on Level 2 Implementing Measures for the proposed Market Abuse Directive, CESR/02-089d, Paris 2002.

Committee of European Securities Regulators, CESR's Technical Advice to the European Commission on Possible Measures Concerning Credit Rating Agencies – Consultation Paper, CESR/04-612b, Paris 2004.

Committee of European Securities Regulators, CESR's Technical Advice to the European Commission on Possible Measures Concerning Credit Rating Agencies, CESR/05-139b, Paris 2005.

Contzen, Ernst Wilhelm, Die internationalen Finanzmärkte 1998, Die Bank 1999, S. 36.

Corbet, Kathleen A., Comments on Securities Act Release No. 8570, Comment File No. S7-04-05 (June 9, 2003) *(http://www.sec.gov/rules/proposed/s70405/standardpoors060905.pdf)* (zuletzt besucht: 11.11.2007).

Cormier, Renaud, Credit Cliff Dynamic: When Rating Agencies Pull the Trigger, 21-3 Am. Bankr. Inst. J. 16 (2002).

Cornell, Bradford/Landsman, Wayne/Shapiro, Alan C., Cross-Sectional Regularities in the Response of Stock Prices to Bond Rating Changes, 4 J. Acct. Auditing & Fin. 460 (1989).

Covitz, Daniel M./Harrison, Paul, Testing Conflicts of Interest at Bond Ratings Agencies with Market Anticipation: Evidence that Reputation Incentives Dominate, Finance and Economics Discussion Series 2003, FRB Papers, Washington, D.C. 2003.

Cox, Christopher, Testimony before the U.S. Senate Committee on Banking, Housing and Urban Affairs: The Role and Impact of the Credit Rating Agencies on the Subprime Credit Markets (September 26, 2007) *(http://www.sec.gov/news/testimony/2007/ts092607cc.htm)* (zuletzt besucht: 11.11.2007).

Cox, James D., Markets and Information Gathering in an Electronic Age: Securities Regulation in the 21st Century: The Fundamentals of an Electronic-Based Federal Securities Act, 75 Wash. U. L.Q. 857 (1997).

Creighton, Adam/Gower, Luke/Richards, Anthony, The Impact of Rating Changes in Australian Financial Markets, RBA Res. Disc. Paper 2004-02, Sydney 2004.

Crüwell, Christoph, Die europäische Prospektrichtlinie, AG 2003, S. 243.

Dale, Richard S./Thomas, Steven H., The Regulatory Use of Credit Ratings in International Financial Markets, 5 J. Int'l Sec. Markets 9 (1991).

Dalla, Ismail, Harmonization of Bond Market Rules and Regulation in Selected APEC Economies, Asian Development Bank (Ed.), Manila 2003.

Dambach, Hermann T., Expansiver High Yield Bond-Markt, Die Bank 1998, S. 658.

Damrau, Jan, Selbstregulierung im Kapitalmarktrecht, Berlin 2003.

Däubler, Wolfgang, Unternehmensrating – ein Rechtsproblem?, BB 2003, S. 429.

De Angelo, Linda E., Auditor Size and Audit Quality, 3 J. Acct. & Econ. 183 (1981).

Deckert, Martina R., Zur Methodik der Folgenantizipation in der Gesetzgebung, ZG 1995, S. 240.

Dehlinger, Klaus-Dieter, Vertragliche Marktsegmentregulierung an Wertpapierbörsen, Baden-Baden 2003.

Deipenbrock, Gudula, Externes Rating – „Heilsversprechen für internationale Finanzmärkte"?, BB 2003, S. 1849.

Deipenbrock, Gudula, Aktuelle Rechtsfragen zur Regulierung des Ratingwesens, WM 2005, S. 261.

Deipenbrock, Gudula, Was ihr wollt oder der Widerspenstigen Zähmung? – Aktuelle Entwicklungen der Regulierung von Ratingagenturen im Wertpapierbereich, BB 2005, S. 2085.

Deipenbrock, Gudula, Ausgewählte Rechtsaspekte einer „Anerkennung" von Ratingagenturen im Rahmen der Umsetzung der Basel II-Übereinkunft in europäisches Recht, WM 2006, S. 2237.

Dering, Jeanne M., Comments on Securities Act Release No. 8570, Comment File No. S7-04-05 (June 9, 2005) *(http://www.sec.gov/rules/proposed/s70405/moodyis060905.pdf)* (zuletzt besucht: 11.11.2007).

Derleder, Peter/Knops, Kai-Oliver/Bamberger, Heinz Georg (Hrsg.), Handbuch zum deutschen und europäischen Bankrecht, Berlin 2004.

Detrez, Hans-Werner, Wachsende Bedeutung von Länderratings als Folge von Basel II, Kredit & Rating Praxis 1/2003, S. 6.

Deutsche Bundesbank, Die Aktie als Anlage- und Finanzierungsinstrument, Monatsbericht Januar 1997, Frankfurt a.M. 1997.

Deutsche Bundesbank, Beurteilung der Bonität von Unternehmen durch die deutsche Bundesbank im Rahmen der Refinanzierung deutscher Kreditinstitute, Frankfurt a.M. 2004.

Deutsche Bundesbank, Monatsbericht April 2004, Frankfurt a.M. 2004.

Deutsche Bundesbank, Monatsbericht September 2004, Frankfurt a.M. 2004.

Deutscher Bundestag, Entwurf eines Gesetzes über den Wertpapierhandel und zur Änderung börsenrechtlicher und wertpapierrechtlicher Vorschriften (Zweites Finanzmarktförderungsgesetz), 12. Wahlperiode, BT-Drucks. 12/6679 vom 27.01.1994.

Deutscher Bundestag, Entwurf eines Gesetzes zur weiteren Fortentwicklung des Finanzplatzes Deutschland (Viertes Finanzmarktförderungsgesetz), 14. Wahlperiode, BT-Drucks. 14/8017 vom 18.01.2002.

Deutscher Bundestag, Entwurf eines Gesetzes zur Verbesserung des Anlegerschutzes (Anlegerschutzverbesserungsgesetz – AnSVG), 15. Wahlperiode, BT-Drucks. 15/3174 vom 24.05.2004.

Deutscher Investor Relations Kreis e.V. (Hrsg.), Handbuch Investor Relations, Wiesbaden 2004.

Deysson, Christian, Näher am Markt, Wirtschaftswoche Nr. 16 vom 15.04.1988, S. 122.

Diamond, Douglas W., Financial Intermediation and Delegated Monitoring, 51 Rev. Econ. Studies 393 (1984).

Diamond, Douglas W., Reputation Acquisition in Debt Markets, 97 J. Pol. Econ. 828 (1989).

Diehl, Ulrike, Effiziente Kapitalmarktkommunikation, Stuttgart, 1998.

Dietl, Clara-Erika/Lorenz, Egon, Wörterbuch für Recht, Wirtschaft und Politik, Teil I: Englisch-Deutsch, 6. Aufl., München 2000.

Dietz, Albrecht/Fischer, Thomas R./Kohlhaussen, Martin/Köpfler, Thilo/Kranz, Michael/Mathes, Manfred/Neuber, Friedel/Reuter, Wolfgang/Schuster, Leo/Thiemann, Bernd/Wetzel, Joachim H. (Hrsg.), Gespräch des Tages: Basel II – Neuer Rating-Wettbewerb, ZKredW 2001, S. 1196.

Dimitrakopoulos, Dimitrios/Spahr, Roland, Ablauf des Ratingverfahrens bei internationalen Ratingagenturen, in: Achleitner/Everling (Hrsg.), Handbuch Ratingpraxis, S. 211.

Disselbeck, Kai, Basel II: Rien ne va plus?, ZKredW 2003, S. 552.

Dittrich, Fabian, The Credit Rating Industry: Competition and Regulation, Köln 2007.

Dittrich, Kurt Peter, Die Privatplazierung im deutschen Kapitalmarktrecht, Frankfurt a.M. 1998.

Dombalagian, Onnig H., Demythologizing the Stock Exchange: Reconciling Self-Regulations and the National Market System, 39 U. Rich. L. Rev. 1069 (2005).

Dombret, Andreas R., Securitization, ZKredW 1987, S. 326.

Dombret, Andreas R., Die Verbriefung als innovative Finanzierungstechnik, 2. Aufl., Frankfurt a.M. 1988.

Donald, David C., Die Entwicklung der US-amerikanischen Corporate Governance nach Enron, WM 2003, S. 705.

Donnan, Frank, Self-Regulation and the Demutualisation of the Australian Stock Exchange, 10 Austl. J. Corp. L. 1 (1999).

Dreyling, Georg M./Schäfer, Frank A., Insiderrecht und Ad-hoc-Publizität: Praxis und Entwicklungstendenzen, Köln 2001.

Düsterlho, Jens-Eric von/Pöhlsen, Mike, Credit-Rating, in: Deutscher Investor Relations Kreis e.V. (Hrsg.), Handbuch Investor Relations, S. 419.

Dykstra, Paul H., Disclosure of Security Ratings in SEC Filings, 78 Det. C.L. Rev. 545 (1978).

Easterbrook, Frank H./Fishel, Daniel R., Mandatory Disclosure and the Protection of Investors, 70 Va. L. Rev. 669 (1984).

Ebenroth, Carsten Thomas/Daum, Thomas, Die rechtlichen Aspekte des Ratings von Emittenten und Emissionen, WM 1992, Sonderbeilage Nr. 5, S. 1.

Ebenroth, Carsten Thomas/Dillon Jr., Thomas J., The Rating Game: An Analysis of the Liability of Rating Agencies in the United States, 8 J. Int'l Banking L. 174 (1993).

Ebenroth, Carsten Thomas/Dillon Jr., Thomas J., The International Rating Game: An Analysis of the Liability of Rating Agencies in Europe, England, and the United States, 24 Law & Pol'y Int'l Bus. 783 (1993).

Ebenroth, Carsten Thomas/Koos, Stefan, Juristische Aspekte des Rating, in: Büschgen/Everling (Hrsg.), Handbuch Rating, S. 483.

Ederington, Louis H., Why Split Ratings Occur, 15 Fin. Mgmt. 37 (1986).

Ederington, Louis H./Goh, Jeremy C., Bond Rating Agencies and Stock Analysts: Who Knows What When?, 33 J. Fin. & Quant. Analysis 569 (1998).

Ederington, Louis H./Goh, Jeremy C./Nelson, Jacob, Bond Rating Agencies and Stock Analysts: Who Knows What When?, U. Okla. Working Paper, October 1996, SSRN *(http://ssrn.com/abstract=940)* (zuletzt besucht: 11.11.2007).

Ederington, Louis H./Yawitz, Jess B., The Bond Rating Process, in: Altman (Ed.), Handbook of Financial Markets and Institutions, § 23.1

Egbers, Bernd, Die Möglichkeit einheitlicher Eigenmittelvorschriften im Banken- und Versicherungsaufsichtsrecht, ZKredW 2002, S. 169.

Ehlers, Harald, Basel II/Rating – Insolvenz – Haftungspotential, ZInsO 2006, S. 510.

Eidenmüller, Horst, Kapitalgesellschaftsrecht im Spiegel der ökonomischen Theorie, JZ 2001, S. 1041.

Ekkenga, Jens, Anlegerschutz, Rechnungslegung und Kapitalmarkt, Tübingen 1998.

El-Mogaddedi, Zaid/Everling, Oliver, Rating im Islamic Banking, Die Bank 2006, Heft 11, S. 46.

Ellis, David M., Different Sides of the Same Story: Investors' and Issuers' Views of Rating Agencies, 7 J. Fixed Income 35 (1998).

Elschen, Rainer, Agency-Theorie, DBW 1988, S. 248.

Emori, Takefumi, Comments on Securities Act Release No. 8570, Comment File No. S7-04-05 (May 31, 2005) *(http://www.sec.gov/rules/proposed/s70405/temori053105.pdf)* (zuletzt besucht: 11.11.2007).

Engel, Hans Georg, Der Finanzplatz Frankfurt aus der Sicht der Auslandsbanken, ZKredW 1991, S. 59.

Engelen, Klaus C., A European Nightmare, The International Economy, November/December 1994, p. 46.

Engels, Wolfram (Hrsg.), Anlegerschutz und Vertrauensbildung an Finanzmärkten, Frankfurt a.M. 1992.

Erhardt, Olaf/Nowak, Eric, Die Durchsetzung von Corporate-Governance-Regeln, AG 2002, S. 336.

Estrella, Arturo/Ammer, John/Carrol, John/Coen, William/Foglia, Antonella/Furfine, Craig/Greely, David/Guerchonovitch, Patrick/Hanc, George/Hideshima, Hirotaka/Jacobson, Tor/Liebig, Thilo/Lindé, Jesper/Logan, Andrew/Mathérat, Sylvie/Nagano, Hitoshi/Nebhut, David/Nigro, Peter/Packer, Frank/Reidhill, Jack/Szarkowitz, Susan, Credit Ratings and Complementary Sources of Credit Quality Information, Basel Committee on Banking Supervision (Ed.), Working Paper No. 3, 2000 *(http://www.bis.org/publ/bcbs_wp3.pdf)* (zuletzt besucht: 11.11.2007).

Europäische Kommission, Grünbuch zur Finanzdienstleistungspolitik (2005 – 2010), COM (2005) 177 vom 03.05.2005 *(http://ec.europa.eu/internal_market/finances/docs/actionplan/index/green_de.pdf)* (zuletzt besucht: 11.11.2007).

Europäische Kommission, Weißbuch zur Finanzdienstleistungspolitik für die Jahre 2005 – 2010 vom 5.12.2005 *(http://ec.europa.eu/internal_market/finances/docs/white_paper/white_paper_de.pdf)* (zuletzt besucht: 11.11.2007).

Europäische Zentralbank, Die einheitliche Geldpolitik in Stufe 3, Frankfurt a.M. 2000.

Europäische Zentralbank, Stellungnahme der Europäischen Zentralbank vom 17. Februar 2005 auf Ersuchen des Rates der Europäischen Union zu einem Vorschlag für Richtlinien des Europäischen Parlaments und des Rates zur Neufassung der Richtlinie 2000/12/EG des Europäischen Parlaments und des Rates vom 20. März 2000 über die Aufnahme und Ausübung der Tätigkeit der Kreditinstitute und der Richtlinie 93/6/EWG des Rates vom 15. März 1993 über die angemessene Eigenkapitalausstattung von Wertpapierfirmen und Kreditinstituten (CON/2005/4), ABl. EU Nr. C 52/37 vom 02.03.2005.

Europäische Zentralbank, Sicherheitenrahmen des Eurosystems: Aufnahme nicht marktfähiger Sicherheiten in das einheitliche Sicherheitenverzeichnis, Pressemitteilung vom 22.07.2005 *(http://www.ecb.int/press/pr/date/2005/html/pr050722.de.html)* (zuletzt besucht: 11.11.2007).

Europäische Zentralbank, Monthly Bulletin, May 2006, Frankfurt a.M. 2006.

Europäische Zentralbank, Durchführung der Geldpolitik im Euro-Währungsgebiet, September 2006, Frankfurt a.M. 2006.

Europäisches Parlament, Entschließung des Europäischen Parlaments zur Rolle und zu den Methoden von Rating-Agenturen (2003/2081(INI)) vom 10.02.2004, A5-0040/2004.

Everling, Oliver, Credit Rating, WISU 1989, S. 673.

Everling, Oliver, Die staatliche Emissionsgenehmigung, WISU 1990, S. 93.

Everling, Oliver, Credit Rating durch internationale Agenturen, Wiesbaden 1991.

Everling, Oliver, Finanztitel auf dem Prüfstand, Bankkaufmann 1991, S. 35.

Everling, Oliver, Nutzungsaspekte des Rating für Emittenten, Der langfristige Kredit 1991, S. 272.

Everling, Oliver, Nutzungsaspekte des Rating für Anleger, Der langfristige Kredit 1991, S. 382.

Everling, Oliver, Ratings im Recht nationaler Finanzmärkte, ZKredW 1991, S. 349.

Everling, Oliver, Ratingagenturen weltweit, Die Bank 1991, S. 151.

Everling, Oliver, Projektgesellschaft für europäisches Rating, Die Bank 1991, S. 308.

Everling, Oliver, Credit Rating für Geldmarktpapiere, Die Bank 1992, S. 78.

Everling, Oliver, Rating für Vorzugsaktien, Die Bank 1992, S. 151.

Everling, Oliver, Ratings für Versicherungen und Investmentfonds, Die Bank 1992, S. 202.

Everling, Oliver, Asset Securitization in Europa, Die Bank 1993, S. 82.

Everling, Oliver, Ratingagenturen an nationalen und internationalen Finanzmärkten, in: Büschgen/Everling (Hrsg.), Handbuch Rating, S. 3.

Everling, Oliver, Rating, in: Hielscher, Investmentanalyse, S. 209.

Everling, Oliver, Rating in der EWU, Die Bank 1998, S. 480.

Everling, Oliver, Wie viele Rating-Agenturen noch?, Börsen-Zeitung vom 28.07.1999, S. 22.

Everling, Oliver, Ratingagenturen expandieren in Europa, Die Bank 1999, S. 808.

Everling, Oliver, Rating-Agenturen, in: Achleitner/Bassen (Hrsg.), Investor Relations am Neuen Markt, S. 463.

Everling, Oliver, Rating News, Kredit & Rating Praxis 6/2001, S. 4.

Everling, Oliver, Rating News, Kredit & Rating Praxis 3/2003, S. 4.

Everling, Oliver, Rating News, Kredit & Rating Praxis 2/2004, S. 4.

Everling, Oliver, Rating News, Kredit & Rating Praxis 3/2004, S. 4.

Everling, Oliver, Ratingagenturen, in: Deutscher Investor Relations Kreis e.V. (Hrsg.), Handbuch Investor Relations, S. 325.

Everling, Oliver, Rating als internationaler Standard, in: Suyter (Hrsg.), Risikomanagement, S. 245.

Everling, Oliver, Perspektiven des Ratingmarktes, ZKredW 2005, S. 185.

Everling, Oliver, Regulierung von Ratingagenturen, Kredit & Rating Praxis 4/2005, S. 20.

Everling, Oliver, Rating News, Kredit & Rating Praxis 4/2006, S. 4.

Everling, Oliver/Bargende, Dennis, Externe Ratingsysteme als Frühwarnsysteme, Controlling 2005, S. 261.

Everling, Oliver/Gleißner, Werner, Ratingevidenz: Die Qualität von Ratingnoten, Kredit & Rating Praxis 4/2004, S. 22.

Everling, Oliver/Gündling, Heike, Rating als Methode der Finanzanalyse, Die Bank 1994, S. 727.

Everling, Oliver//Trieu, My Linh, Ratingagenturen weltweit, in: Büschgen/ Everling (Hrsg.), Handbuch Rating, 2. Aufl., S. 95.

Fairlamb, David, A Brouhaha over Bond Ratings, Business Week, 17 March 2003, p. 75.

Fairlamb, David, A Treacherous Undertow, Business Week, 24 March 2003, p. 60.

Fama, Eugene F., The Behavior of Stock Market Prices, 38 J. Bus. 34 (1965).

Farny, Dieter, Die Entwicklung von Rating-Systemen für den nationalen deutschen Versicherungsmarkt, in: Bierbaum/Feinen (Hrsg.), Festschrift für Hans E. Büschgen zum 65. Geburtstag, S. 145.

Feldhaus, Heiner, Die Eignung zur erheblichen Kursbeeinflussung bei der Ad-hoc-Publizität, Frankfurt a.M. 2003.

Felson, Howard M., Closing the Book on Jusen: An Account of the Bad Loan Crisis and a New Chapter for Securitization in Japan, 47 Duke L.J. 567 (1997).

Ferber, Michael, Mittelstand entdeckt Verbriefungsmarkt, Financial Times Deutschland vom 29.03.2004, Beilagen, S. BE5.

Fidler, Stephen, Most Investors "Still Rely Heavily on Rating Agencies", Financial Times, 4 December 1990, p. 33.

Fieseler, Bernd, Rating und Basel II beeinflussen das Kreditgeschäft der Banken deutlich, ZKredW 2003, S. 1192.

Finanzausschuss des Deutschen Bundestages, Beschlussempfehlung und Bericht des Finanzausschusses des Deutschen Bundestages, 12. Wahlperiode, BT-Drucks. 12/7918 vom 15.06.1994.

Finnerty, Joseph E./Nunn, Kenneth P. Jr., The Determinants of Yield Spreads on U.S. and Eurobonds, 25 Mgmt. Int'l Rev. 23 (1985).

Fischel, Daniel R. The Regulation of Accounting: Some Economic Issues, 52 Brooklyn L. Rev. 1051 (1987).

Fischer, Frank/Nitzsche, Heiko, Standard & Poor's Rating von Investmentfonds, in: Achleitner/Everling (Hrsg.), Fondsrating, S. 183.

Fischer, Jochen/Holzkämper, Hilko, Rating – Dreh- und Angelpunkt der Unternehmensfinanzierung, in: Guserl/Pernsteiner (Hrsg.), Handbuch Finanzmanagement in der Praxis, S. 917.

Fischer-Appelt, Dorothee/Werlen, Thomas, The EU Prospective Directive – Content of the Unified European Prospectus Regime and Comparison With US Securities Laws, Euredia 2004, S. 397.

Fishman, James J., The Transformation of Threadneedle Street – The Deregulation and Regulation of Britain's Financial Services, Durham 1993.

Fitch Investors Service, Ltd., Brief von Charles D. Brown (General Counsel) an Jonathan G. Katz (Secretary, Securities and Exchange Commission) vom 28.07.2003, Re: Release No. 33-8236 *(http://www.sec.gov/rules/concept/s71203/cbrown072803.htm)* (zuletzt besucht: 11.11.2007).

Fitch Investors Service, Ltd., Brief an Jonathan G. Katz (Secretary, Securities and Exchange Commission) vom 06.12.1994, Re: Release No. 33-7085 und Release No. 33-7086, zitiert nach: von Randow, ZBB 1995, S. 140 (141 Fn. 15).

Fitch Ratings, Ltd., Fitch Ratings 1991 - 2004: Structured Finance Transition Study, New York, NY 2005.

Fitch Ratings, Ltd., Fitch Ratings Code of Conduct, April 2005 *(http://www.fitchratings.com/shared/Code_of_Conduct.pdf)* (zuletzt besucht: 11.11.2007).

Fleischer, Holger, Der Financial Services and Markets Act 2000: Neues Börsen- und Kapitalmarktrecht für das Vereinigte Königreich, RIW 2001, S. 817.

Fleischer, Holger, Empfiehlt es sich, im Interesse des Anlegerschutzes und zur Förderung des Finanzplatzes Deutschland das Kapitalmarkt- und Börsenrecht neu zu regeln?, Kapitalmarktrechtliches Teilgutachten, Gutachten F für den 64. Deutschen Juristentag, München 2002.

Flesch, Johann Rudolf, EU, BIZ und IOSCO – Anforderungen und Regulierungskosten der Bankenaufsicht, ZKredW 1996, S. 1042.

Ford, Chris/Kay, John, Why Regulate Financial Services?, in: Oditah (Ed.), The Future for the Global Securities Markets: Legal and Regulatory Aspects, p. 145.

Förderreuther, Rainer, Macht und Verantwortung der Rating-Agenturen, in: Schuster/Widmer (Hrsg.), Wege aus der Banken- und Börsenkrise, S. 277.

Fox, Merritt B., Shelf Registration, Integrated Disclosure, and Underwriter Due Diligence: An Economic Analysis, 70 Va. L. Rev. 1005 (1984).

Fraktionen der SPD, CDU/CSU, Bündnis90/Die Grünen und FDP, Rating-Agenturen: Integrität, Unabhängigkeit und Transparenz durch einen Verhaltenskodex verbessern, 15. Wahlperiode, BT-Drucks. 15/2815 vom 30.03.2004.

Francis, Jennifer/Nanda, Dhananjay/Wang, Xin, Re-examining the Effects of Regulation Fair Disclosure Using Listed Firms to Control for Concurrent Shocks, 41 J. Acct. & Econ. 271 (2006).

Frankfurter Allgemeine Zeitung (o.V.), Moody's will Interessenkonflikt aus dem Weg gehen, Frankfurter Allgemeine Zeitung vom 9.08.2007, S. 21.

Freeman, Milton V., A Private Practitioner's View of the Development of the Securities and Exchange Commission, 28 Geo. Wash. L. Rev. 18 (1959).

Fridson, Martin S., Discussion, in: Levich et al. (Eds.), Ratings, Rating Agencies and the Global Financial System, p. 85.

Friederichs, Peter, Erstes Deutsches Human Capital Rating – Messung des Human Capital Value, in: Hasebrook u.a. (Hrsg.), Kompetenzkapital, S. 137.

Friedl, Hans H., Traditionelle und innovative Instrumente des internationalen Kreditmarktes, in: Büschgen/Richolt (Hrsg.), Handbuch des internationalen Bankgeschäfts, S. 151.

Fuchs, Andreas, Kartellrechtliche Grenzen der Forschungskooperation, Baden-Baden 1989.

Fürhoff, Jens, Kapitalmarktrechtliche Ad-hoc-Publizität zur Vermeidung von Insiderkriminalität, Frankfurt a.M. 2000.

Fürhoff, Jens/Ritz, Corinna, Richtlinienentwurf der Kommission über den Europäischen Pass für Emittenten, WM 2001, S. 2280.

Gambro, Michael S./Leichtner, Scott, Selected Legal Issues Affecting Securitization, 1 N.C. Banking Inst. 131 (1997).

Gaugusch, Julius/Wainig, Wolfgang, Wie die Handelbarkeit von Kreditrisiken die Finanzierungswirtschaft verändert, in: Stadler (Hrsg.), Die neue Unternehmensfinanzierung, S. 80.

Gehring, Babett, Asset-Backed Securities im amerikanischen und im deutschen Recht, München 1999.

General Accounting Office, Insurance Ratings: A Comparison of Private Agency Ratings for Life/Health Insurers, Briefing Report to Cardiss Collins, Chairwoman of the Subcommittee on Commerce, Consumer Protection, and Competitiveness, House Committee on Energy and Commerce, Washington, September 1994 *(http://www.weissratings.com/gao_study.asp)* (zuletzt besucht: 11.11.2007).

Gerke, Wolfgang/Mager, Ferdinand, Die Macht der Ratingagenturen? Der Fall der ThyssenKrupp AG, BFuB 2005, S. 203.

Giersberg, Georg, Das Rating wird zum Dreh- und Angelpunkt der Kreditvergabe, Frankfurter Allgemeine Zeitung vom 29.11.2000, S. 49.

Gilson, Ronald J., Value Creation by Business Lawyers: Legal Skills and Asset Pricing, 94 Yale L.J. 239 (1984).

Gilson, Ronald J./Kraakman, Reinier H., The Mechanisms of Market Efficiency, 70 Va. L. Rev. 549 (1984).

Glascock, John L./Davidson III, Wallace N./Henderson, Glenn V., Announcement Effects of Moody's Bond Rating Changes on Equity Returns, 26 Q. J. Bus. & Econ. 67 (1987).

Glüder, Dieter/Bechtold, Hartmut, Perspektiven für True Sale in Deutschland, Börsen-Zeitung vom 29.07.2004, S. 4.

Goh, Jeremy C./Ederington, Louis H., Is a Bond Rating Downgrade Bad News, Good News, or No News for Stockholders?, 48 J. Fin. 2001 (1993).

Goldfajn, Ilan/Valdés, Rodrigo O., Are Currency Crises Predictable?, 42 Eur. Econ. Rev. 887 (1998).

Goldstein, Morris/Kaminsky, Graciela L./Reinhart, Carmen M., Assessing Financial Vulnerability: An Early Warning System for Emerging Markets, Institute for International Economics, Washington, D.C. 2000.

Goll, Gerhard, Einführende Stellungnahme aus der Sicht eines Unternehmens, in: Hadding u.a. (Hrsg.), Bankrechtstag 1996: Vorzeitige Beendigung von Finanzierungen – Rating von Unternehmen, S. 173.

Gomber, Peter, Elektronische Handelssysteme: innovative Konzepte und Technologien im Wertpapierhandel, Heidelberg 2000.

Goodhart, Charles/Hartmann, Philipp/Llewellyn, David/Rojas-Suárez, Liliana/Weisbrod, Steven, Financial Regulation. Why, how and where now?, London 1998.

Gordon, Jeffrey N., What Enron Means for the Management and Control of the Modern Business Corporation: Some Initial Reflections, 69 U. Chi. L. Rev. 1233 (2002).

Gordon, Jeffrey N./Kornhauser, Lewis A., Efficient Markets, Costly Information, and Securities Research, 60 N.Y.U. L. Rev. 761 (1985).

Gordon, Samuel/Levey, David H./Mahoney, Christopher, Credit Analysis and Ratings, in: Ingrams (Ed.), International Bond Portfolio Management, p. 127.

Götz, Ralf-Joachim, Fondsrating und Allfinanzbetrieb, in: Büschgen/Everling (Hrsg.), Handbuch Rating, 2. Aufl., S. 347.

Greiner, Arved, Die Verhinderung verbotener Internetinhalte im Wege polizeilicher Gefahrenabwehr, Hamburg 2001.

Greipel, Peter, Mehr finanzielle Flexibilität durch externes Rating, in: Achleitner/Everling (Hrsg.), Handbuch Ratingpraxis, S. 665.

Grier, Paul/Katz, Steven, The Differential Effects of Bond Rating Changes among Industrial and Public Utility Bonds by Maturity, 49 J. Bus. 226 (1976).

Griffin, Paul A./Sanvincente, Antonio Z., Common Stock Returns and Rating Changes: A Methodological Comparison, 37 J. Fin. 103 (1982).

Groß, Carsten, Die neuen Mindestanforderungen an das Kreditgeschäft der Kreditinstitute, Die Bank 2003, S. 94.

Groß, Wolfgang, Kapitalmarktrecht, Kommentar zum Börsengesetz, zur Börsenzulassungs-Verordnung, zum Wertpapierprospektgesetz und zum Verkaufsprospektgesetz, 3. Aufl., München 2006.

Großfeld, Bernhard, Globales Rating, ZVglRWiss 101 (2002), S. 387.

Großkommentar zum Aktiengesetz (hrsgg. von Klaus J. Hopt, Herbert Wiedemann), Bd. 1, Einleitung, §§ 1 - 53, 4. Aufl., Berlin 2004.

Grouse, Eric, Banks, Bonds and Risk: The Mycal Bankruptcy and its Repercussions for the Japanese Bond Market, 12 Duke J. Comp. & Int'l L. 571 (2002).

Grubb, Dennis, Ratings geben dem Markt Vertrauen, zitiert nach: Everling, Rating News, Kredit & Rating Praxis 3/2003, S. 4.

Grünbichler, Andreas, Rating und Europas Kapitalmarkt, ÖBA 1999, S. 692.

Grund, Ines, Bewertung von Pensionsverpflichtungen im Ratingprozess, in: Kahlert/Seeger (Hrsg.), Aktuelle Schwerpunkte der Konzernbilanzierung nach IAS/IFRS, S. 363.

Grundmann, Stefan, Der Treuhandvertrag, München 1997.

Grundmann, Stefan (Hrsg.), Systembildung und Systemlücken in Kerngebieten des Europäischen Privatrechts, Tübingen 2000.

Grundmann, Stefan, Das Emissionsgeschäft, in: Schimansky u.a. (Hrsg.), Bankrechts-Handbuch, Bd. III, § 112.

Grunert, Jens/Norden, Lars/Weber, Martin/Kleff, Volker, Basel II verteuert Kredite für den Mittelstand, Kredit & Rating Praxis 1/2002, S. 15.

Guida, Antonio, Rating in der Hotellerie, in: Achleitner/Everling (Hrsg.), Handbuch Ratingpraxis, S. 541.

Gündling, Heike/Everling, Oliver, Rating als Methode der Finanzanalyse, Die Bank 1994, S. 727.

Günter, Horst/Korn, Matthias/Mayer, Matija D., Kreditvergabe-Szenarien für Basel II, ZKredW 2002, S. 122.

Güttler, André/Wahrenburg, Mark, The Adjustment of Credit Ratings in Advance of Defaults, 31 J. Banking & Fin. 751 (2007).

Guserl, Richard/Pernsteiner, Helmut (Hrsg.), Handbuch Finanzmanagement in der Praxis, Wiesbaden 2004.

Haas, Jeffrey J./Howard, Steven R., The Heartland Funds' Receivership and its Implications for Independent Mutual Fund Directors, 51 Emory L.J. 153 (2002).

Habersack, Mathias, Rechtsfragen des Emittenten-Ratings, ZHR 169 (2005), S. 185.

Hadding, Walther/Hopt, Klaus J./Schimansky, Herbert (Hrsg.), Bankrechtstag 1996: Vorzeitige Beendigung von Finanzierungen – Rating von Unternehmen, Berlin 1997.

Hadding, Walther/Hopt, Klaus J./Schimansky, Herbert (Hrsg.), Bankrechtstag 2004: Internes und externes Rating, Berlin 2005.

Hagemeister, Hans-Otto, Die neue Bundesanstalt für Finanzdienstleistungsaufsicht, WM 2002, S. 1773.

Hahn, Stefan, Neue Ansätze im Anlegerschutz durch die Ad-hoc-Publizität des § 15 WpHG, Frankfurt a.M. 2004.

Hamilton, David T./Cantor, Richard, Rating Transition and Default Conditional on Watchlist, Outlook and Rating History, 14 J. Fixed Income 54 (2004).

Hammen, Horst, Börsen- und kreditwesengesetzliche Aufsicht über börsenähnliche Handelssysteme, Wertpapierbörsen und Börsenträger, WM 2001, S. 929.

Hand, John R.M./Holthausen, Robert W./Leftwich, Richard W., The Effect of Bond Rating Agency Announcements on Bond and Stock Pricing, 47 J. Fin. 733 (1992).

Hansen, Lars, Junk Bonds: Risiken und Chancen der Finanzierung von Unternehmensübernahmen durch Ramsch-Anleihen, Wiesbaden 1991.

Harbrecht, Wolfgang/Kick, Thomas, Basel II: Auswirkungen auf Kreditzinsen, Controlling 2006, S. 221.

Hartmann-Wendels, Thomas, Zur Integration von Moral Hazard und Signalling in finanztheoretischen Ansätzen, Kredit & Kapital 1990, S. 228.

Hasebrook, Joachim/Zawacki-Richter, Olaf/Erpenbeck, John (Hrsg.), Kompetenzkapital, Frankfurt a.M. 2004.

Hayakawa, Shigenobu (Ed.), Japanese Financial Markets, Abington/Cambridge 1996.

Hax, Herbert/Hartmann-Wendels, Thomas/von Hinten, Peter, Moderne Entwicklung der Finanzierungstheorie, in: Christians (Hrsg.), Finanzierungshandbuch, S. 393.

Heiden, Sigrun an der, Im Blick der Banken, MuM 5/2005, S. 64.

Heinemann, Friedrich, Rating dient dem Anleger als Kompass, in: Handelsblatt vom 20.03.1997, S. B2.

Heinke, Volker G., Bonitätsrisiko und Credit Rating festverzinslicher Wertpapiere, Bad Soden 1998.

Heinsius, Theodor, Pflichten und Haftung der Kreditinstitute bei der Anlageberatung, ZBB 1994, S. 47.

Hellner, Thorwald/Steuer, Stephan (Hrsg.), Bankrecht und Bankpraxis, Loseblatt, Stand: 74. Erg.-Lfg. (April 2007), Köln 2003.

Henninger, Manfred, Schulnoten für Kreditnehmer erleichtern Entscheidungen, in: Handelsblatt vom 21.04.1998, S. 32.

Hennrichs, Joachim, „Basel II" und das Gesellschaftsrecht, ZGR 2006, S. 563.

Hettenhouse, George W./Sartoris, William L., An Analysis of the Informational Value of Bond-Rating Changes, 16 Q. Rev. Econ. & Bus. 65 (1976).

Heuer, Ernst, Kommentar zum Haushaltsrecht, Bd. 1, Loseblatt, Stand: 43. Erg.-Lfg. (April 2007), Neuwied 1992.

Hickman, W. Braddock, Corporate Bond Quality and Investor Experience, Princeton 1958.

Hicks, J. William, Exempted Transactions Under the Securities Act of 1933, Securities Law Series, Volume 7B, Loose-leaf, Rel. 22 (February 2007), 2nd ed., St. Paul, MN 2001.

Hielscher, Udo, Investmentanalyse, 2. Aufl., München 1996.

Hielscher, Udo/Laubscher, Horst-Dieter, Finanzierungskosten, 2. Aufl., Frankfurt a.M. 1989.

Hill, Claire A., Why Financial Appearances Might Matter: An Explanation for "Dirty Pooling" and Some Other Types of Financial Cosmetics, 22 Del. J. Corp. L. 141 (1997).

Hill, Claire A., Theory Informs Business Practice: Why Contracts are Written in Legalese, 77 Chi.-Kent L. Rev. 59 (2002).

Hill, Claire A., Rating Agencies Behaving Badly: The Case of Enron, 35 Conn. L. Rev. 1145 (2003).

Hill, Claire A., Regulating the Rating Agencies, 82 Wash. U. L.Q. 43 (2004).

Hillebrand, Ernst, Schlüsselstellung im globalisierten Kapitalismus, in: Brühl u.a. (Hrsg.), Die Privatisierung der Weltpolitik, S. 150.

Hirose, Masato/Murakami, Takeshi/Oku, Yutaro, Development of the Asian Bond Markets and Business Opportunities, Nomura Research Institute, NRI Papers No. 82, Tokyo 2004.

Hirsch, Ulrich, Rating ist objektiv subjektiv, in: Büschgen/Everling (Hrsg.), Handbuch Rating, S. 657.

Hirschmann, Stefan/Romeike, Frank (Hrsg.), Rating von Versicherungsunternehmen, Köln 2004.

Hirshleifer, Jack, The Private and Social Value of Information and the Reward to Innovative Activity, 61 Am. Econ. Rev. 561 (1971).

Hirte, Heribert/Heinrich, Tobias A., Entwicklungen im Europäischen Bankrecht – Eine Bestandsaufnahme, ZBB 2001, S. 388.

Hochgatterer, Rita/Sacher, Monika/Wallner, Julius, Finanzierung über Unternehmensanleihen, Stadler (Hrsg.), Die neue Unternehmensfinanzierung, S. 169.

Hoffmann, Peter, Bonitätsbeurteilung durch Credit Rating, Berlin 1991.

Hofmann, Gerhard, Bankenaufsicht sieht Funktionen für interne und für externe Ratings, zitiert nach: Everling, Rating News, Kredit & Rating Praxis 6/2001, S. 4.

Holthausen, Robert W./Leftwich, Richard W., The Effect of Bond Rating Changes on Common Stock Prices, 17 J. Fin. Econ. 57 (1986).

Holzborn, Timo/Israel, Alexander, Das neue Wertpapierrecht, ZIP 2005, S. 1668.

Holzkämper, Hilko/Fischer, Jochen, Rating Advisory, in: Achleitner/Thoma (Hrsg.), Handbuch Corporate Finance, Abschn. 4.5.2.

Hopf, Michael, Informationen für Märkte und Märkte für Informationen, Frankfurt a.M. 1983.

Hopt, Klaus J., Der Kapitalanlegerschutz im Recht der Banken, München 1975.

Hopt, Klaus J., Vom Aktien- und Börsenrecht zum Kapitalmarktrecht? – Teil 1, ZHR 1976 (140), S. 201.

Hopt, Klaus J., Vom Aktien- und Börsenrecht zum Kapitalmarktrecht? – Teil 2, ZHR 1977 (141), S. 389.

Hopt, Klaus J., Grundsatz- und Praxisprobleme nach dem Wertpapierhandelsgesetz, ZHR 1995 (159), S. 135.

Hopt, Klaus J., Europäisches Kapitalmarktrecht – Rückblick und Ausblick, in: Grundmann (Hrsg.), Systembildung und Systemlücken in Kerngebieten des Europäischen Privatrechts, S. 307.

Hopt, Klaus J./Voigt, Hans-Christoph (Hrsg.), Prospekt- und Kapitalmarktinformationshaftung, Tübingen 2005.

Horn, Norbert/Lwowski, Hans-Jürgen/Nobbe, Gerd (Hrsg.), Bankrecht – Schwerpunkte und Perspektiven, Festschrift für Herbert Schimansky, Köln 1999.

Horne, James C. van, Financial Market Rates and Flows, 6th ed., Upper Saddle River, NJ 2001.

Horne, James C. van/Wachowicz Jr., John M., Fundamentals of Financial Management, 12th ed., Upper Saddle River, NJ 2005.

Hsueh, L. Paul/Kidwell, David S., Bond Ratings: Are Two Better Than One?, 17 Fin. Mgmt. 46 (1988).

Hüffer, Jens, Das Wertpapier-Verkaufsprospektgesetz – Prospektpflicht und Anlegerschutz, Köln 1996.

Hüffer, Uwe, Kommentar zum Aktiengesetz, 7. Aufl., München 2006.

Hull, John/Predescu, Mirela/White, Alan, The Relationship Between Credit Default Swap Spreads, Bond Yields, And Credit Rating Announcements, 28 J. Banking & Fin. 2789 (2004).

Hulme, David C., Japan Wrestles With Ratings, The Daily Yomiury, 5 September 1990, p. 9.

Husisian, Gregory, What Standard of Care Should Govern the World's Shortest Editorials?: An Analysis of Bond Rating Agency Liability, 75 Cornell L. Rev. 411 (1990).

Ilberg, Philipp von/Neises, Michael, Die Richtlinien-Vorschläge der EU Kommission zum „Einheitlichen Europäischen Prospekt" und zum „Marktmissbrauch" aus Sicht der Praxis, WM 2002, S. 635.

Ingram, Robert W./Brooks, LeRoy D./Copeland, Ronald M., The Information Content of Municipal Bond Rating Changes: A Note, 38 J. Fin. 997 (1983).

Ingrams, Leonard (Ed.), International Bond Portfolio Management, London 1989.

International Monetary Fund, International Capital Markets: Developments, Prospects, and Key Policy Issues, International Monetary Fund, Washington, D.C. 1999.

International Monetary Fund, Early Warning Systems in Fund Work, International Monetary Fund, Washington, D.C. 2001.

International Organization of Securities Commissions, Model for Effective Self-Regulation, Madrid 2000 *(http://www.iosco.org/library/pubdocs/pdf/IOSCOPD110.pdf)* (zuletzt besucht: 11.11.2007).

International Organization of Securities Commissions, IOSCO Statement of Principles Regarding the Activities of Credit Rating Agencies, Madrid 2003 *(http://www.iosco.org/library/pubdocs/pdf/IOSCOPD151.pdf)* (zuletzt besucht: 11.11.2007).

International Organization of Securities Commissions, Report on the Activities of Credit Rating Agencies, Madrid 2003 *(http://www.iosco.org/library/pubdocs/pdf/ioscopd153.pdf)* (zuletzt besucht: 11.11.2007).

International Organization of Securities Commissions, Objectives and Principles of Securities Regulation, Madrid 2003 *(http://www.iosco.org/library/pubdocs/pdf/ioscopd154.pdf)* (zuletzt besucht: 11.11.2007).

International Organization of Securities Commissions, Code of Conduct Fundamentals for Credit Rating Agencies: A Consultation Report, Madrid 2004 *(http://www.iosco.org/library/pubdocs/pdf/ioscopd173.pdf)* (zuletzt besucht: 11.11.2007).

International Organization of Securities Commissions, Public Comments on Code of Conduct Fundamentals for Credit Rating Agencies, Madrid 2004 *(http://www.iosco.org/library/pubdocs/pdf/ioscopd177.pdf)* (zuletzt besucht: 11.11. 2007).

International Organization of Securities Commissions, Code of Conduct Fundamentals for Credit Rating Agencies, Madrid 2004 *(http://www.iosco.org/library/pubdocs/pdf/ioscopd180.pdf)* (zuletzt besucht: 11.11.2007).

International Organization of Securities Commissions, Review of Implementation of the IOSCO Fundamentals of a Code of Conduct for Credit Rating Agencies, Consultation Report, Madrid 2004 *(http://www.iosco.org/library/pubdocs/pdf/IOSCOPD233.pdf)* (zuletzt besucht: 11.11.2007).

International Organization of Securities Commissions, Comments received on the Consultation Report, Madrid 2007 *(http://www.iosco.org/library/pubdocs/pdf/IOSCOPD249.pdf)* (zuletzt besucht: 11.11.2007).

International Organization of Securities Commissions, General Information on IOSCO *(http://www.iosco.org/about/)* (zuletzt besucht: 11.11.2007).

International Organization of Securities Commissions, IOSCO Historical Background *(http://www.iosco.org/about/index.cfm?section=history)* (zuletzt besucht: 11.11.2007).

Jack, Andrew, Rating Agencies: Near Duopoly Comes Under Scrutiny, Financial Times, 27 March 1995, p. 24.

Jahn, Eckart, Rating als Bonitätsindikator – eine Analyse, ZKredW 1995, S. 510.

Jansen, Sven, Auswirkungen von Basel II auf Kreditinstitute und Mittelstand, ÖBA 2002, S. 787.

Janson, Gunnar, Ökonomische Theorie im Recht, Berlin 2004.

Jensen, Michael C./Meckling, William H., Theory of the Firm: Managerial Behavior, Agency Costs, and Ownership Structure, 3 J. Fin. 305 (1976).

Jewell, Jeff/Livingston, Miles, Split Ratings, Bond Yields, and Underwriter Spreads, 21 J. Fin. Res. 185 (1998).

Jewell, Jeff/Livingston, Miles, A Comparison of Bond Ratings from Moody's, S&P and Fitch IBCA, 8 Fin. Markets, Inst. & Instruments (No. 4) 1 (1999).

Jewell, Jeff/Livingston, Miles, The Impact of a Third Credit Rating on the Pricing of Bonds, 10 J. Fixed Income 69 (2000).

Johnson, Charles J./McLaughlin, Joseph, Corporate Finance and the Securities Laws, 3rd ed., New York, NY 2004.

Jorion, Philippe/Liu, Zhu/Shi, Charles, Informational Effects of Regulation FD: Evidence from Rating Agencies, 76 J. Fin. Econ. 309 (2005).

Jung, Mathias, Die Auswirkungen der 6. KWG-Novelle auf Anlagevermittler, (Börsen-) Makler und Vermögensverwalter, BB 1998, S. 649.

Jungmichel, Tim, Basel II und die möglichen Folgen, WM 2003, S. 1201.

Jurgeit, Ludwig, Bewertung von Optionen und bonitätsbehafteten Finanztiteln, Wiesbaden 1989.

Kahlert, Holger/Seeger, Norbert (Hrsg.), Aktuelle Schwerpunkte der Konzernbilanzierung nach IAS/IFRS, Frankfurt a.M. 2005.

Kalss, Susanne, Kapitalmarktrecht als Schnittmenge mehrerer Regelungsfelder, in: Rill (Red.), Festschrift 100 Jahre Wirtschaftsuniversität Wien, S. 183.

Kaminsky, Graciela/Lizondo, Saul/Reinhart, Carmen M., Leading Indicators of Currency Crises, 45 IMF Staff Papers (No. 1) 1 (March 1998).

Kaminsky, Graciela/Schmukler, Sergio, Rating Agencies and Financial Markets, in: Levich et al. (Eds.), Ratings, Rating Agencies and the Global Financial System, p. 227.

Kasten, Hans-H., Rating von Lebensversicherungsunternehmen, Versicherungswirtschaft 1995, S. 701.

Katz, Steven, The Price Adjustment Process of Bonds to Rating Reclassifications: A Test of Bond Market Efficiency, 29 J. Fin. 551 (1974).

Kerwer, Dieter, Standardising as Governance: The case of credit rating agencies, Preprints aus der Max-Planck-Projektgruppe Recht der Gemeinschaftsgüter, Bonn 2001.

Kirchhoff, Klaus Rainer/Piwinger, Manfred (Hrsg.), Praxishandbuch Investor Relations, Wiesbaden 2005.

Kischel, Uwe, Vorsicht, Rechtsvergleichung!, ZVglRWiss 104 (2005), S. 10.

Kish, Richard J./Hogan, Karen M./Olson, Gerard, Does The Market Perceive a Difference in Rating Agencies?, 39 Q. Rev. Econ. & Fin. 363 (1999).

Kitch, Edmund W., Competition Between Securities Markets: Good or Bad?, in: Oditah (Ed.), The Future for the Global Securities Markets: Legal and Regulatory Aspects, p. 233.

Klein, Jana, Kreditrisikohandel – allgemeine Anmerkungen aus Sicht der BaFin, ZKredW 2005, S. 629.

Klein, Michael/Grass, Steffen; Bundesverein für Unternehmensrating, in: Achleitner/Everling (Hrsg.), Handbuch Ratingpraxis, S. 909.

Kley, Christoph R., Wettlauf der Ratingagenturen bei Enron, Kredit & Rating Praxis 4/2002, S. 10.

Kley, Christoph R./Everling, Oliver, Allgemeine Pflichten von Ratingagenturen (I), Finanz Betrieb 2001, S. 172.

Kley, Christoph R./Everling, Oliver, Allgemeine Pflichten von Ratingagenturen (II), Finanz Betrieb 2001, S. 247.

Kley, Christoph R./Everling, Oliver, Anerkennung von Ratingagenturen im Rahmen von Basel II, Finanz Betrieb 2002, S. 137.

Klitzing, Joachim von, Die Ad-hoc-Publizität, Köln 1999.

Klüwer, Arne C., Asset-Backed Securitisation, München 2001.

Knapp, Rosalind A., Comments on Securities Act Release No. 8570, Comment File No. S7-04-05 (June 9, 2005) *(http://www.sec.gov/rules/proposed/s70405/pssmith6672.pdf)* (zuletzt besucht: 11.11.2007).

Kniese, Wolfgang, Die Bedeutung der Rating-Analyse für deutsche Unternehmen, Wiesbaden 1996.

Knoche, Martin/Hübner, Ralph Ch., Pleiten und Betrug – Kann Rating im Schnellverfahren einen Informationsvorsprung bieten?, Kredit & Rating Praxis 3/2003, S. 11.

Köckritz, Sieghardt von/Ermisch, Günter/Dittrich, Norbert/Lamm, Christel, Bundeshaushaltsordnung-Kommentar, Loseblatt, Stand: 36. Erg.-Lfg. (Januar 2007).

Kohl, Helmut/Walz, Rainer, Kapitalmarktrecht als Aufgabe, AG 1977, S. 29.

Köhler, Horst, IOSCO – Aus der Sicht des deutschen Finanzplatzes, WM 1990, S. 1953.

Kokkalenios, Vickie, Increasing United States Investment in Foreign Securities: An Evaluation of SEC Rule 144A, 60 Fordham L. Rev. 179 (1992).

König, Silke, Zertifizierung und Innovation im Wertpapieremissionsgeschäft, Köln 2004.

Kopper, Hilmar, Konsequenzen der Europäischen Integration auf den Finanzplatz Deutschland, in: Bierbaum/Feinen (Hrsg.), Festschrift für Hans E. Büschgen zum 65. Geburtstag, S. 289.

Kornhauser, Lewis A., Reliance, Reputation, and Breach of Contract, 26 J.L. & Econ. 691 (1983).

Kraakman, Reinier H., Corporate Liabilities Strategies and the Costs of Legal Controls, 93 Yale L.J. 857 (1984).

Krag, Joachim/Schmelz, Michael/Seekamp, Volker, Bonitätsanalyse mit Hilfe von Rating-Agenturen, Marburg 1998.

Krahnen, Jan Pieter/Weber, Martin, Generally Accepted Rating Principles: A Primer, 25 J. Banking & Fin. 3 (2001).

Krämer, Lutz, Aktuelle Rechtsfragen des externen Ratings, zitiert nach: Balzer, Bankrechtstag 2004 der Bankrechtlichen Vereinigung e.V. am 25. Juni 2004 in Berlin, ZBB 2004, S. 329.

Krämer, Lutz, Aktuelle Rechtsfragen des externen Ratings, in: Hadding u.a. (Hrsg.), Bankrechtstag 2004: Internes und externes Rating, Berlin 2005.

Krämer, Walter/Güttler, André, On Comparing the Accuracy of Default Predictions in the Rating Industry, ebs Working Paper, Reichartshausen 2006 *(http://www.ebs.de/fileadmin/redakteur/funkt.dept.finance/hackethal/WP/accuracy_of_default_ee.pdf)* (zuletzt besucht: 11.11.2007).

Kreps, David M./Wilson, Robert, Reputation and Imperfect Information, 27 J. Econ. Theory 253 (1982).

Krimphove, Dieter, Rechts- und Haftungsfragen des externen Unternehmensratings, Finanz Betrieb 2005, S. 333.

Krimphove, Dieter/Kruse, Oliver, Regulierung und Haftung von Ratingagenturen: Status quo und Perspektiven, ZKredW 2005, S. 413.

Kroger, John R., Enron, Fraud, and Securities Reform: An Enron Prosecutor's Perspective, 76 U. Colo. L. Rev. 57 (2005).

Kroszner, Randall S., The Role of Private Regulation in Maintaining Global Financial Stability, 18 Cato J. 355 (1999).

Krüger, Markus, Beginn einer Rating-Kultur?, Finance, Juli 2000, S. 48.

Krümmel, Hans J./Rudolph, Bernd (Hrsg.), Finanzintermediation und Risikomanagement, Frankfurt a.M. 1989.

Krumnow, Jürgen/Gramlich, Ludwig/Lange, Thomas A./Dewner, Thomas M. (Hrsg.), Gabler Bank Lexikon, 13. Aufl., Wiesbaden 2002.

Kübler, Friedrich, Transparenz am Kapitalmarkt, AG 1977, S. 85.

Kübler, Friedrich, Gesellschaftsrecht versus Kapitalmarktrecht – zwei Ansätze?, SZW 1995, S. 223.

Kübler, Friedrich, Rechtsfragen des Rating, in: Hadding u.a. (Hrsg.), Bankrechtstag 1996: Vorzeitige Beendigung von Finanzierungen – Rating von Unternehmen, S. 115.

Kübler, Friedrich/Assmann, Heinz-Dieter, Gesellschaftsrecht, 6. Aufl., Heidelberg 2006.

Kübler, Friedrich/Mertens, Hans-Joachim/Werner, Winfried (Hrsg.), Festschrift für Theodor Heinsius zum 65. Geburtstag, Berlin 1991.

Kueppers, Alfred, A Busy Bidder in Germany Highlights Flaws in Neuer Markt's Efforts to Challenge Nasdaq, Wall Street Journal, 6 August 2001, p. C11.

Kullmann, Walburga/Sester, Peter, Inhalt und Format von Emissionsprospekten nach dem WpPG, ZBB 2005, S. 209.

Kullmann, Walburga/Sester, Peter, Das Wertpapierprospektgesetz (WpPG), WM 2005, S. 1068.

Kulms, Rainer, Prospekt- und Kapitalinformationshaftung in den USA, in: Hopt/Voigt (Hrsg.), Prospekt- und Kapitalmarktinformationshaftung, S. 1101.

Kuls, Norbert/Tigges, Claus, Greenspan kritisiert die Ratingagenturen, Frankfurter Allgemeine Zeitung vom 24.09.2007, S. 17.

Kümpel, Siegfried, Bank- und Kapitalmarktrecht, 3. Aufl., Köln 2004.

Kümpel, Siegfried/Hammen, Horst/Ekkenga, Jens (Hrsg.), Kapitalmarktrecht – Handbuch für die Praxis, Loseblatt, Stand: Erg.-Lfg. 4/07 (August 2007).

Kümpel, Siegfried/Veil, Rüdiger, Wertpapierhandelsgesetz, 2. Aufl., Berlin 2006.

Kunold, Uta/Schlitt, Michael, Die neue EU-Prospektrichtlinie, BB 2004, S. 501.

Kuntze, Wolfgang, Securitization, ZKredW 1987, S. 336.

Küppers, Wolfhard/Brause, Christian, Asset-Backed Securities Transaktionen, AG 1998, S. 413.

Kurth, Matthias, EURO-Kapitalmarkt und regionale Börsenaufsicht – ein Widerspruch?, WM 1998, S. 1715.

Landeszentralbank Hessen, Frankfurter Finanzmarkt-Bericht Nr. 40, September 2001, Frankfurt a.M. 2001.

Langevoort, Donald C., Information Technology and the Structure of Securities Regulation, 98 Harv. L. Rev. 747 (1985).

Langevoort, Donald C., Disclosures that „Bespeak Caution", 49 Bus. Law. 481 (1994).

Langhart, Albrecht, Rahmengesetz und Selbstregulierung, Zürich 1993.

La Porta, Rafael/Lopez-de-Silanes, Florencio/Shleifer, Andrei, Corporate Ownership Around the World, 54 J. Fin. 471 (1999).

La Porta, Rafael/Lopez-de-Silanes, Florencio/Shleifer, Andrei/Vishny, Robert W., Legal Determinants of External Finance, 52 J. Fin. 1131 (1997).

La Porta, Rafael/Lopez-de-Silanes, Florencio/Shleifer, Andrei/Vishny, Robert W., Law and Finance, 106 J. Pol. Econ. 1113 (1998).

La Porta, Rafael/Lopez-de-Silanes, Florencio/Shleifer, Andrei/Vishny, Robert W., Investor Protection and Corporate Governance, 58 J. Fin. Econ. 3 (2000).

La Porta, Rafael/Lopez-de-Silanes, Florencio/Shleifer, Andrei/Vishny, Robert W., Agency Problems and Dividend Policies Around the World, 55 J. Fin. 1 (2000).

Larisch, Matthias, Berührungspunkte zwischen Rating und Investor Relations, in: Achleitner/Everling (Hrsg.), Handbuch Ratingpraxis, S. 571.

Larrain, Guillermo/Reisen, Helmut/Maltzan, Julia von, Emerging Market Risk and Sovereign Credit Ratings, OECD Development Centre Technical Paper No. 124, Paris 1997.

Larsen, Peter Thal/Wiggins, Jenny, Bond Investors Berate Agencies, Financial Times, 14 January 2002, Companies & Finance International, p. 22.

Lederer, Markus, Exchange and Regulation in European Capital Markets, Münster 2003.

Lee, Lawrence L.C., Adoption and Application of a "Soft Law" Banking Supervisory Framework Based on the Current Basle Accords to the Chinese Economic Area, 16 Wis. Int'l L.J. 678 (1998).

Leffers, Burkhard, Das Rating im Konsortialgeschäft der Banken, in: Büschgen/Everling (Hrsg.), Handbuch Rating, S. 345.

Lemke, Rudolf, Haftungsrechtliche Fragen des Ratingwesens – ein Regelungsproblem?, Frankfurt a.M. 2000.

Lemke, Thomas P., The SEC No-Action Letter Process, 42 Bus. Law. 1019 (1987).

Lemke, Thomas P./Lins, Gerald T./Smith III, A. Thomas, Regulation of Investment Companies, Volume 1, Loose-leaf, Rel. 21 (April 2007), 2001 ed., New York, NY 2001.

Lenenbach, Markus, Kapitalmarkt- und Börsenrecht, Köln 2002.

Levich, Richard M./Majnoni, Giovanni/Reinhart, Carmen (Eds.), Ratings, Rating Agencies and the Global Financial System, Boston 2002.

Levmore, Saul, Efficient Markets and Puzzling Intermediaries, 70 Va. L. Rev. 645 (1984).

Lewis, Vivian, Too Big for Their Boots?, The Banker, October 1990, p. 6.

Lichtlen, Michael F., Management von Länderrisiken, Bern 1997.

Linde, Klaus, Risikotransparenz am Aktienmarkt, in: Kirchhoff/Piwinger (Hrsg.), Praxishandbuch Investor Relations, S. 207.

Lindholm, John Andrew, Financial Innovation and Derivatives Regulation: Minimizing Swap Credit Risk under Title V of the Futures Trading Practices Act of 1992, 1994 Colum. Bus. L. Rev. 73 (1994).

Link, Rainer, Die Hauptversammlung im Rahmen des Aktienmarketing und der Investor Relations, AG 1994, S. 364.

Littmann, Annette, Liebe Not mit Noten, Wirtschaftswoche Nr. 35 vom 25.08.1989, S. 76.

Liu, Pu/Thakor, Anjan V., Interest Yields, Credit Ratings, and Economic Cha-racteristics of State Bonds: An Empirical Analysis, 16 J. Money Credit & Banking 344 (1984).

Liu, Yan/He, Miao, Design of 'Green Grade' Rating System for the Environ-mental Performance Assessment of a Firm, 2 Int'l J. Mgmt. & Enter. Dev. (No. 2) 183 (2005).

Lockhart, W., Report of the Committee on Informal Action in Support of Re-commendation No. 19, 1 Recom. & Rep. Admin. Conf. U.S. 440 (1970).

Löffler, Gunter, Der Beitrag von Finanzanalysten zur Informationsverarbeitung, Wiesbaden 1998.

Löffler, Gunter, Ratings Versus Market-Based Measures of Default Risk in Portfolio Governance, 28 J. Banking & Fin. 2715 (2004).

Loges, Hans/Zeller, Maria, Bedeutung von Ratingagenturen in Deutschland, in: Suyter (Hrsg.), Risikomanagement, S. 283.

Loistl, Otto, Kapitalmarkttheorie, 3. Aufl., München 1994.

Long, Cate, Comments on Securities Act Release No. 8570, Comment File No. S7-04-05 (June 10, 2005) *(http://www.sec.gov/rules/proposed/s70405/clong 9048.pdf)* (zuletzt besucht: 11.11.2007).

Lutter, Marcus, Das Europäische Unternehmensrecht im 21. Jahrhundert, ZGR 2000, S. 1.

Luttermann, Claus/Vahlenkamp, Jörg, Wahrscheinlichkeitsurteile im Insolvenz-recht und internationale Bewertungsstandards (Ratingagenturen), ZIP 2003, S. 1629.

Luttermann, Claus/Wicher, Corinna, Rechtsordnung für Unternehmen: Vertrags-recht, Hybridformen und Standardisierung, ZIP 2005, S. 1529.

Lutz, Andreas, Internationale Diversifikation für Privatanleger, Die Bank 1994, S. 353.

Macey, Jonathan R., Wall Street Versus Main Street: How Ignorance, Hyperbo-le, and Fear Lead to Regulation, 65 U. Chi. L. Rev. 1487 (1998).

Madhur, Srinivasa, Technical Assistance for Capacity Building of Selected Cre-dit Rating Agencies in Asia – Phase III, Asian Development Bank (Ed.), Manila 2004.

Manitoba Securities Commission, MSC Rule 2004-8, National Instrument 71-101 *(http://www.msc.gov.mb.ca/legislation/rules/71_101_rule.pdf)* (zuletzt besucht: 11.11.2007).

Manne, Henry, Mergers and the Market for Corporate Control, 73 J. Pol. Econ. 110 (1965).

Margelisch, Claude-Alain (Hrsg.), Festschrift für Jean-Paul Chapuis, Zürich 1998.

Marsland-Shaw, Lionel J./Selzer, Donald E., How Rating Agencies View Asset-Backed Debt, in: Bonsall (Ed.), Securitisation, p. 131.

Marten, Kai-Uwe/Köhler, Annette G., Rating im Kontext aktueller Entwicklungen, in: Wollmert u.a. (Hrsg.), Festschrift für Wolfgang Lück, S. 483.

Marti, Arnold, Selbstregulierung anstelle gesetzlicher Gesetzgebung?, SchZStV 101 (2000), S. 561.

Mattern, Erhard, Rating im internationalen Kreditgeschäft, Die Bank 1084, S. 374.

Mayewski, Larry G., Comments on Securities Act Release No. 8570, Comment File No. S7-04-05 (June 9, 2005) *(http://www.sec.gov/rules/proposed/s70405/ambestco060905.pdf)* (zuletzt besucht: 11.11.2007).

McGuire, Thomas J., Ratings in Regulation: A Petition to the Gorillas, International Institute for Securities Market Development, Washington, D.C. 1995.

McLaughlin, Joseph, Some Challenges to Underwriters and Their Counsel in the Modern Capital Markets Environment, 28 Wake Forest L. Rev. 61 (1993).

McMillen, Michael J.T., Contractual Enforceability Issues: Sukuk and Capital Markets Developments, 7 Chi. J. Int'l L. 427 (2007).

Meier-Schatz, Christian J., Über die Notwendigkeit gesellschaftsrechtlicher Aufsichtsregeln, ZSR 107 (1988), S. 191.

Menche, Patricia, Die Regulierung und die strategische Neupositionierung der Freimakler, Frankfurt a.M. 1998.

Menon, Suresh, Development of Regional Standards for Asian Credit Rating Agencies, Asian Development Bank (Ed.), Manila 2004.

Meyer-Parpart, Wolfgang, Ratingkriterien für Unternehmen, in: Büschgen/Everling (Hrsg.), Handbuch Rating, S. 111.

Meyer-Parpart, Wolfgang, Die Rolle des Ratings an den internationalen Geld- und Kapitalmärkten aus der Sicht einer Ratingagentur, in: Hadding u.a. (Hrsg.), Bankrechtstag 1996: Vorzeitige Beendigung von Finanzierungen – Rating von Unternehmen, S. 163.

Michael, Douglas C., Federal Agency Use of Audited Self-Regulation as a Regulatory Technique, 47 Admin. L. Rev. 171 (1995).

Micu, Marian/Remolona, Eli/Wooldridge, Philip, The Price Impact of Rating Announcements: Which Announcements Matter?, Bank for International Settlements, Working Paper No. 207, Basel 2006.

Milhaupt, Curtis J., Managing the Market: The Ministry of Finance and Securities Regulation in Japan, 30 Stan. J. Int'l L. 423 (1994).

Milhaupt, Curtis J., A Relation Theory of Japanese Corporate Governance: Contract, Culture, and the Rule of Law, 37 Harv. Int'l L.J. 3 (1996).

Milhaupt, Curtis J., The Small Firm Financing Problem: Private Information and Public Policy, 2 J. Small & Emerging Bus. L. 177 (1998).

Milhaupt, Curtis J., Creative Norm Destruction: The Evolution of Nonlegal Rules in Japanese Corporate Governance, 149 U. Pa. L. Rev. 2083 (2001).

Milhaupt, Curtis J./West, Mark D., The Dark Side of Private Ordering: An Institutional and Empirical Analysis of Organized Crime, 67 U. Chi. L. Rev. 41 (2000).

Millon, Marcia H./Thakor, Anjan V., Moral Hazard and Information Sharing: A Model of Financial Gathering Agencies, 40 J. Fin. 1403 (1985).

Mittendorfer, Roland/Zschockelt, Ingolf/Koppensteiner, Barbara, Unternehmensbeurteilung und bankinternes Rating, in: Stadler (Hrsg.), Die neue Unternehmensfinanzierung, S. 100.

Modigliani, Franco/Perotti, Enrico, Security Markets versus Bank Finance: Legal Enforcement and Investors' Protection, 1 Int'l Rev. Fin. 81 (2000).

Möller, Andreas, Das Vierte Finanzmarktförderungsgesetz, WM 2001, S. 2405.

Möllers, Thomas M. J., Anlegerschutz durch Aktien- und Kapitalmarktrecht, ZGR 1997, S. 334.

Monro-Davies, Robin, Unsolicited Ratings are for Investors, The Treasurer (February) 30 (1994).

Monro-Davies, Robin, Die Bonitätsbewertung von Banken, in: Büschgen/Everling (Hrsg.), Handbuch Rating, S. 175.

Monro-Davies, Robin, Approaches of Rating Agencies, ZKredW 1999, S. 126.

Monti, Mario, Die Integration des europäischen Finanzsektors: Die nächsten Schritte, WM 1998, S. 1762.

Moody's Investors Service, Brief von Thomas J. McGuire (Executive Vice President) an Steven M.H. Wallman (Commissioner, Securities and Exchange Commission) vom 06.10.1995, Comment File Nos. S7-23-94 und S7-24-94, S. 6 *(http://www.sec.gov/pdf/mole2.pdf)* (zuletzt besucht: 11.11.2007).

Moody's Investors Service, Global Ratings Guide, New York, NY 1998.

Moody's Investors Service, The Unintended Consequences of Rating Triggers, Moody's Special Comment, New York, NY 2001.

Moody's Investors Service, 2002 Annual Report, New York, NY 2003.

Moody's Investors Service, Brief von Raymond W. McDaniel (President) an Jonathan G. Katz (Secretary, Securities and Exchange Commission) vom 28.07.2003, Re: File No. S7-12-03 *(http://www.sec.gov/rules/concept/s71203/moodys072803.htm)* (zuletzt besucht: 11.11.2007).

Moody's Investors Service, Are Corporate Bond Ratings Procyclical?, Special Comment, New York, NY 2003.

Moody's Investors Service, Inside Moody's: European Corporate Finance, New York, NY 2004.

Moody's Investors Service, Der Ratingansatz von Moody's für Mortgage-Backed Securities (RMBS + CMBS), Kredit & Rating Praxis 4/2004, S. 6.

Moody's Investors Service, Code of Professional Conduct (June 2005), New York, NY 2005.

Mora, Nada, Sovereign Credit Ratings: Guilty Beyond Reasonable Doubt?, 30 J. Banking & Fin. 2041 (2006).

Morrison, Kenneth P., The Securitization Phenomenon, 12 Int'l Fin. L. Rev. (Supp. II) 3 (1993).

Morrison, Neil, Securitization in the United Kingdom, in: Campbell (Ed.), Globalization of Capital Markets, p. 263.

Mukhopadhyay, Bappaditya, Moral Hazard with Rating Agency: An Incentive Contracting Approach, 5 Annals Econ. & Fin. 313 (2004).

Mülbert, Peter O., Aktiengesellschaft, Unternehmensgruppe und Kapitalmarkt, 2. Aufl., München 1996.

Mülbert, Peter O., Empfiehlt es sich, im Interesse des Anlegerschutzes und zur Förderung des Finanzplatzes Deutschland das Kapitalmarkt- und Börsenrecht neu zu regeln?, JZ 2002, S. 826.

Müller, Klaus-Peter, Europa und die USA im Wettbewerb um Kapitalmarkteffizienz, Die Bank 2001, S. 836.

Münchener Kommentar zum Aktiengesetz (hrsgg. von Bruno Kropff, Johannes Semler), Bd. 5/1, §§ 148 - 151, 161 - 178 AktG, 238 - 264c HGB, 2. Aufl., München 2003.

Münchener Kommentar zum Bürgerlichen Gesetzbuch (hrsgg. von Kurt Rebmann, Franz J. Säcker, Roland Rixecker), Bd. 8, Familienrecht II (§§ 1589 – 1921, SGB VIII), 4. Aufl., München 2002.

Münchener Kommentar zum Bürgerlichen Gesetzbuch (hrsgg. von Kurt Rebmann, Franz J. Säcker, Roland Rixecker), Bd. 11, Internationales Wirtschaftsrecht, Einführungsgesetz zum Bürgerlichen Gesetzbuche (Art. 50 - 245), 4. Aufl., München 2006.

Munsch, Michael/Weiß, Bernd, Externes Rating – Finanzdienstleistung und Entscheidungshilfe, 4. Aufl., Berlin 2004.

Murphy, Brendan, Credit Ratings and Emerging Economies: Building Confidence in the Process of Globalization, Bonn 2000.

Mußler, Hanno, Herabgestuft, Frankfurter Allgemeine Zeitung vom 18.07. 2005, S. 16.

Mußler, Hanno, Ratings werden um bis zu fünf Stufen schlechter, Frankfurter Allgemeine Zeitung vom 18.07.2005, S. 16.

Myers, Stewart C./Majluf, Nicholas S., Corporate Financing and Investment Decisions When Firms Have Information That Investors Do Not Have, in: Smith Jr. (Ed.), The Modern Theory of Corporate Finance, p. 419.

Nayar, Nandkumar/ Rozeff, Michael S., Ratings, Commercial Paper, and Equity Returns, 49 J. Fin. 1431 (1994).

Neuberger, Anthony J., The Structure of Financial Markets, The City Research Project, Subject Report XXV, London Business School, London 1994.

Neumüller, Matthias/ Hochgatterer, Rita, Verbriefung von Unternehmensforderungen – Asset Backed Securities, in: Stadler (Hrsg.), Die neue Unternehmensfinanzierung, S. 263.

Niemann, Christoph, Finanzinnovationen im Binnenmarkt, WM 1993, S. 777.

Niimi, Kazumasa, An Analysis of Bond Rating in Japan: Its History, Status, and Future, 1 Japan Res. Q. 35 (1992).

Nippon Investor's Service, Brief von Itsuo Yamamoto (Managing Director) an Jonathan G. Katz (Secretary, Securities and Exchange Commission) vom 01.12.1994, Comment File No. S7-24-94, zitiert nach: Rhodes, 20 Seton Hall Legis. J. 293, 326 n.185 (1996).

Nobel, Peter, Selbstregulierung, in: Margelisch (Hrsg.), Festschrift für Jean-Paul Chapuis, S. 119.

Nobel, Peter, Aktuelle Rechtsprobleme des Finanz- und Börsenplatzes Schweiz, Bd. 7, Bern 1999.

Norden, Lars/ Weber, Martin, Informational Efficiency of Credit Default Swap and Stock Markets: The Impact of Credit Rating Announcements, 28 J. Banking & Fin. 2813 (2004).

Norden, Lars/ Weber, Martin, Möglichkeiten und Grenzen der Bewertung von Ratingsystemen durch Markt und Staat, ZfbF 2005, Sonderheft 52, S. 31.

Norris, Floyd, After Two-Year Drop in Markets, Calendar Turns on Note of Hope, New York Times, 1 January 2002, p. A1.

Novak, Thomas, Faktormodelle in der Kapitalmarkttheorie, Köln 1994.

Nova Scotia Securities Commission, Companion Policy to National Instrument 71-101   *(http:// www.gov.ns.ca/ nssc/ docs/ r71-101.pdf)*   (zuletzt   besucht: 11.11.2007).

Nusbaum, David, Moody's Blues, Risk, October 1996, p. 57.

Oditah, Fidelis (Ed.), The Future for the Global Securities Markets: Legal and Regulatory Aspects, Oxford 1996.

Oehler, Andreas/ Voit, Mario, Informationsökonomische Aspekte des Bond-Rating, ÖBA 1999, S. 968.

Oelrich, Fritz/ Stocker, Georg, Die Kreditportfoliosteuerung – mehr als eine Risikoanalyse von Einzelgeschäften, BB 1998, S. 37.

Ogus, Anthony J., Rethinking Self-Regulation, 15 Ox. J. Legal Stud. 97 (1995).

Ontario Securities Commission, Rule 71-801, Implementing the Multijurisdictional Disclosure System under National Instrument 71-101 *(http:// www.*

osc.gov.on.ca/ Regulation/ Rulemaking/ Current/ Part7/ rule_19971205_71-801_ pr.jsp) (zuletzt besucht: 11.11.2007).

Packer, Frank, Credit Risk in Japan's Corporate Bond Market, 5 FRBNY Curr. Iss. Econ. & Fin. (No. 15) 1 (November 1999).

Packer, Frank, Credit Ratings and the Japanese Corporate Bond Market, in: Levich et al. (Eds.), Ratings, Rating Agencies and the Global Financial System, p. 139.

Page, Antony/Yang, Katy, Controlling Corporate Speech: Is Regulation Fair Disclosure Unconstitutional?, 39 U.C. Davis L. Rev. 1 (2005).

Palandt, Otto, Bürgerliches Gesetzbuch, 66. Aufl., München 2007.

Pape, Dieter, Rating und alternative Finanzierungsquellen, in: Suyter (Hrsg.), Risikomanagement, S. 327.

Partnoy, Frank, The Siskel and Ebert of Financial Markets?: Two Thumbs Down for the Credit Rating Agencies, 77 Wash. U. L.Q. 619 (1999).

Partnoy, Frank, Corporate Accountability: Barbarians At The Gatekeepers? A Proposal for a Modified Strict Liability Regime, 79 Wash. U. L.Q. 491 (2001).

Partnoy, Frank, The Paradox of Credit Rating, in: Levich et al. (Eds.), Ratings, Rating Agencies and the Global Financial System, p. 65.

Partnoy, Frank, Comments on Securities Act Release No. 8570, Comment File No. S7-04-05 (June 9, 2005) *(http:// www.sec.gov/ rules/ proposed/ s70405/ fpartnoy3770.pdf)* (zuletzt besucht: 11.11.2007).

Paul, Stephan, Bankenintermediation und Verbriefung, Wiesbaden 1994.

Paul, Walter, Rating als Instrument des Finanzmarketing, in: Büschgen/Everling (Hrsg.), Handbuch Rating, S. 373.

Pauly, Louis W., Capital Mobility, State Autonomy and Political Legitimacy, 48 J. Int'l Aff. 369 (1995).

Peavy III, John W./Scott, John A., The AT&T Divestiture: Effect of Rating Changes on Bond Returns, 38 J. Econ. & Bus. 255 (1986).

Perlmutter, Marc E., Developments in the Japanese Securities Markets, in: International Securities Markets, PLI/Corp. No. 572 (1987), p. 87.

Perraudin, William/Taylor, Alex P., On the Consistency of Ratings and Bond Market Yields, 28 J. Banking & Fin. 2769 (2004).

Perridon, Louis/Steiner, Manfred, Finanzwirtschaft der Unternehmung, 13. Aufl., München 2004.

Perry, Larry G./Liu, Pu/Evans, Dorla A., Modified Bond Ratings: Further Evidence on the Effect of Split Ratings on Corporate Bond Yields, 15 J. Bus. Fin. & Acct. 231 (1988).

Peter, Kurt, Nutzen eines externen Ratings für ein mittelständisches Unternehmen, in: Suyter (Hrsg.), Risikomanagement, S. 299.

Peter, Kurt/Casademont, Peter-David, Rating und Investment Banking – ein Erfahrungsbericht aus dem Mittelstand, Kredit & Rating Praxis 4/2002, S. 6.

Peters, Andreas C., Die Haftung und die Regulierung von Rating-Agenturen, Baden-Baden 2001.

Pfingsten, Andreas (Hrsg.), Strategien, Strukturen und Steuerungsansätze im Kreditwesen, Münsteraner Bankentage 2000, Frankfurt a.M. 2002.

Picker, Ida, The Ratings Game, Institutional Investor 73 (August 1991).

Picot, Arnold/Dietl, Helmut, Transaktionskostentheorie, WiSt 1990, S. 178.

Piel, Konstanze, Ökonomie des Nichtwissens, Frankfurt a.M. 2003.

Pinches, George E./Singleton, J. Clay, The Adjustment of Stock Prices to Bond Rating Changes, 33 J. Fin. 29 (1978).

Pinto, Arthur R., Control and Responsibility of Credit Rating Agencies in the United States, 54 Am. J. Comp. L. 341 (206).

Platzer, Angela/Sacher, Monika/Schmied, Claudia, Zusammenarbeit von Unternehmen und Banken im Zeichen von Basel II, in: Stadler (Hrsg.), Die neue Unternehmensfinanzierung, S. 114.

Pollock, Philip R./Stadum, Edward M./Holtermann, Gordon C., Die Sekuritisierung und ihre Zukunft in Deutschland, RIW 1991, S. 275.

Pötzsch, Thorsten, Das Dritte Finanzmarktförderungsgesetz, WM 1998, S. 949.

Prentice, Robert A., The Inevitability of a Strong SEC, 91 Cornell L. Rev. 775 (2006).

Priewasser, Erich/Fuhrmeister, Ulf-Theo, Bankenregulierung: quo vadis?, ZKredW 2002, S. 849.

Pünder, Hermann, Zertifizierung und Akkreditierung – private Qualitätskontrolle unter staatlicher Gewährleistungsverantwortung, ZHR 170 (2006), S. 567.

Radelet, Steven/Sachs, Jeffrey, The East Asian Financial Crisis: Diagnosis, Remedies, Prospects, Harvard Institute for International Development, Brookings Papers on Economic Activity, Washington, D.C. 1998.

Randow, Philip von, Rating und Regulierung, ZBB 1995, S. 140.

Randow, Philip von, Rating und Wettbewerb, ZBB 1996, S. 85.

Randow, Philip von, Rating und Regulierung, in: Büschgen/Everling (Hrsg.), Handbuch Rating, S. 543.

Reidenbach, Dirk, Aktienanalysten und Ratingagenturen – Wer überwacht die Überwacher?, Frankfurt a.M. 2006.

Reinhart, Carmen M., Credit Ratings, Default, And Financial Crises: Evidence From Emerging Markets, 16 World Bank Econ. Rev. 151 (2002).

Reinhart, Carmen M., Sovereign Credit Ratings Before and After Financial Crises, in: Levich et al. (Eds.), Ratings, Rating Agencies and the Global Financial System, p. 251.

Reischauer, Friedrich/Kleinhans, Joachim, Kreditwesengesetz-Kommentar, Bd. I, Loseblatt, Stand: Erg.-Lfg. 4/07(August 2007).

Reisen, Helmut, Rating Since the Asian Crisis, OECD Development Centre, Working Paper No. 214, Paris 2003 *(http://www.oecd.org/dataoecd/22/8/ 1934625.pdf)* (zuletzt besucht: 11.11.2007).

Reiter, Sara A./Ziebart, David A., Bond Yields, Ratings, and Financial Information: Evidence From Public Utility Issues, 26 Fin. Rev. 45 (1991).

Remsperger, Hermann, Folgen der Verbriefung für das Bankgeschäft, Die Bank 1987, S. 414.

RGRK (hrsgg. von den Mitgliedern des Bundesgerichtshofes), Das Bürgerliche Gesetzbuch, Kommentar mit besonderer Berücksichtigung der Rechtsprechung des Reichsgerichts und des Bundesgerichtshofes, §§ 1741 - 1921, Bd. IV, 4. Teil, 12. Aufl., Berlin 1999.

Rhodes, Amy K., The Role of the SEC in the Regulation of the Rating Agencies: Well-placed Reliance or Free-Market Interference?, 20 Seton Hall Legis. J. 293 (1996).

Riedel, Thomas/Trost, Ralf/Loges, Hans J., Die Rating-Szene in Deutschland, Düsseldorf 2004.

Rief, Wolfgang, Standard & Poor's Rückversicherungsratings, in: Büschgen/ Everling (Hrsg.), Handbuch Rating, 2. Aufl., S. 167.

Rill, Heinz Peter (Red.), Festschrift 100 Jahre Wirtschaftsuniversität Wien, Wien 1998.

Rogers, William P./Benedict, James N., Money Market Fund Management Fees: How Much Is Too Much?, 57 N.Y.U. L. Rev. 1059 (1982).

Rohleder, Michael/Schäfer, Gerald, Neues Finanzierungsinstrument im Inland: DM-Commercial Paper, Die Bank 1991, S. 204.

Rottmann, Horst/Seitz, Franz, Credit Spreads und ihre Determinanten in Deutschland, ifo Schnelldienst 24/2004, S. 10.

Rudolf, Joachim, Die Analyse der Bonität und das Rating von Schweizerfranken-Anleihen, Bern 1989.

Ruhkamp, Stefan, Magere Entlohnung für höhere Risiken, Frankfurter Allgemeine Zeitung vom 23.12.2004, S. 21.

Rühli, Edwin/Thommen, Jean-Paul (Hrsg.), Unternehmensführung aus finanz- und bankwirtschaftlicher Sicht, Stuttgart 1981.

Sampson, Solomon B., Playing Out the Credit Cliff Dynamics, Standard & Poor's, Corporate Ratings Commentary, New York, NY 2001 *(http://*

www2.standardandpoors.com//spf/pdf/fixedincome/cliff.pdf) (zuletzt besucht: 11.11.2007).

Saskatchewan Financial Services Commission, National Instrument 71-101, The Multijurisdictional Discolsure System *(http://www.sfsc.gov.sk.ca/ssc/files/nat-inst/71-101.pdf)* (zuletzt besucht: 11.11.2007).

Sato, Masanori, Securitization in Japan, in: Campbell (Ed.), Globalization of Capital Markets, p. 281.

Schacht, Guido, Die deutsche Kapitalmarktaufsicht im internationalen Vergleich, München 1980.

Schaefer, Hans, Aktienemissionen im Internet, MMR 2001, S. 491.

Schäfer, Hans-Bernd/Ott, Claus, Lehrbuch der ökonomischen Analyse des Zivilrechts, 4. Aufl., Berlin 2005.

Schäfer, Rainer, Verbriefung nimmt weiter zu, Die Bank 1990, S. 604.

Schamp, Heinz-Peter, Bankinternes Rating bleibt Baustelle, zitiert nach: Everling, Rating News, Kredit & Rating Praxis 3/2004, S. 4.

Schanz, Kay-Michael, Börseneinführung, 3. Aufl., München 2007.

Schaub, Alexander, Finanzdienstleistungspolitik der EU-Kommission bis 2010 und die künftigen Projekte, Rede vor der Wirtschaftskammer Österreich v. 07.11.2005 *(http://europa.eu.int/comm/internal_market/speeches/docs/2005/2005-11-07-schaub_de.pdf)* (zuletzt besucht: 11.11.2007)

Scheller, Hanspeter K., Die Europäische Zentralbank – Geschichte, Rolle und Aufgaben, Europäische Zentralbank (Hrsg,), Frankfurt a.M. 2004.

Schimansky Herbert/Bunte, Hermann-Josef/Lwowski, Hans-Jürgen (Hrsg.), Bankrechts-Handbuch, Bd. III, 2. Aufl., München 2001.

Schlitt, Michael/Schäfer, Susanne, Auswirkungen des Prospektrichtlinie-Umsetzungsgesetzes auf Aktien- und Equity-linked Emissionen, AG 2005, S. 498.

Schmidt, Reinhart H., Ein „neo-institutionalistischer" Ansatz der Finanzierungstheorie, in: Rühli/Thommen (Hrsg.), Unternehmensführung aus finanz- und bankwirtschaftlicher Sicht, S. 135.

Schmidt, Reinhart H., Neuere Property Rights-Analysen in der Finanzierungstheorie, in: Budäus/Gerum/Zimmermann (Hrsg.), Betriebswirtschaftslehre und Theorie der Verfügungsrechte, Wiesbaden 1988, S. 239.

Schmidt, Reinhart H., Alternative Ansätze zur Erteilung von Ratings, in: Hadding u.a. (Hrsg.), Bankrechtstag 1996: Vorzeitige Beendigung von Finanzierungen – Rating von Unternehmen, S. 137.

Schmidt, Reinhard H./Terberger, Eva, Grundzüge der Investitions- und Finanzierungstheorie, 4. Aufl., Wiesbaden 2003.

Schmidtchen, Markus/Krämer-Eis, Helmut, Die Rating-Ansätze der Agenturen – Analyse von CDOs, Kredit & Rating Praxis 6/2002, S. 9.

Schmitt, Günter, Kreditaufnahme wird für kleinere und mittlere Firmenkunden schwieriger, Kredit & Rating Praxis 1/2002, S. 18.

Schnabel, Helmut, Die Funktion des Rating für deutsche Industrieunternehmen als Emittenten, in: Büschen/Everling (Hrsg.), Handbuch Rating, S. 305.

Schneck, Ottmar, Sovereign Credit Rating internationaler Rating-Agenturen, Kredit & Rating Praxis 4/2004, S. 17.

Schneider, Uwe H., Internationales Kapitalmarktrecht, AG 2001, S. 269.

Schneider, Uwe H./Hommelhoff, Peter/Schmidt, Karsten/Timm, Wolfram/Grunewald, Barbara/Drygala, Tim (Hrsg.), Festschrift für Marcus Lutter zum 70. Geburtstag, Köln 2000.

Schubert, Wolfgang, Zensuren für Europa, Wirtschaftswoche Nr. 39 vom 23.09.1988, S. 116.

Schulenburg, Kerstin, Externes und bankinternes Rating im Vergleich, Kredit & Rating Praxis 5/2002, S. 8.

Schultz, Abby, S&P Faces Criticism in Mortgage Area, Wall Street Journal, 4 January 1994, p. 7A.

Schulze Heuling, Michael/Lehrke, Matthias, Aufgaben, Anforderungen, Interessen und Konflikte im Ratingmarkt, in: Achleitner/Everling (Hrsg.), Handbuch Ratingpraxis, S. 121.

Schürmann, Walter/Körfgen, Kurt, Familienunternehmen auf dem Weg zur Börse, 3. Aufl., München 1997.

Schuster, Leo/Widmer, Alex W. (Hrsg.), Wege aus der Banken- und Börsenkrise, Berlin 2004.

Schwaiger, Walter S.A./Lawrenz, Jochen, Standard- versus IRB-Ansatz: Auswirkungen auf die Bank Deutschland, ZKredW 2002, S. 147.

Schwarcz, Steven L., The Alchemy of Asset Securitization, 1 Stan. J.L. Bus. & Fin. 133 (1994).

Schwarcz, Steven L., The Universal Language of Cross-Border Finance, 8 Duke J. Comp. & Int'l L. 235 (1998).

Schwarcz, Steven L., Private Ordering of Public Markets: The Rating Agency Paradox, 2002 U. Ill. L. Rev. 1 (2002).

Schwarcz, Steven L., Temporal Perspectives: Resolving the Conflict Between Current and Future Investors, 89 Minn. L. Rev. 1044 (2005).

Schwarcz, Steven L./Markell, Bruce A./Broome, Lissa Lamkin, Securitization, Structured Finance and Capital Markets, Newark, NJ 2004.

Schwark, Eberhard, Kapitalanlegerschutz im deutschen Gesellschaftsrecht, ZGR 1976, S. 271.

Schwark, Eberhard, Anlegerschutz durch Wirtschaftsrecht, München 1979.

Schwark, Eberhard, Anlegerschutz in der Publikums-AG – ein Paradigmenwechsel?, in: Schneider u.a. (Hrsg.), Festschrift für Marcus Lutter zum 70. Geburtstag, S. 1529.

Schwark, Eberhard (Hrsg.), Kapitalmarktrechts-Kommentar, 3. Aufl., München 2004.

Schwartz, Alan/Wilde, Louis L., Intervening in Markets on the Basis of Imperfect Information: A Legal and Economic Analysis, 127 U. Pa. L. Rev. 630 (1979).

Schwintowski, Hans-Peter/Schäfer, Frank A., Bankrecht, 2. Aufl., Köln 2004.

Securities and Exchange Commission, Investment Counsel, Investment Management, Investment Supervisor and Investment Advisory Services, H.R. Doc. 477, 76th Cong., 2nd Sess. (1939).

Securities and Exchange Commission, Proposed Comprehensive Revision to System for Registration of Securities Offerings, Securities Act Release No. 6235, 45 Fed. Reg. 63693 (September 25, 1980).

Securities and Exchange Commission, Reproposal of Comprehensive Revision to System for Registration of Securities Offerings, Securities Act Release No. 6331, 46 Fed. Reg. 41902 (August 18, 1981).

Securities and Exchange Commission, Delayed or Continuous Offering and Sale of Securities, Securities Act Release No. 6334, 46 Fed. Reg. 42001 (August 18, 1981).

Securities and Exchange Commission, Disclosure of Security Ratings in Registration Statements, Securities Act Release No. 6336, 46 Fed. Reg. 42024 (August 18, 1981).

Securities and Exchange Commission, Adoption of Integrated Disclosure System, Securities Act Release No. 6383, 47 Fed. Reg. 11380 (March 16, 1982).

Securities and Exchange Commission, Applicability of the Investment Advisers Act to Financial Planners, Pension Consultants, and Other Persons Who Provide Investment Advisory Services as a Component of Other Financial Services, Investment Advisers Act Release No. 1092, 52 Fed. Reg. 38400 (October 16, 1987).

Securities and Exchange Commission, Resale of Restricted Securities; Changes to Method of Determining Holding Period of Restricted Securities under Rules 144 and 145, Securities Act Release No. 6862, *55 Fed. Reg. 17933 (April 30, 1990).*

Securities and Exchange Commission, SEC Issues Release on Amendments Affecting Money Market Funds' Assets, 23 Sec. Reg. & L. Rep. (BNA) 322 (March 1, 1991).

Securities and Exchange Commission, Multijurisdictional Disclosure and Modifications to the Current Registration and Reporting System for Canadian Issuers, Securities Act Release No. 6902, 56 Fed. Reg. 30036 (July 1, 1991).

Securities and Exchange Commission, Standard & Poor's Corporation (No-Action Letter), 1991 SEC No-Act. LEXIS 847 (July 8, 1991).

Securities and Exchange Commission, Sellers May Rely on S&P List for Rule 144A Purposes, Staff Confirms, 23 Sec. Reg. & L. Rep. (BNA) 1095 (July 12, 1991).

Securities and Exchange Commission, SEC Proposes Excluding Structured Financings From '40 Act, 24 Sec. Reg. & L. Rep. (BNA) 797 (June 5, 1992).

Securities and Exchange Commission, Simplification of Registration Procedures for Primary Security Offerings, Securities Act Release No. 6943, 57 Fed. Reg. 32461 (July 22, 1992).

Securities and Exchange Commission, Roberts, Schapiro Seek Legislation Giving SEC Power Over Rating Agencies, 24 Sec. Reg. & L. Rep. (BNA) 1268 (August 14, 1992).

Securities and Exchange Commission, ICI Blasts Structured Financing Draft, While Others Favor SEC's Rule Proposal, 24 Sec. Reg. & L. Rep. (BNA) 1414 (August 28, 1992).

Securities and Exchange Commission, Simplification of Registration Procedures for Primary Security Offerings, Securities Act Release No. 6964, 57 Fed. Reg. 48970 (October 29, 1992).

Securities and Exchange Commission, Exclusion From the Definition of Investment Company for Structured Financings, Investment Company Act Release No. 19105, 57 Fed. Reg. 56248 (November 27, 1992).

Securities and Exchange Commission, SEC Approves New Exemption for Structured Financings From '40 Act, 24 Sec. Reg. & L. Rep. (BNA) 1799 (December 4, 1992).

Securities and Exchange Commission, Revisions to Rules Regulating Money Market Funds, Securities Act Release No. 7038, 58 Fed. Reg. 68585 (December 28, 1993).

Securities and Exchange Commission, Nationally Recognized Statistical Rating Organizations – Part III, Securities Act Release No. 7085; 59 Fed. Reg. 46314 (September 7, 1994).

Securities and Exchange Commission, Anti-manipulation Rules Concerning Securities Offerings, Securities Act Release No. 7375, 62 Fed. Reg. 520 (January 3, 1997).

Securities and Exchange Commission, Capital Requirements for Brokers or Dealers Under the Securities Exchange Act of 1934, Exchange Act Release No. 39457, 62 Fed. Reg. 68018 (December 30, 1997).

Securities and Exchange Commission, The Current Role and Function of Credit Rating Agencies in the Operation of the Securities Markets, Hearing Before the U.S. Securities and Exchange Commission (November 15 and 21, 2002) *(http://www.sec.gov/news/extra/credrate/credrate111502.txt, http://www.sec.gov/news/extra/credrate/credrate112102.txt)* (zuletzt besucht: 11.11.2007).

Securities and Exchange Commission, Report on the Role and Function of Credit Rating Agencies in the Operation of the Securities Markets as Required by Section 702(b) of the Sarbanes-Oxley Act of 2002, Washington, D.C. 2003.

Securities and Exchange Commission, Dominion Bond Rating Services Ltd. (No-Action Letter), 2003 SEC No-Act. LEXIS 196 (February 24, 2003).

Securities and Exchange Commission, Rating Agencies and the Use of Credit Ratings Under the Federal Securities Laws, Securities Act Release No. 8236, 68 Fed. Reg. 35258 (June 12, 2003).

Securities and Exchange Commission, Litigation Release No. 18543: Securities and Exchange Commission v. Andrew S. Fastow, Civil Action No. H-02-3666 (Hoyt) (S.D. Tx.), 2004 SEC LEXIS 75 (January 14, 2004).

Securities and Exchange Commission, Asset-Backed Securities, Securities Act Release No. 8518, 70 Fed. Reg. 1506 (January 7, 2005).

Securities and Exchange Commission, A.M. Best Company, Inc. (No-Action Letter), 2005 SEC No-Act. LEXIS 323 (March 3, 2005).

Securities and Exchange Commission, Definition of Nationally Recognized Statistical Rating Organization, Securities Act Release No. 8570, 70 Fed. Reg. 21306 (April 25, 2005).

Securities and Exchange Commission, Securities Offering Reform, Securities Act Release No. 8591, 70 Fed. Reg. 44722 (August 3, 2005).

Securities and Exchange Commission, Seven Credit Rating Agencies Register with SEC as Nationally Recognized Statistical Rating Organizations, Press Release No. 2007-199 (September 24, 2007).

Seibt, Christoph, Finanzanalysten im Blickfeld von Aktien- und Kapitalmarktrecht, ZGR 2006, S. 501.

Seitz, Jochen, Das neue Wertpapierprospektrecht, AG 2005, S. 678.

Serfling, Klaus, Möglichkeiten und Grenzen des Credit Ratings, in: Büschgen/Everling (Hrsg.), Handbuch Rating, 2. Aufl., S. 708.

Serfling, Klaus/Badack, Elke/Jeiter, Vera, Möglichkeiten und Grenzen des Credit Rating, in: Büschgen/Everling (Hrsg.), Handbuch Rating, S. 629.

Serfling, Klaus/Großkopff, Anne/Röder, Marko, Investor Relations in der Unternehmenspraxis, AG 1998, S. 272.

Serfling, Klaus/Pries, Andreas, Möglichkeiten und Grenzen des Rating, Die Bank 1990, S. 381.

Shenker, Joseph C./Colletta, Anthony J., Asset Securitization: Evolution, Current Issues and New Frontiers, 69 Tex. L. Rev. 1369 (1991).

Sherwood, Hugh C., How Corporate and Municipal Debt is Rated, New York, NY 1976.

Shimada, Yoshiki, A Comparison of Securities Regulation in Japan and the United States, 29 Colum. J. Transnat'l L. 319 (1991).

Shin, Yoon S./Moore, William T., Explaining Credit Rating Differences Between Japanese and U.S. Agencies, 12 Rev. Fin. Econ. 327 (2003).

Siebel, Rudolf/Schoendorf, Frank, Comments on Securities Act Release No. 8570, Comment File No. S7-04-05 (June 28, 2005) *(http://www.sec.gov/rules/proposed/s70405/bvi062805.pdf)* (zuletzt besucht: 11.11.2007).

Siliciano, John A., Negligent Accounting and the Limits of Instrumental Tort Reform, 86 Mich. L. Rev. 1929 (1988).

Simms, Marsha E., Asset Securitization, in: Asset-Based Financing 1997 (PLI/Com. No. 754, 1997), p. 335.

Sinclair, Timothy J., The New Masters of Capital, Ithaca 2005.

Smith, Adam, Of the Influence of Commerce on Manners, in: Cannan (Ed.), Lectures on Justice, Police, Revenue, and Arms, p. 253.

Smith Jr., Clifford W. (Ed.), The Modern Theory of Corporate Finance, 2nd ed., New York, NY 1990.

Smith, Roy C./Walter, Ingo, Rating Agencies: Is There an Agency Issue?, INSEAD Working Papers 2001/29/EPS, Fontainebleau 2001.

Smith, Roy C./Walter, Ingo, Rating Agencies: Is There an Agency Issue?, in: Levich et al. (Eds.), Ratings, Rating Agencies and the Global Financial System, p. 289.

Soergel, Hans Theodor (hrsgg. von Wolfgang Siebert), Bürgerliches Gesetzbuch mit Einführung und Nebengesetzen, Bd. 20, Familienrecht 4 (§§ 1741 - 1921), 13. Aufl., Stuttgart 2000.

Sönnichsen, Christoph, Rating-Systeme am Beispiel der Versicherungswirtschaft, Berlin 1992.

Sönnichsen, Christoph, Versicherungsrating, in: Büschgen/Everling (Hrsg.), Handbuch Rating, 2. Aufl., S. 423.

Spence, A. Michael, Monopoly, Quality, and Regulation, 6 Bell J. Econ. 417 (1975).

Speyer, Bernhard/Böttcher, Barbara, Basel II: Aktives Bonitätsmanagement als Kern der Kreditbeziehung, in: Guserl/Pernsteiner (Hrsg.), Handbuch Finanzmanagement in der Praxis, S. 891.

Spindler, Gerald, Umweltschutz durch private Prüfungen von Unternehmensorganisationen: Die EG-Öko-Audit-VO, JNPÖ 15 (1996), S. 205.

Stadler, Wilfried (Hrsg.), Die neue Unternehmensfinanzierung, Frankfurt a.M. 2004.

Stadler, Wilfried, Die neuen Spielregeln: Von der bankorientierten zur kapital-marktorientierten Finanzierungskultur, in: Stadler (Hrsg.), Die neue Unternehmensfinanzierung, S. 14.

Staff of the Senate Committee on Governmental Affairs, Financial Oversight of Enron: The SEC and Private-Sector Watchdogs (Comm. Print, 7 October 2002), 107th Cong., 2nd Sess., Senate Printing No. 107-75, Washington, D.C. 2002.

Stamm, Florian, A Comparative Study of Monitoring of Management in German and U.S. Corporations After Sarbanes-Oxley: Where are the German Enrons, WorldComs, and Tycos?, 32 Ga. J. Int'l & Comp. L. 813 (2004).

Standard & Poor's, Debt Ratings Criteria – Municipal Overview, New York, NY 1986.

Standard & Poor's, Credit Review, Corporate Default, Rating Transition Study Updated, New York, NY 1993.

Standard & Poor's, Corporate Ratings Criteria, New York, NY 1998.

Standard & Poor's, Corporate Ratings Criteria, New York, NY 2000.

Standard & Poor's, Understanding Credit Ratings, New York, NY 2002.

Standard & Poor's, Brief von Leo C. O'Neill (President) an Jonathan G. Katz (Secretary, Securities and Exchange Commission) vom 28.07.2003, Re: Release No. 33-8236 *(http://www.sec.gov/rules/concept/s71203/standard 072803.htm)* (zuletzt besucht: 11.11.2007).

Standard & Poor's, Special Report: Ratings Performance 2003, New York, NY 2004.

Standard & Poor's, Code of Practices and Procedures, New York, NY 2004.

Standard & Poor's, Annual Global Corporate Default Study: Corporate Defaults Poised to Rise in 2005, New York, NY 2005.

Staudinger, Julius von (bearbeitet von Helmut Engler), Kommentar zum Bürgerlichen Gesetzbuch mit Einführungsgesetz und Nebengesetzen, Viertes Buch, Familienrecht (§§ 1773 - 1895), Neubearbeitung 2004, Berlin.

Steiner, Manfred, Rating: Risikobeurteilung von Emittenten durch Rating-Agenturen, WiSt 1992, S. 509.

Steiner, Manfred/Heinke, Volker G., Rating aus Sicht der modernen Finanzierungstheorie, in: Büschgen/Everling (Hrsg.), Handbuch Rating, S. 579.

Steiner, Manfred/Kölsch, Karsten, Finanzierung – Zielsetzungen, zentrale Ergebnisse und Entwicklungsmöglichkeiten der Finanzierungsforschung, DBW 1989, S. 409.

Steinhübel, Heinz O., Die private Computerbörse für mittelständische Unternehmen: ökonomische Notwendigkeit und rechtliche Zulässigkeit, Berlin 1998.

Stewart, Patrick, Securitization, 12 Int'l Fin. L. Rev. (Supp. II) 1 (1993).

Storck, Ekkehard, Globalisierung und EWU – der Euromarkt als Finanz-Drehscheibe der Welt, 2. Aufl., München 1998.

Stroomann, Dirk J., Mittelstandsfinanzierung – Situation und Probleme, in: Brödermann u.a. (Hrsg.), Fit für 2006, S. 13.

Strunz-Happe, Anne, Externe Ratingagenturen – Marktregulierung durch Basel II, WM 2004, S. 115.

Strunz-Happe, Anne, Ein Ordnungsrahmen für Rating-Agenturen, BFuP 2005, S. 231.

Stützel, Wolfgang, Inwieweit empfiehlt sich eine allgemeine gesetzliche Regelung des Anlegerschutzes?, ZKredW 1976, S. 1060.

Suyter, Alexander, Aufsichtliche Normen im Bankgeschäft und ihre Erweiterung um Mindestanforderungen an das Kreditgeschäft (MaK), WM 2002, S. 991.

Suyter, Alexander (Hrsg.), Risikomanagement, Frankfurt a.M. 2004.

Sy, Amadou N.R., Rating the Rating Agencies: Anticipating Currency Crises or Debt Crises?, 28 J. Banking & Fin. 2845 (2004).

Sylla, Richard, A Historical Primer on the Business of Credit Rating, in: Levich et al. (Eds.), Ratings, Rating Agencies and the Global Financial System, p. 19.

The Economist (o.V.), Credit-Rating Agencies: Beyond the Second Opinion, 30 March 1991, p. 78.

Theilacker, Bertram, Rating: Entscheidungshilfe, kein Entscheidungsersatz, ZKredW 2005, S. 177.

Theissen, Erik, Internalisierung und Marktqualität: Was bringt Xetra Best?, Center for Financial Studies, Working Paper No. 2002/06, Frankfurt a.M. 2002.

Thiele, Wolfram, Die zivilrechtliche Einordnung des Rating im deutschen Recht, Aachen 2005.

Thiemann, Bernd, Die Stellung der Bank zwischen Emittent und Anleger bei innovativen Finanztiteln, in: Krümmel/Rudolph (Hrsg.), Finanzintermediation und Risikomanagement, S. 233.

Thompson, Rodney G./Vaz, Peter, Dual Bond Ratings: A Test of the Certification Function of Rating Agencies, 25 Fin. Rev. 457 (1990).

Tigges, Claus, SEC nimmt Ratingagenturen ins Visier, Frankfurter Allgemeine Zeitung vom 28.09.2007, S. 25.

Treacy, William F./Carey, Marc S., Credit Risk Rating at Large U.S. Banks, 84 Fed. Res. Bull. 897 (1998).

Trevino, Luis F. Moreno, Access to U.S. Capital Markets for Foreign Issuers: Rule 144A Private Placements, 16 Hous. J. Int'l L. 159 (1993).

Triantis, George G., Secured Debt under Conditions of Imperfect Information, 21 J. Legal Stud. 225 (1992).

Trück, Stefan, Basel II – eine (ausnahmsweise) freundliche Betrachtung der neuen Basler Eigenkapitalverordnung, Transfer Nr. 27 (Sommersemester 2002), Magazin rund um die Fakultät Wirtschaftswissenschaften an der Universität Karlsruhe (TH), S. 33.

True, Roy B., Risk and Insolvency Issues in Japanese Asset Securitization, 28 N.Y.U. J. Int'l L. & Pol. 505 (1996).

Ungern-Sternberg, Thomas von/Weizsäcker, Carl Christian von, The Supply of Quality on a Market for „Experience Goods", 33 J. Indus. Econ. 531 (1985).

United States House of Representatives, Committee on Financial Services, Rating the Rating Agencies: The State of Transparency and Competition, Hearing Before the Subcommittee on Capital Markets, Insurance and Government Sponsored Enterprises, 108th Cong., 1st Sess., Serial No. 108-18 (April 2, 2003), Washington, D.C. 2003.

United States House of Representatives, Committee on Financial Services, The Ratings Game: Improving Transparency and Competition Among the Credit Rating Agencies, Hearing Before the Subcommittee on Capital Markets, Insurance and Government Sponsored Enterprises, 108th Cong., 2nd Sess., Serial No. 108-110 (September 14, 2004), Washington, D.C. 2004.

United States Senate, Committee on Banking and Currency, Hearings Before the Subcommittee of the Senate Committee on Banking and Currency on S. 3580, a Bill to Provide for the Registration and Regulation of Investment Companies and Investment Advisers, and for Other Purposes, 76th Cong., 3rd Sess., Part I (April 2, 3, 4, 5, 8, 9, and 10, 1940), Washington, D.C. 1940.

United States Senate, Committee on Governmental Affairs, Rating the Raters: Enron and the Credit Rating Agencies, Hearing Before the Committee on Governmental Affairs, 107th Cong., 2nd Sess., Serial No. 107-471 (March 20, 2002), Washington, D.C. 2002.

Uzzi, Gerard, Note: A Conceptual Framework for Imposing Statutory Underwriter Duties on Rating Agencies Involved in the Structuring of Private Label Mortgage-Backed Securities, 70 St. John's L. Rev. 779 (1996).

Vetter, Eberhard, Rechtsprobleme des externen Ratings, WM 2004, S. 1701.

W., B., Was Rating-Agenturen können und was nicht, ZKredW 2003, S. 694.

Wadewitz, Sabine, BaFin kooperativ bei Ad-hoc-Publizität, Börsen-Zeitung vom 23.04.2005, S. 6.

Wagner, Wolf-Christof, Rating mittelständischer Unternehmungen, Frankfurt a.M. 1991.

Wakeman, L. Macdonald, Bond Rating Agencies and the Capital Markets, U. Roch. Working Paper, Rochester 1978.

Wakeman, L. Macdonald, The Real Function of Bond Rating Agencies, in: Smith Jr. (Ed.), The Modern Theory of Corporate Finance, p. 410.

Waldhausen, Stephan, Die ad-hoc-publizitätspflichtige Tatsache, Baden-Baden 2002.

Wambach, Martin/Kirchmer, Thomas, Unternehmensrating: Weit reichende Konsequenzen für mittelständige Unternehmen und für Wirtschaftsprüfer, BB 2002, S. 400.

Wansley, James/Clauretie, Terrence, The Impact of Credit Watch Placement on Equity Returns and Bond Prices, 8 J. Fin. Res. 31 (1985).

Waschbusch, Gerd, Asset-Backed Securities – eine moderne Form der Unternehmensfinanzierung, ZBB 1998, S. 408.

Watanabe, Shigeru, Corporate Finance, in: Hayakawa (Ed.), Japanese Financial Markets, p. 89.

Weber, Martin, Deutsches Kapitalmarktrecht im Umbruch, NJW 1994, S. 2849.

Weber, Martin, Die Entwicklung des Kapitalmarktrechts 1998 - 2000: Organisation, Emission und Vertrieb, NJW 2000, S. 2061.

Wegmann, Jürgen/Koch, Wolfgang, Standpunkt: Benötigt der Mittelstand Ratingagenturen?, Finanz Betrieb 2003, S. 227.

Weiler, Lothar/Tollkühn, Oliver, Die Neuregelung des „directors' dealing" nach dem Vierten Finanzmarktförderungsgesetz, DB 2002, S. 1923.

Weinstein, Mark, The Effect of a Rating Change Announcement on Bond Price, 5 J. Fin. Econ. 329 (1977).

Weisgerber, Thomas, Das Dritte Finanzmarktförderungsgesetz, Die Bank 1998, S. 200.

Werner, Walter, The SEC as a Market Regulator, 70 Va. L. Rev. 755 (1984).

West, Richard R., Bond Ratings, Bond Yields and Financial Regulations: Some Findings, 16 J.L & Econ. 159 (1973).

Westlake, Melvyn, Regulators to Probe Rating Agencies as Backlash Grows, 5 GRR (Issue 9) 1 (2007).

White, Lawrence J., The Credit Rating Industry: An Industrial Organization Analysis, in: Levich et al. (Eds.), Ratings, Rating Agencies and the Global Financial System, p. 41.

White, Lawrence J., Comments on Securities Act Release No. 8236, Comment File No. S7-12-03 (July 25, 2003) *(http://www.sec.gov/rules/concept/s71203/lwhite072503.txt)* (zuletzt besucht: 11.11.2007).

White, Lawrence J., Comments on Securities Act Release No. 8570, Comment File No. S7-04-05 (June 8, 2005) *(http://www.sec.gov/rules/proposed/s70405/ljwhite6694.pdf)* (zuletzt besucht: 11.11.2007).

Wideman, Kent, Comments on Securities Act Release No. 8570, Comment File No. S7-04-05 (June 10, 2005) *(http://www.sec.gov/rules/proposed/s70405/dbrs061005.pdf)* (zuletzt besucht: 11.11.2007).

Wiedemann, Herbert, Der Kapitalanlegerschutz im deutschen Gesellschaftsrecht, BB 1975, S. 1591.

Wiedemann, Herbert, Gesellschaftsrecht, Bd. 1, München 1980.

Wiegand, Wolfgang, Bankrechtliche Aspekte der Asset-Backed Securities, in: Horn u.a. (Hrsg.), Bankrecht – Schwerpunkte und Perspektiven, Festschrift für Herbert Schimansky, S. 837.

Wiggins, Jenny, A Chance to Step Into the Light, Financial Times, 9 December 2002, Inside Track, p. 10.

Witte, Jürgen/Hrubesch, Boris, Rechtsschutzmöglichkeiten beim Unternehmens-Rating, ZIP 2004, S. 1346.

Wittig, Arne, Bankaufsichtsrechtliche Grundlagen des (internen) Ratings und seine Transformation in das Darlehensverhältnis mit Unternehmen, ZHR 169 (2005), S. 212.

Wolferink, Carsten, Die Delegation der Kreditwürdigkeitsprüfung aus agency-theoretischer Sicht, Frankfurt a.M. 2005.

Wolff, Hans J./Bachof, Otto/Stober, Rolf/Kluth, Winfried, Verwaltungsrecht, Bd. 1, 12. Aufl., München 2007.

Wolff, Samuel, Recent Developments in International Securities Regulation, 23 Denv. J. Int'l L. & Pol. 347 (1995).

Wollmert, Peter/Schönbrunn, Norbert/Jung, Udo/Siebert, Hilmar/Henke, Michael (Hrsg.), Wirtschaftsprüfung und Unternehmensüberwachung, Festschrift für Wolfgang Lück, Düsseldorf 2003.

Yago, Glenn, Junk Bonds: How High Yield Securities Restructured Corporate America, New York, NY 1991.

Yokota, Kazunari, Banks Turning to Securitization to Improve Ratios, Nikkei Weekly (Japan), 6 October 1997, p. 1.

Zaima, James/McCarthy, Joseph, The Impact of Bond Rating Changes on Common Stocks and Bonds: Tests of the Wealth Redistribution Hypothesis, 23 Fin. Rev. 483 (1988).

Zboron, Michael, A. M. Bests Ratingansatz, in: Achleitner/Everling (Hrsg.), Versicherungsrating, S. 179.

Zeitler, Franz-Christoph, Internationale Entwicklungslinien der Bankenaufsicht, WM 2001, S. 1397.

Zentraler Kreditausschuss, Stellungnahme des Zentralen Kreditausschusses zur Tätigkeit von Rating-Agenturen und ihrer möglichen Regulierung vom 14.08.2003, Berlin 2003.

Zerwas, Herbert/ Hanten, Mathias, Abgrenzungsprobleme und Ausnahmen bei Handelsaktivitäten nach der Sechsten KWG-Novelle, ZBB 2000, S. 44.

Zimmer, Daniel, Internationales Gesellschaftsrecht, Heidelberg 1996.

Zonana, Victor F., Are the Watchdogs Watching?, Los Angeles Times, 18 July 1991, p. A1.

Zweigert, Konrad/ Kötz, Hein, Introduction to Comparative Law, 3rd revised ed., Oxford 1998.

Verzeichnis themenrelevanter Internetadressen

http://

www.adb.org	Asian Development Bank
www.albertasecurities.com	Alberta Securities Commission
www.ambest.com	A.M. Best Company, Inc.
www.aseansec.org	Association of Southeast Asian Nations
www.bafin.de	Bundesanstalt für Finanzdienstleistungsaufsicht
www.bankenverband.de	Bundesverband deutscher Banken e.V.
www.bcsc.bc.ca	British Columbia Securities Commission
www.bdi-online.de	Bundesverband der Deutschen Industrie e.V.
www.bis.org/bcbs	Basel Committee on Banking Supervision
www.c-ebs.org	Committee of European Banking Supervisors
www.cesr-eu.org	Commission of European Securities Regulators
www.csa-acvm.ca	Canadian Securities Administrators
www.ecb.int	European Central Bank
www.egan-jones.com	Egan-Jones Ratings Co.
www.eulerhermes.com	Euler Hermes Kreditversicherungs AG
www.ec.europa.eu/	Europäische Kommission
www.fitchratings.com	Fitch Ratings, Ltd.
www.gov.ns.ca/nssc	Nova Scotia Securities Commission
www.icra.in	ICRA Limited
www.imf.org	International Monetary Fund
www.iosco.org	International Organisation of Securities Commissions
www.jcr.co.jp	Japan Credit Rating Agency
www.fitchratings.com	Fitch Ratings, Ltd.
www.msc.gov.mb.ca	Manitoba Securities Commission
www.mikuni-rating.co.jp	Mikuni & Co., Ltd.
www.moodys.com	Moody's Investors Service, Inc.
www.oecd.org	Organization for Economic Co-operation and Development

www.osc.gov.on.ca	Ontario Securities Commission
www.pefindo.com	Pefindo Credit Rating Service
www.philratings.com	PhilRatings Corp.
www.ram.com.my	Rating Agency Malaysia Berhad
www.r-i.co.jp	Ratings and Investment Information, Inc.
www.schufa.de	Schutzgemeinschaft für allgemeine Kreditsicherung
www.sec.gov	U.S. Securities and Exchange Commission
www.sfsc.gov.sk.ca	Saskatchewan Financial Services Commission
www.standardandpoors.com	Standard & Poor's Corp.
www.trisrating.com	Thai Rating and Information Services Co., Ltd.
www.weissratings.com	Weiss Ratings, Inc.

Osnabrücker Schriften zum Unternehmens- und Wirtschaftsrecht

Herausgegeben von Andreas Fuchs, Markus Stoffels und Dirk A. Verse

www.peterlang.de

Dirk Reidenbach

Aktienanalysten und Ratingagenturen – Wer überwacht die Überwacher?

Frankfurt am Main, Berlin, Bern, Bruxelles, New York, Oxford, Wien, 2006.
461 S., 4 Tab.
Frankfurter wirtschaftsrechtliche Studien.
Verantwortlicher Herausgeber: Theodor Baums. Bd. 79
ISBN 978-3-631-55487-6 · br. € 77.70*

Aktienanalysten und Ratingagenturen sind Informationsintermediäre des Kapitalmarktes. Diese Arbeit untersucht, welchen Beitrag diese Marktteilnehmer zur Corporate Governance leisten können. Aber handeln die Überwacher auch interssenkonfliktfrei und rational, oder bedürfen sie selbst der Überwachung? Ausgehend von einer umfassenden Analyse potentieller und tatsächlich aufgetretener Unregelmäßigkeiten erarbeitet der Autor Mittel und Wege, ihre Rolle für den Kapitalmarkt zu sichern.

Aus dem Inhalt: Intermediäre · Kaptialmarkttheorien · Informationsasymmetrie · Externe Corporate Governance · Aktienanalysten · Bedeutung von Research-Berichten · Fehlerhafte Vorhersagen · Behavioral Finance · Interessenkonflikte · Marktversagen · Regulierung · Going Public · Insiderrecht · Haftung · Chinese Walls · Ratingagenturen · Bedeutung von Ratings · NRSROs/Basel II · Ratings Triggers · Fehlerhafte Bewertungen · Mißbrauch von Markmacht · Regulierung · Haftung

Frankfurt am Main · Berlin · Bern · Bruxelles · New York · Oxford · Wien
Auslieferung: Verlag Peter Lang AG
Moosstr. 1, CH-2542 Pieterlen
Telefax 00 41 (0) 32 / 376 17 27

*inklusive der in Deutschland gültigen Mehrwertsteuer
Preisänderungen vorbehalten
Homepage http://www.peterlang.de